Vergessene Haushaltstechniken

John Seymour

Vergessene Haushaltstechniken

Weltbild

Titel der Originalausgabe:
FORGOTTEN HOUSEHOLD CRAFTS
Zuerst veröffentlicht 1987 in Großbritannien von
Dorling Kindersley Limited, London

Genehmigte Lizenzausgabe für die
Verlagsgruppe Weltbild GmbH,
Steinerne Furt, 86167 Augsburg

Übersetzung: Karl H. Schneider
Fachliche Bearbeitung der deutschen Ausgabe:
Ute Ströbel-Dettmer, Wolfegg
Umschlaggestaltung: Atelier Seidel, Verlagsgrafik, Teising
Umschlagmotiv: Einklinker und Umschlagrückseite
r. Albert Bichler, Germering
(Archivbild von Erika Groth-Schmachtenberger)
Gesamtherstellung: Firmengruppe APPL,
aprinta druck, Wemding
Printed in the EU

978-3-8289-3547-1

2010 2009 2008
Die letzte Jahreszahl gibt die aktuelle Lizenzausgabe an.

Einkaufen im Internet:
www.weltbild.de

INHALT

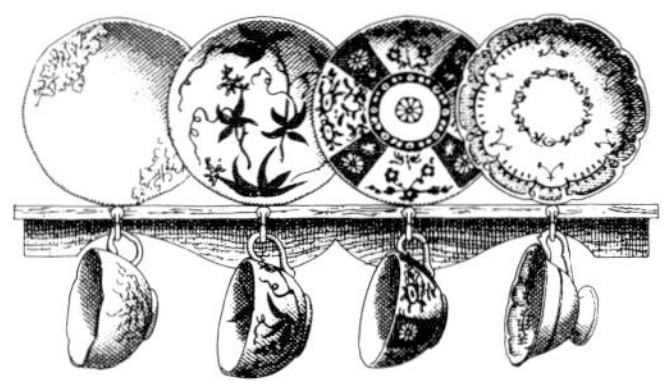

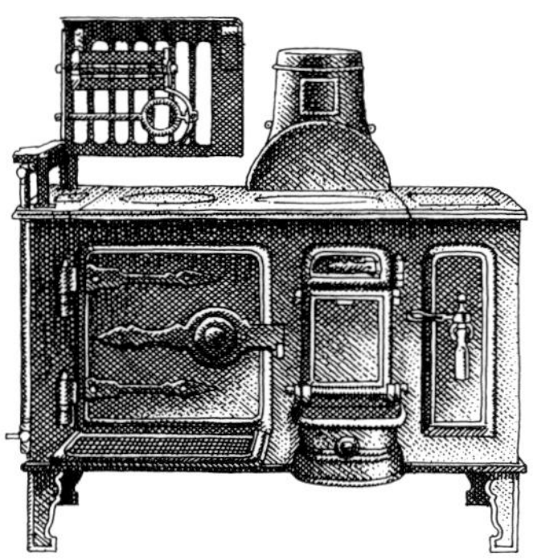

DIE MILCHWIRTSCHAFT

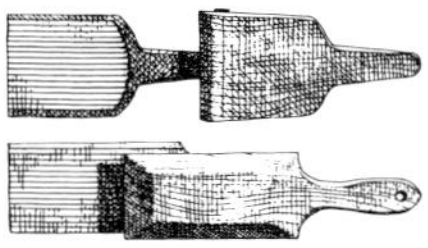

WASCHEN UND WÄSCHEPFLEGE

RUND UM DAS HAUS

SPINNEN, WEBEN UND HANDARBEITEN

SCHÖNES ZUHAUSE

EINFÜHRUNG

„Ich bin nur Hausfrau." Wie oft hören wir doch diese bedauernde Erklärung! Ich muß gestehen, daß ich mich jedesmal darüber ärgere. Nur eine Hausfrau ... Mir scheint es eher so, daß die Hausfrau einen der beiden nobelsten und vielseitigsten Berufe in unserer Gesellschaft ausübt. Der andere ist die Tätigkeit eines Bauern. Über welche Kenntnisse und Fertigkeiten muß eine Hausfrau nicht alles verfügen! *Nur* eine Schreibkraft – das wäre vielleicht noch eher angebracht. *Nur* ein Schriftsteller, nur ein Atomphysiker, nur ein Anwalt, nur ein Premierminister – das vielleicht auch noch. Jede Hausfrau sollte stolz sein, denn es gibt nichts Wichtigeres auf unserem Planeten.

Tünchen und Tapezieren des Heimes
Bei jedem Frühjahrsputz wurden früher die Zimmerdecken weiß getüncht. Die Wände dagegen wurden nicht so häufig gerollt oder tapeziert. Neue Tapeten klebte man in der Regel auf die alten auf. Der verwendete Leim war so stark, daß ein Ablösen der alten Lagen fast unmöglich war (siehe auch Seite 176).

Man könnte nun argumentieren, daß die Tätigkeit der Hausfrau in den letzten Jahrzehnten sehr abgewertet wurde. Heutzutage gibt es ja alle möglichen Fertiggerichte, die kaum noch eine Zubereitung erfordern. Und die modernen Wohnungen wurden häufig weniger im Hinblick auf Komfort oder gar Schönheit gebaut, sondern mehr nach dem Gesichtspunkt des rationellen Arbeitens. Aber solche Wohnungen sind doch meist öde und trostlos und verdienen kaum die Bezeichnung „Heim". Bedauernswert erscheinen mir die armen Menschen, die in ihnen leben müssen und die sich lediglich noch mit der Flimmerscheibe trösten können. Vielleicht gelingt es ihnen ja, wenn sie vor dem Kasten hocken und gebannt auf die bunten Bildchen vor sich starren, ihre trostlose Umgebung zu vergessen und sich einzubilden, sie lebten in Dallas.

Aber es gibt auch noch gemütliche Haushalte und Gott sei Dank echte Hausfrauen. Sie zu loben wurde dieses Buch geschrieben. Es beschreibt die Kunst der Haushaltsführung über die Jahrhunderte hinweg und ist doch weit mehr als Nostalgie. Zwar gibt es viele der hier beschriebenen Gegenstände und Tätigkeiten nicht mehr – leider, aber manches davon hat doch bis heute überlebt. Und manche alten Arbeitsvorgänge werden gegenwärtig sogar wiederbelebt, denn viele Menschen sind der Gleichförmigkeit unserer hochindustrialisierten Gesellschaft inzwischen überdrüssig geworden. Sie sind es müde, ein von Maschinen und Computern beherrschtes Leben zu führen, und haben herausgefunden, daß Kunstgalerien, Theater, öffentliche Büchereien, Einkaufszentren, Kneipen und auch Spielhallen – so interessant und nützlich sie im Einzelfall sein mögen – noch lange keinen Ersatz für ein wirkliches Zuhause darstellen. Sie sind es leid, in einer Wohnung zu leben, in der ein Fernseher den beherrschenden Mittelpunkt darstellt; denn sie haben herausgefunden, wie schön es sein kann, gemeinsam mit anderen vor dem flackernden Feuer des häuslichen Kamins zu sitzen.

Für diese Leute wird dieses Buch – das gemeinsame Werk vieler Männer und Frauen – von großem Nutzen sein. Es berichtet über unsere Vergangenheit, was ohnehin schon sehr nützlich sein kann; aber es soll damit auch Ideen für die Gestaltung der Zukunft vermitteln. Denn, so glaube ich, diese Zukunft kann nicht ausschließlich von Fertiggerichten, Knabberzeug vor dem Fernsehschirm und billigem Plastik bestimmt werden. Ob wir unsere Zukunft bewältigen werden, hängt nicht zuletzt davon ab, ob wir in der Lage sind, uns wieder ein gemütliches Heim zu schaffen.

Warum schreibt aber gerade ein Mann über Dinge, die doch überwiegend Frauen betreffen? Hätte eine Frau dieses Buch geschrieben, dann wäre es mit Sicherheit anders geworden. Es hätte vermutlich einen viel intimeren Einblick in die behandelten Themen vermittelt. Diese Dinge aber mehr von außen zu betrachten, hat auch seine Vorteile. Ich als Mann konnte, so meine ich, einerseits einen breiten Überblick über die behandelten Themen

geben und andererseits die familiäreren Details herausstellen. Möglicherweise ist es mir auch gelungen, den Beruf der Hausfrau besser zu würdigen, als es eine unmittelbar Betroffene fertiggebracht hätte. Denn eines kann ich versichern: Ich habe äußerste Hochachtung vor dieser verantwortungsvollen Tätigkeit, die so viel mehr Fähigkeiten und Fertigkeiten erfordert, als in fast allen anderen Berufen verlangt wird – und manche davon sind gar nicht leicht zu erwerben.

Reden wir über unsere Zivilisation, dann denken wir meist an solche Menschen wie Michelangelo, Shakespeare, Beethoven oder Einstein. Wir alle lobpreisen sie, die so viel zur Bereicherung unseres Lebens beigetragen haben. Aber was wären sie wohl gewesen ohne den Ausgleich eines gemütlichen Heims? Und was würden uns all die Dinge bedeuten, wenn wir noch so leben würden wie zu Zeiten Nebukadnezars oder gar wie die wilden Tiere, allerdings ohne deren natürliche Anmut und Würde? Alles, was die Menschen außerhalb ihrer vier Wände tun und leisten – auf dem Feld, im Wald, in der Fabrik oder im Büro, tief im Bergwerk oder auf hoher See –, geschieht doch eigentlich nur, um sich mit dem Notwendigsten und Wichtigsten für ein menschenwürdiges Leben auszustatten: für ein schönes und gemütliches Zuhause. Und wenn das nicht gelingt, was bleibt dann eigentlich noch übrig? Was immer ein ehrenwerter Mensch unternimmt, im Hinterkopf hat er dabei doch immer die Gedanken an den Fleck, wo er sich heimisch fühlt.

Unser Zeitalter hat uns ein größeres Angebot an Möglichkeiten beschert, die das Zuhause ersetzen sollen, als jedes andere zuvor: die billigen Selbstbedienungsrestaurants und Plastikbars mit ihren am Boden angeschraubten Hockern, auf denen sich die Gäste wie Hühner auf der Stange niederlassen müssen, um möglichst schnell ihr Essen hinunterzuschlingen. Kann man das noch Kultur nennen? Und spart uns dies wirklich Arbeit? Ich unterhielt mich vor Jahren einmal mit einer reizenden alten Dame aus einer englischen Grafschaft. Sie schilderte mir, wie in ihrer Jugend eine Arbeitswoche aussah: Am Montag wurde die Wäsche gewaschen, dienstags ging's zum Markt, um Eier und Butter zu verkaufen, am Mittwoch wurde Brot gebacken – und so weiter. „Bedeutete das nicht sehr viel Arbeit?" fragte ich. „Natürlich", entgegnete sie. „Aber niemand hat jemals behauptet, daß Arbeit etwas Schlechtes sei." Sie war eine der glücklichsten alten Damen, die ich in meinem Leben kennenlernte, und mit ihren achtzig Jahren noch immer so munter wie ein Fisch im Wasser.

Und was fangen die Leute eigentlich mit all der Zeit an, die sie angeblich dadurch sparen, daß sie sich nicht mehr so intensiv um ihren Haushalt kümmern müssen? Benutzen sie sie dazu, sich selbst oder ihre Umgebung zu verbessern? Das tun sie nicht, und zwar aus dem einfachen Grund, weil ihr Leben ohne ein gemütliches Zuhause unbefriedigend und unerfreulich ist. Lieber gehen sie jedem billigen Vergnügen nach, um ihre Langeweile zu bekämpfen. Sie hängen vor dem Fernseher herum oder fliegen an

Waschtag
Ehe es Waschmaschinen gab, bedeutete die wöchentliche Wäsche eine recht mühevolle Aufgabe. Für gewöhnlich fand sie montags statt. Die meiste Wäsche mußte im Waschzuber mit einem Wäschestößel bearbeitet werden. Dann wurde sie mit sauberem Wasser ausgespült und durch die Mangel gedreht, ehe man sie zum Trocknen aufhing. Die empfindlicheren Teile wurden von Hand mit Seife ausgewaschen. Viele Wäschestücke mußten anschließend noch gestärkt werden *(siehe Seite 90).*

die Costa Brava, wo sie dann dieselbe Sorte Selbstbedienungsrestaurants vorfinden, die sie daheim zurückgelassen haben. Mit anderen Worten, sie führen ein Leben, das man eigentlich nur barbarisch nennen kann.

Deshalb gebe ich jedem den Rat, sich wieder mehr mit jener Art Zuhause zu beschäftigen, das sich die Menschen in früheren Zeiten geschaffen haben. Wir alle können etwas davon lernen. Dabei werden wir feststellen, daß in der Zwischenzeit auch einige Dinge erfunden wurden, die uns tatsächlich Zeit und Arbeit sparen – Zeit, die wir für nützlichere Dinge verwenden können. So hat zum Beispiel der Staubsauger Gott sei Dank mit den Flöhen aufgeräumt. Und die Elektrizität, richtig und sparsam eingesetzt, ermöglicht es uns inzwischen, unseren Haushalt effektiver zu führen und unser Haus wohnlicher zu gestalten. Aber wir dürfen uns dabei nicht selbst hinters Licht führen: Arbeitssparende Geräte allein schaffen noch kein gemütliches Heim, das müssen wir schon selber tun. Und die Arbeit, die nötig ist, uns ein wohnlicheres Heim zu schaffen, ist nur dann lästig, wenn wir sie als lästig empfinden. Ich ärgere mich immer gewaltig, wenn ich mit ansehen muß, wie Mütter sich im Haushalt abrackern, während ihre Töchter mit sinnlosen Dingen ihr Leben vertrödeln. Aber es bereitet mir große Freude – und Ihnen sehr wahrscheinlich auch –, wenn ich eine Wohnung betrete, die tatsächlich noch ein gemütliches Heim ist, in der die Kinder fröhlich und geborgen aufwachsen. Dies bietet am ehesten die Gewähr dafür, daß sie sich später einmal selbst die gleiche Geborgenheit schaffen werden.

In den großen Zeitaltern der Menschheit wurde das Heim immer als etwas Heiliges betrachtet. Dieses Ziel müssen wir wieder zu erreichen suchen, oder die Menschheit hat keine Zukunft mehr. Ich bin sicher, daß Beecher und Stowe, die Verfasser des 1867 erschienenen Buches *The American Woman's Home,* mir darin zustimmen würden. Sie erklärten in der Einleitung dieses vorzüglichen Werkes, daß es ihre Absicht sei, „das Ansehen all der schwierigen Tätigkeiten zu heben, die für ein schöneres Familienleben ausgeübt werden, um damit zu erreichen, daß sie den angesehensten männlichen Berufen gleich geachtet werden".

Wir bezeichnen unsere Gattung als *Homo sapiens,* als vernunftbegabte Menschen. Welche arrogante und hochmütige Bezeichnung haben wir Männer damit für uns selbst und für diejenigen, die wir offensichtlich als unseren Anhang betrachten, gewählt.

Wäre es nicht angemessen, wir würden unseren Frauen den Gattungsbegriff „Heim-Werkerin" zuerkennen und uns selbst „Gefährten der Heim-Werkerinnen" nennen? Oder wie wäre es mit „Hausmann"? Genau das müssen wir Männer nämlich werden, sonst hat die Gattung *Homo sapiens,* davon bin ich überzeugt, keine Zukunft mehr.

Wieso behaupte ich, daß nur die Frauen in der Lage sind, intensiv genug in alle Geheimnisse der Haushaltsführung einzudringen? In der westlichen Welt gibt es heutzutage doch lautstarke Gruppen, die behaupten, daß es in diesem Punkt keinerlei Unterschiede zwischen dem männlichen und dem weiblichen Geschlecht gebe. Ich habe einmal eine Zeitlang in einer ländlichen Kommune gelebt, in der diese Ansicht gleichfalls vorherrschte. Dort mußten die Frauen hinaus aufs Feld und sich mit dem Traktor herumschlagen, während zur gleichen Zeit die Männer im Haus nichts als Unordnung anrichteten. Unser Hausschwein Esmeralda, das mit der Flasche aufgezogen worden war und das sich angewöhnt hatte, sich zur Essenszeit unter dem Tisch herumzutreiben, weigerte sich schließlich entschieden, überhaupt noch ins Haus hereinzukommen. Kein Zweifel, daß dies aus den gleichen Beweggründen geschah, die auch mich abstießen. Das Schwein hegte einfach höhere Ansprüche an den Ort, an dem es sich aufhalten wollte. Und unter diesem Mangel an der soliden Basis eines wohlgeführten Haushalts litt die ganze Farm. Die Kommune brach schließlich auseinander.

Es waren die Frauen, die es noch immer unter den schwierigsten Umständen – meilenweit entfernt von einer Wasserquelle oder dem Platz, an dem sie Brennmaterial finden konnten, gekettet an einen faulen oder trunksüchtigen Mann, gezwungen, ohne Unterstützung oder Hilfe eine große Kinderschar aufzuziehen – schafften, mit allen Problemen fertig zu werden. Ich bezweifle, daß Männer dies unter den gleichen Umständen fertiggebracht hätten. Männer mögen stark und klug sein, auch schöpferisch in ihren Ideen, aber sie sind einfach nicht mit dem Instinkt begabt, der eine gute Hausfrau dazu bringt, alles für ihre Familie einzusetzen. Ich habe natürlich auch manchmal Behausungen gesehen, die allein von Männern bewirtschaftet wurden, aber ein wirkliches Heim war niemals darunter.

Ich kann mir gut das Geschrei vorstellen, das sich mancherorts über diese meine Behauptungen erheben wird. Die meisten empörten Ausrufe werden so beginnen: „Dieser männliche Chauvinist will die Frauen wieder an den Küchenherd anketten!" Natürlich sollte in einem Haushalt jeder, dessen Nase über den Herd oder das Spülbecken hinausragt, auch einmal selbst dort stehen. Die Zeiten, in denen der Mann abends von der Arbeit nach Hause kam, sein Essen hinunterschlang, kräftig rülpste und sich dann vor den Fernseher hinlümmelte, ein Sechserpack Bierdosen in Griffweite, sollten möglichst bald der Vergangenheit angehören. Ein Mann, der sich so benimmt, ist es nicht wert, ein gemütliches Zuhause zu besitzen, und vermutlich besitzt er auch keines.

Vive la difference! Der Fehler, den man im Viktorianischen Zeitalter beging, war nicht etwa die Tatsache, daß man sich des Unterschiedes zwischen Männern und Frauen nicht bewußt war, sondern daß beide Geschlechter glaubten, das eine sei dem anderen überlegen. Männer und Frauen unterscheiden sich so, wie sich Äpfel und Birnen unterscheiden. Erst die Qualitäten beider Geschlechter zusammengenommen vermitteln der Menschheit die „Macht", die sie besitzt – nicht etwa die Macht, sich „die

Handarbeitskränzchen
Im vorigen Jahrhundert bekamen die Mädchen zur Hochzeit sehr oft Handarbeiten aus Textilien geschenkt. Besonders in Amerika kamen dafür die Frauen aus der ganzen Nachbarschaft zusammen, um gemeinsam solche teilweise sehr schönen und kostbaren Arbeiten, z. B. Quilts, anzufertigen.

Erde untertan zu machen", wie die männerdominierte Gesellschaft damals glaubte, sondern die Macht, die Erde friedlich zu hegen und zu pflegen, sie in einer Weise zu gestalten, die der alten Vorstellung vom Paradies sehr nahe kommen könnte.

Dieses Buch ist dem menschlichen Heim und seinen Gestaltern gewidmet. Es beschreibt einiges von den Mühen und dem Fleiß, der in den hinter uns liegenden Jahrhunderten darauf verwandt wurde, das menschliche Zuhause zur Basis unserer Zivilisation zu machen. Es ist das gemeinsame Werk eines Teams, das mindestens zur Hälfte aus Frauen bestand. Meinen Anteil an diesem Werk möchte ich in aller Ehrfurcht und Verehrung den Priesterinnen des häuslichen Herdes widmen.

DIE KÜCHEN-KÜNSTE

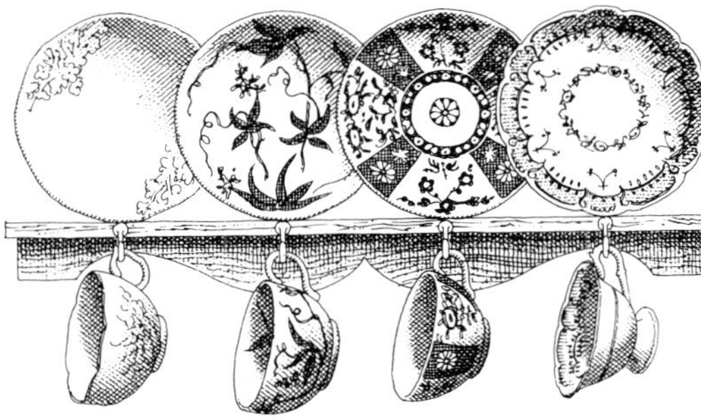

Vor einem halben Jahrhundert zeigte George Orwell sich entsetzt über die Degenerationserscheinungen, die er um sich herum registrieren mußte. „Wo sind die starken Männer meiner Kindheit geblieben, mit Brustkörben wie Fässer und mit Schnurrbärten, die wie Adlerflügel aussahen?" klagte er. Ja, wo sind sie nur geblieben! Auch ich erinnere mich sehr wohl an sie, aber ich bin nicht erstaunt darüber, daß sie aus unserer Gegenwart verschwunden sind, denn solche Männer können sich nun einmal nicht von Fertiggerichten und Plastikmenüs ernähren. Damit sie wachsen und gedeihen, bedarf es schon einer täglichen Portion Schweine-, Rinder- oder Hammelfleisch, dazu einer großen Schüssel frischer Salate, Obst, kräftigem Brot und mindestens einer Maß Bier; und dies alles muß von einer tüchtigen und erfahrenen Hausfrau zubereitet werden. Und die Zubereitung solch kräftiger Mahlzeiten erfordert natürlich auch viel Zeit. Während man zum Beispiel eine Schüssel Erbsen ausschotet, kann man nebenher nicht noch etwas anderes tun. Aber diejenigen unter uns, die das Privileg genießen, in einem Haushalt zu leben, der noch auf die gute alte Art geführt wird, wundern sich sehr wahrscheinlich öfter einmal darüber – während sie eine weitere kulinarische Mahlzeit konsumieren –, was die „moderne" Hausfrau wohl mit all der Zeit anfängt, die sie angeblich spart, und ob diese Zeitersparnis die Sache wohl wert ist. Denn, bei Gott, welch himmelweiter Unterschied besteht doch zwischen einer aus frischen Zutaten liebevoll bereiteten Mahlzeit und einem aus der Büchse stammenden aufgewärmten Schnellgericht!

SPEISEN VORBEREITEN

Die Küche in Viktorianischer Zeit
Die Küche war stets ein Ort zahlreicher Aktivitäten – der eigentliche Mittelpunkt des Hauses. Handelte es sich um eine große Familie, mußte sehr viel Arbeit aufgewendet werden, um die tägliche Hauptmahlzeit zuzubereiten, und alle Angebote zur Mithilfe wurden dankbar angenommen.

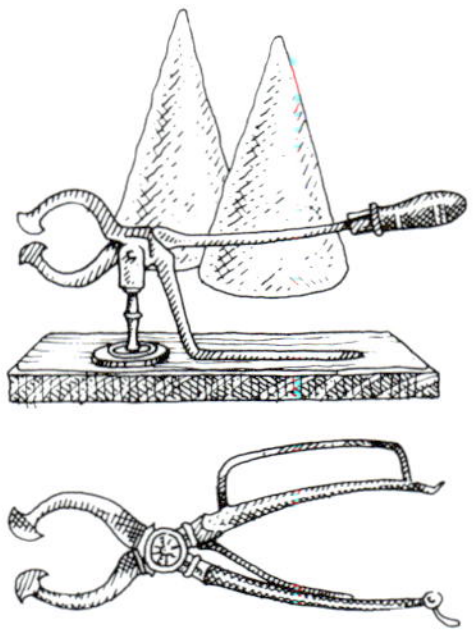

Zuckerzangen
Nach dem Raffinieren und Abklären wurde die Zuckermasse in konische Formen gegossen. Mit Zuckerzangen aus Metall – die größeren auch auf Holz montiert – wurden die Zuckerhüte zerbrochen. Dabei konnten sie mit Greifzangen festgehalten werden.

Der große, schwere, blankgescheuerte Tisch aus Großmutters Küche, aus solidem Buchenholz oder anderen hellen Holzarten getischlert, symbolisiert eindrucksvoll die Stabilität des Lebens auf dem Land vor der alles umstürzenden Zeit des Zweiten Weltkriegs.

Ich erinnere mich noch gern daran, wie auf einem solchen Tisch große Stücke Rindfleisch zum Braten vorbereitet wurden. Das fertig ausgelöste Fleisch, das man heutzutage einkauft, war in meiner Jugend noch unbekannt. Damals hing das Fleisch stets noch am Knochen. Und dann gab es neben dem Rindfleisch auch etwas so Vorzügliches wie Hammelfleisch, das man dem heute üblichen Lammfleisch vorzog.

Pudding als Vorspeise
Draußen auf dem Land wurde zum Roastbeef immer ein Pudding gekocht. Wie der Yorkshire-Pudding wurde er in vielen Höfen mit reichlich Soße als separater Gang serviert. Das Fleisch kam zuletzt auf den Tisch. Damit sollte sichergestellt werden, daß jeder Esser zuvor schon halbwegs satt war und so das Fleisch auch tatsächlich für alle reichte. Zur Zubereitung des Puddings kam eine große, glasierte Steingutschüssel auf den Tisch, sowie Schaufeln voller Mehl aus dem Mehlkasten und Dosen mit Backpulver. Danach mußte der Tisch wieder kräftig abgescheuert werden.

Eine weitere Großaktion, die auf dem Küchentisch stattfand, war das Gratinieren des Talgs, der aus der Bauchhöhle von Ochsen stammte. Er wurde vorwiegend zur Herstellung von Pasteten verwendet. Pasteten wurden in früheren Zeiten zu jeder Gelegenheit gemacht. Fast immer stand in der Speisekammer eine Wildpastete, die kalt gegessen werden konnte, wenn jemand hungrig nach Hause kam. Außerdem wurde der Rindertalg gerne zur Zubereitung eines vorzüglichen Fleischpuddings verwendet. Zu diesem Zweck wälzte man den ausgelassenen Talg in Mehl und gab etwas Wasser hinzu, um einen knetbaren Teig zu bekommen. Dieser wurde in eine Porzellanschüssel gedrückt. In die Mitte füllte man eine Mischung aus Fleisch und Zwiebeln, die man mit Teig abdeckte. Zum Schluß wurde die Schüssel mit dem Pudding in ein Tuch gewickelt und in kochendes Wasser gestellt. Der Fleischpudding, der dabei herauskam, war die Hauptmahlzeit für alle diejenigen, die bei Wind und Wetter schwere körperliche Arbeit leisten mußten. Seeleute, Fischer, Vogeljäger und Landarbeiter, die gerade im

Waagen
Jahrhundertelang kannte man fast nur die gleicharmigen Balkenwaagen. Bei ihnen wird der Unterschied zwischen dem Gewicht des (in der Schale am einen Arm des Balkens befindlichen) Wiegeguts und den Gewichten auf dem Teller am anderen Arm durch einen Pfeil in der Mitte angezeigt. Schwere Güter wurden mit einer Laufgewichtswaage gewogen, auf deren einem Arm Stahlgewichte verschoben werden konnten. Federwaagen mit Skalen wurden jahrhundertelang verwendet, seit Leonardo da Vinci sie erfunden hatte.

Winter mit harter Arbeit wohl versorgt waren, ernährten sich praktisch von ihm. Sie verließen sich auf ihren Haupt-Energielieferanten. Ich selbst habe oft einen dieser wundervollen Fleischpuddings in der Kajüte eines Fischerbootes im englischen Essex genießen dürfen.

Nachspeisen
Ehe der Zuckerpreis Ende des 18. Jahrhunderts bei steigendem Angebot fiel, wurde zum Süßen von Speisen oft Honig genommen. Der erhältliche Zucker war braun und noch mit Melasse versetzt. Deshalb mußte die Hausfrau ihn selbst raffinieren und abklären, ehe sie Stücke von den Zuckerhüten zur Verwendung bei Tisch abschneiden oder zum Kochen verwenden konnte. Zu diesem Zweck setzte sie dem unraffinierten Zucker geschlagenes Eiweiß und Wasser zu und ließ die Masse immer wieder aufkochen, wobei sie ständig den entstehenden Schaum abschöpfen mußte. War die Masse

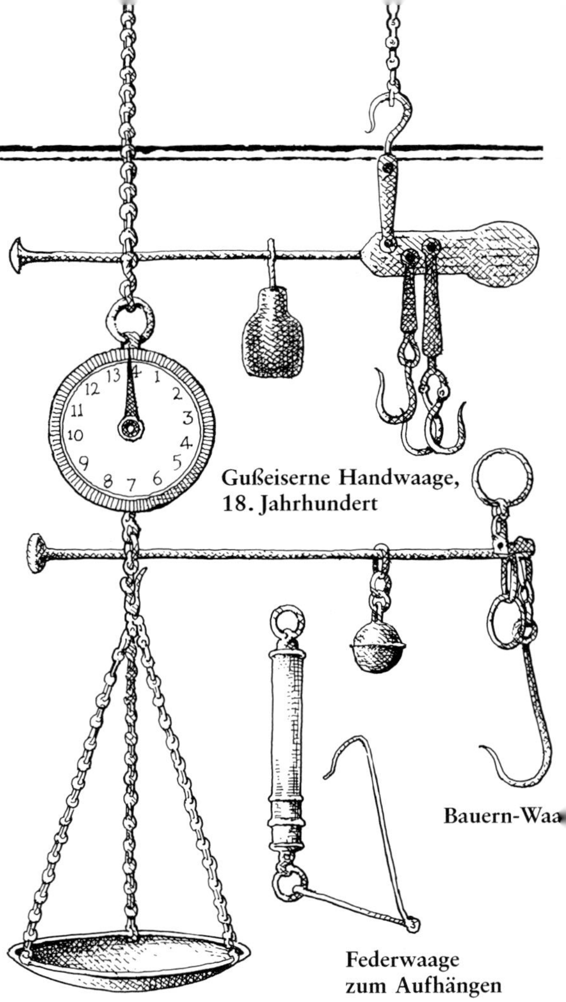

Gußeiserne Handwaage, 18. Jahrhundert

Bauern-Waa

Federwaage zum Aufhängen

Hängewaage, 18. Jahrhundert

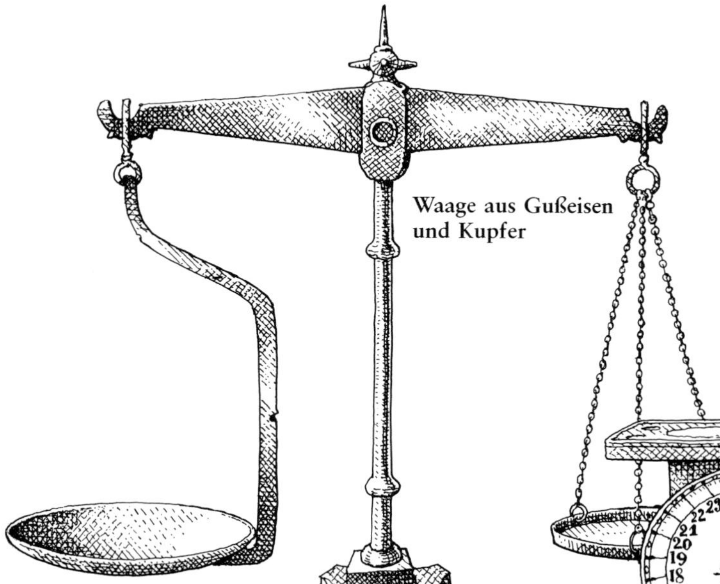
Waage aus Gußeisen und Kupfer

Tisch-Federwaage

Geschäfts-Waage, 19. Jahrhundert

Gewichte und Hohlmaße
An den Balkenwaagen verwendete man früher Eisengewichte mit angeschweißten Ringen. Die kegelförmigen und stapelbaren Gewichte wurden bei Hänge- und Tafelwaagen eingesetzt. Hohlmaße wurden nicht etwa nur zum Bestimmen von Flüssigkeitsmengen benutzt, sondern selbst Kartoffeln wurden früher oft in Gallonen (gut vier Liter) gemessen.

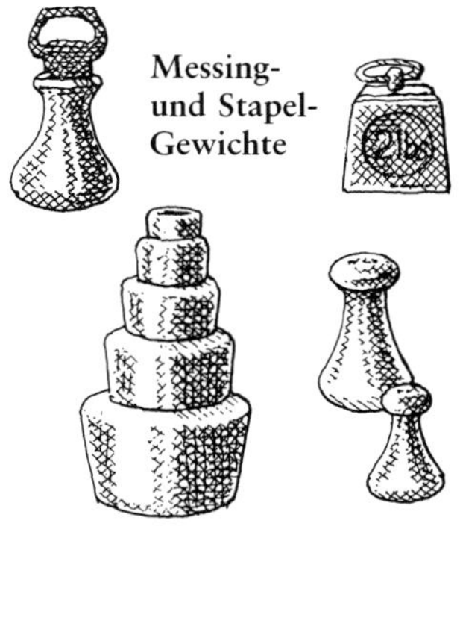
Messing- und Stapel-Gewichte

Englisches Hohlmaß

Irische Meßbecher (Baluster)

Meßbecher, 18. Jahrhundert

Holz-Meßbecher 18. Jahrhundert

endlich klar geworden, seihte sie sie ab und ließ sie danach noch einmal aufkochen. Vier Pfund Rohmasse ergaben für gewöhnlich ein Pfund Zucker. Zusammen mit Brotkrumen, Mehl, kleingehackten Datteln, Korinthen, Pfeffer, zerbröseltem Talg, Eiern und warmer Milch ergab das den Teig für einen wohlschmeckenden Pudding.

Die Hauptzutat für viele Nachspeisen war flüssige Sahne. Mit der Zugabe von Eiern entstand eine Eiercreme. Ein anderes Dessert bestand aus Sahne, Zucker und Rosenwasser, vielleicht noch etwas Ingwer. Mitte des 18. Jahrhunderts wurde in Frankreich die Herstellung von Meringen populär.

Hacken und Stampfen

Bis zum Ende des vorigen Jahrhunderts mußte die Hausfrau alle Zerkleinerungsarbeiten von Hand bewerkstelligen. Dafür wurden eine Menge der verschiedensten Hilfswerkzeuge erfunden, von einfachen Messern, Stampfern und Schneidgeräten bis zu handbetriebenen mechanischen Vorrichtungen zum Zerkleinern von Früchten und Lebensmitteln. Auch konnte Großmutter sich einer großen Auswahl der verschiedensten Reibeisen aus Weißblech bedienen, angefangen von den kleinen, flachen Reibeisen mit Deckel, mit denen die Muskatnüsse für den abendlichen heißen Trunk gerieben wurden, bis hin zu den großen, runden Reibeisen für die Brotkrumen.

Getrocknete Kräuter und Gemüse wurden in Mörsern aus Metall zerstoßen, denn es war jeder Hausfrau geläufig, daß Mörser aus Holz die verschiedenen Aromen aufnahmen und damit die individuelle Würzkraft beeinträchtigten. Zum Zerstoßen von Zuckerhüten dienten Mörser aus Alabaster oder Marmor. Der gebräuchliche Kartoffel- oder Zuckerstampfer hatte die Form einer Keule.

Aus Obst und Gemüse preßte Großmutter Säfte zum Kochen aus. Zitronenpressen wurden zunächst aus Hartholz hergestellt und hatten in der einen Hälfte eine Vertiefung zur Aufnahme der Frucht. Im 19. Jahrhundert wurden die Zitronenpressen dann perfektioniert. In die Vertiefung wurde ein Tonkegel eingesetzt, in die andere Hälfte kam eine durchlöcherte Platte. Die beiden Hälften der Presse wurden durch ein Scharnier miteinander verbunden. Jetzt brauchte man die Presse nur noch zu schließen, und der Saft floß heraus, ohne durch die Gegend zu spritzen. Schon früh gab es auch Siebe, Seiher, Filter und Trichter. Kartoffelschäler und Fruchtentkerner wurden aber erst im 19. Jahrhundert bekannt.

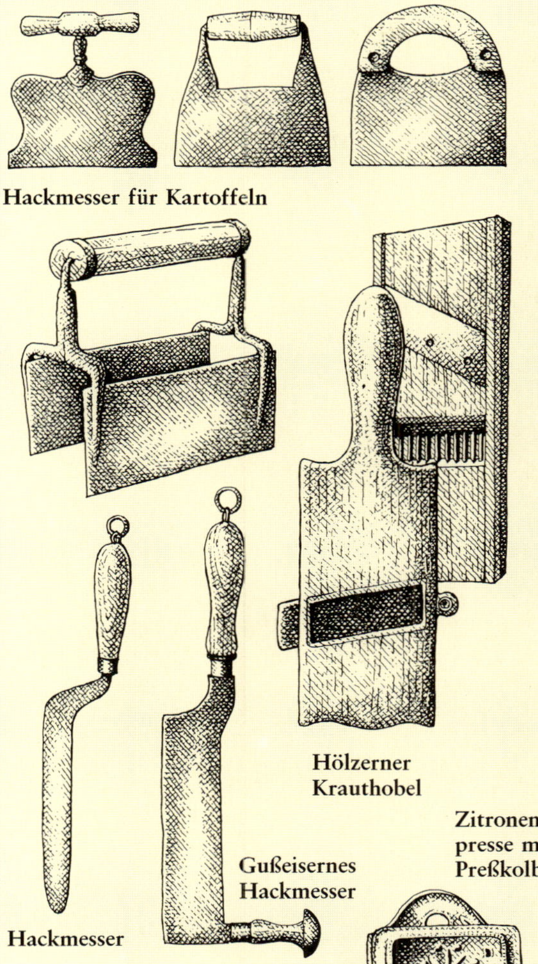

Speisenvorbereitung von Hand
Die Qualität von Schneid- und Hackmessern verbesserte sich wesentlich mit dem Fortschritt der Feinstahlindustrie im 18. Jahrhundert. Allerdings mußten die Klingen noch oft gesäubert und geschärft werden, damit sie nicht rosteten. Der rostfreie Stahl kam erst in den zwanziger Jahren dieses Jahrhunderts auf. Zitronenpressen wurden aus Holz, Eisen oder Aluminium hergestellt. Die einfachste Variante hatte die Form einer geriffelten Knolle, die in die halbierte Frucht hineingepreßt wurde. Zumeist bestanden sie aber aus zwei durch ein Scharnier miteinander verbundenen Hälften, deren eine die Zitrone aufnahm. Die komplizierteren Formen wurden mit einem Kolben betätigt. Reibeisen waren für gewöhnlich rund und mit einem Drahtrahmen versehen. Sie eigneten sich gut für das Reiben von Gemüse, Brot und Käse. Für Zitronenschalen wurden lieber Steingutreiben mit groben Reibflächen verwendet. Seiher wurden aus Weißblech, Aluminium oder Steingut hergestellt.

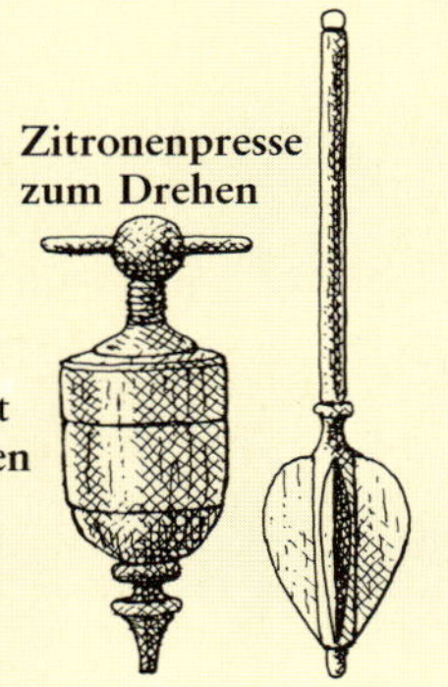

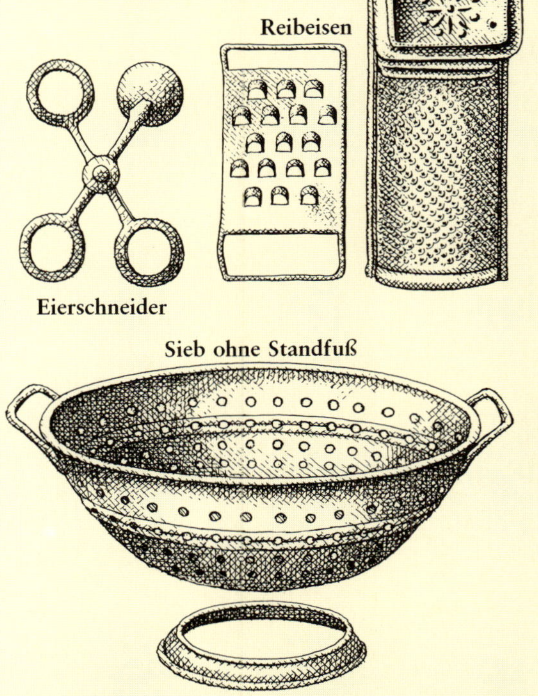

Handbetriebene Geräte
Von Hand betriebene Zerkleinerungs- und Mixgeräte gab es seit Mitte des vorigen Jahrhunderts. Drehte man die Kurbel, dann bewegten sich in einem runden Topf aus Weißblech zwei Schneidklingen auf und nieder, wobei der Topf rotierte. Im Jahr 1900 wurde eine Brotteigmaschine patentiert, bei der mit Drehen einer Kurbel der Teig mit Schaufeln durchgeknetet wurde. Eierschläger aus Gußeisen existieren seit Ende des 19. Jahrhunderts.

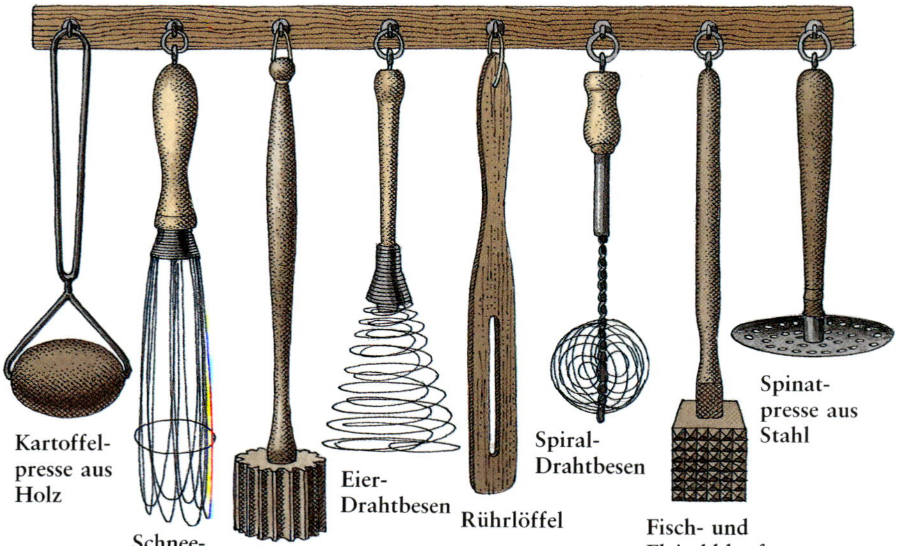

Küchengeräte zum Aufhängen
Mit einem Schaumschläger wurden Milch, Eier und Kakao geschlagen, ebenso Eiweiß für Puddings und Kuchen, ehe um die Mitte des 18. Jahrhunderts Drahtbesen für diesen Zweck aufkamen. Getrockneter Fisch oder Fleisch mußten eingeweicht und mit einer Art Holzhammer weichgeklopft werden. Gemüse wurde entweder mit einem hölzernen Stößel oder aber mit einer durchlöcherten Metallscheibe gestampft.

In meiner Jugendzeit wurde Hackfleisch niemals fertig vom Metzger geholt. Dafür gab es in jeder Küche einen Fleischwolf zum Durchdrehen. Spinat wurde mit einem Holzstößel durch ein Roßhaarsieb gepreßt.

Rühren und Schlagen
Bis zum Ende des 17. Jahrhunderts bestand die einzige Methode, Eier zu schlagen, darin, daß man sie mit einem kleinen Besen aus Birken- oder Weidenzweigen in einer Schüssel rührte. Damals tauchten die Kupferschüsseln auf, und die Hausfrauen fanden bald heraus, daß die geschlagene Eiermasse darin viel steifer wurde, wenn sie die Schüsseln über das Feuer hielten. Deshalb verzichteten sie für diesen Zweck mehr und mehr auf irdene Schüsseln. An die Zeit vor der Einführung der amerikanischen Eierschläger kann ich mich nicht mehr erinnern. Diese bestanden aus einem Stahlrahmen, in dem zwei ineinanderlaufende Schlagbügel rotierten, wenn man eine Kurbel drehte. Sie kamen im Jahr 1873 über den Großen Teich. Erinnern kann ich mich aber noch daran, wie erbost meine Mutter war, als sie entdecken mußte, daß die Köchin mit diesem Gerät Mayonnaise zubereitete. Wie barbarisch! Mayonnaise, so stellte meine Mutter klar, durfte ausschließlich in der alten Manier zubereitet werden: Öl und Essig in eine Schüssel geben und darin mit einer Gabel die Eier schlagen – und zwar immer fein im Uhrzeigersinn. Es in umgekehrter Richtung zu machen – davon war jedermann überzeugt – würde fatale Folgen haben. Allerdings empfahl die Grande Dame der feinen englischen Küche, für diesen Zweck einen Holzlöffel zu nehmen. In Maryland (USA), wo meine Mutter geboren wurde, nahm man aber dafür eine Gabel, und dies war in ihren Augen eben die einzig richtige Methode. Ich wage nicht, zu entscheiden, welche der beiden Damen in dieser Sache recht hat.

Kuchenteig
Als kleiner Junge pflegte ich, wenn Kuchen gebacken werden sollte, mich in die Küche zu schleichen und darum zu betteln, den restlichen Kuchenteig aus der Schüssel kratzen zu dürfen. Manchmal wurde dieses Privileg ohne Bedingung gewährt, gelegentlich mußte ich mir aber zuvor noch eine Belehrung darüber anhören, wie unverdaulich Kuchenteig sei. Ich habe allerdings nie Verdauungsschwierigkeiten bekommen. Hin und wieder war aber auch ein blankes Nein die Antwort auf meine Bitte. Dann galt es, schnell und verschlagen zu handeln. Der fertige Kuchen kam mir immer vor wie Flickwerk. Niemals schmeckte er gleich gut.

Gebäckherstellung
Die ersten Backwaren bestanden aus einem einfachen Teig aus Öl und Mehl, der in einer Holz- oder Steinzeugschüssel verrührt und mit einer Flasche ausgerollt wurde. Später ersetzte man das Öl durch Butter oder Schmalz und aß dieses Buttergebäck ohne eine Füllung.
Mitte des 17. Jahrhunderts war bereits schmackhaftes Blätterteiggebäck verbreitet. Dazu wurden Eier und Butter mit feingemahlenem Mehl gemischt. Den Teig teilte man in kleinere Stücke auf. Damals kamen auch die Teigroller in Gebrauch. Jedes Teigstück wurde gebuttert und mehrfach ausgerollt, so geriet der Blätterteig fein genug. Im 18. Jahrhundert stand bereits eine große Auswahl hölzerner Pastetenformen zur Verfügung. Holzreifen oder Metallbänder hielten die Pasteten und Torten beim Backen zusammen. Spornrädchen unterschiedlicher Größe und Dicke wurden benutzt, um den ausgewellten Kuchenteig in Stücke zu schneiden und den ungebackenen Schnittflächen eine gefällige Form zu verleihen. Gegen Ende des 18. Jahrhunderts wurden Gebäckformen und Kuchenplatten aus Weißblech allgemein bekannt.

Hölzernes Wellholz (Nudelholz)

Hölzernes Wellholz mit drehbaren Griffen

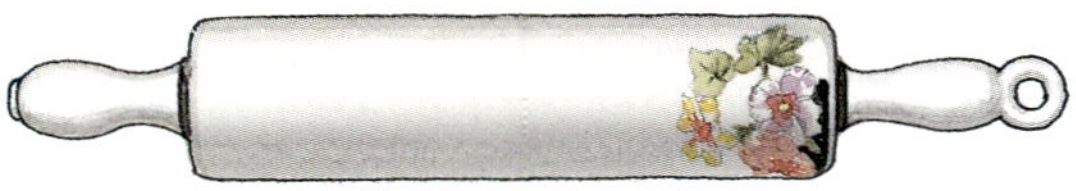

Wellholz aus Porzellan

Hölzerner Roller für Haferflocken

Wellholz aus „Nailsea“-Glas

Mehrfarbiges Wellholz aus „Nailsea“-Glas

Wellholz aus „Nailsea“-Glas mit übertragbarem Muster

Ausrollen und Ausformen
Die junge Frau oben benutzt einen Walker, eines der runden Well- oder Nudelhölzer, wie sie im 19. Jahrhundert in vielen Haushalten zu finden waren. Meist waren sie aus Ahornholz, das nicht abfärbt oder Lebensmittel verändert. Beliebt waren auch Teigroller aus „Nailsea“-Glas, das in farbigem Email gewälzt und danach wieder erhitzt und erneut geblasen wurde. So entstanden herrlich bunte Muster. Sie wurden in Glashütten nahe der Seehäfen hergestellt. Deswegen wurden sie gern von ausfahrenden Seeleuten ihren Liebsten als eine Art Liebespfand geschenkt. Oft waren diese Teigroller mit Salz gefüllt und wurden deshalb am Feuer aufgehängt, um das Salz trocken zu halten.

KOCHEN AM OFFENEN FEUER

Einige Jahre meines Lebens verbrachte ich im afrikanischen Busch. Meine Mahlzeiten bereitete ich mir damals in der Regel am offenen Feuer draußen im Freien. Dabei wurde Fleisch, meist von Antilopen, einfach aufs Feuer geworfen und ein paarmal mit einem Stock gewendet, damit sich die Poren schlossen. Anschließend wurde es in der Glut gebraten, wobei man es gelegentlich noch einmal wenden mußte. Fleisch, das auf diese Weise zubereitet wurde – unter Beigabe von etwas Salz lediglich –, war schmackhafter, als man es überhaupt beschreiben kann. Dagegen kommt nicht einmal der Braten des besten Küchenchefs der Welt an. Auf die gleiche Weise wurde auch mit Süßkartoffeln und Maiskolben verfahren. Dazu kamen dann noch Wurzeln und Knollen, die wir mit einem angespitzten Stock ausgegraben hatten. Sie wurden zum Braten einfach in die heiße Asche geworfen.

Das einzige gebräuchliche Koch-Utensil in jenem entlegenen Teil der Welt war ein dreibeiniger Eisentopf. Drei Beine mußte er haben, weil jedes Gerät mit vier Beinen auf unebenem Boden wackelt. Die Töpfe, die man in Europa im 18. und 19. Jahrhundert zum Kochen am offenen Herd verwendete, hatten aus dem gleichen Grund auch nur drei Beine. In Afrika wurde in solchen Töpfen das unvermeidliche *Ugali* zubereitet, ein dicker Brei aus gemahlenem Mais, der mit Wasser aufgekocht wurde. Brei ist die falsche Bezeichnung, denn das *Ugali* war fast so fest wie Brot. Es wurde mit den Fingern gegessen, gewöhnlich, nachdem man es in Bratensoße getunkt hatte, oder zusammen mit dem gebratenen Fleisch.

Offene Feuerstellen im Haus

Ich habe von den Feuerstellen im afrikanischen Busch erzählt, um eine Vorstellung davon zu

Hochgemauerte Feuerstelle
Mit der Verbreitung der aus Ziegelsteinen gemauerten Feuerstelle im 17. Jahrhundert verringerte sich die Gefahr, daß das offene Feuer sich ausdehnen konnte. Das Holz wurde unter dem Herd gestapelt.

Offene Feuerstelle aus Schottland (rechts)
Es hat lange Zeit gedauert, bis die Kohle ihren Weg ins schottische Hochland fand, aber Torf stand dort genügend zur Verfügung. Der Torf brannte auf einem eisernen Rost. Darüber hing an Kette und Haken ein großer Eisentopf.

Eiserner Mehrzwecktopf
In solch einem Topf konnte die gesamte Mahlzeit für die Familie zubereitet werden, und gleichzeitig spendete er noch heißes Wasser. Zum Beispiel wurde Schweinespeck in ein Leintuch gewickelt und auf den Boden des Topfes gelegt. Darüber kam ein durchlöchertes Holzbrett, auf das Krüge mit Geflügel und Fleisch gestellt und in Leintücher gefüllte Mehlspeisen und Gemüse gehängt wurden.

Offene Feuerstelle aus Amerika (rechts)
Bei dieser Technik hing der Kochtopf an einem verstellbaren Bügel über dem Feuer; daneben an einer sägeblattähnlichen Zahnstange mit Einhänghaken (siehe Seite 29) der Wasserkessel.

vermitteln, wie sich das Kochen und Braten unter solchen Umständen bewerkstelligen läßt. Bei trockenem Wetter geschah dies immer im Freien. Regnete es aber in Strömen, dann mußte sich alles in die Lehmhütten verziehen. Dort wurde das Feuer auf dem gestampften Erdboden angezündet. Natürlich gab es keinerlei Rauchabzug.

Auch im alten angelsächsischen Bauernhaus wurde das Holz- oder Torffeuer mitten auf dem Boden entfacht. Manchmal bohrte man ein Loch in das Strohdach, aus dem der Rauch abziehen konnte, meist mußte er sich aber selbst seinen Weg suchen. Noch im 19. Jahrhundert gab es in abgelegenen Gegenden Europas Häuser ohne Schornstein. Heute können wir sie nur noch in Freilichtmuseen besichtigen.

Kochgeräte mit langen Griffen
Das Ausschöpfen, Schaufeln, Abschöpfen, Umwenden und Schüren am Feuer geschah mit langgestielten Geräten. Ansonsten hätte man sich leicht am Feuer versengt. Jahrhundetelang waren Unfälle am Herd nach dem Tod im Kindbett die verbreitetste Todesart bei Frauen. Erst mit dem Aufkommen des geschlossenen Küchenherdes (siehe Seite 31) wurde diese Gefahr gebannt.

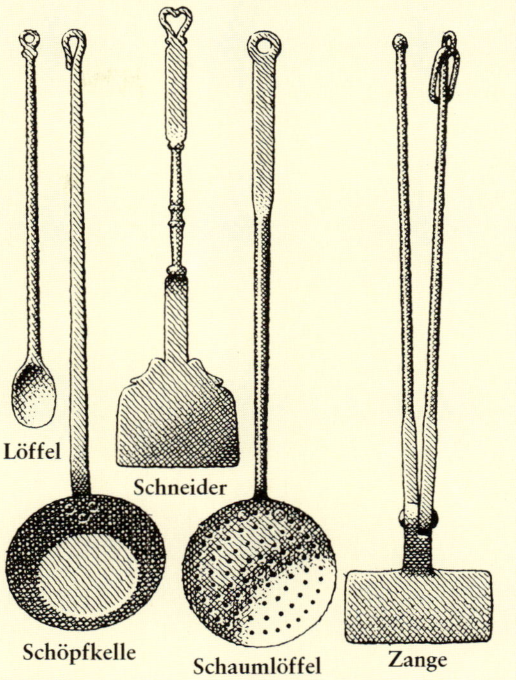

Der Rauchfang

Die Ausbreitung des Rauchfangs im 14. Jahrhundert ließ das Kochen und Braten zu einer wesentlich angenehmeren Angelegenheit werden, da sich seitdem ein Auge aufs Essen werfen ließ, ohne im Qualm fast zu ersticken. Die

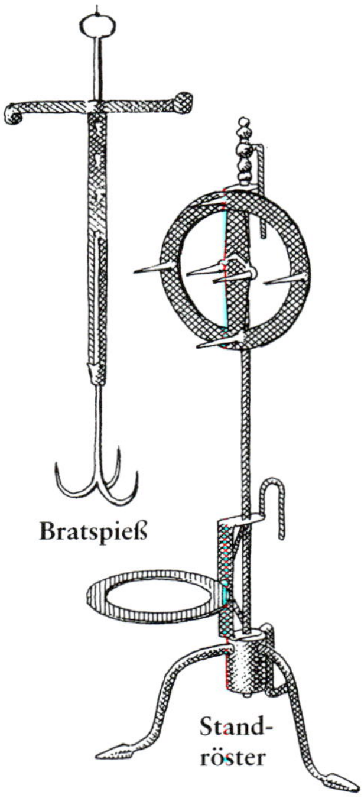

Bratspieß

Standröster

Bratmethoden
Anstatt das Fleisch auf einem waagerechten Spieß zu braten, ließ sich dazu auch ein sogenannter Standrost einsetzen. Dazu mußte das Fleisch lediglich an den Haken des Bratrostes, der aus Eisen oder Stahl bestand, festgemacht und dieser vor das Feuer gestellt werden. Unter dem Rost war eine Tropfschale für das Fett angebracht. Bei kleineren offenen Feuern wurden meist drehbare Bratspieße genommen. Mit der Einführung der Kohle als Brennmaterial wurden diese Spieße ebenso gebräuchlich wie die Standröster. Sie wurden mit dem Fleisch über das Feuer gehängt oder vor die enge Rostöffnung gestellt, dann wurden sie gedreht. Um der Drehung Schwung zu verleihen, hängte man Gewichte an den Spieß. Kompliziertere Ausführungen der Spieße wurden sogar selbsttätig durch ein spezielles Räderwerk angetrieben.

Feuerstelle rückte immer mehr von der Mitte der Hütte an eine der Seiten, wo das Feuer aber nach wie vor auf dem Boden oder auf einer Unterlage aus Steinen entzündet wurde. Das meistgebräuchliche Brennmaterial war bis ins 19. Jahrhundert hinein Holz. In moorigen Landschaften aber auch Torf.
In den Häusern der wohlhabenderen Bauern, in Gebieten, in denen Torf verfeuert wurde, gab es (und gibt es manchmal heute noch) eine Vorrichtung, die in Irland *Fanner* genannt wurde. Sie diente zum Entfachen des Feuers und bestand aus einer zentrifugalen Luftpumpe, die an einer Seite der Feuerstelle oder des Herdes befestigt war und durch eine Kurbel betätigt wurde. Die Luft lief durch ein Rohr unter den Dielen hindurch und entwich durch ein Loch im Herdboden. Die Hausfrau mußte also nur die Kurbel ein paarmal drehen, und schon stand die Torfglut wieder in hellen Flammen. Die meisten dieser kleinen Vorrichtungen stammten aus einer englischen Gießerei in Wexford. Im 17. Jahrhundert wurde dann das Brennholz allmählich knapp, und so begann die Kohle dessen Platz einzunehmen. Kohle benötigt zum Brennen Zugluft von unten. Deshalb kamen gegen Ende des 17. Jahrhunderts Eisenkörbe in Gebrauch, in denen die Kohlen in einem gewissen Abstand über dem Boden des Herdes glühen.

Das Sieden
Kochen hieß früher meist Sieden. So standen oder hingen stets größere Wasserkessel oder Töpfe auf dem Feuer. Später dienten hierfür eine Eisenkette oder ein Eisenstab, die an Querbalken aus Holz oder Eisen befestigt waren. Seit der Mitte des 18. Jahrhunderts ließ sich die Höhe der Töpfe über dem Feuer durch Haken mit einem Sägeblatt verändern. Eine verbesserte Vorrichtung, der schwenkbare Kochgalgen, wurde Ende des 18. Jahrhunderts erfunden. Mit seiner Hilfe konnte die Köchin die Position des Kessels über dem Feuer verändern. Ich lebte lange Jahre in einem Haus mit einem wunderschönen und sehr nützlichen Kochgalgen am offenen Herd. Damit ließ sich der Kochtopf vom Feuer wegziehen und sein Inhalt ohne Rauchbelästigung umrühren.
In dem über dem Feuer hängenden großen Kessel konnte eine komplette Mahlzeit zubereitet werden, sofern die einzelnen Gänge zu verschiedenen Zeitpunkten hineingegeben wurden und sie getrennt blieben. Unsere Nachbarn in Wales hatten die Angewohnheit, alles Fleisch zu kochen. Ihr Hauptgericht war das *Cawl*, ein Eintopf aus Hammelfleisch, Schweinespeck und Porree.

Schwenkbare Kaminsägen

Die zuerst benutzten Kesselschwingen ließen sich nur in einer Richtung bewegen. Sie bestanden aus einer Stange, die waagerecht an einem senkrechten Eisenpfosten hing, der wiederum an einer Seite der Feuerstelle befestigt wurde. Der Kessel hing an dieser Stange, die sich im Winkel von 90 Grad drehen ließ. Dadurch kam die Hausfrau bequem an den Kessel und konnte gleichzeitig die Zufuhr von Wärme zum Kessel regulieren. Aus dieser einfachen Ausführung entwikkelten sich später die schwenkbaren Kaminsägen, die sich in mehrere Richtungen bewegen ließen – auch die Kessel ließen sich höher oder tiefer hängen bzw. hin und her schieben.

Das Braten

Eine weitverbreitete Methode, Fleisch am offenen Feuer zu braten, war das Rösten am Spieß. Das Fleisch wurde dazu meist waagerecht am Spieß über das Feuer gehängt, der Spieß wurde von schmiedeeisernen Füßen gestützt („Bratbock"). Bei einem Kohlenfeuer legte man das Fleisch auf die Roststangen. Andererseits konnte es auch mit einem Haken an einem Querbalken im Rauchfang zum Rösten aufgehängt werden. Bei uns zu Hause wurden Hühner, Enten, Gänse und bei besonderen Gelegenheiten auch einmal ein Ferkel oder ein Lamm am Spieß gebraten. Dieser Spieß mußte regelmäßig gedreht werden, was meine Aufgabe war. Darüber hinaus wollte das Fleisch regelmäßig mit Fett begossen sein. Mit einer Schüssel darunter wurde das Fett aufgefangen. Die Zeitdauer, die das Braten am Spieß in Anspruch nahm, pflegte ich nach der Zahl der Flaschen Wein zu messen, die ich währenddessen leerte. So war zum Beispiel eine Gans ein Vier-Flaschen-Vogel.

In drei Richtungen verstellbarer Kochgalgen

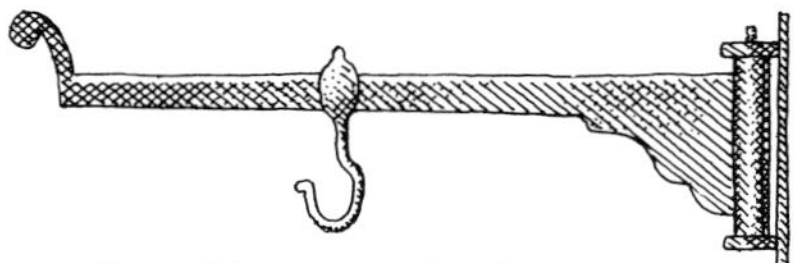

Schwenkbarer Kochgalgen

Stehender, in drei Richtungen verstellbarer Kochgalgen

Seit dem 18. Jahrhundert gab es zwei Arten mechanischer Vorrichtungen zum Drehen des Spießes: den Aufzieh- und den Rauchwender. Der Aufziehwender („Zugbräter", „Gewichtsbräter") verfügte über ein Zug-Gewicht, das an einem Seil oder einer Kette hing. Dieses Gewicht trieb Zahnräder an, die dann den Spieß drehten. Den Rauchwender („Windbräter") hängte man in den Rauchfang über das Feuer. Die aufsteigende heiße Luft trieb einen Ventilator an, der seinerseits über ein Stangen- oder Räderwerk den Spieß in Bewegung setzte. Im 19. Jahrhundert kamen weitere Apparaturen hinzu, die besonders für das Feuer in den Kohlekörben geeignet waren. Viele von ihnen wurden durch ein Zahnradsystem angetrieben. Bei dem *Bottlejack,* einem flaschenförmigen Bratenwender, wurde das Fleisch senkrecht angehängt und erst in die eine, dann in die andere Richtung gewendet, um es gleichmäßig zu rösten.

Im 18. Jahrhundert kamen auch die sogenannten Ofenschirme auf. Sie wurden vor das zu bratende Fleisch gestellt, um die Hitze zu reflektieren und das Fleisch gleichzeitig vor Zugluft zu schützen. In der Viktorianischen Zeit entwickelten sich daraus wunderschöne Schirme aus Weißblech, die auf kunstvoll geschmiedeten Füßen standen. Meist schlossen sie die ganze Herdfront ab und verfügten über ein kleines Türchen, durch dessen Öffnung sich das Fleisch beträufeln ließ. Sie waren die Vorläufer der sogenannten Hastener (siehe Seite 32).

Grillen und Rösten

Fleisch und Fisch konnten auch auf Gittergestellen gegrillt werden. Diese Roste bestanden aus Eisenstäben mit einem langen Griff. Weiter gab es eine große Auswahl an Röstgeräten für Brot, Käse und Fleischscheiben. Verbreitet waren Standröster mit Zinken, die man auf verschiedene Höhen einstellen konnte. Daneben gab es noch die herkömmlichen Röstgabeln.

Flache Brotlaibe und Haferkuchen wurden auf randlosen Pfannen mit Stiel oder Henkel oder sogenannten Backsteinen, die über dem Feuer hingen (siehe Seite 35), gebacken. Normales Brot buk man für gewöhnlich in einem kuppelförmigen Backofen, der in die Wand seitlich des Herdes eingebaut war. Es ließ sich aber auch in einem tragbaren Behälter mit Deckel backen, indem das Ganze in die heiße Asche eines offenen Feuers gelegt wurde. Diese Methode wurde in den Gegenden mit Torf als Brennstoff bevorzugt (siehe Seite 35).

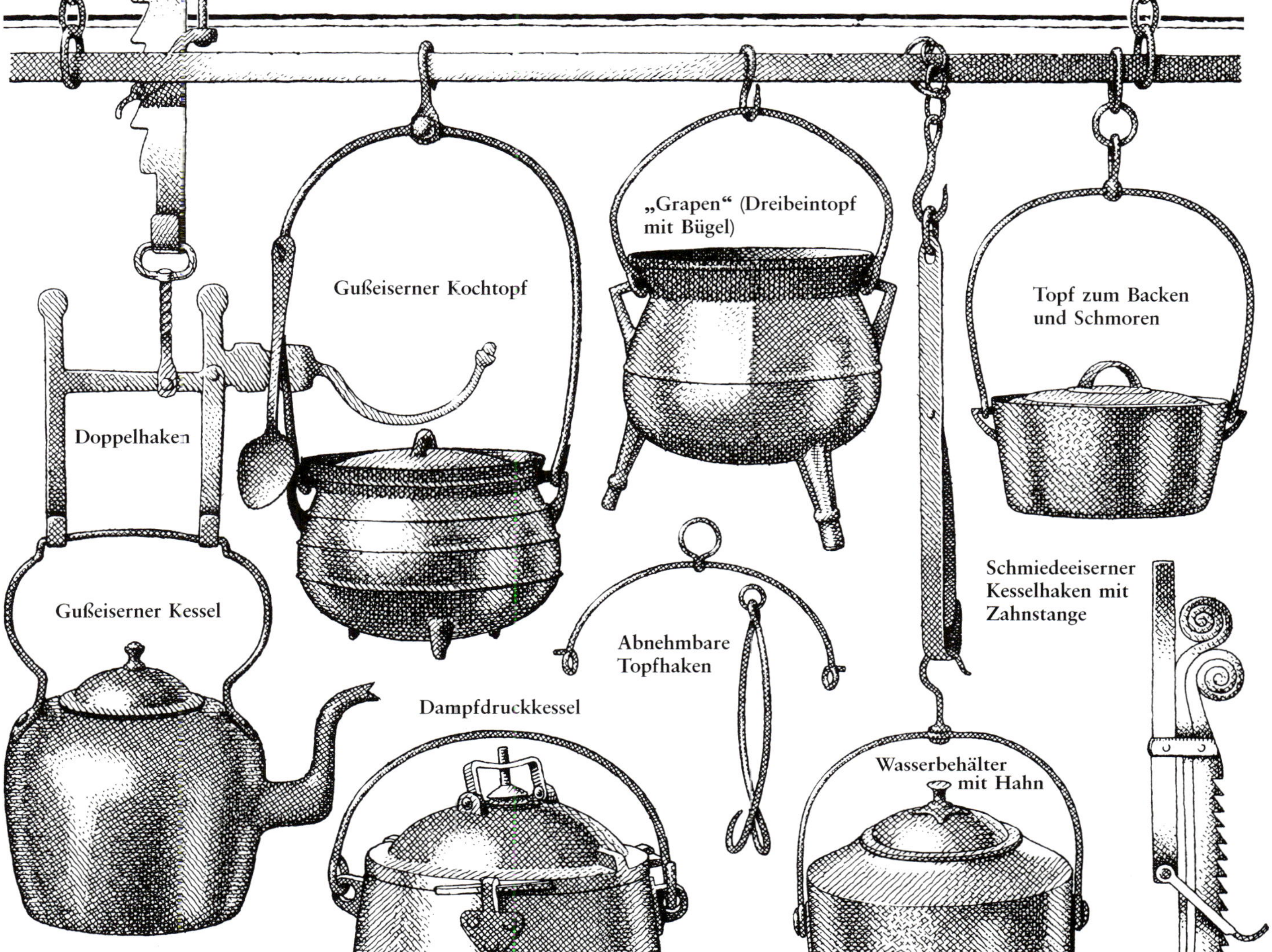

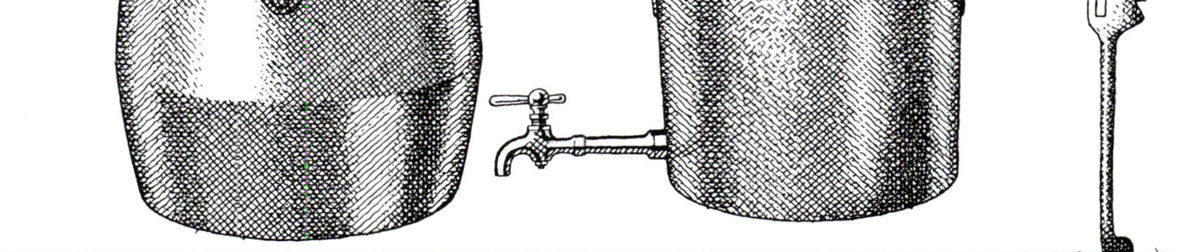

Kochtöpfe und andere Küchengeräte
Kochtöpfe für den Gebrauch am offenen Feuer wurden meist aus Gußeisen, Messing, Bronze oder Kupfer hergestellt. Die meisten großen Koch- und Backgefäße wurden über dem Feuer aufgehängt und verfügten deshalb über starke Henkel und Griffe, mit denen sie an einer Eisenstange oder einem Galgen hingen. Mit Hilfe eines Ausgusses konnten die Töpfe geleert werden, ohne sie abzunehmen. Der erste Dampfkochtopf wurde 1682 von dem Franzosen Denis Papin erfunden. Er war unter der Bezeichnung Digester bekannt und verfügte über einen dichtschließenden Deckel und ein Sicherheitsventil.

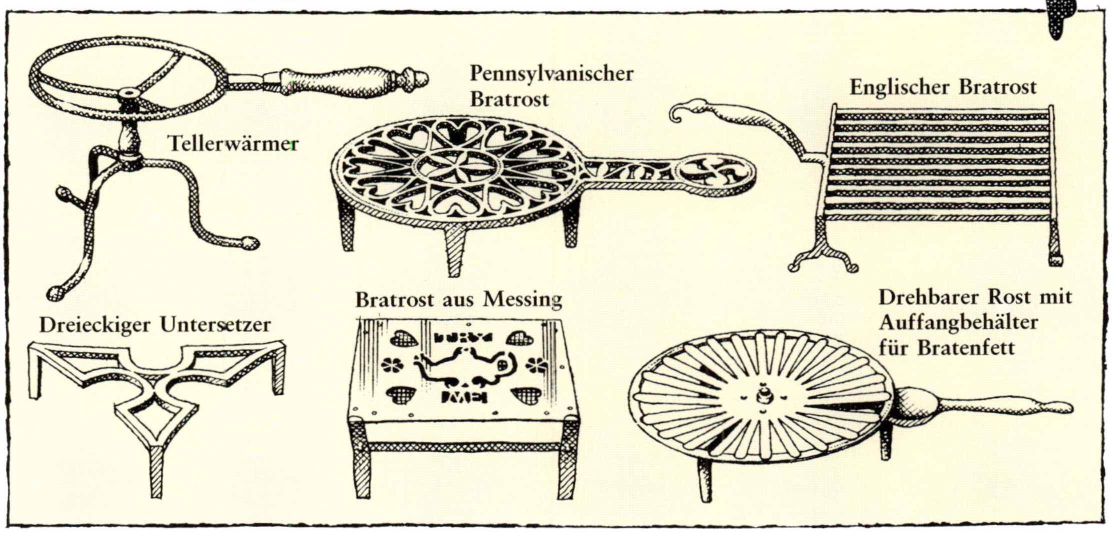

KOCHEN AM HERD

Kochen am offenen Herd
Die ersten offenen Herde bestanden einfach aus einer gußeisernen Röhre mit eigenem Rost und Rauchabzug, die an einer Seite der Feuerstelle eingebaut waren. Anfang des 19. Jahrhunderts gesellte sich dann noch ein Warmwasserboiler hinzu, wobei Ofen und Boiler von der Mitte aus beheizt wurden. Der Warmwasserkessel reichte oft im Winkel um die Rückseite des Herdes herum.

Der große Küchenherd ist ein Kind des Kohle- und Eisen-Zeitalters im 18. und 19. Jahrhundert. Zu Beginn des 19. Jahrhunderts war die Methode entdeckt worden, wie sich bei Verwendung von Koks eine gute Gußeisenqualität herstellen ließ. Das machte unabhängig von den nachlassenden Lieferungen an Holzkohle, mit deren Hilfe nur ein sehr sprödes Gußeisen zu erzeugen war. Dadurch stand plötzlich sehr viel Eisen von guter Qualität zur Verfügung, so daß große Gußstücke hergestellt und weithin billig verkauft werden konnten. Zur gleichen Zeit löste die Kohle auch das Holz als bevorzugtes Brennmaterial ab, was die Entwicklung des Feuerrostes bedingte. Freistehende Roste kamen im 18. Jahrhundert auf (siehe Seite 26). Bald wurden sie in die Feuerstellen eingebaut und mit eisernen Einsätzen, das waren Platten oder Roste, umgeben, auf die man die Töpfe und Pfannen stellen konnte. So wurde der offene Küchenherd geboren.

Offener Torfherd

Offener Kohleherd mit Ofen und Boiler(Schiff)

Der offene Küchenherd
Im Jahr 1780 entwarf Thomas Robinson den ersten offenen Küchenherd. In seiner Mitte befand sich ein Kohlenrost, daneben an der einen Seite ein gußeiserner Ofen mit einer Tür mit Scharnieren und an der anderen ein eiserner Behälter für heißes Wasser. Auf dem Rost war ein Dreifuß angebracht, den man als Untersatz für einen Topf oder eine Pfanne aufklappen konnte.
Einer der großen Nachteile dieses Herdes war, daß die Speisen, die im Ofen zubereitet wurden, auf der feuernahen Seite leicht anbrennen konnten, während sie auf der anderen Seite kaum gar wurden. Glücklicherweise wurde dem bald abgeholfen. Um den Ofen herum wurden Warmluftkanäle angelegt, die für eine gleichmäßige Hitze sorgten. Der offene Herd hatte aber auch noch einen anderen Nachteil. Er verbrauchte große Mengen Kohle und verbreitete eine unerträgliche Hitze in der Küche. Zwar halfen bald Zugregler die Hitze zu kontrollieren, trotzdem waren diese Herde nicht sehr wirtschaftlich. Der Rost konnte sogar so heiß werden, daß seine Stäbe zu schmelzen begannen!

Der geschlossene Küchenherd
Seit den vierziger Jahren des vorigen Jahrhunderts setzten sich dann überall geschlossene Küchenherde durch. Sie hatten über dem Feuerschacht eine Herdplatte mit herausnehmbaren Ringen für Töpfe und Pfannen. Ihre Front war mit Platten verkleidet, die sich abnehmen ließen, wenn man vor dem Feuer Fleisch grillen wollte oder nach dem Kochen die Küche geheizt werden sollte. Später wurden diese Platten durch eine eiserne Tür ersetzt, und schließlich war das Feuer ganz von Eisenelementen umgeben. Auf beiden Seiten des Herdes befanden sich Backröhren unterschiedlicher Ausführung, oder aber es war auf der einen Seite ein Backofen und auf der anderen ein Warmwasserbehälter angeschlossen. Mit einem System von Abzugsschächten und Zugklappen, das laufend verbessert wurde, wurde die Temperatur von Backofen und Boiler geregelt. Damit hatte auch die letzte Stunde für alle rußverschmier-

Der geschlossene Küchenherd

Im Jahre 1802 bekam der Brite George Bodley ein Patent für einen geschlossenen Küchenherd. Ähnlich wie bei Robinsons offenem Herd (siehe Seite 30) reduzierte er die Größe des offenen Rostes und bedeckte das Feuer mit einer gußeisernen Herdplatte. Zwischen Feuerrost und Backofen wurden Schamottesteine gelegt, um die Hitze von dieser Seite etwas abzuschirmen. Dafür wurde mit Warmluftkanälen ein Teil der Hitze zur anderen Seite des Backofens gelenkt. In den zwanziger Jahren des vorigen Jahrhunderts begann William Flavel, ebenfalls ein Engländer, mit der Herstellung seiner Patent-Küchenherde, die er *Kitcheners* nannte. Diese Bezeichnung bürgerte sich bald allgemein in England ein. Der geschlossene Herd war weitaus wirtschaftlicher als der offene, da ein Großteil der Hitze nicht mehr einfach durch den Abzug entweichen konnte. Die Töpfe und Pfannen standen jetzt auf der sauberen Herdplatte, so daß sich Kesselschwingen und Dreifüße erübrigten. Das Fleischrösten vor dem Feuer mit Hilfe des *Hasteners* war bei den geschlossenen Küchenherden nur noch möglich, wenn der Feuerschacht vorne offen war und der Rost nach unten verstellt werden konnte, damit das Feuer größer wurde. Für die ganz geschlossenen Herde wurden Spezialöfen geliefert, in denen dafür genügend Heißluft zirkulieren konnte.

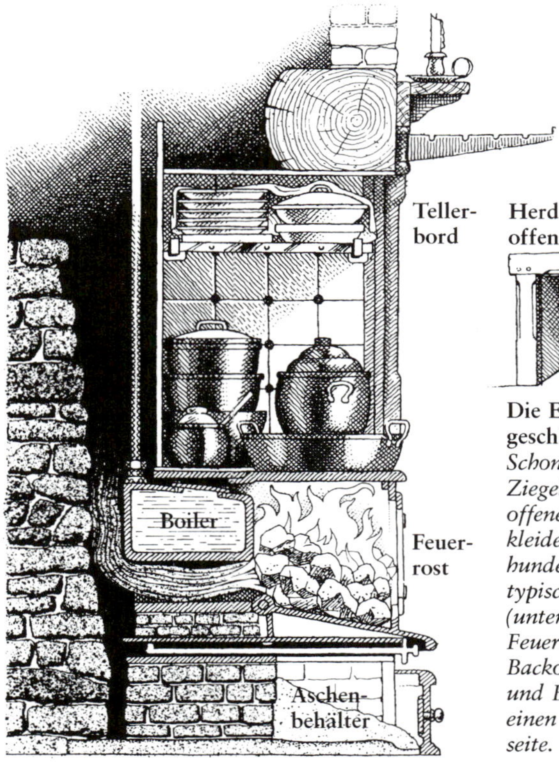

Herd in einem ehemals offenen Kamin

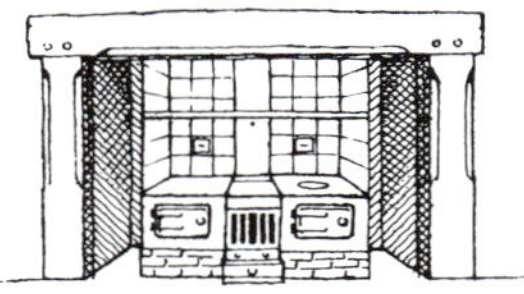

Die Entwicklung des geschlossenen Herdes
Schon früh wurden mit Ziegeln und Kacheln offene Feuerstellen verkleidet. Ende des 19. Jahrhunderts verfügte der typische Küchenherd (unten) auf jeder Seite des Feuerschachts über einen Backofen – zum Backen und Braten – und über einen Boiler an der Rückseite.

Fleischbraten in einem Hastener
Nach dem Drehspieß, dem Standröster (siehe Seite 26) und dem Röstschirm kam der sogenannte ***Hastener*** *auf. Er bestand aus einem dünnen Blech, wurde vor dem Kohlenrost aufgestellt und war so geformt, daß er die Hitze, in der das Fleisch geröstet wurde, verstärkte. Das Fleisch hing auf einem Drehspieß, der von einem* ***Bottlejack*** *gewendet wurde. Die sogenannten Hollandöfen verfügten auf der Rückseite über ein Türchen, durch das das Fleisch mit Fett begossen werden konnte.*

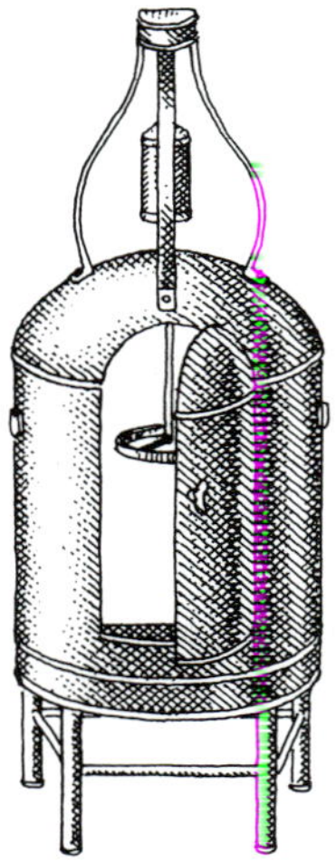

ten Töpfe geschlagen. Die Kochtöpfe hingen nun nicht mehr an Haken und Kochgalgen über dem offenen Feuer, sondern standen auf der geschlossenen Herdplatte. Dort konnten sie, falls erforderlich, auch glühend heiß werden. Noch später wurden dann in die Herdplatte kreisrunde Ausschnitte integriert. Ihre Abdeckringe ließen sich herausnehmen, falls der Kochtopf zum schnellen Erhitzen direkt über der Flamme stehen sollte.

Die Herdpflege

Der geschlossene Küchenherd machte die Küche zu einem viel saubereren Arbeitsplatz als zuvor. Jetzt flogen keine großen Rußflocken mehr umher, und auch die Töpfe waren nicht mehr länger schwarz vor Ruß. Aber natürlich blieb noch Ruß vorhanden – nämlich im Rauchfang, und dieser mußte jetzt häufiger als früher gereinigt werden. Auch das komplizierte System der Abzugskanäle und Regelklappen im geschlossenen Herd mußte des öfteren gesäubert werden. Das war die Aufgabe der bedauernswerten Köchin, sofern ihr kein Küchenmädchen zur Seite stand, das ihr diese Aufgabe abnehmen mußte. Ich erinnere mich noch gut an all die Köchinnen, die es in meiner Jugend zu Hause gab. In der Regel waren es große, mütterlich rundliche Frauen mit kräftigen, meist nackten Armen. Hinter ihrer etwas barschen Art verbarg sich aber oft ihre Freundlichkeit. Die Köchinnen wurden immer Frau Soundso genannt, obwohl sie meist nicht verheiratet waren. Dagegen wurden die anderen Hausgehilfinnen, die meist nicht so kräftig gebaut waren, immer mit ihrem Vornamen gerufen, egal, wie alt sie waren.

Das offene Feuer in der Küche konnte wochenlang in Gang gehalten werden, indem man vor dem Schlafengehen große Holzklötze hineinwarf; die Glut im Küchenherd aber erlosch über Nacht. So mußte also die Köchin, ehe sie am Morgen Wasser für den Tee aufsetzen konnte, erst einmal den Herd säubern, die Herdplatte schwärzen und polieren und dann das Feuer wieder anzünden. Sobald das Feuer brannte, verwandelte es die Küche aus einem kalten, freudlosen Raum schnell in den gemütlichsten Ort im ganzen Haus.

Der Gasofen

Drei Faktoren ließen nach anderthalb Jahrhunderten den großen Küchenherd verschwinden. Der erste Grund war die weitverbreitete Einführung des Stadtgases. Zunächst bot eine Vielzahl von Privatunternehmen das seit den achtziger Jahren des vergangenen Jahrhunderts aus Kohle erzeugte Gas in den Städten und

Neuzeitliche Weiterentwicklungen
Mitte des vorigen Jahrhunderts kam der Gasherd auf. Er bestand aus einem gußeisernen schwarzen Kasten, der auf vier Beinen stand und in dem Gasbrenner einen Backofen, einen Grill und eine Kochplatte beheizten. Das Kochen mit Gas wurde jedoch erst mit Einführung der Münzgasuhren Ende des Jahrhunderts populär. Diese ermöglichten auch den minderbemittelten Schichten, Gas zu verwenden. Zu diesem Zeitpunkt erschienen auch die teuren Gas-Kohle-Kombinationsöfen auf dem Markt.

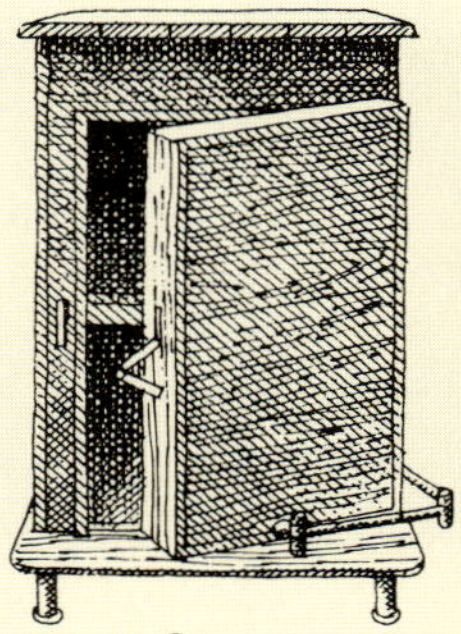

Gußeiserner Gaskocher

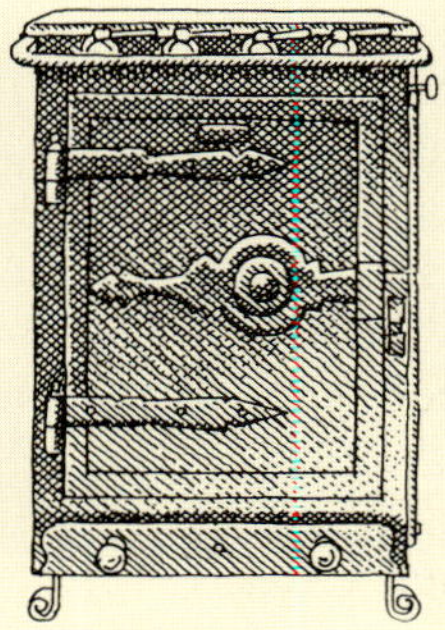

Kochherd „Schwarze Schönheit“

Tragbarer Gas- und Kohleherd

„Glenwood E“ – Herd

Gemeinden an. Der Gasofen hatte einige Vorteile gegenüber dem Kohleherd. So konnte seine Hitze viel genauer per Schalter reguliert werden, und diese Hitze ließ sich beliebig lange erhalten. Außerdem war der Gasofen kompakter als der herkömmliche Küchenherd, denn er diente lediglich zum Kochen und nicht noch zusätzlich zum Heizen und zur Warmwasserbereitung. Deshalb konnte er auch viel kostengünstiger in kleineren Küchen installiert werden. Gasöfen waren leichter sauberzuhalten als die ihnen vorangehenden kohlefressenden Monster. Darüber hinaus mußte jetzt die Köchin nicht mehr so früh aufstehen, um das Feuer anzuzünden. Allerdings bestanden die ersten Gasöfen weiterhin aus Gußeisen, was bedeutete, daß ihre Platten nach wie vor geschwärzt und poliert werden mußten.

Wirksam funktionierende Gasöfen setzten sich um die Jahrhundertwende durch. Diese Öfen waren gut isoliert, besaßen herausnehmbare Bleche und austauschbare, emaillierte Armaturen. Thermostaten tauchten erstmalig 1923 auf. Somit wurde es möglich, das Essen mit einer genau vorherbestimmten Temperatur zuzubereiten, das Kochen entwickelte sich zu einer präzisen Kunst.

Der Elektroherd

Der zweite Faktor, der mithalf, die herkömmlichen Küchenherde zu verdrängen, war die Erfindung der Elektrizität. Die ersten Elektroherde gab es schon um 1890. Sie setzten sich aber nur langsam durch, weil sich auch der Einsatz der Elektrizität überhaupt nur ganz allmählich ausbreitete. Zunächst war sowohl die Installation der Elektrizität wie auch die Anschaffung der Elektroherde teuer. Ende der zwanziger Jahre wurden die Elektroherde dann billiger. Sie bekamen länger haltbare Heizelemente, waren emailliert und besaßen automatische Temperaturregler. Jetzt konnten sie den Gasöfen Konkurrenz machen.

Ende der zwanziger Jahre erschienen dann – dies war der dritte Faktor – die äußerst wirtschaftlichen Aga-Herde aus Schweden auf dem Markt. Später kam noch der Esse-Herd hinzu, der nach dem gleichen Prinzip funktionierte.

Die ersten Aga-Herde verbrauchten feste Brennstoffe, waren aber sauber und wirtschaftlich zu betreiben. Die Kohlen wurden in einem gußeisernen Schacht mit einer Außenisolierung verfeuert. Die Temperatur konnte durch regulierte Luftzufuhr genau geregelt werden. Massiver Stahl – der Aga-Herd wog fast eine Tonne – hielt die erzeugte Hitze zurück, die den Kochplatten und Backöfen genau in der benötigten Temperatur zugeführt wurde.

Gußeiserner Kochkessel für Fisch oder Schinken

Gußeiserne Soßenpfanne

Kupferne Soßenpfanne

Kupferner Teekessel

Messing-Kessel

Warmhaltegefäß für Speisen

Kochkessel

Als die Kochkessel direkt auf die Herdplatte zu stehen kamen, brauchten sie einen flachen Boden und natürlich einen Henkel zum Abheben. Soßentöpfe erschienen Anfang des 19. Jahrhunderts in Sets mit diversen Größen. Fisch wurde in Töpfen mit Einsätzen gekocht. Mit dem Trend zum Teetrinken tauchten auch immer mehr Teekessel auf. Seit Beginn des 20. Jahrhunderts wurde es dann üblich, Töpfe mit Speisen in großen Kesseln mit kochendem Wasser aufzuwärmen.

BACKEN

Die Erfindung des Sauerteigbrotes ist leicht zu erklären. Die ersten Menschen, die Weizen oder Gerste zwischen zwei Steinen zerrieben, das Mehl mit Wasser versetzten und das Ganze am Feuer rösteten, müssen schon bald entdeckt haben, daß der Teig aufging, wenn sie ihn bei warmem Wetter über Nacht stehenließen. Damals konnten die Menschen noch nicht wissen, daß dieser Prozeß durch den Hefepilz ausgelöst wird, einem mikroskopisch kleinen Pilz, der Zucker aufnimmt und Kohlensäure abgibt. Die Kohlensäure dehnt sich aus und erzeugt unzählige winzige Hohlräume im Teig, der dadurch aufgeht.

Ich selbst habe mir in Afrika – wo Hefe selbst nicht erhältlich war – viele Male den in der Natur vorkommenden Hefepilz zunutze gemacht, indem ich einen weichen, süßen Teig anrührte und ihn einige Tage stehen ließ. Wenn er begann, aufzugehen, setzte ich ihm weiteren Teig zu, vermengte das Ganze miteinander und begann dann mit dem Backen. Die Herstellung von Sauerteigbrot ist eine mühselige und zeitraubende Arbeit. Zunächst muß der Teig gründlich mit den Händen durchgeknetet werden, dann heißt es warten, bis er aufgeht. Noch einmal schlagen und erneut gründlich kneten, ehe man ihn in Backformen füllen kann, in denen er ein zweites Mal aufgeht. Erst dann kann man ihn vorsichtig, damit er nicht wieder zusammenfällt, in den Ofen schieben.

Backen in einer Kastenform
In Gegenden, in denen Torf verfeuert wurde, buk man Brot und Kuchen oft in sogenannten Kastenformen. Zu diesem Zweck wurde der Teig auf die saubere, heiße Herdplatte gelegt und mit einer Eisenform bedeckt, die mit brennendem Torf umgeben wurde. Nach dem gleichen Prinzip wirkten ovale oder runde transportable Backöfen aus Gußeisen – Hollandöfen genannt. Sie wurden in die heiße Asche des offenen Herdes gelegt. Auf ihren Deckel häufte man brennenden Torf bzw. glühende Holz- oder Kohlestücke, die den Backvorgang beschleunigten.

Selbstgebaute Backöfen

In Afrika bauten wir uns Backöfen in Termitenhügel, die sich für diesen Zweck vorzüglich eigneten. Dazu gruben wir ein Loch in die Seitenwand des Hügels und machten einen Abzug nach oben. In der so erhaltenen Kammer zündeten wir ein starkes Feuer an, das wir etwa drei Stunden lang brennen ließen. Danach warfen wir den Teig in die heiße Asche und erhielten so ein perfekt gebackenes Brot.

Die selbstgebauten Backöfen früherer Zeiten erfüllten genau den gleichen Zweck. Für

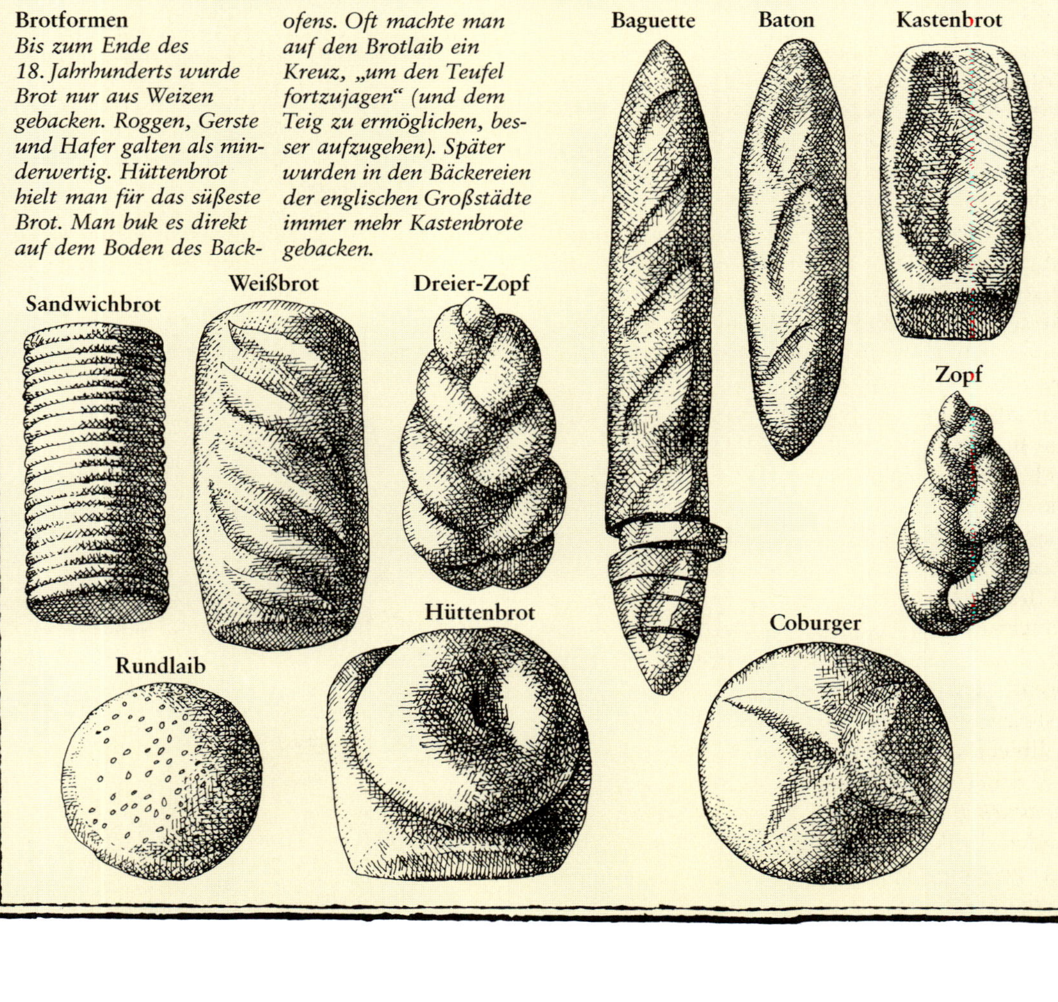

Brotformen
Bis zum Ende des 18. Jahrhunderts wurde Brot nur aus Weizen gebacken. Roggen, Gerste und Hafer galten als minderwertig. Hüttenbrot hielt man für das süßeste Brot. Man buk es direkt auf dem Boden des Backofens. Oft machte man auf den Brotlaib ein Kreuz, „um den Teufel fortzujagen“ (und dem Teig zu ermöglichen, besser aufzugehen). Später wurden in den Bäckereien der englischen Großstädte immer mehr Kastenbrote gebacken.

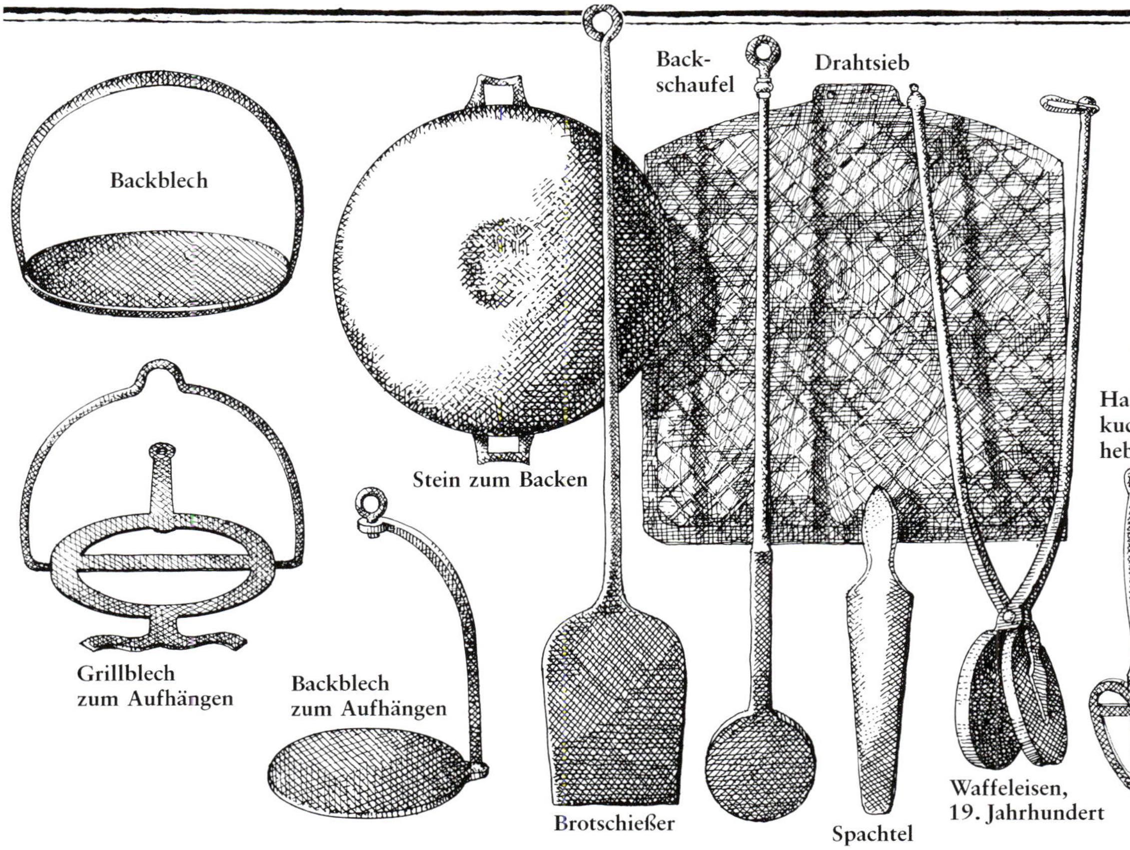

Backgeräte
Zum Backen von Haferkuchen wurde der Teig mit einer Spachtel angerührt, danach auf einem Drahtsieb geformt, mit einem Wulstroller ausgerollt und dann auf dem Back- oder Grillblech gebacken. Die Backschaufel wurde erhitzt und diente zum Bräunen von Gebäck.

gewöhnlich waren sie an einer Seite der Feuerstätte in die Mauer eingelassen und hatten eine Holztür. Als Heizmaterial dienten vorwiegend Reisigbündel. Ehe man den Brotteig hineinschob, wurde der Ofen sauber ausgefegt. Mitte des 19. Jahrhunderts kamen Backöfen mit gußeisernen Türen und zwei Kammern in Einsatz. In der unteren Kammer brannte das Feuer, in der oberen wurde das Brot gebacken. Nach dem gleichen Prinzip arbeiteten die Backöfen, die mit festem Brennstoff beheizt wurden. Sie waren aber meist Teil des Küchenherdes und besaßen Luftkanäle mit Schiebern, die eine bessere Wärmeverteilung erreichen halfen.
Brot läßt sich aber auch am offenen Feuer bakken. In ländlichen Gegenden ist dies manchmal noch heute üblich. Dazu kommt der Teig in eine mit einem Deckel versehene Form aus Eisen oder Keramik, die in die heiße Asche gelegt wird. Besonders gebräuchlich war diese Methode in den Torf-Gegenden. Allerdings brauchte es viel Erfahrung, um zu wissen, ob die Asche noch heiß genug oder das Brot bereits fertig war. Haferkuchen, Fladen und Pasteten wurden auf einem Backstein, einem Grillblech oder einem Backblech auf dem offenen Feuer gebacken. In Wales buk man den *Barakuchen,* eine Art Pfannkuchen, auf einem runden Backblech. Zum Backen von Waffeln aus geschlagenem, dünnem Eierteig wurden spezielle Waffeleisen verwendet.

Gemeinschafts-Backhäuser
Dorfbackhäuser, die der Allgemeinheit zur Verfügung standen, gab es noch zu meiner Jugendzeit. Ich erinnere mich, wie ich die Sommerferien einmal bei einem Fischer verbrachte, dessen Hüttenherd über keinen Backofen verfügte. Einmal in der Woche, am Backtag, durfte ich stolz mit einer Ladung ungebackener Brote und Kuchen zum Backhaus laufen, wo sie für ein paar Pennies gebacken wurden. Der Bäcker öffnete die große gußeiserne Tür des Backofens und schob meine Ladung neben die vieler anderer Leute aus dem Dorf. Wenn sie fertig gebacken waren, zog er sie mit einem langen Brotschießer wieder heraus.

DIE LAGERUNG DER LEBENSMITTEL

Fleischkäfige
Fleisch wurde vor dem Braten meist noch abgehangen. In wohlhabenderen Häusern dienten für diesen Zweck sogenannte Fleischkäfige, die von der Speisekammerdecke herunterhingen. Damit war das Fleisch außerhalb der Reichweite von Mäusen und Ratten. Das Gitternetz der Käfige hielt zudem Fliegen und anderes Ungeziefer ab.

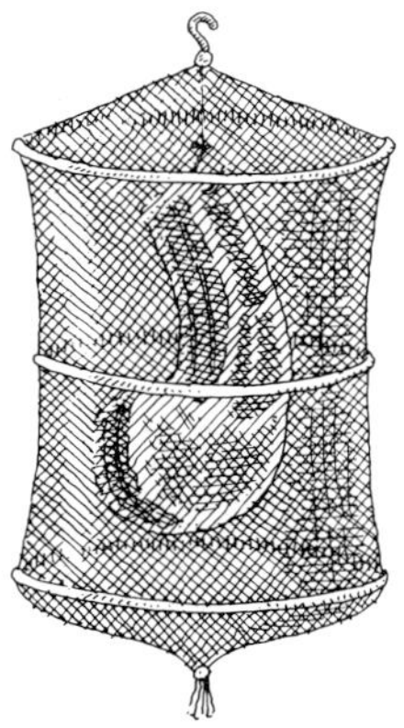

Ehe es möglich geworden war, auf dem Markt in jeder Stadt selbst noch im Dezember Spargel aus Mexiko zu kaufen oder im März Erdbeeren, die aus Spanien eingeflogen werden, vor allem aber, bevor es Kühlschränke gab, war das Lagern der Lebensmittel eine äußerst heikle Angelegenheit.

Aufbewahren von Fleisch und Fisch

In der Schule lernte ich, daß früher das meiste Vieh im Herbst geschlachtet werden mußte, da es zuwenig Futter für den Winter gab. Das Fleisch wurde gesalzen und eingelagert. Der Grund, weshalb nicht genügend Winterfutter vorhanden war, wurde uns nicht verraten. Es war damals nämlich üblich, im Herbst alle Zäune niederzulegen, alles Land der Viehweide zu öffnen. So lohnte es sich für niemanden, privat Winterfutter wachsen zu lassen. Und so mußte viel Vieh eben im Herbst geschlachtet werden.
Andererseits war es aber auch nicht ratsam, einen Ochsen bereits im Sommer zu schlachten, weil das Fleisch dann in der Hitze schnell verdarb. Gut gelüftete, fliegensichere Lagerräume standen damals nämlich kaum zur Verfügung. Nur in den Städten war es auch im Sommer möglich zu schlachten, weil das Fleisch dort innerhalb weniger Tage verkauft wurde. Dieser Zeitraum ließ sich auf ein oder zwei Wochen ausdehnen, wenn das Rindfleisch zum Beispiel in einer schwachen Salzlake eingepökelt wurde. Kühlschränke waren damals natürlich noch unbekannt. Erst im 19. Jahrhundert verfügten die meisten Häuser über größere Speisekammern. Auf deren kalten Steinböden – oder in Regalen – wurden Fisch und Gemüse gelagert.

Lagern von Getreide- und Milchprodukten

Das Korn – also die verzehrbaren, getrockneten Samenkörner bestimmter Pflanzen – machte unsere Zivilisation erst möglich. Weizen, Gerste, Hafer und Roggen konnten in Kornmieten gelagert werden, vorausgesetzt, die Ratten und Mäuse wurden in Schach gehalten und das Dach gut mit Stroh abgedeckt. So geschützt, trocknete das Getreide langsam aus und hielt sich über Jahre hinweg. Erst wenn der Bauer es verkaufen oder selbst verbrauchen wollte, wurde ein Heuschober voll oder teilweise ausgedroschen. Die Hausfrau bewahrte das Korn in Holztruhen auf, die höher als der Fußboden standen, außerhalb der Reichweite hungriger Mäuse.

In meiner Jugend verfügte jeder Landbewohner über einen Kornkasten. Er war so groß, daß sich ein Mann darin verstecken konnte, und stand meist in einem Nebengebäude. Verschlossen wurde er mit einem schräg gestellten, mit Zinkblech beschlagenen Deckel. Darin wurde das Gerstenschrot aufbewahrt, das als Schweinefutter diente. Manchmal gab es noch einen zweiten Kasten für die Kleie, die ebenfalls als Futter für die Schweine oder Kaninchen Verwendung fand. In der Speisekammer befand sich darüber hinaus noch ein Mehlbehälter. Dies war ein großer Steinzeugkrug – oft faßte er 15 bis 20 Liter –, der manchmal nur auf der Innenseite, manchmal überhaupt nicht glasiert war. Verschlossen wurde dieser Krug mit einem festsitzenden Holzstöpsel. Daneben fand sich oft noch ein kleinerer Krug für getrocknete Erbsen und ein anderer für Saubohnen. Erbsenbrei war ein beliebtes Essen auf dem Lande, und Saubohnen waren eine proteinreiche Ergänzung.
Auch Eier, Käse und Butter mußten kühl aufbewahrt werden und kamen deshalb in die Speisekammer. Dort und in der Küche gab es eine Menge verschiedener Behälter aus Holz, Ton, Glas und Keramik für alle die Lebensmittel, die eine gute Hausfrau lagern mußte. Dazu gehörten auch Speisezusätze wie Salz, Zucker, Pfeffer und bereits einige wenige Gewürze: Nelken, Zimt und Ingwer. Meist waren die Speisen auf dem Land nicht stark gewürzt. Getrocknete Kräuter wurden in Papiertüten aufbewahrt, für Zucker und Mehl taugten am besten Holzfäßchen. Daneben standen stets einige Steinguttöpfe oder Glaskrüge mit eingelegten Gurken, Zwiebeln oder Schalotten und anderen Mixed Pickles. Obst wurde oft in Netzen verwahrt. Äpfel trocknete man gewöhnlich und hing sie entkernt als Ringe an Leinen auf, die an die Decke gespannt waren; oder man lagerte sie trocken und kühl in Regalen auf dem Dachboden.

Der Transport der Lebensmittel

Irgendwo in der Küche, meist auf einem Bord, lag griffbereit ein kleiner Stapel Kattunsäckchen. Sie wurden ins Dorf mitgenommen, um die Einkäufe aus dem Laden nach Hause zu tragen: Mehl, Zucker, Hülsenfrüchte, Reis und andere Nahrungsmittel, die nicht selbst erzeugt wurden. Diese hilfreichen Säckchen ersetzten die vielen Verpackungen, die heutzutage unsere Umwelt so sehr belasten. Gott sei Dank gab es damals noch nicht diese entsetzlichen Plastiktüten, und es gab auch noch keine Müllberge – ja, es gab praktisch fast keinen Müll. Blechbüchsen waren in jenen glücklichen Zeiten nahezu unbekannt, zumindest auf dem Land. Hin und wieder allenfalls fand sich eine Sirupdose mit dem faszinierenden Bild eines offensichtlich toten, von Fliegen umschwirrten Löwen, gelegentlich eine Gewürzflasche für Fleischextrakt und ganz selten eine Sardinenbüchse aus Portugal.

Aufbewahren von Flüssigkeiten

Früher war auch noch die Flut gezuckerter Fruchtgetränke unbekannt, an die wir uns heute so gewöhnt haben. Die Bauern kelterten ihren eigenen Wein und nahmen am Morgen eine Flasche davon mit zur Feldarbeit, beim Vespern erlaubten sie sich einen kräftigen Schluck daraus. Wie oft wurde mir solch ein Schluck angeboten! Eine Geste, die normalerweise von dem Brauch begleitet war, daß die Flaschenöffnung mit der verschwitzten Hand abgewischt wurde. Ehe seit Ende des 17. Jahrhunderts sich Glasflaschen verbreiteten, füllte man heiße oder kalte Getränke – je nach Jahreszeit – in kleine Holzfäßchen ein und nahm sie so mit aufs Feld. Holz war für diesen Zweck ideal, weil es die Wärme nicht leitet. Viele Leute benutzten für diesen Zweck auch Beutel aus solidem Rindsleder. In meiner Jugend gab es für alkoholfreies Ingwerbier kleine Steinzeugflaschen, die bei Festlichkeiten oder besonderen Gelegenheiten auftauchten (siehe Seite 40). Limonade wurde oft in Glasflaschen verkauft.

In der Speisekammer
In den Regalen der Speisekammer standen die unterschiedlichsten Behältnisse zur Aufbewahrung von Lebensmitteln. Für eingelegtes Gemüse boten sich Krüge aus Ton oder Steinzeug an, während Marmeladen, Gelees und gesalzene Nahrungsmittel in salzglasierten Steinzeugtöpfen aufbewahrt wurden. Brot lagerte in größeren Brotkästen, für Tee und Gebäck gab es bereits Blechdosen.

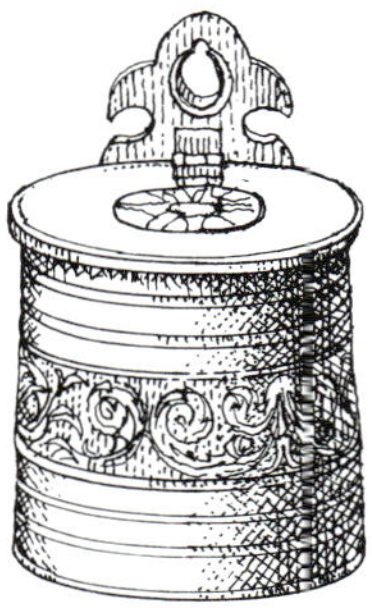

Ovales Salzfaß

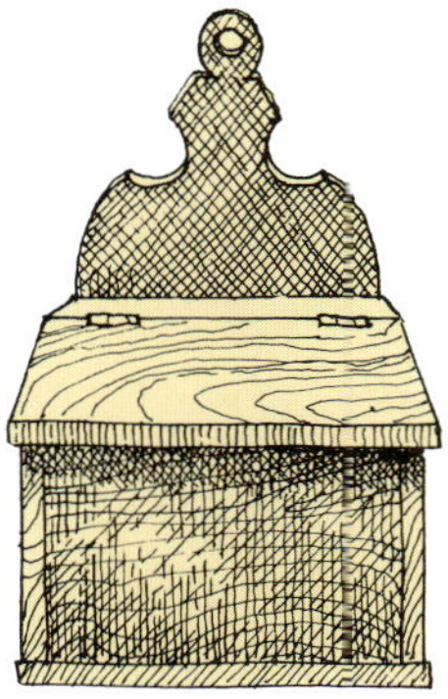

Salzkasten, 19. Jahrhundert

Salzfäßchen oder Salzkästchen
Salz wurde oft in an der Wand hängenden Fäßchen aufbewahrt. Sie hingen nahe am Herd, damit die Köchin daraus bequem das Salz zum Kochen entnehmen konnte.

EINSALZEN UND PÖKELN

In meiner Jugend besaß jeder Haushalt auf dem Land eine Pökelwanne. In vielen Gegenden war diese gewöhnlich aus Holz. Ich kann mich aber auch an bleiglasierte Wannen erinnern. Einmal besaß ich eine Wanne aus Steingut mit den Ausmaßen eines großen Schinkens. Der Schinken kam in eine Brühe, die Salz, Zucker und diverse Gewürze enthielt. Jede Bauersfrau hatte ihr Geheimrezept.

In manchen Gegenden wurden die Pökelwannen aus Schieferplatten hergestellt. Noch vor etwa zwanzig Jahren verfügte fast jeder Bauernhof, ob groß oder klein, in der Speise- und in der Melkkammer über eine Schieferwanne, die auf Steinfüßen ruhte. In der Melkkammer wurde das Gefäß dazu benutzt, die Sahne von der Milch abzuschöpfen (siehe Seite 73), und in der Speisekammer, um das Schweinefleisch darin einzusalzen. Auf manchen Höfen wurde für beide Zwecke eine einzige Wanne benutzt. Im Sommer wurde darin die Sahne abgeschöpft, im Winter das Schweinefleisch gesalzen.

Das einfache Einsalzen von Fleisch nahm zwischen drei Wochen bis zu drei Monaten in Anspruch, je nachdem, ob es dünne Fleischscheiben oder ganze Schinken waren. In jedem Fall mußte das Fleisch des öfteren gewendet und mit der Salzlake begossen werden.

Das Fleisch größerer Tiere wurde in einer Salzlake eingepökelt. Ehe ich eine Tiefkühltruhe mein eigen nannte, pflegte ich die größeren Teile geschlachteter Schafe einzupökeln. Dazu wurde das Fleisch ganz in eine Lake eingetaucht, die so salzig war, daß eine Kartoffel oder ein Ei darauf schwimmen konnte. Das Fleisch in der Lake wurde in die kühle Speisekammer gestellt. Nach dem Pökeln legte ich das Fleisch für gewöhnlich in Wasser, um einiges von dem Salz wieder herauszuziehen, und dann wurde es gekocht. Solches Pökelfleisch, meist Rinder- oder Hammelfleisch, wurde bis in die jüngste Zeit hinein noch oft als Schiffsproviant verwandt.

Von Hand gesalzenes Fleisch schmeckt besser und ist auch besser gepökelt. Dazu wird es in Stücke geschnitten und sorgfältig mit Salz eingerieben, ehe man es noch ein paar Tage in die Lake legt. Das vorherige Salzen zieht einiges an Feuchtigkeit aus dem Fleisch heraus, so daß die Lake nicht zu sehr verwässert wird.

Wenn das Pökelfleisch längere Zeit haltbar sein soll, empfiehlt es sich, die Lake von Zeit zu Zeit zu erneuern.

Einlegkruken, Steintöpfe
Gemüse wurde in einer Essigbrühe eingelegt, und zwar in verschlossenen Glastöpfen. Glas deswegen, weil es keine Luft durchläßt und der Inhalt daher nicht verderben kann.

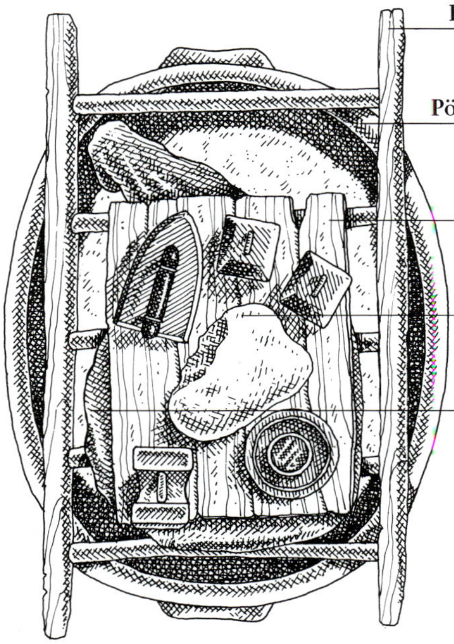

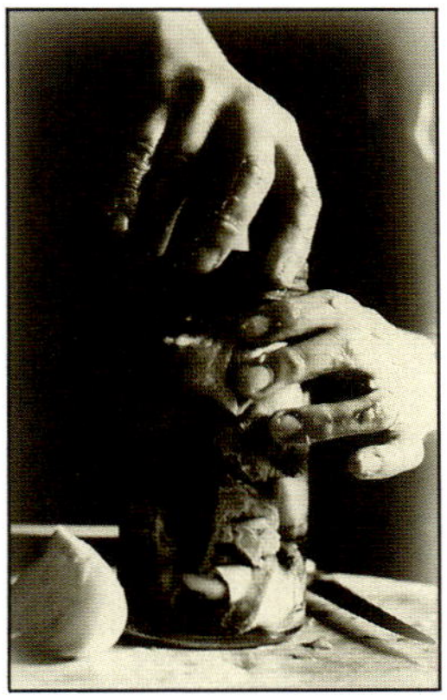

Trockenpökeln (oben)
Das Fleisch wurde durch ein Brett mit Gewichten zusammengedrückt. Dadurch verlor es seinen Saft, und das Salz konnte schneller eindringen.

Einlegen von Fisch (links)
Der Fisch wurde in Essig gebraten, aufgerollt und in einem dicht verschlossenen Glas in einer Essig-Zwiebel-Brühe eingelegt.

Das Einpökeln

Vor dem Einpökeln wurde das Fleisch mit Salz eingerieben und dann zum Ausdünsten für einige Tage über die Lake in ein Pökelfaß gelegt. Jeden Tag wurde es erneut gesalzen. Danach kam es in die Lake und an einen kühlen Ort, wo es sich einige Wochen vollsaugen durfte. Die Lake wurde von Zeit zu Zeit nachgesalzen.

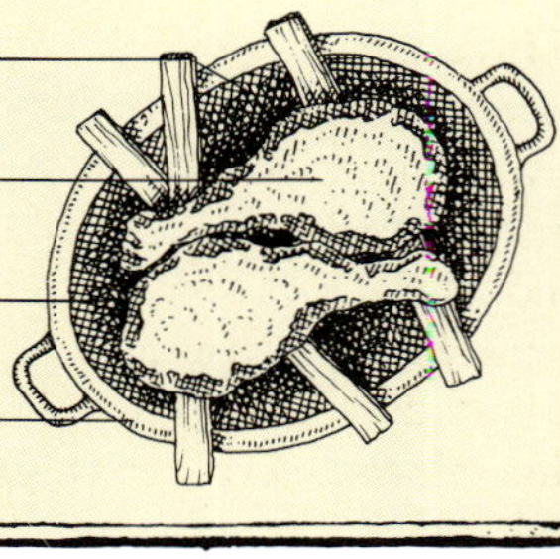

RÄUCHERN UND DÖRREN

An der belgischen Küste werden Flundern und Schollen eigenartigerweise von den Fischern zum Dörren an die Wände ihrer Häuser genagelt. Zuvor werden sie ein paar Stunden in eine Salzlake gelegt, dann genügen Sonne und der kühle Seewind, sie auszutrocknen. Schließlich werden sie roh verspeist.

Trocknen im Wind

Beim Fischen mit meinen Freunden im südlichen Atlantik fingen wir hin und wieder auch einmal einen großen Rochen. Wir schlugen ihm den Kopf ab und nahmen die Eingeweide heraus, so daß praktisch nur die beiden Flossen übrigblieben. Diese hängten wir einfach in der Takelage in den Wind. Das Fleisch hielt sich so wochenlang und wurde mit der Zeit noch besser. Auch fingen wir mit geköderten Angelhaken einige Seevögel, die wir abzogen, ausnahmen und gleichfalls zum Trocknen in den Wind hängten.

Räuchern

Der Rauch eines offenen Feuers erfüllt gleich zwei nützliche Aufgaben: Er hält die Fliegen ab und konserviert das Fleisch. Wie oft habe ich im afrikanischen Busch vor einem Feuer gesessen und zugesehen, wie Streifen von Springbock- oder Büffelfleisch im Rauch gedörrt wurden.

Wer im Rauchfang eines großen Bauernhauses nach oben blickt, kann oft noch die Überreste von Querstangen bemerken, die sich früher dort oben befanden. An ihnen wurden Schinken und Speckseiten zum Räuchern aufgehängt. Oft existierten aber auch separate Räucherkammern.

Es gibt zwei Methoden des Räucherns: Kalträuchern und Warmräuchern. Beim Kalträuchern wird das Feuer so abgedeckt, daß es lediglich eine Menge Rauch entwickelt, dessen Holzessig das Fleisch konserviert. Auf diese Art werden Speck, Heringe und Schellfische geräuchert. Warm geräuchert werden Lachs, Aale, Heringe und Makrelen. Ihnen wird beim Räuchern so viel Hitze zugeführt, daß sie dabei gleichzeitig garen und sofort gegessen werden können. Ich habe aber auch schon Enten und Gänse warm geräuchert. Sie schmeckten köstlich.

Besonders beliebt ist das Räuchern in Nordamerika. Meine Vettern in Maryland schwören dabei auf den Rauch des Hickoryholzes. Meist werden Fische geräuchert, aber es gibt auch eine Menge Rezepte für Speck und Schinken.

Gemeinschaftliches Obsttrocknen
Im Herbst wurde Obst für den Wintervorrat getrocknet. War die Ernte besonders reichlich ausgefallen, setzte sich oft die ganze Dorfgemeinschaft für diese Arbeit zusammen.

Räuchern von Fleisch

Fleisch wurde meist durch Aufhängen im Kamin geräuchert, aber es gab auch separate Räucherkammern und Räucherfässer. In letzteren wurde das Fleisch über einem Feuer aus Sägespänen geräuchert. Das Spundloch diente als Rauchabzug. Der Rauch der Kammer rührte vom Holzfeuer eines außen stehenden Ofens.

Räuchern im Kamin

Räucherschrank

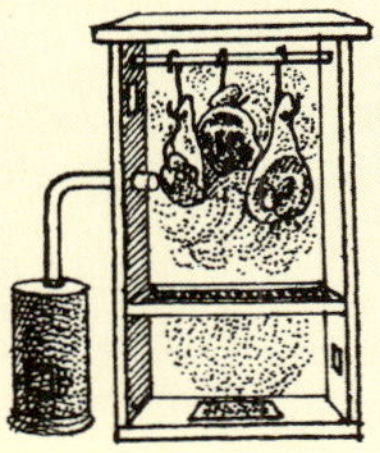

Räucherkammer

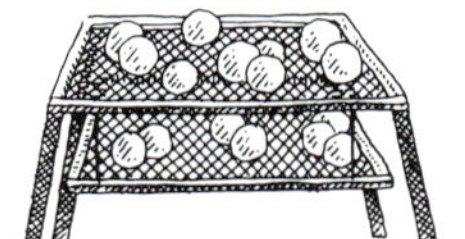

Obstdarre

Herstellen von Trockenobst
Das Obst lag auf Drahtsieben, die auf dem Küchenherd aufgestellt wurden. Dort trocknete es rasch und wirkungsvoll.

EINMACHEN UND KONSERVIEREN

Wenn man Lebensmittel genügend erhitzt, damit alle Bakterien und Schimmelpilze abgetötet werden, und sie in diesem Stadium luftdicht abschließt, halten sie praktisch unbegrenzt lange. So war das Fleisch in den Konservendosen, die der Entdecker Scott bei seiner unglücklichen Expedition zum Südpol zurückließ, noch Jahre später in einwandfreiem Zustand.

Das Einmachen von Fleisch

Seit den Tagen von Elisabeth I. – und zweifelsohne auch schon früher im spanischen Weltreich – suchte man nach Methoden, wie sich Fleischproviant für lange Seereisen konservieren ließ. Pökelfleisch war gut genug für die Matrosen auf dem Vorschiff, die die harte Arbeit an der Takelage verrichten mußten, aber nicht für die Herrschaften achtern. Damals erfand man die Methode zum Einmachen von Fleisch und Geflügel. Dazu wurde das Fleisch gekocht und mit seinem Fett abgedeckt. Dann feuchtete man die Blase eines Schweines, Schafes oder eines Ochsen an, zog sie über den Fleischtopf und band sie zu. Wenn die Blase trocknete, zog sie sich zusammen und bildete einen luftdichten Abschluß, der das Fleisch konservierte.

Die ersten konservierten Lebensmittel

Ein Franzose namens Nicholas Appert war einer der Pioniere des Konservierens. Napoleon hatte einen Preis von 12 000 Franken für Vorschläge ausgesetzt, wie er die Eßwaren für seine Armeen, die sich ja ständig auf dem Marsch befanden, frischhalten könnte. Appert füllte die Lebensmittel in Glaskrüge und diese dann

Büchsen und Krüge
Blechbüchsen sind Kinder des Krieges, dann wurden sie zu einem Teil des täglichen Lebens und revolutionierten die Konservierung der Lebensmittel. Abgesehen von der Form, hat sich die Konservenbüchse seit ihrer Erfindung kaum verändert. Obst wird seit alters in Krügen und Flaschen eingemacht. Mit den verschiedenartigsten Verschlüssen wurden die Behältnisse luftdicht abgeschlossen.

Der Dosenöffner

Die ersten Konservenbüchsen trugen die hilfreiche Aufschrift, daß sie am besten mit Hammer und Meißel zu öffnen seien! Sechzig Jahre später, im Jahre 1875, wurde der erste Büchsenöffner erfunden. Er bestand aus Gußeisen oder Stahl. An seinem einen Ende war ein Ochsenkopf eingeprägt, was besonders passend war, da er zu jeder Büchse Rindfleisch mitgeliefert wurde. Ihm folgte eine lange Reihe eindrucksvoller weiterer Modelle.

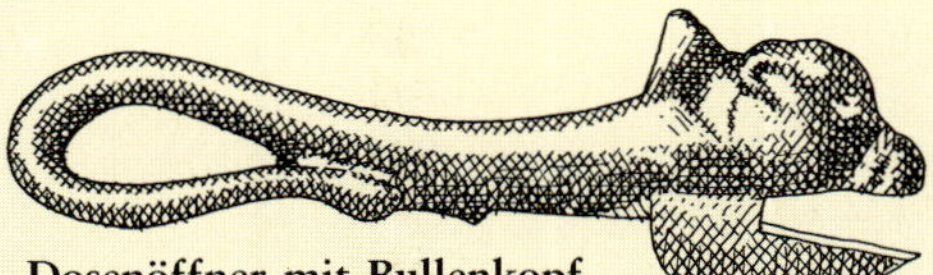
Dosenöffner mit Bullenkopf

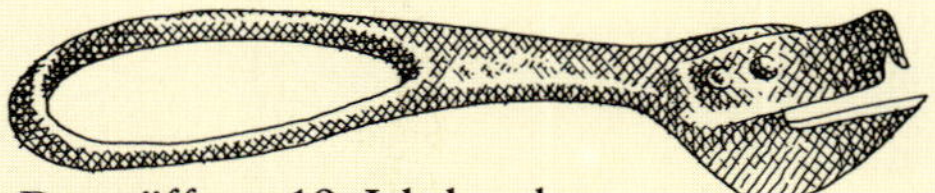
Dosenöffner, 19. Jahrhundert

Deckelheber und Dosenöffner

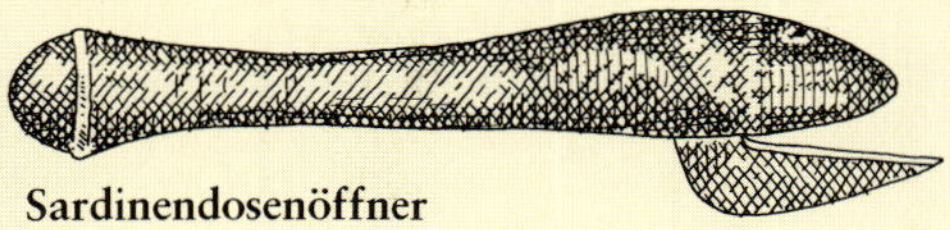
Sardinendosenöffner

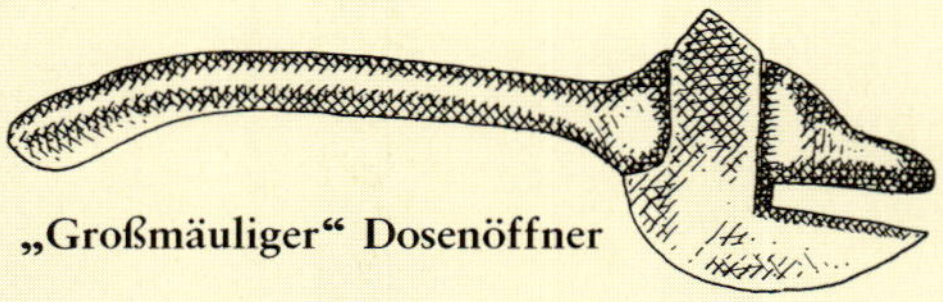
„Großmäuliger“ Dosenöffner

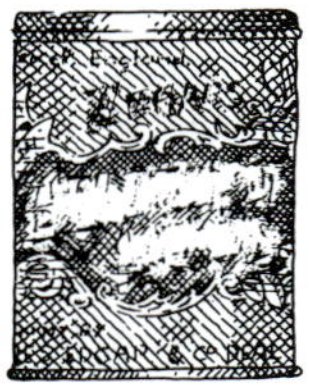
Dose mit Erbsen

Dose mit Austernsuppe

Notfallration für Kriegszeiten

Dose mit gebratenem Kalbfleisch

Geräte zum Öffnen und Schließen von Einmachgefäßen

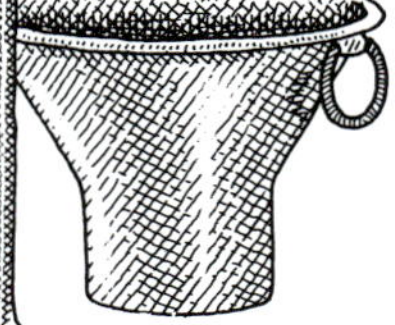
Trichter zum Einfüllen von Früchten

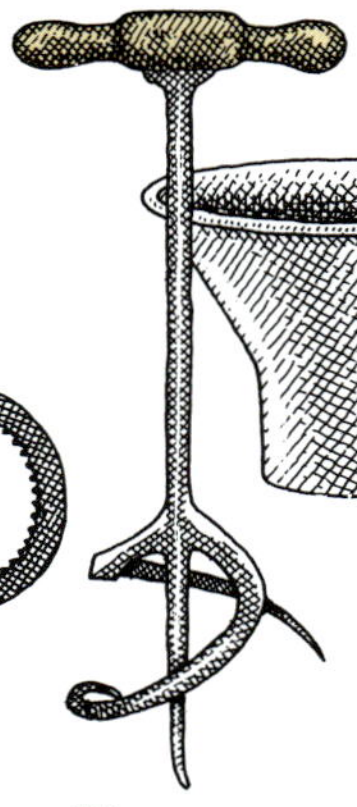
Eiserner Fruchtheber

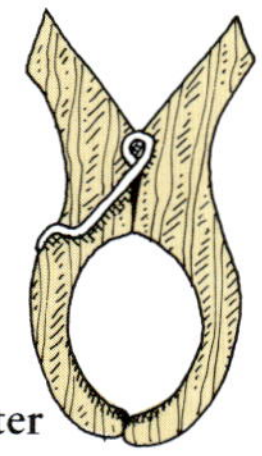
Deckelabdichter

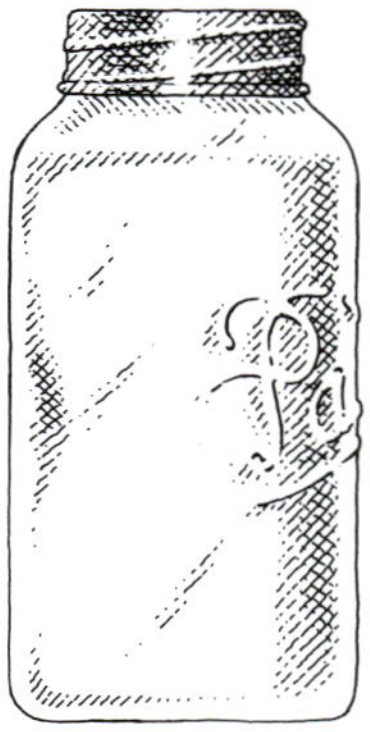
Einweckglas für Früchte

leicht verschlossen in kochendes Wasser. Danach wurden die Korken fest eingepreßt und die Krüge luftdicht versiegelt.
In England werden bis auf den heutigen Tag die bekannten Kilner-Einkochgläser für die Vorratshaltung von Obst und Gemüse verwendet. Wohl jede tüchtige Bauersfrau kocht in ihnen – nach reichlicher Ernte – Weichobst und andere Gartenfrüchte ein. Einige Regale voll mit diesen Gläsern bedeuten eine große Hilfe in schlechten Zeiten. Leider gerät aber die Kunst des Einmachens mit dem immer weiteren Vordringen der Tiefkühltechnik langsam in Vergessenheit – leider, denn Tomaten, Pflaumen, Erdbeeren und andere saftige Gartenfrüchte schmecken eingemacht viel besser als tiefgefroren.

Die ersten Konservendosen

Im Jahr 1810 bekam Peter Durand, ein Engländer, ein Patent auf Dosen aus verzinntem Stahl- und Eisenblech. Seit 1814 belieferte die Firma Donkin & Hall die englische Armee mit Dosenfleisch. Anfangs bereitete das Konservieren des Fleisches in solchen Dosen noch Schwierigkeiten. Entweder war die eingesetzte Hitze nicht stark genug, um tatsächlich alle Keime abzutöten, oder aber die Büchsen waren zu groß, die Hitze erreichte nicht den gesamten Inhalt. Deshalb wölbten sich die Dosen durch Gasentwicklung nach einiger Zeit auf. Wer daraus aß, hatte seine Fleischvergiftung sicher.
Erst durch Louis Pasteurs Entdeckung der Bakterien und ihrer Gefährlichkeit (1860) bekam man die Vorgänge in den Griff. Seit den vierziger Jahren lieferten die Australier bereits Büchsenfleisch nach England. Bald danach begann man auch in den Vereinigten Staaten und in Argentinien, in großem Umfang Büchsenfleisch zu produzieren. In Upton Sinclairs Roman *Der Sumpf* wird erschreckend realistisch die Produktion von Fleischkonserven zu Anfang dieses Jahrhunderts in Chicago geschildert.
Ende des 19. Jahrhunderts kamen billige Weißblechdosen auf den Markt. Sie bestanden aus verzinktem Stahl und wurden samt der abgefüllten Lebensmittel erhitzt. Danach wurde ihnen ein Deckel aufgepreßt und so luftdicht noch einmal erhitzt. Dank dieser Technik bleibt der Inhalt garantiert sterilisiert, notfalls über Jahre hinweg.
Die alliierten Armeen im Ersten und die britische Armee im Zweiten Weltkrieg ernährten sich vorwiegend aus den jetzt weit verbreiteten keilförmigen Fleisch-Dosen. Ich selbst habe im Zweiten Weltkrieg einmal wochenlang von diesem Büchsenfleisch leben müssen und kann versichern, daß es mir nie zum Hals heraushing. Die Nützlichkeit der Dosenform lernte man bald schätzen, denn zunächst öffnete man mit Hilfe des beigegebenen Dosenöffners die obere Hälfte und verzehrte ihren Inhalt zum Mittagessen. Es gab wohl niemanden, der mehr geschafft hätte. Dann wurde die Büchse wieder verschlossen, ehe man sich am Abend die andere Hälfte einverleibte. Gelegentlich versuchten ahnungslose Menschen, den Inhalt zu kochen. Das Ergebnis war jedoch nahezu ungenießbar.
Während beider Kriege war in England eine *Homecan* genannte Apparatur erhältlich, mit der man selbst Lebensmittel in Büchsen einmachen konnte. Nach dem Zweiten Weltkrieg fiel mir ein solches Exemplar wieder in die Hände. Mit dessen Hilfe habe ich manches Schaf auf Dosengröße zusammengekocht. Man kaufte sich die nötigen Büchsen und versiegelte sie mit Hilfe dieser Apparatur. Fleisch und Obst können auf diese Weise leicht und bequem eingekocht werden. Nur grünes Gemüse enthält zuwenig Säure für das Einmachen und war beim Öffnen meist verdorben.

Spezial-Flaschenverschlüsse
Glasflaschen konnten nicht nur mit einem Korken verschlossen werden, sondern auch mit Stöpseln aus Glas oder Stein. Weit verbreitet war diese Methode bei Mineralwasser. Der in der Flasche herrschende Druck preßte den Stöpsel dicht gegen die Gummidichtung im Flaschenhals.

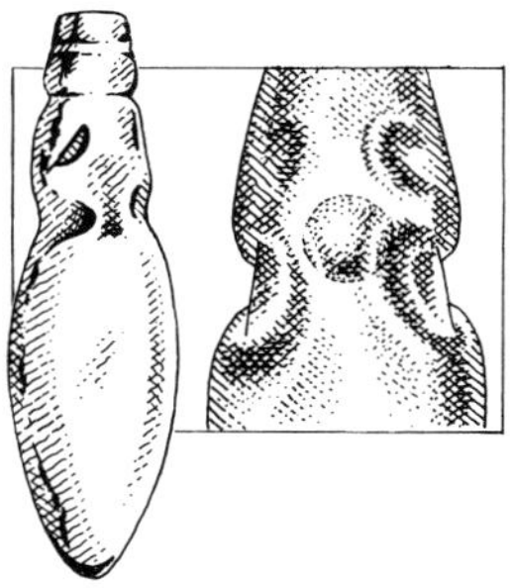

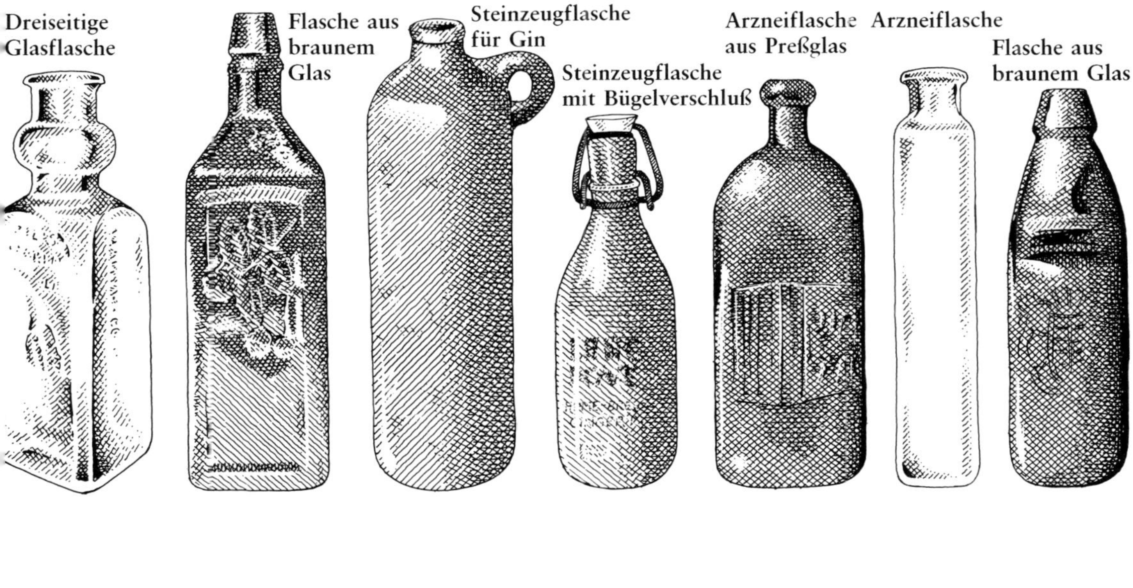

Flaschenformen
Glasflaschen wurden in allen möglichen Formen hergestellt. Eine besonders große Formenvielzahl gab es für alkoholische und nichtalkoholische Getränke. Flaschen, die zur Aufnahme von Medizin und anderen gefährlichen Inhalten dienten, waren meist kleiner, teilweise auch geriffelt, damit sie sofort zu erkennen waren.

OBSTKONSERVEN UND KONFITÜREN

Die meisten Gartenfrüchte können auf eine der folgenden fünf Arten konserviert werden: Einsalzen, Einlegen in Alkohol oder Essig, Trocknen sowie Zuckern.

Obst kann man natürlich nicht einsalzen, wohl aber Stangenbohnen. Einlegen in Alkohol konserviert die Früchte auf unbegrenzte Zeit. Mit dem Einlegen verschiedenartiger Früchte oder Gemüse in Essig erhalten wir die beliebten Mixed Pickles. Die Früchte lassen sich natürlich auch süß-sauer einlegen. Beerenfrüchte wie Weintrauben oder schwarze Johannisbeeren halten sich lange Zeit, wenn sie schnell genug getrocknet werden. Auf diese Weise stellt man zum Beispiel auch Trockenpflaumen her. Das Trocknen von Früchten ist besonders beliebt in warmen, trockenen Gegenden wie den Mittelmeerländern oder dem südlichen Kalifornien. Feigen und Datteln werden durch Trocknen und Pressen konserviert.

Zuckern

In Nordeuropa konserviert man Obst seit langem durch Zuckern oder Einlegen in eingedickte Fruchtsäfte. Bevor der Rohrzucker aus dem Nahen Osten eingeführt wurde, diente für diesen Zweck vermutlich Honig. Vor dem Einlegen in Sirup muß das Obst abgekocht oder mit heißem Wasser abgebrüht werden. Dadurch wird die Schale so weich, daß der Saft in die Frucht eindringen kann. Der Sirup entsteht durch Auflösen von zwei Teilen Zucker in einem Teil Wasser. Früher wurde dieses Verhältnis für jeden Zweck genau ausgetüftelt.

Das Vorbereiten der Früchte
Ehe man Obst trocknen oder zu Sirup kochen konnte, mußte man es schälen und entkernen. Zum Schälen gab es eine Menge verschiedener Schneidgeräte, vom einfachen Handschäler bis hin zur komplizierten Bonanza-Maschine, die aber nicht sehr wirkungsvoll arbeitete, da sie nur für Früchte in Standardgröße geeignet war.

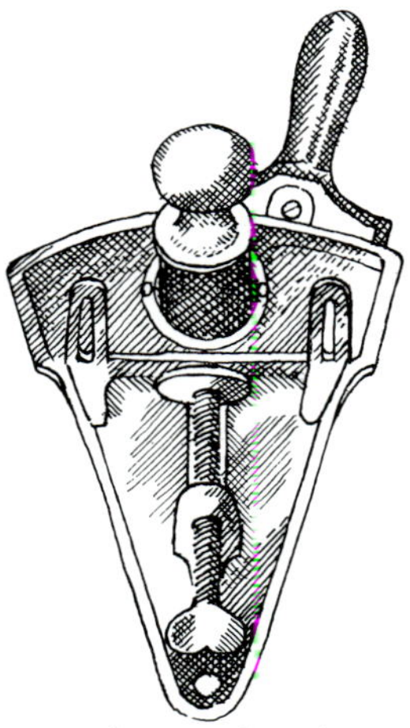

Konfitürenschneider

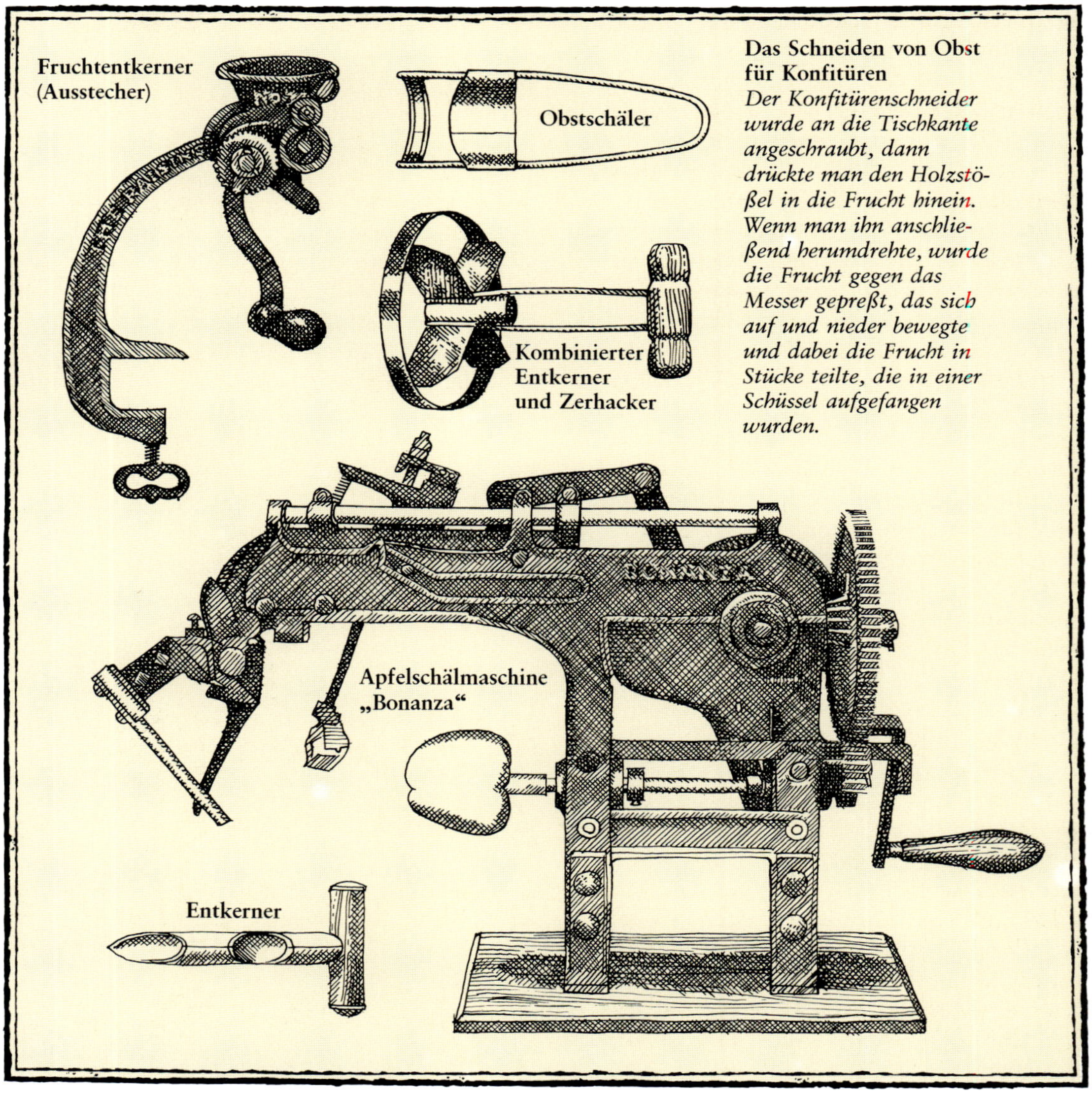

Das Schneiden von Obst für Konfitüren
Der Konfitürenschneider wurde an die Tischkante angeschraubt, dann drückte man den Holzstößel in die Frucht hinein. Wenn man ihn anschließend herumdrehte, wurde die Frucht gegen das Messer gepreßt, das sich auf und nieder bewegte und dabei die Frucht in Stücke teilte, die in einer Schüssel aufgefangen wurden.

Heutzutage macht sich kaum noch jemand diese Mühe, sondern kauft sich die kandierten Früchte bequemerweise im Laden. Allerdings ist seit einiger Zeit in jeder Saison frisches Obst erhältlich, so daß es immer weniger Grund gibt, Obst auf die beschriebene Weise zu konservieren.

Die Herstellung von Konfitüren

Konfitüren, so wird erzählt, wurden eigens für Katharina von Aragón erfunden. Als diese unglückliche junge Dame die Frau von Heinrich VIII. wurde, ihr herrliches, sonniges Land verlassen und im nebligen England leben mußte, sehnte sie sich nach den Orangen aus ihrer Heimat. Diese konnten damals die lange Schiffsreise nicht frisch überstehen, deswegen mußte eine Methode gefunden werden, sie auf dem langen Weg vor dem Verderben zu bewahren. Das war die Geburtsstunde der Orangenkonfitüre.

Marmeladen und Gelees

Auch das Kochen von Marmeladen und Gelees gehört zum Konservieren von Obst. Marmelade entsteht dadurch, daß man die Früchte mit viel Zucker kocht, bis sie gut eingedickt sind. Bis vor relativ kurzer Zeit wurde in den meisten Haushalten noch sehr viel Marmelade konsumiert. Man verwendete sie auch zur Herstellung von Marmeladetorten und oft zur Füllung beliebter Puddings. Marmeladenbrote bildeten einen wichtigen Teil der Ernährung von arm und reich, denn seitdem Zucker auch auf den Westindischen Inseln angebaut wurde, war er relativ billig, und Obst gab es reichlich im eigenen Land.

Um Gelee herzustellen, wurde das Obst gekocht, durch ein feines Seihtuch, am besten aus Musselin, gepreßt und der so erhaltene Brei mit Zucker vermischt, ehe er erneut aufgekocht wurde, bis er gelierte. Dieses Gelieren wird durch die Pektine verursacht, die in den meisten Früchten vorhanden sind. Enthalten Früchte kein oder zuwenig Pektin, dann geliert der Obstbrei auch nicht, einerlei, wie oft man ihn aufkocht oder abbrüht. Dann heißt es, Pektin hinzufügen, das in Drogerien oder Apotheken erhältlich ist.

Mit zunehmender Einsicht, daß Zucker der menschlichen Gesundheit nicht sonderlich zuträglich ist, ließ der Verbrauch von Marmeladen und Konfitüren stark nach. Gelees müssen allerdings weder Zucker noch Früchte enthalten. Im 16. Jahrhundert zum Beispiel wurden sie aus einer Gelatine hergestellt, die aus Fischleim gewonnen wurde; diese diente als Grundlage für bestimmte Süßspeisen.

Formen für Süßigkeiten

Pralinenform aus Metall

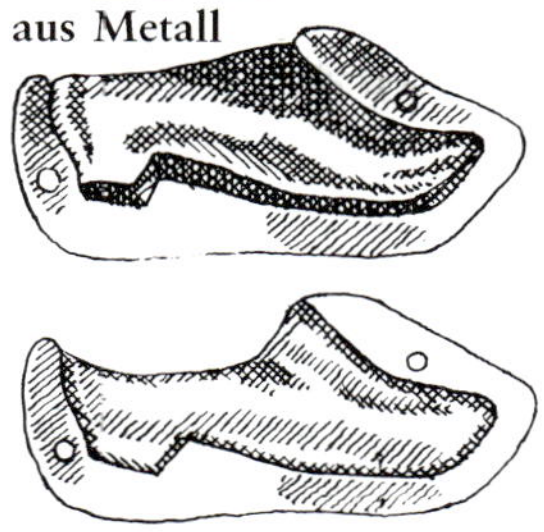

Geleeform aus Kupfer

Kupferne Geleeform

Geleeform mit dem Wappen des Prinzen von Wales

Geleeform aus glasiertem Steingut

Getöpferte Geleeform

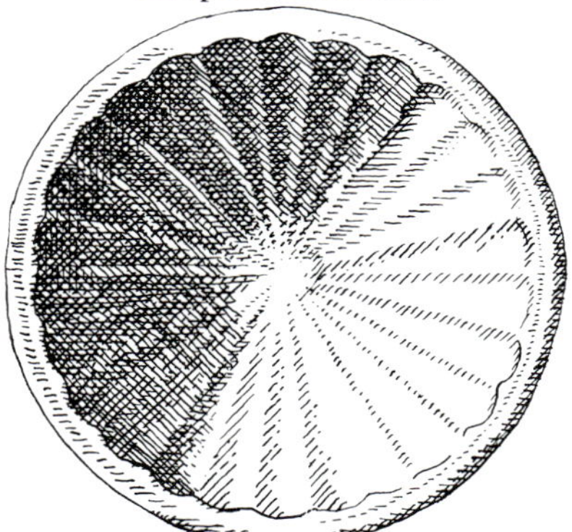

Ostereiform aus Metall

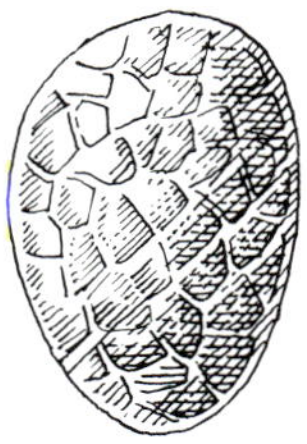

Pastetenform aus Kupfer

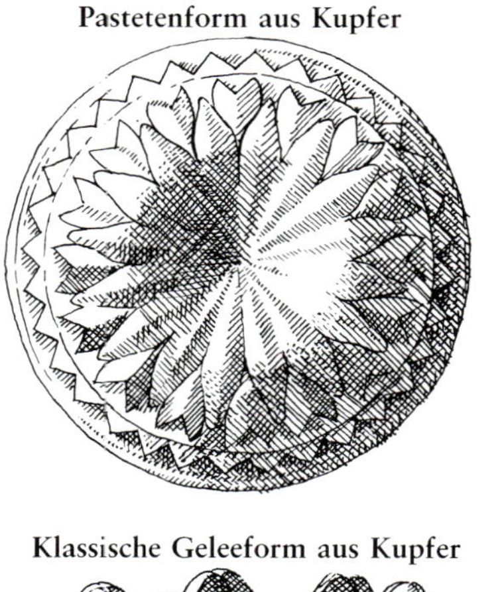

Holzmodel

Klassische Geleeform aus Kupfer

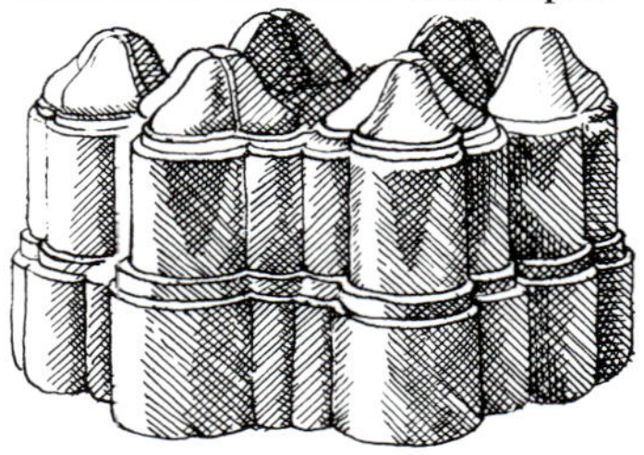

Formen für Gelees und Konfekt

Früher setzten die Hausfrauen ihren Stolz darein, nach dem Essen attraktive Desserts anzubieten. Für diesen Zweck wurde eine große Auswahl von Formen für Gelees, Puddings und andere Süßspeisen angeboten. Gelees wurden gern in der Form von Burgen und Schlössern serviert, während für die Formgebung von Konfekt Blumen und Tiere gewählt wurden. Zum Gießen von Ostereiern und ähnlichen Süßigkeiten gab es zweigeteilte Formen. Sie wurden mit Bändern zusammengehalten, bis ihr Inhalt fest wurde.

KÜHLEN VON LEBENSMITTELN

Das Transportieren von Eisblöcken
Zum Transport von Eisblöcken an Bord von Schiffen oder über steile Abhänge hinauf wurden diese Greifzangen benutzt, die die Blöcke beim Hochziehen sicher festhielten.

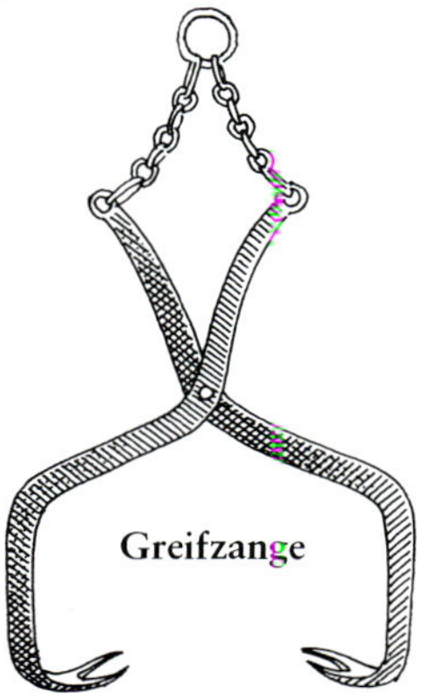

Ich ging in der Schweiz zur Schule. Den Winter verbrachten wir regelmäßig in dem kleinen Wintersportort Villar sur Bex. Das Palasthotel dort verfügte damals, Ende der zwanziger Jahre, noch über eine eigene Eisherstellung. Dafür spritzte ein Mann jeden Morgen mit einem Schlauch Wasser über ein großes Holzgestell, das hinter dem Haus stand. Das Eis gefror fast augenblicklich zu den bizarrsten Formen. Je weiter der Winter voranschritt, desto mehr nahm das Ganze die Gestalt eines Werkes an, wie es der Achitekt von Kublai Khans Märchenpalast in Xanadu nicht besser gekonnt hätte.

Bei Einsetzen des Tauwetters wurde das Eis mit großen Schmiedehämmern abgeschlagen, eine Operation, an der ich mich äußerst gern beteiligt hätte. Das abgeschlagene Eis lagerte man in einem großen Keller des Hotels ein. Es reichte fast immer aus, bis übers Jahr der nächste eiskalte Winter wieder kam.

Lagerung und Transport des Eises

Seit dem Mittelalter verfügte fast jeder Landsitz in England etwa über einen eigenen Eiskeller. Damals war es aber auch noch kälter in Mitteleuropa. Erst seit den Zeiten von Charles Dickens werden jenseits der Berge die Winter mit Eis und Schnee immer mehr zu einer bloßen nostalgischen Erinnerung. Früher konnten die Eiskeller noch mit dem Eis aus den nahe gelegenen Teichen und Bächen gefüllt werden. Im Lauf des vorigen Jahrhunderts, als der heimatliche Nachschub nachließ, begannen die Schiffe, die im Winter Kohlen in die Ostseeländer transportierten, auf der Rückreise Eis mitzubringen.

Es war gar nicht so einfach, wie man glauben könnte, an dieses Eis zu gelangen. Zunächst mußten mit Pickeln Löcher in das Eis gehackt, dann mit Spezialsägen große Blöcke herausgesägt werden. Diese Blöcke, die manchmal Tonnen wogen, mußten von Pferden zu den Schiffen gezogen werden. Dort wurden sie mit

Die Lagerung des Eises

Über die Lagerung von Eis gingen die Ansichten auseinander. Manche Leute vertraten die Meinung, daß es am besten in einer Art Gartenhaus im Schatten von Bäumen gelagert würde. Andere meinten, Eiskeller seien für diesen Zweck besser geeignet. Sowohl die Eishäuser wie auch die Eiskeller mußten mit Stroh isoliert werden, um die Wärme abzuhalten. In den Eiskellern wurde das Eis durch eine Öffnung in der Decke eingelagert und konnte durch einen seitlichen Gang herausgeholt werden. Über dem Wasserabfluß hielt man es mit einem alten Wagenrad zurück.

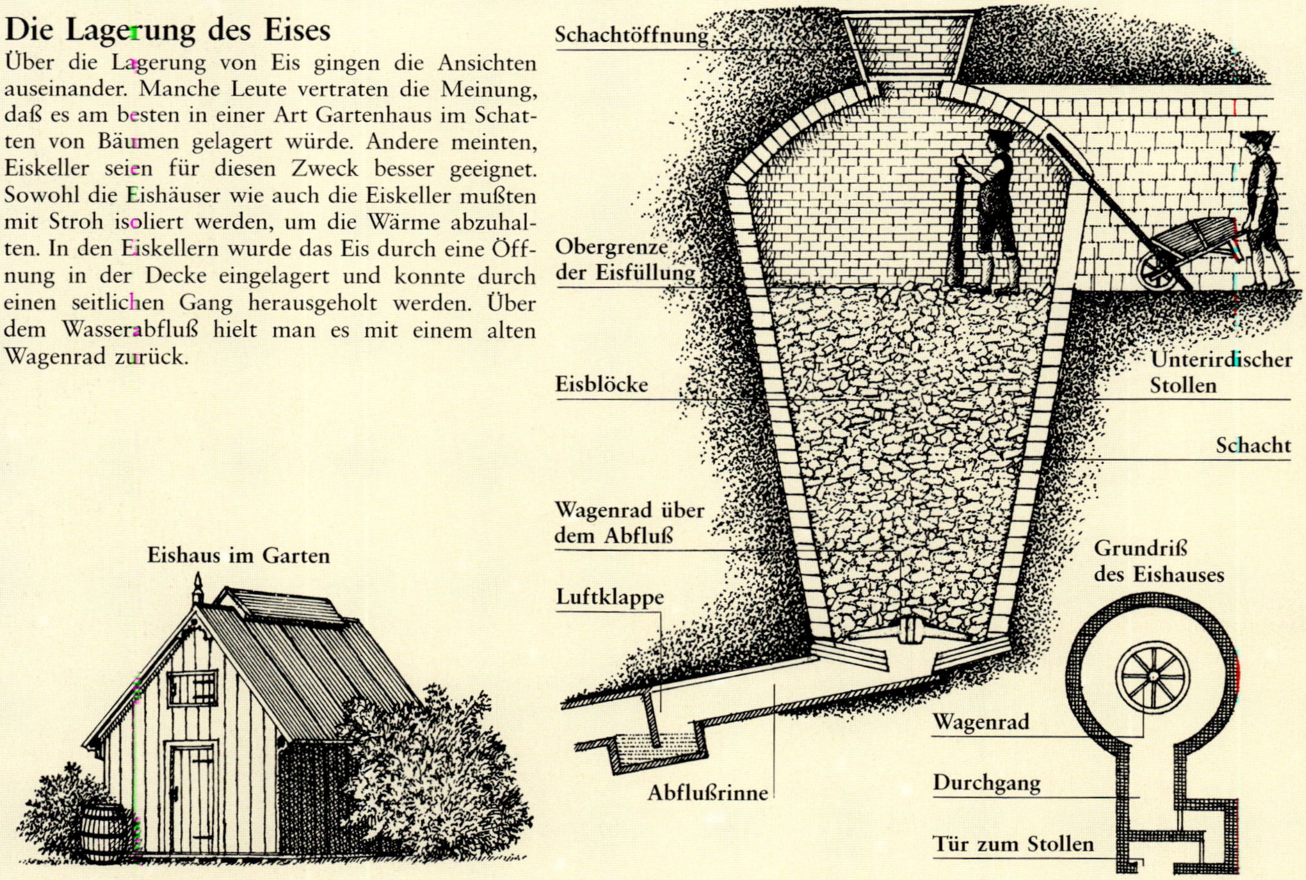

Flaschenzügen hochgehievt und an Bord vertäut. In den Vereinigten Staaten wurde das Eis auf den Seen im Norden geschlagen und in die wärmeren Teile des Landes, aber auch nach außerhalb geliefert.

Die Eistruhe

Bevor es elektrische Kühlschränke und schließlich auch die Tiefkühltruhe gab, standen in den meisten Haushalten Eistruhen, die ihren Ursprung in den Vereinigten Staaten hatten. Anfangs waren dies einfache Holzkisten, mit Zinkblech oder Schieferplatten verkleidet und mit Holzkohle, Asche oder Filz isoliert. Das Eis hierfür wurde täglich angeliefert. Die Hausfrau legte die kleingehackten Eisstücke in die Truhe und auf diese wiederum die Lebensmittel, die kühl gehalten werden sollten. Seit Mitte des vergangenen Jahrhunderts wurden Eisschränke gebaut, die in der oberen Hälfte ein Fach für das Eis und in der unteren Hälfte eines für die Lebensmittel hatten. Die kältere Luft sank vom Eis aus hinunter, während die wärmere Luft von den Lebensmitteln aufstieg und das Eis langsam zum Schmelzen brachte – ein sehr wirksames Kühlsystem.

In Afrika verfügten wir Busch-Abenteurer über behelfsmäßige Kühlvorrichtungen, die wir „Holzkohlen-Eisschränke" nannten. Dazu bauten wir Platten aus galvanisiertem Stahl zu einer Kiste zusammen, die wir mit einem Drahtnetz überzogen. Den Zwischenraum stopften wir mit Holzkohle aus. Obenauf setzten wir eine flache Wasserschale mit durchlöchertem Boden. Das Wasser lief über die Holzkohle hinunter und zog beim Verdunsten Wärme aus dem Kasten. Sofern die Luftfeuchtigkeit nicht zu hoch war, erfüllte das Ding seine Aufgabe exzellent.
Schon die alten Griechen kannten dieses Verdunstungsprinzip. Sie bewahrten ihr Trinkwasser in porösen Tonkrügen auf. Während das Wasser langsam durch den Ton hindurch verdunstete, kühlte es sich stufenweise ab.
Soldaten, die in der Wüste kämpften, können sich sicher noch daran erinnern, daß man das Wasser dort in einem Segeltuchbeutel aufbewahrt. Während des Wüstenkrieges hängten wir solche Beutel oft an die Außenspiegel der Lastwagen und verfügten so immer über ausreichend kühles Wasser für unseren ewigen Durst in dieser Hitze.

Die ersten Eisschränke
Die ersten Eisschränke bestanden aus Holz und waren mit Zinkblech und Porzellan isoliert. In das obere Fach kamen die Eisstücke, deren Kaltluft die im Fach darunter befindlichen Lebensmittel kühlte. Von dort stieg Warmluft auf, die das Eis kontinuierlich zum Schmelzen brachte.

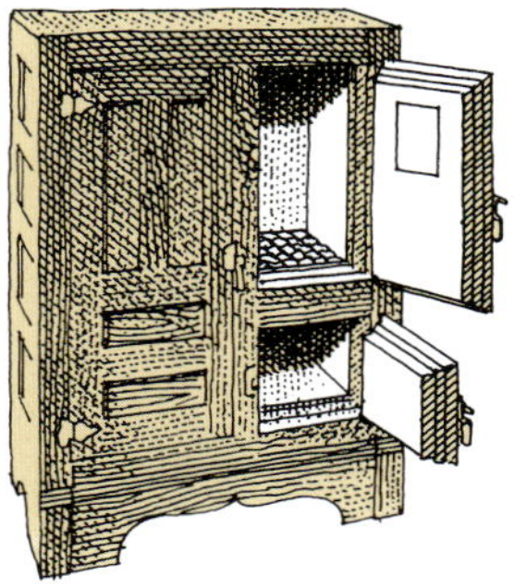

Private Eisherstellung
Vor der Einführung der elektrischen Kühlschränke fanden sich in vielen Haushalten eigene Eismaschinen. Dazu gehörte auch die hier abgebildete Maschine der Marke „Raplin". Wenn man ihr Schwungrad drehte, stellte sie innerhalb von zwanzig Minuten einen Eisblock her, der kleingehackt in der Eistruhe zum Frischhalten verderblicher Lebensmittel zu verwenden war.

Raplin'sche Maschine zur Herstellung von Eis

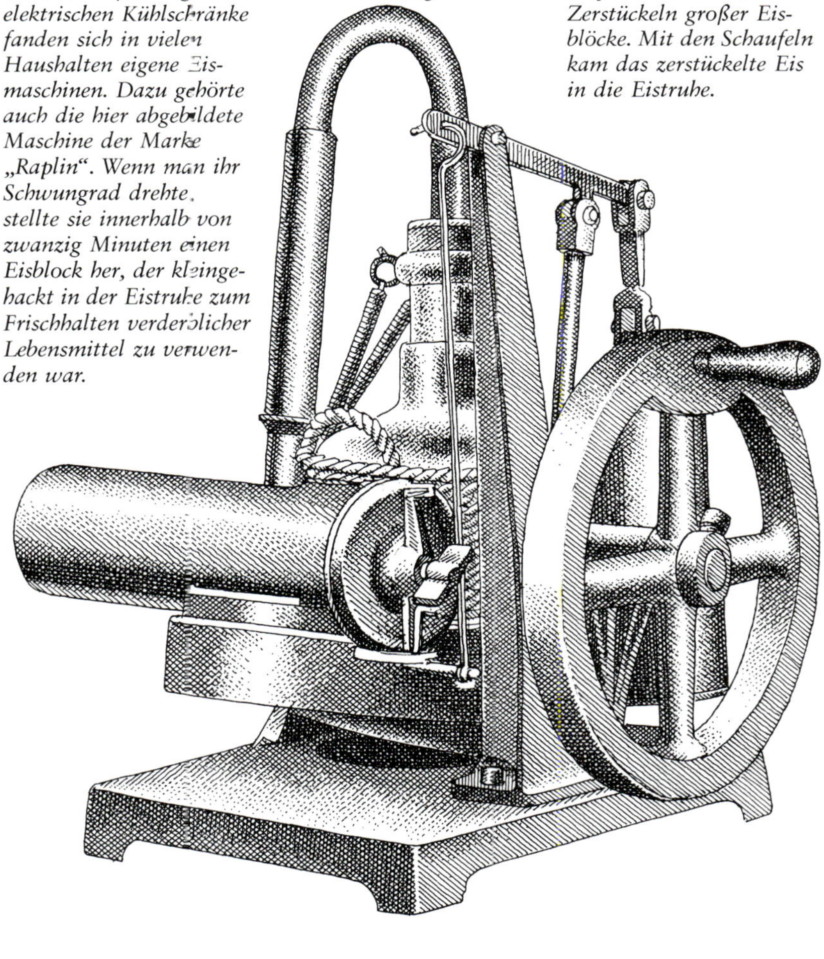

Eispickel und -schaufeln
Eispickel dienten zum Zerstückeln großer Eisblöcke. Mit den Schaufeln kam das zerstückelte Eis in die Eistruhe.

Eisstecher

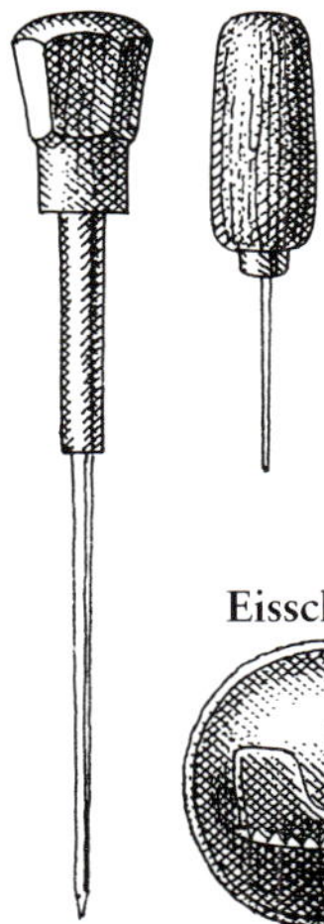

Eishammer

Eisschaufel

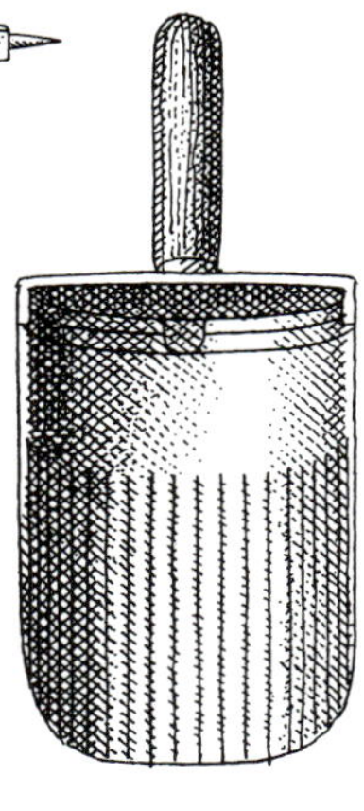

Eisschaber

Eisschaber und Eisbehälter

Eisschaber
Mit den Eisschabern wurden kleine Eisflocken von den Blöcken abgeschabt, die man bei warmem Wetter Süßspeisen oder Getränken zusetzte.

REINIGUNG UND PFLEGE

Der Küchenherd
Der Küchenherd bedeutete eine Menge täglicher Arbeit für die Hausfrau. Jeden Morgen mußten der Feuerschacht geleert, die Asche herausgenommen und die Ofenschächte gesäubert werden. Danach mußte sie Speisereste abkratzen, den Herd abwaschen und abtrocknen, den gesamten Herdkörper schwärzen und die Messingteile wienern, bis sie glänzten.

In kleinen Bauernhäusern und Katen wurde praktisch alle Hausarbeit in der Küche erledigt, die zusätzlich auch noch als Wohnzimmer diente. Da sich so in ihr das familiäre Leben konzentrierte, war es eine äußerst wichtige Aufgabe, sie laufend sauberzuhalten. In größeren Häusern gab es auch noch eine „gute Stube“, aber das war meist ein ungeheizter, ungemütlicher Raum, der nur bei bestimmten Anlässen, etwa bei Beerdigungsfeiern, benutzt wurde.

In den Häusern reicher Bauern und den Landhäusern der Oberklasse wurde die Küche ausschließlich zum Kochen genutzt. Waschen und Spülen erfolgte in der daneben gelegenen Spülküche. Lebensmittel lagerten in der Speisekammer. Selbst Geschirr und Besteck bewahrte man nach Möglichkeit nicht in der Küche auf, die, wie jeder Raum, in dem ein offenes Feuer brennt, in der Regel ziemlich rußig war.

Tatsächlich war es das Feuer, das die meisten Reinigungsprobleme verursachte. Bei einem offenen Feuer fällt garantiert Ruß aus dem Schornstein, und der Wind bläst den Rauch ins Zimmer. Unter solchen Umständen war es äußerst schwierig, den Raum sauberzuhalten. Mit der Verbreitung des geschlossenen Küchenherdes Anfang des 19. Jahrhunderts nahmen diese Probleme ab.

Das Fegen des Bodens

Bis Anfang des vergangenen Jahrhunderts bestanden die meisten Küchenböden aus gestampfter Erde. Sie wurden mit einem Reisigbesen gekehrt – so lange, bis sie fast so hart und glatt wie Beton waren. Sie konnten aber, im

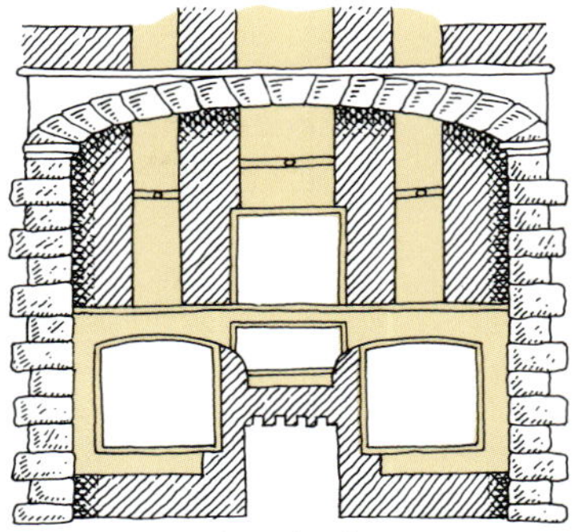

Ofenschächte

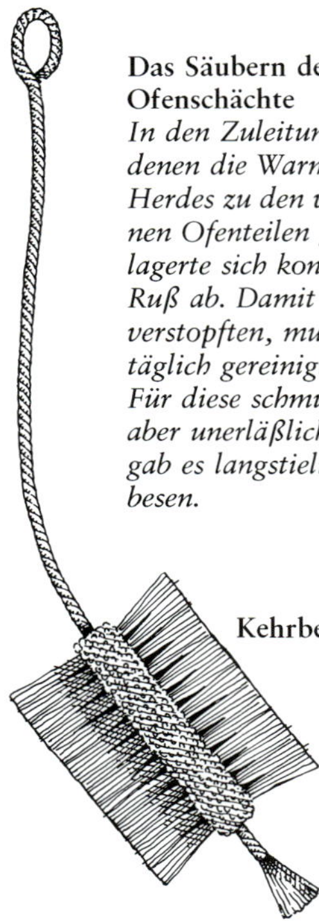

Das Säubern der Ofenschächte
In den Zuleitungen, in denen die Warmluft des Herdes zu den verschiedenen Ofenteilen gelangte, lagerte sich kontinuierlich Ruß ab. Damit sie nicht verstopften, mußten sie täglich gereinigt werden. Für diese schmutzige, aber unerläßliche Arbeit gab es langstielige Kehrbesen.

Kehrbesen

Gegensatz etwa zu Kachelböden, nicht mit Wasser geschrubbt werden. Nur die Küchenböden aus Stein wurden wöchentlich naß aufgewischt. Eine Reinlichkeit in der Form, wie sie heute fast zur Besessenheit geworden ist, war damals noch nicht möglich.

Ich bin nicht alt genug, um mich noch an die regelmäßigen Besuche des Sandmannes zu erinnern, obwohl meine Mutter mir zu erzählen pflegte, er käme jede Nacht und streue mir Sand in die Augen, damit ich einschlafe. Früher wurde der Fußboden der Küche und der Milchkammer, oft auch noch die Böden der Flure und Treppenaufgänge – mit Sand bestreut. Etwa einmal in der Woche wurde der Sand ausgekehrt und damit sämtlicher Schmutz, der sich darauf angesammelt hatte. Dann wurde frischer Sand gestreut.

Während einer größeren Zeitspanne unserer Zivilisation wurde auf dem offenen Feuer gekocht (siehe Seiten 24 bis 29). Daher stammt das Sprichwort vom Topf, der den Kessel beschimpft, schwarz zu sein; denn alles, was über dem offenen Feuer hängt, wird schon bald schwarz von Ruß. Auch derjenige, der am Feuer hantiert, kann nicht verhindern, daß seine Hände schnell schwarz werden. Obwohl es daher ziemlich zwecklos war, den Ruß von den Töpfen und Kesseln zu entfernen, weil sie nämlich nach kurzer Zeit schon wieder schwarz waren, gab es dennoch viele Hausfrauen, die ihre Töpfe mit Sand abscheuerten.

Selbst der Übergang zum Kohlenherd brachte da wenig Besserung; ja, die Kohle vergrößerte gar die Reinigungsprobleme, da sie noch mehr rußte als Holz. Darüber hinaus verursachte der Transport der Kohle durch das Haus auch noch zusätzlichen Schmutz, der sofort entfernt werden mußte, wenn er nicht mit den Füßen überall hingetragen werden sollte. Die Kessel hingen oder standen auf Dreifüßen (siehe Seite 30) – weiterhin über dem offenen Feuer und blieben schwarz.

Staubwischen und Putzen
Stein- und Fliesenböden wurden regelmäßig mit Staub- oder Wischmops gesäubert. Das Wischen war gar nicht so einfach, denn der Boden mußte sauber und doch fast trokken sein. Holzböden wurden auf den Knien mit flachen Scheuerbürsten, Seifenwasser und viel Schweiß geschrubbt. Dabei trugen die Hausfrauen oft Knieschoner.

Holzpantinen
Die Hausfrauen trugen beim Fegen und Putzen – entweder an den bloßen Füßen oder über den Schuhen – Holzpantinen, die unter der Sohle einen Holzreifen hatten. Dadurch blieben ihre Füße trocken.

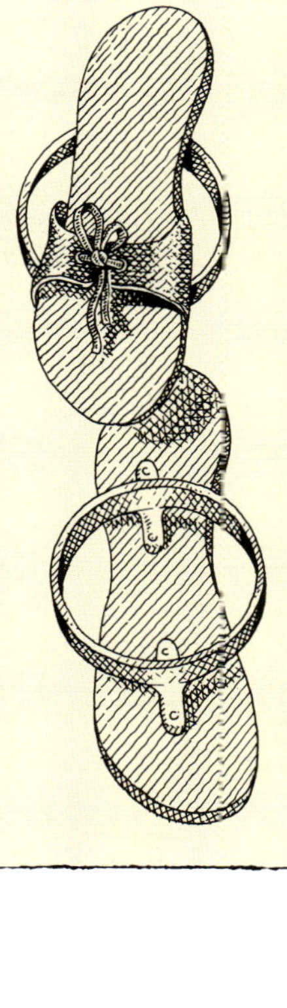

Putzeimer mit Korbgeflecht

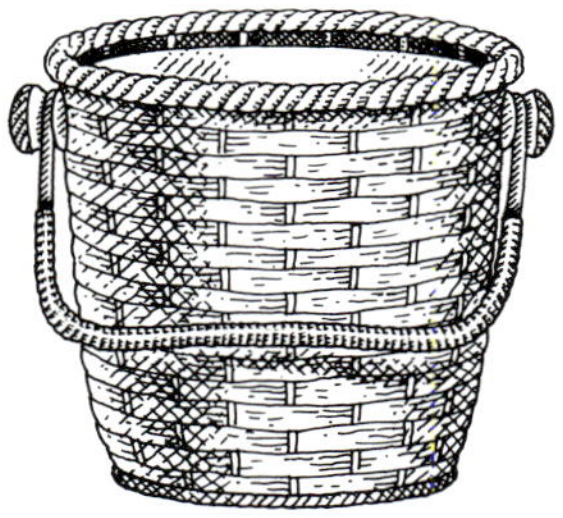

Putzeimer mit Deckel

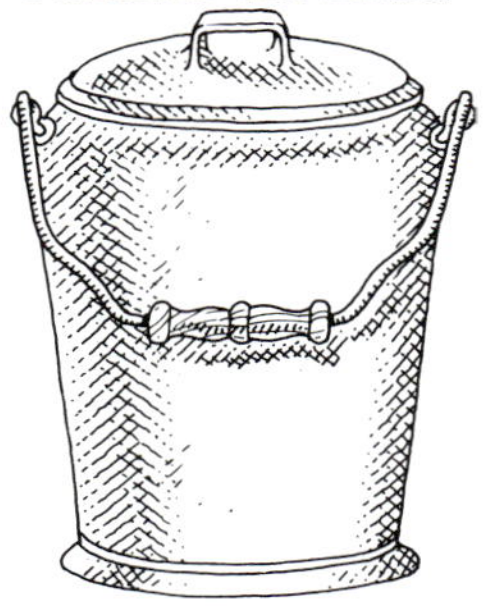

Blecheimer

Zweihöckrige Ofenbürste

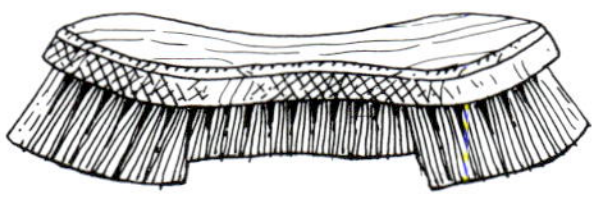

Scheuerbürste

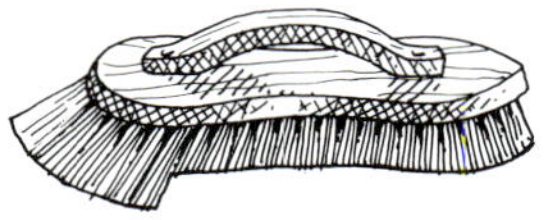

Ovale Scheuerbürste

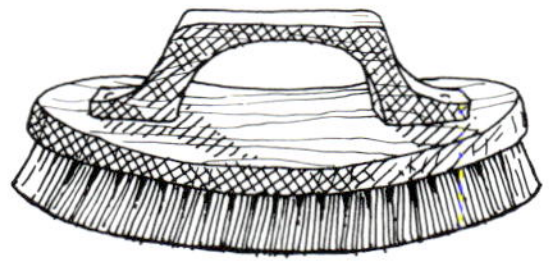

Knieschoner

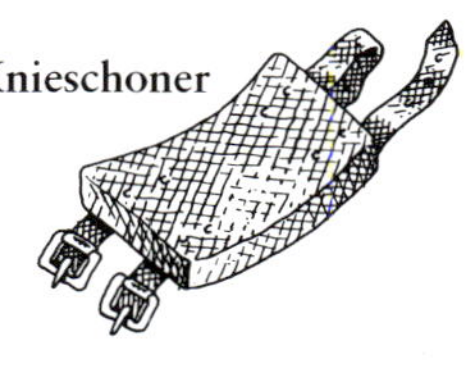

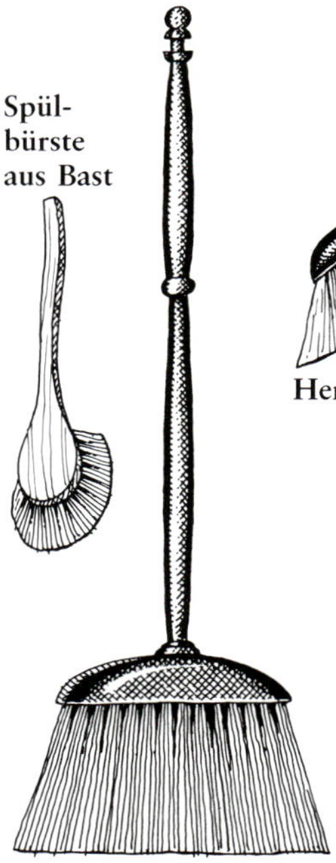

Spülbürste aus Bast

Herdbürste aus Stroh

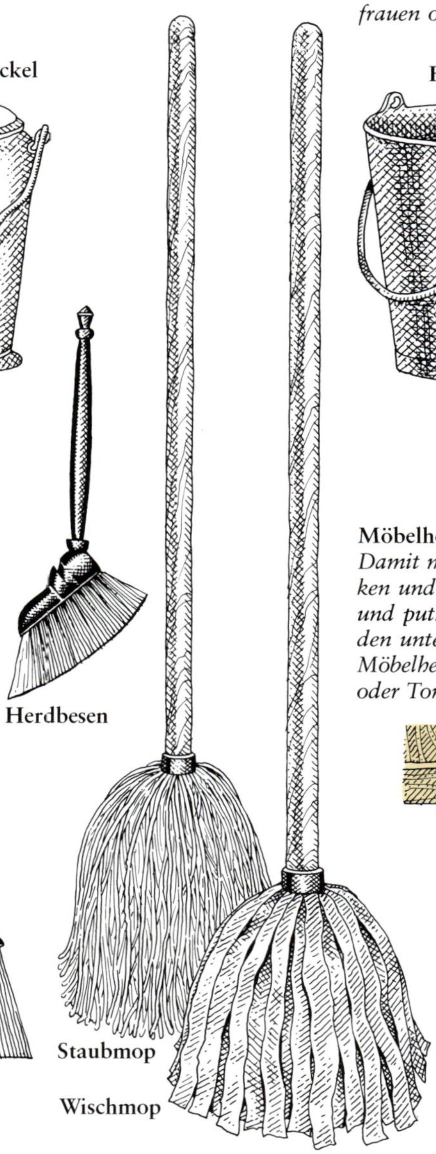

Herdbesen

Staubmop

Wischmop

Möbelheber
Damit man unter Schränken und Truhen fegen und putzen konnte, wurden unter ihre Beine Möbelheber aus Steinzeug oder Ton geschoben.

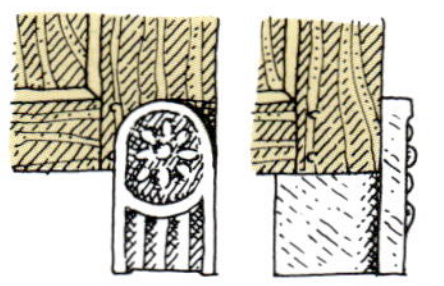

Sauberhalten des Kohleherdes

Die Einführung des geschlossenen Kohlenherdes oder Küchenherdes (siehe Seite 31) hatte zur Folge, daß Töpfe, Pfannen und Kessel nicht länger durch den Rauch geschwärzt waren. Sie konnten blank und glänzend gehalten werden.

Der Rauch wurde über die Abzugsschächte des Ofens in den Schornstein geleitet, so daß kein Ruß herunterfallen und sich im Raum verteilen konnte. Die Kamine rauchten nicht mehr so stark, und die Asche fiel in den Aschenboden, von wo aus sie mühelos zu entfernen war. Trotzdem gab es mehr zu putzen, weil die großen Eisenherde stark rußten und die zahlreichen Abzugskanäle oft gefegt werden mußten. Großwinklige Herdbürsten wurden eigens dafür angefertigt. Ich erinnere mich noch gut, wie zu meiner Kinderzeit die Küchenmädchen viel Zeit darauf verwendeten, den Herd mit kleinen Spezialbürsten mit gedrehten Griffen einzuschwärzen. Dadurch glänzte er wie gelackt und rostete nicht mehr. Ein glänzender Herd war der Stolz jeder Köchin.

Gerät zur Messerreinigung

Das Säubern der Messer
Messer wurden gesäubert, indem man sie auf einem langen Putzbrett, das mit Steinstaub bestreut war, hin und her rieb. Anschließend wurden sie saubergewischt. Mit einem Messerreinigungsapparat konnte man bis zu zehn Messer gleichzeitig säubern. Die Messer wurden in die Aussparungen am Rand dieser Vorrichtung eingespannt. Eine Kurbel betätigte eine Bürste, die mit Schmirgelpulver eingerieben war.

Wasserknappheit

Früher wurde in der Stadt wie auf dem Land öfter mal das Wasser knapp. Dann wurde das Putzen zu einem Problem. Eine alte Freundin, die Frau eines Kleinbauern, hat mir einmal erzählt, daß sie jeden Abend die Kinder badete und mit dem Badewasser anschließend die Küche putzte. Auch Spülwasser wurde so verwendet. Niemals versäumte es die Hausfrau, den Küchentisch zu scheuern und war stolz darauf, wenn er strahlend weiß glänzte. Nach dem Aufkommen der gefliesten Böden wurden auch diese häufiger geschrubbt. Gemauerte Kamine wurden mindestens einmal die Woche mit sogenannten Kaminsteinen abgerieben.

Diener und Lakaien

Vor der Erfindung des rostfreien Stahls Anfang dieses Jahrhunderts mußte das Besteck nach Gebrauch gründlich gesäubert und besonders ausgiebig getrocknet werden, sonst begann es zu rosten. Viele größere Haushalte verfügten über ein Gerät zum Messerreinigen, das durch eine Kurbel betätigt wurde. In herrschaftlichen Häusern gehörte die Pflege des Silberbestecks in aller Regel zu den Aufgaben des Butlers.

Die meisten Reinigungsarbeiten in der Küche fielen aber unter die Zuständigkeit der Köchin. Als Gegenleistung für ihre Mühen konnte sie über ein strahlendes Königreich gebieten. Der glänzend schwarze Herd mit dem glühenden Kohlenfeuer hinter dem Rost war der absolute Mittelpunkt des Hauses.

Das Küchenbüffet

Die wunderschönen Küchenanrichten aus Eiche, die heute im Antiquitätenhandel so hohe Preise erbringen, tauchten in größerer Zahl erst im 18. Jahrhundert auf, als das Porzellan erschwinglicher wurde. Zuvor fanden sich in den Küchen zumeist nur kleinere Wandregale, die mit Wachstuch oder Ölpapier ausgelegt waren. Sie reichten leicht für das noch rare Geschirr und die wenigen Küchenutensilien, die ein gewöhnlicher Haushalt damals besaß. Pfannen und Töpfe wurden an Nägeln an der Wand aufgehängt. Tassen, Krüge und Trinkbecher standen meist auf einem kleinen Wandbord, das oft in die dicke Mauer eingelassen war und gelegentlich mit Glastüren versehen war. Ich kenne viele alte Leute in Irland oder Wales, die sich noch heute so behelfen.

Die ersten „Anrichten“ bestanden aus einem einfachen Brett, das in Hüfthöhe an der Küchenwand angebracht war. Darauf eben wurden die Speisen angerichtet, von daher rührt der Name. Allmählich kamen über diesem Brett weitere Regale hinzu. Und gegen Ende des 17. Jahrhunderts gesellten sich unterhalb des Bretts weitere Fächer zu der Wandablage. So war es nur noch ein kleiner Schritt, die drei verschiedenen Elemente zu einem einzigen Möbelstück zusammenzufassen. Die schrankartigen Anrichten reichten dann oftmals bis zur Decke. Ihre einzelnen Fächer wurden in verschiedene Höhen unterteilt, je nach der Größe des Geschirrs.

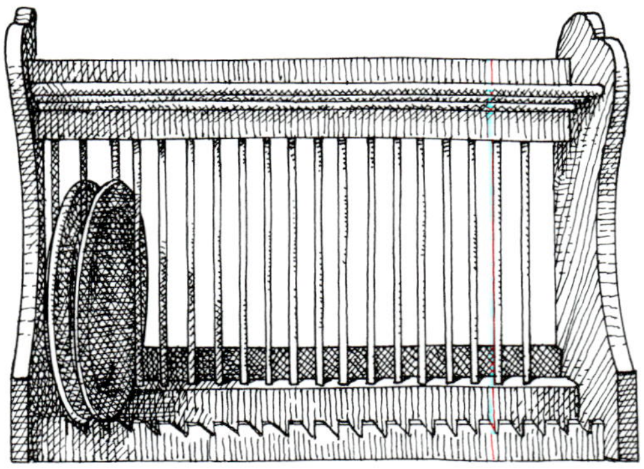

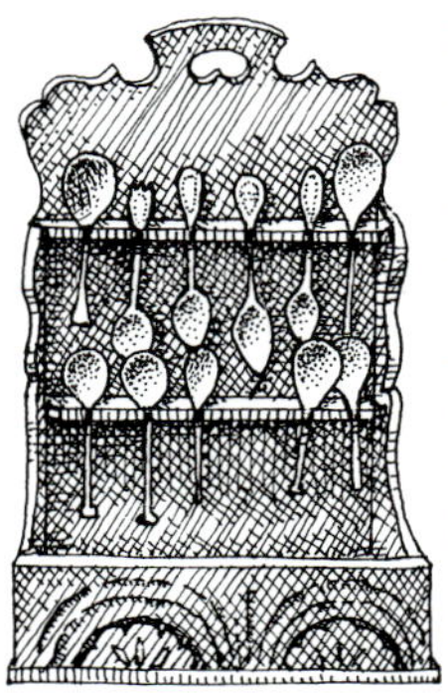

Küchenregale
Ehe es Schränke und Kommoden gab, wurden die Küchengeräte auf den Holzregalen untergebracht. Für Teller und Bestecke gab es getrennte Borde, die auf dem Tisch standen oder an leicht zugänglicher Stelle an der Wand aufgehängt wurden.

DAS GESCHIRRSPÜLEN

Wasserbeschaffung
Abgesehen vom Regenwasser, das unterhalb des Daches in einer Tonne aufgefangen wurde, mußte alles Wasser vom nächstgelegenen Brunnen oder Bach, von einer Quelle oder von einer öffentlichen Pumpe geholt werden. Mit Hilfe eines hölzernen Jochs, das sie über die Schulter legte, konnte die Hausfrau zwei Eimer auf einmal tragen.

Fettige Schüsseln wurden früher sehr oft mit Asche gesäubert. Verbindet sich Holzasche nämlich mit Fett, so wird Seife daraus. Fest haftender Schmutz wurde mit Sand oder Steinstaub entfernt. Diese wurden vom „Sandmann" geliefert: ein alter Mann zumeist, der mit einem mit Säcken voll beladenen Esel durch die Städte und Dörfer zog.

Spülbecken ohne Wasserhähne
Ehe der geschlossene Küchenherd entwickelt war, wurde das Spülwasser in großen schwarzen Kesseln über oder neben dem offenen Feuer erwärmt. Sofern die Hausfrau nicht vergaß, diese immer wieder nachzufüllen, verfügte sie ständig über heißes Wasser. Allerdings konnte sie nicht wie heute einfach einen Hahn öffnen, um das Spülbecken zu füllen, sondern mußte die Mühe auf sich nehmen, das Wasser zum Becken zu transportieren.
Die Spülbecken wurden früher aus Holz hergestellt oder aber, wenn man in einer entsprechenden Gegend lebte, aus Schieferplatten. Später, nach dem Aufkommen der großen Steingutfabriken, setzten sich dann Spülbecken aus Keramik durch. Ich kann mich noch an manche Bauernhäuser erinnern, in denen das Schmutzwasser in einen Eimer ablief, den die Hausfrau dann vor der Tür entleeren mußte. In einzelnen Fällen floß es auch über Bleirohre durch die Hauswand hindurch in den Hof ab.
Obwohl das Spülen eine Menge Arbeit erforderte, war es trotzdem nicht arbeitsintensiv, denn es gab ja noch nicht viel Geschirr. Ich sah noch in den frühen fünfziger Jahren viele Häuser auf dem Land, in denen fast keine Töpferware existierte. Dort hing nur ein großer schwarzer Kessel über dem Feuer; ein ebenso großer Topf diente zum Kochen der Kartoffeln. Daneben vielleicht einige Holzschüsseln – und das war alles. Waren die Kartoffeln gar, wurden sie in einem flachen Korb auf den Kochtopf gestellt, und die Familie ließ sich auf dreibeinigen Hockern am Tisch nieder und bediente sich mit den bloßen Fingern. Das Essen wird trotzdem, so nehme ich an, gut geschmeckt haben.
Seit Ende des 18. Jahrhunderts wurde überall in Europa preiswertes Geschirr aus Porzellan, Steingut oder Irdenware bekannt. In der folgenden Zeit nahm die Menge des Geschirrs und der Bestecke zum Kochen und Essen immer mehr zu. Spülen wurde dadurch erst zu einer höchst lästigen Aufgabe. Glücklicherweise geht die Tendenz heute wieder in die andere Richtung zu weniger Geschirr.

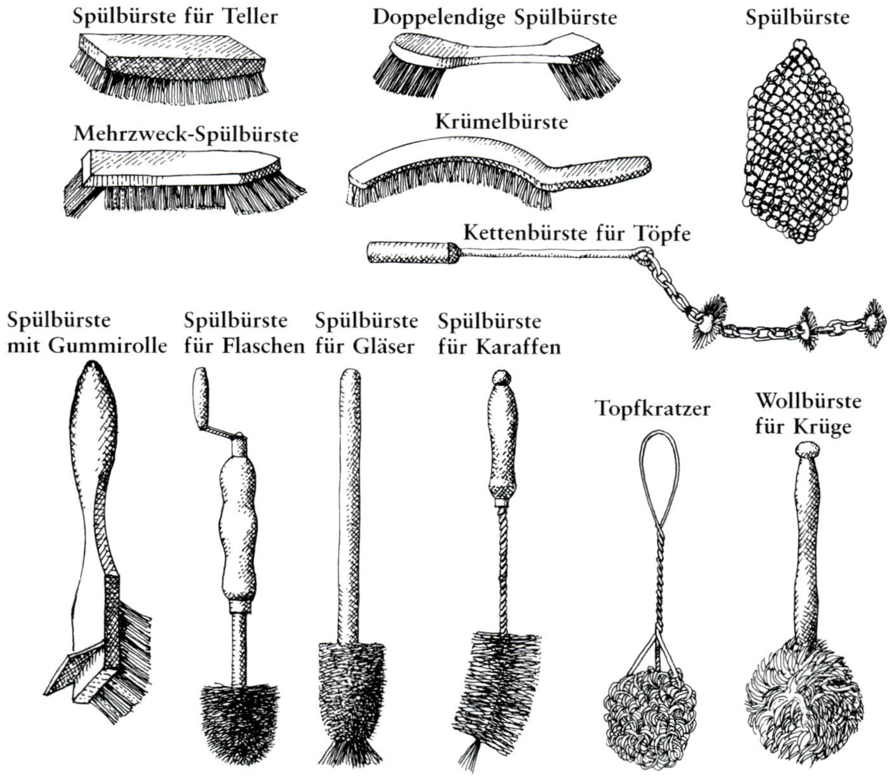

Bürsten und Mops
Es stand eine riesige Auswahl von Abwaschbürsten und Mops zur Verfügung. Die fächerförmige, hartfaserige Abflußbürste war allgemein gebräuchlich und wurde ebenso zum Scheuern von Töpfen und Pfannen wie zum Säubern des Ausgusses benutzt. Kurzstielige Bürsten mit kräftigen Borsten dienten zum Reinigen von Tellern und gelegentlich auch von Abflußbecken, während Drahtbürsten ausschließlich beim Säubern von Töpfen Verwendung fanden. Wollmops oder Bürsten mit langen Griffen wurden dagegen bei Porzellan und Glas benutzt. Hohe, schlanke Flaschen scheuerte man mit einem Flaschenreiniger: das waren mit Bleigewichten durchsetzte Holzperlen.

Das Spülbecken
Die Installation von Wasserleitungen änderte die Arbeitsbedingungen in der Küche grundlegend. Zuvor hatte das Wasser bei jedem Wetter aus teilweise sehr großen Entfernungen herbeigeschleppt werden müssen. Jetzt wurde um den Wasserhahn oder die Pumpe herum ein breites, flaches Steinbecken gebaut, das auch als Arbeitsunterlage diente, etwa um Fleisch zu entbeinen und zu hakken, Fisch zu entgräten und Gemüse zu säubern. Dort wartete ein Eimer für das Schmutzwasser oder gar schon der Abfluß durch ein Rohr. Bessere Spülbecken aus glasiertem Steingut verfügten zudem über einen Überlauf. Das Spülen geschah niemals im Becken selbst, sondern in einer Schüssel oder einem Bottich, die hineingestellt wurden. Für die feineren Arbeiten gab es oft noch ein zweites, kleineres Becken.

Spülstein

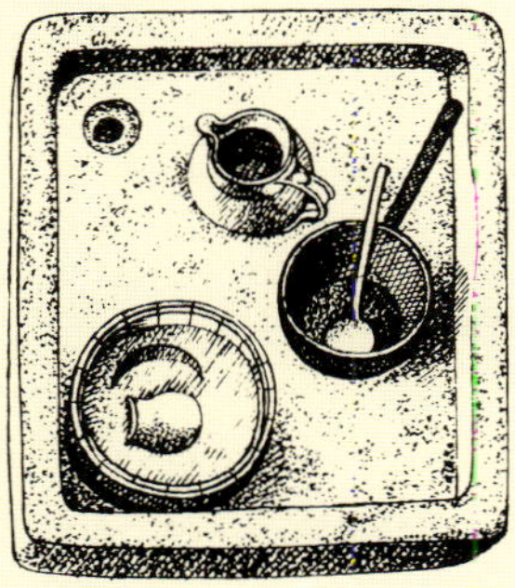

Trog aus Schieferplatten mit Wasserpumpe

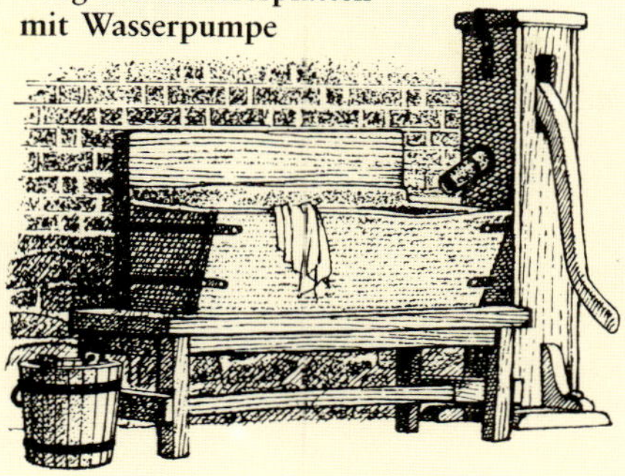

Irdenes Becken mit Ablaufbrett

Ablaufkorb
Zu Beginn dieses Jahrhunderts wurde damit begonnen, Spezialzubehör für die Spülbecken zu entwickeln. Dazu gehörte auch der abgebildete Ablaufkorb aus durchlöchertem Metall, der in einer Ecke des Spülbeckens stand. Darin wurden die Abfälle ausgeschüttet und verfingen sich alle festen Bestandteile, die sonst den Abfluß verstopft hätten.

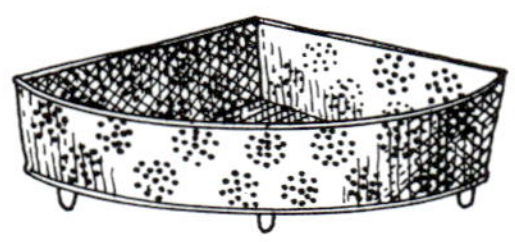

Emaillierter Ablaufkorb

Die Entwicklung der Teller
Die ersten Teller wurden aus Brot gemacht. Der Teig (1) wurde gebacken, bis er aufging (2), dann drehte man ihn um (3), und er konnte fertig bakken (4). Teilte man den Laib dann in Längsrichtung (5), so entstanden zwei „Teller". Als die Teller später aus Holz hergestellt wurden, geriet das Spülen noch immer nicht zum Problem: Die Teller wurden einfach abgewischt. Die ersten richtigen Teller bestanden aus Hartzinn, das bei häufigem Spülen nicht sehr beständig blieb. Mit dem Durchbruch von Tellern aus Steingut und billigem Porzellan wurde es dann ernst: Das Spülen geriet zur täglichen Aufgabe.

Teller aus Brot

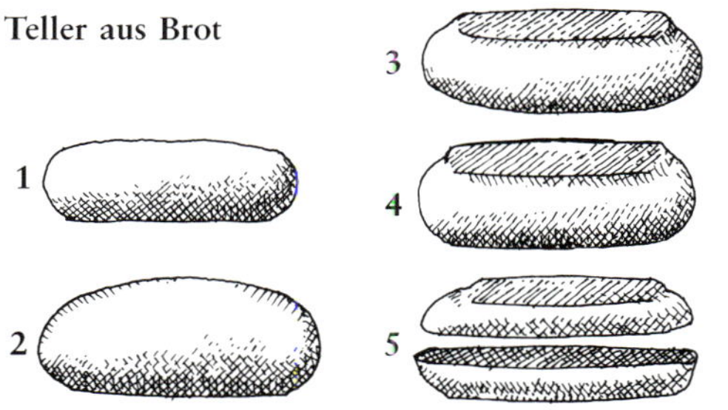

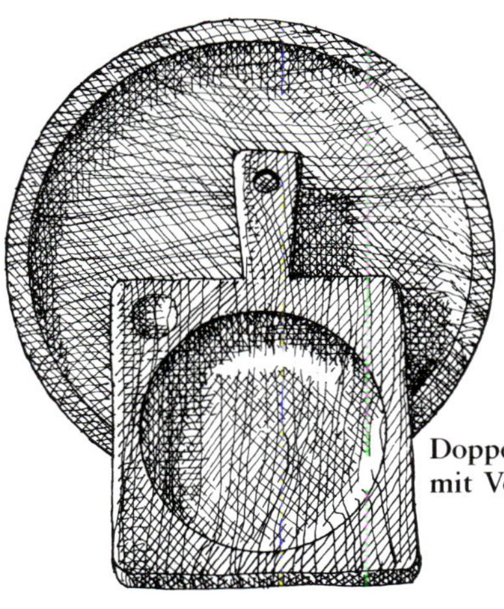

Runder Holzteller

Doppelseitiger Teller mit Vertiefung für Salz

Zinnteller aus Amerika

Achteckiger Zinnteller aus dem späten 18. Jahrhundert

Zinnteller mit graviertem Rand

Bemalter Porzellanteller

Im Umdruckverfahren dekorierter Teller

DIE WASSERAUFBEREITUNG

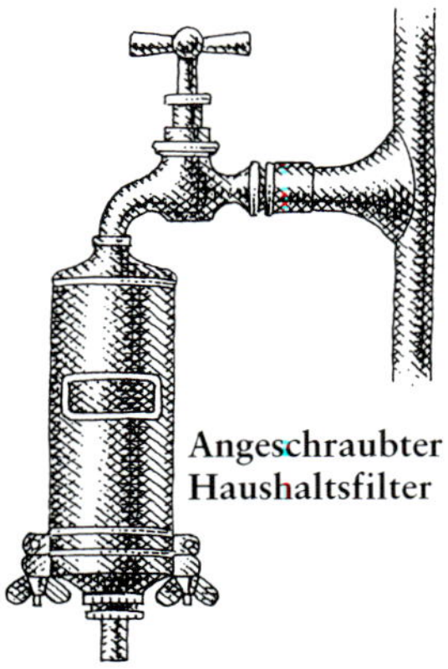

Angeschraubter Haushaltsfilter

Trinkwasserversorgung
Wer früher nicht gerade in der Nähe einer Quelle oder eines sauberen Wasserlaufes wohnte, mußte das Trinkwasser abkochen oder filtern. Dadurch wurden die Wasserfilter, die entweder direkt am Wasserhahn oder an der Zisterne angebracht waren bzw. frei standen, seit Mitte des vergangenen Jahrhunderts zu einem allgemein gebräuchlichen Haushaltsutensil. Gefiltertes Wasser schmeckte allerdings recht schal. Diener mußten daher Wasser umschütten und belüften.

In meiner Jugend – das ist nun auch schon sechzig Jahre her – waren Wasserleitungen auf dem Land noch unbekannt. Jedes Bauernhaus verfügte über eine Tonne, in der das Regenwasser gesammelt wurde. Das nahmen wir sehr gern zum Waschen, weil es so weich war. Jedoch lieferten diese Tonnen nie genügend Wasser für den ganzen Haushalt. Deswegen mußte regelmäßig Wasser aus einem nahe gelegenen Teich oder Brunnen herbeigeschafft werden. In vielen Bauernhäusern gab es sogar einen Brunnen unterhalb der Koch- oder Spülküche. Manchmal verfügten die Bewohner sogar über den Luxus einer Pumpe. In diesem Fall war das Wasserholen kein Problem. Meist aber stand die Pumpe am tiefsten Punkt des Gartens, und dann hieß es, das Wasser ins Haus zu tragen. Eine Familie, die in der Nähe einer Quelle lebte, hatte Glück. Ihr Wasser war immer sauber und frisch.

Gelegentlich wurden Bäche und Flüsse von ungereinigten Abwässern aus Haushalten oder Industrie verschmutzt. Auch das Wasser aus seichten Brunnen konnte durch die Abwässer aus Spülküchen oder Abtritten verunreinigt werden. Dann war es unumgänglich, das Trinkwasser abzukochen. Manche Brunnenbauer konstruierten deshalb ihre eigenen Filter. Sie füllten einen Holzeimer oder ein Faß mit Bleicherde oder Sand und ließen solch zweifelhaftes Wasser dort hineinlaufen. Mit einem Hahn am Boden des Gefäßes wurde das geklärte Wasser dann abgezapft.

Wasserleitungen sind selbst heute auf dem Land nicht allgemein üblich, so daß manche Bewohner abgelegener Gegenden immer noch das benötigte Wasser aus einiger Entfernung heranholen müssen. Es kommt immer wieder vor, daß auf dem Land gegen Fern-Wasserleitungen opponiert wird, da den Leuten der Geschmack des oft stark chlorierten Wassers zuwider ist. An das Ungeziefer im eigenen Ententeich haben sie sich gewöhnt, so argumentieren sie, und außerdem richte es keinen gesundheitlichen Schaden an.

Seit der Mitte des 19. Jahrhunderts verfügten die meisten Städte über eine zentrale Wasserversorgung, aber nicht jedes Haus war an die Wasserleitungen angeschlossen. Manchmal gab es nur eine einzige Zapfstelle in einer Straße. Erst nach dem Zweiten Weltkrieg erhielten auch alle Häuser der ärmeren Bevölkerungsschichten einen Anschluß.

Zuvor haperte es mit der Wasserversorgung selbst in den Städten noch gewaltig, wenn auch die meisten inzwischen an ein Kanalnetz angeschlossen waren. Besonders die Abwasserversorgung wurde mit dem Wachstum der Städte ein riesiges Problem. Und erst in der zweiten Hälfte des vergangenen Jahrhunderts, als die Stadtverwaltungen allmählich anfingen, die Wasserversorgung den privaten, profitorientierten Unternehmen abzunehmen, klappte es langsam mit der Wasserlieferung auch in die ärmeren Stadtbezirke. Sauberes Trinkwasser blieb aber noch lange ein seltenes und kostbares Gut. Deshalb erschien bald der Haushaltsfilter.

Wasserkrug aus dem 19. Jahrhundert

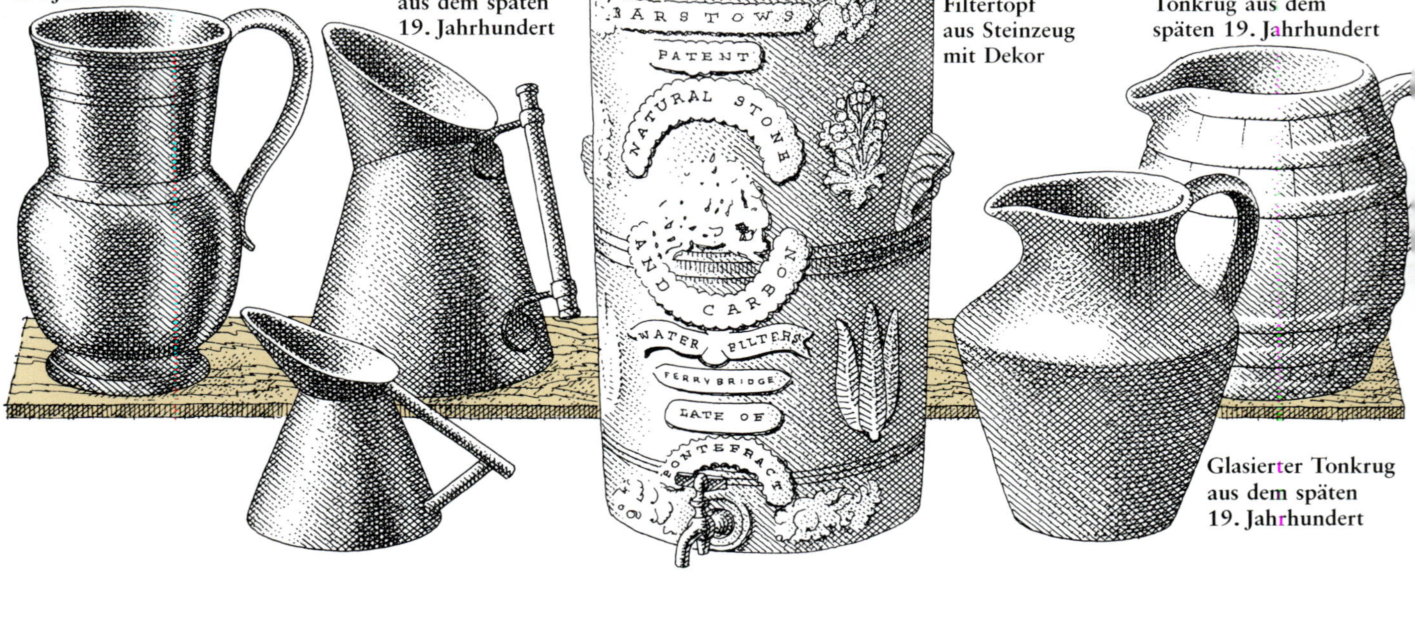

Blechkrug aus dem späten 19. Jahrhundert

Filtertopf aus Steinzeug mit Dekor

Tonkrug aus dem späten 19. Jahrhundert

Glasierter Tonkrug aus dem späten 19. Jahrhundert

DIE TEEZUBEREITUNG

So wie Amerikaner oder viele Europäer nicht ohne ihre Tasse Kaffee auskommen können, so wollen die Bewohner der Britischen Inseln nicht ohne ihre Tasse Tee leben. Und die einen können keinen ordentlichen Kaffee, die anderen keinen guten Tee kochen.

Der Tee fand seinen Weg nach Großbritannien im 17. Jahrhundert. Zuvor war es bei den Briten Sitte gewesen, sich Getränke aus Kräutern aufzubrühen. Schon bald jedoch gewöhnten sie sich an den importierten Tee, obwohl dieser damals teuer war. Und Ende des 18. Jahrhunderts war das Teetrinken auf den Inseln allgemein verbreitet. Deshalb hießen alle Getränke, die mit heißem Wasser aufgebrüht wurden, von nun ab Tee. Moralisten jedoch verdammten das Teetrinken und behaupteten, es verführe zu Müßiggang und Nichtstun. William Cobbet vertrat sogar die Ansicht, das „Klappern der Teekanne“ führe „auf dem kürzesten Weg ins Gefängnis oder ins Bordell“. Heutzutage bringt es manche Raumpflegerin pro Tag auf zwanzig oder dreißig Tassen dieses anregenden Getränks, ohne daß sie in der einen oder der anderen Institution landet.

Die Kunst, einen guten Tee zu kochen

Das Geheimnis, einen guten Tee zustande zu bringen, liegt vorwiegend darin begründet, wie lange die Teeblätter im Wasser bleiben, obwohl natürlich auch das Wasser frisch und die Teekanne angewärmt sein muß. Die Missionare, die im 17. Jahrhundert mit dem Tee aus China zurückkehrten, hatten dafür folgendes Rezept: Der Tee müsse so lange ziehen, wie es dauert „drei Vaterunser langsam herzubeten“.

Holländische Kränchenkanne aus dem frühen 19. Jahrhundert

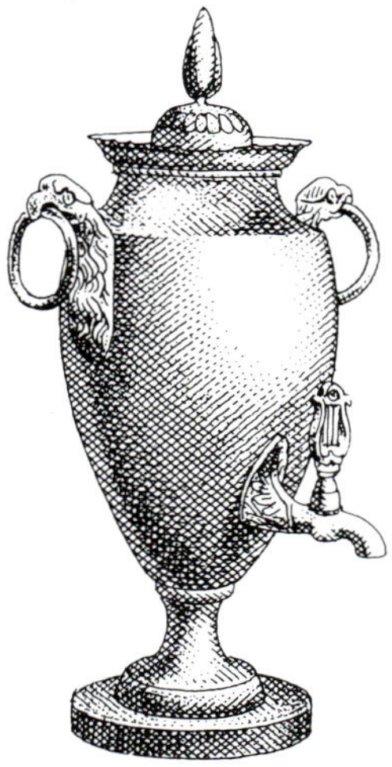

Bow-Teegedeck aus der Mitte des 18. Jahrhunderts

Worcester-Teegedecke aus der Mitte des 18. Jahrhunderts

Ridgway-Teegedeck aus der Mitte des 19. Jahrhunderts

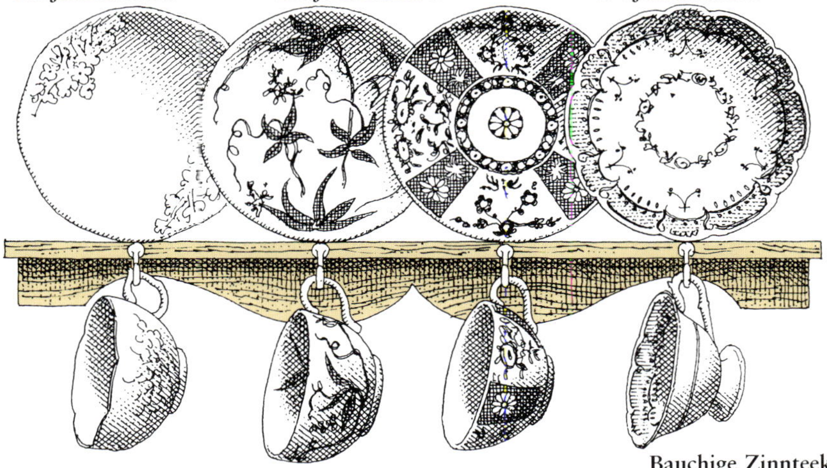

Teekochen und Teetrinken

Viele der ersten Teekannen waren sehr flach und oval, damit sich die Teeblätter darin gut ausdehnen konnten. Für die Teestunden im Salon gab es wohlgeformte Kannen aus Silber, Messing und Kupfer, die mit einem Spritöfchen warmgehalten werden konnten, oder aber auch kleine Teemaschinchen. Die ersten Teegedecke aus Porzellan wurden Mitte des 18. Jahrhunderts geschaffen. Die große Popularität des Teetrinkens trug sehr zum enormen Wachstum der englischen Porzellanindustrie bei.

Silberner Teekessel mit Öfchen aus dem frühen 18. Jahrhundert

Teekanne aus Ton aus dem späten 18. Jahrhundert

Teekanne aus Steingut aus der Mitte des 18. Jahrhunderts

Bauchige Zinnteekanne aus Amerika

Tönerne Teekanne, 19. Jahrhundert

Sieben der Teeblätter
Zwar gab es auch Teekannen, die über ein kleines Sieb im Ausguß verfügten, aber meist wurde dazu ein Teesieb aus Stahldraht verwendet. Der Gebrauch von Teesieben aus Porzellan blieb einer Oberschicht vorbehalten.

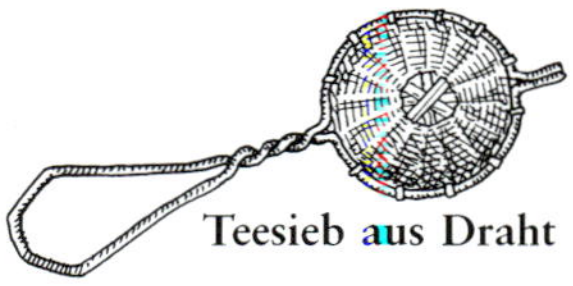
Teesieb aus Draht

Teegesellschaften
Von den vornehmen Teegesellschaften der Erwachsenen blieben die Kinder meist ausgeschlossen. Diese drei Mädchen beweisen aber, daß es nicht nur die Erwachsenen waren, die aus dem Teetrinken eine ernsthafte Angelegenheit machten.

Aufbewahren des Tees

Um den Geschmack des Tees zu erhalten, mußte er in dicht schließenden Blechbüchsen aufbewahrt werden, die weder Feuchtigkeit noch ein anderes Aroma eindringen ließen. Anfangs war der Tee noch sehr teuer, und die Hausfrau bewahrte ihn in verschließbaren Dosen auf, die entweder aus Silber, Keramik oder Holz bestanden. Manche hatten verschiedene Fächer für die unterschiedlichen Teesorten. Diese wurden von der Hausfrau vor dem Aufgießen gemischt.

Teebüchse aus Ludwigsburg

Gravierte Teebüchse

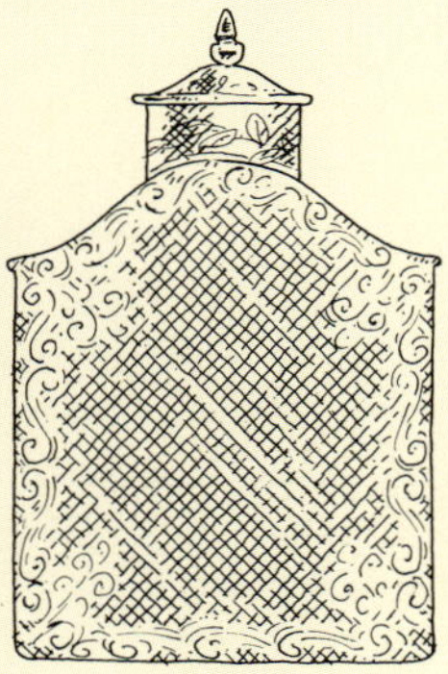

In Sri Lanka und Indien gibt es eine Sitte des Teetrinkens, die feinen englischen Tee-Tanten entsetzlich vorkommen würde. Der Tee wird dort aufgebrüht, mit viel Milch und Zucker gemischt und dann von Glas zu Glas umgeschüttet – bis er wie Bier schäumt.

Was die britischen Soldaten betrifft, so wären auch sie ohne ihren Tee recht unglücklich gewesen. Sicher hätten sie ständig Kriege verloren. Im Zweiten Weltkrieg wurde an den Fronten in Afrika und Burma der Tee in Benzinkanistern über einem Holzfeuer gekocht. In das kochende Wasser warfen wir zwei Handvoll Tee und fügten zwei Dosen Kondensmilch und zwei Handvoll Zucker hinzu. Den fertigen Tee schöpften wir mit unseren Eßgeschirrbechern heraus. Heißen Tee aus einem Winkel eines rechteckigen Bechers zu trinken, bedeutet ein besonderes Erlebnis. Aber dieser Tee war sehr erfrischend, und ohne ihn hätten wir den Krieg nicht durchgestanden. Auch Nelson und der Herzog von Wellington seien nie ohne ihren Tee in die Schlacht gezogen, wird von Chronisten berichtet.

Auch die Russen und Perser sind dem Tee verfallen. In Rußland bereitet man den Tee in gefälligen, Samowar genannten Teemaschinchen zu. In ihnen wird das Wasser in ein Gehäuse gegossen, in dessen Mitte sich eine Röhre mit glühenden Holzkohlen befindet. Das Teetrinken breitet sich auch im restlichen Europa immer mehr aus, aber die Leute auf dem Kontinent haben bis heute nicht so recht begriffen, wobei es darauf ankommt. So trinken sie ihren Tee aus Glasbechern und praktizieren auch noch andere barbarische Methoden. Besonders verabscheuenswert ist der weitverbreitete Gebrauch dieser abscheulichen Teebeutel.

Das Ritual des Teetrinkens

Das Teekochen und Teetrinken wird in einigen Ländern von einem besonderen – weiblichen – Ritual begleitet. Wenn eine rauhe Horde Straßenarbeiter eine Pause macht, heißt es oft: „Spiel du mal die Mutter." Und der Ausgewählte muß den Tee ausschenken. In Japan gleicht das Ritual des Teeservierens fast einer religiösen Zeremonie, und auch in Großbritannien kann es einer heiligen Handlung gleichkommen. Jeder, der einmal das Privileg genossen hat, im Garten eines britischen Landpfarrers den Tee in einer zerbrechlichen Teetasse aus der Hand der Pfarrersfrau entgegenzunehmen, wird sich vergegenwärtigen können, wie weit sich das Ritual des Teetrinkens vom Schlürfen einer zweifelhaften Brühe aus einem alten Becher doch weiterentwickelt hat.

KAFFEE KOCHEN

Abessinischen Hirten, so wird erzählt, fiel irgendwann auf, daß ihre Ziegen besonders munter herumsprangen, wenn sie die Früchte eines bestimmten Strauches genossen hatten. Um die Glückseligkeit der ihnen anvertrauten Geschöpfe zu teilen, kosteten die Hirten diese Früchte selbst. Bald waren sie deren Genuß völlig verfallen. Sehr wahrscheinlich versuchten sie bald, den bitteren Geschmack dieser Kaffeebohnen zu mildern und überbrühten sie mit heißem Wasser. So werden sie herausgefunden haben, daß sich im Wasser dadurch das Aroma verfing, auf das sie so begierig waren. Und so war die edle Kunst des Kaffeekochens geboren.

Die Angewohnheit des Kaffeetrinkens breitete sich schnell über Ostafrika und die arabischen Länder aus. Dort nimmt auch heute der Kaffee noch immer die Spitzenposition unter allen genossenen Getränken ein. In den arabischen Ländern wird bei jedem geschäftlichen oder privaten Besuch Kaffee serviert, den man schwarz und sehr süß trinkt. In den Kaffeetassen bleibt ein Satz feingemahlenen Kaffees zurück. Eine angebotene zweite Tasse darf man nicht ablehnen, aber die Höflichkeit gebietet nach der dritten ein Nein.

Rösten und Mahlen der Kaffeebohnen

Als ich vor dem Zweiten Weltkrieg in Südafrika lebte, war der Kaffee dort sehr billig. Wir kauften ihn zentnerweise im Sack ein und rösteten die Bohnen in einer Bratpfanne über dem offenen Feuer. Wir mahlten den Kaffee mit einer kleinen Handmühle und warfen eine Handvoll des Kaffeemehls in einen Topf mit siedendem Wasser. Nachdem der Kaffee aufgekocht war, nahmen wir einen brennenden Ast aus dem Feuer und tauchten ihn hinein. Dadurch sollte der Kaffeesatz nach unten sinken. Nun konnten wir ihn eingießen. Ich habe nie wieder besseren Kaffee getrunken und würde ihn noch heute jedem modernen Filterkaffee vorziehen.

Das erste Kaffeehaus in Großbritannien wurde im Jahr 1650 eröffnet. Im 18. Jahrhundert gab es in England bereits unzählige Kaffeehäuser, in der Folgezeit jedoch trat das Kaffeetrinken allmählich in den Hintergrund, während Tee zum bevorzugten Getränk wurde.

In England gilt Kaffee gewissermaßen als ein Getränk für Leute mit einer snobistischen Ader. In den USA und in Europa ist das gerade umgekehrt. Aber die Briten sind heutzutage ebenso ungeübt in der Kunst, einen guten Kaffee zu kochen, wie die Europäer, einen guten Tee zuzubereiten. Den Briten scheint der einfache Prozeß des Kaffeekochens so sehr geheimnisbehaftet und schwierig zu sein, daß sie auf allerlei Ersatzmixturen hereinfallen, die kaum den Namen Kaffee verdienen. Vielleicht sollte man auf diesem Gebiet Entwicklungshelfer zwischen den offenbar so unterschiedlichen Zivilisationen austauschen.

Eiserner Kaffeeröster

Kaffeeröster und Kaffeemühlen

Mit der Ausbreitung des Kaffeetrinkens kam eine Menge verschiedener Kaffeemühlen und Röster auf den Markt. In pfannenförmigen Röstern aus Eisen konnten die Bohnen auf dem Küchenherd geröstet werden. Der geröstete Kaffee wurde von Hand in Kaffeemühlen gemahlen.

Handgeschnitzte hölzerne Kaffeemühle

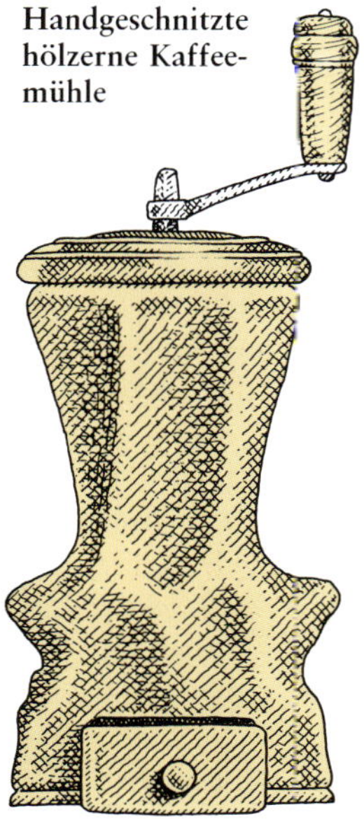

Kaffeemühle aus Messing und Eisen

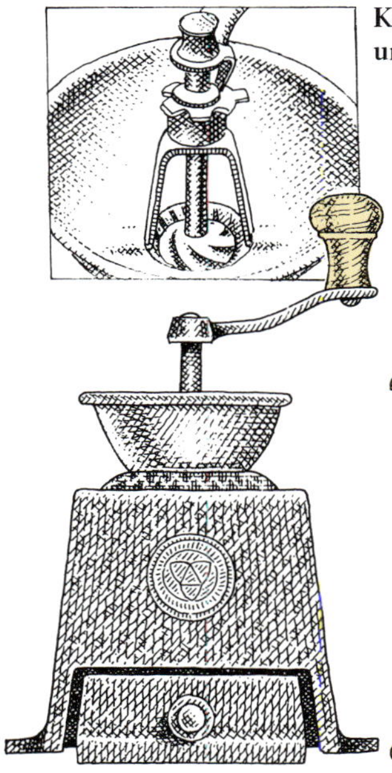

Hölzerne Kaffeemühle

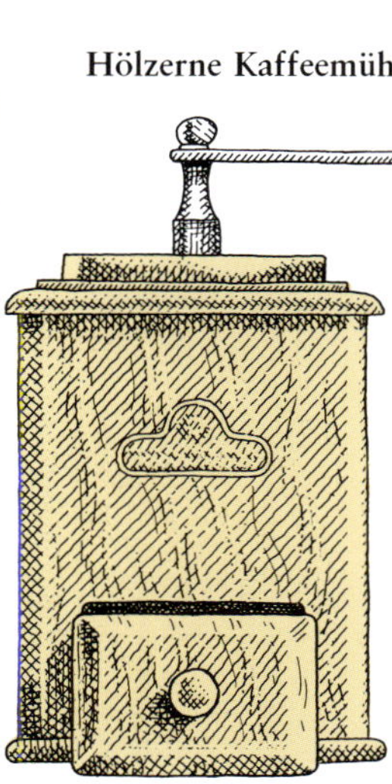

Eiserne Kaffeemühle

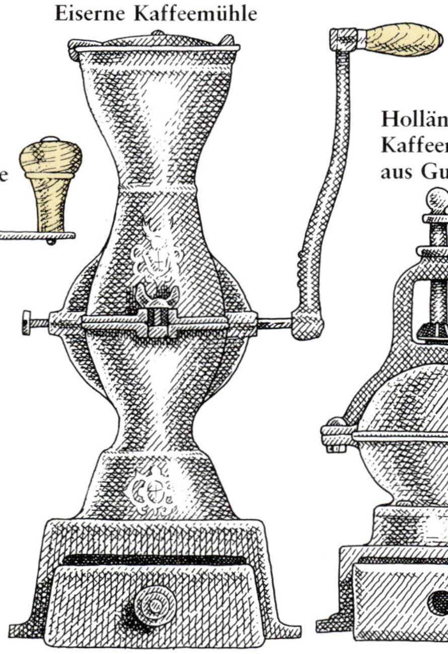

Holländische Kaffeemühle aus Gußeisen

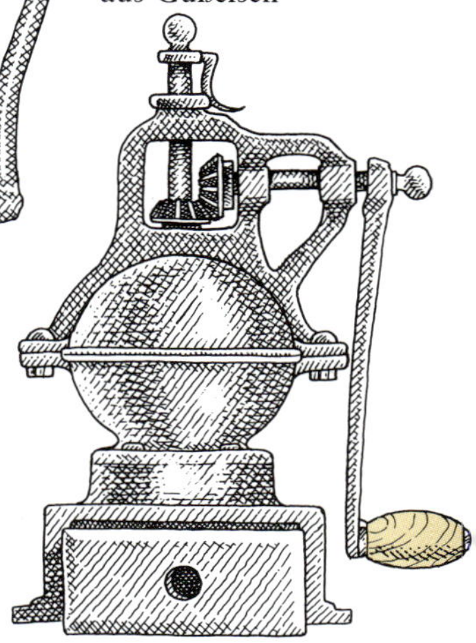

Kaffeekannen und Kaffeemaschinen

Das Kaffeekochen entwikkelte sich bald zu einer eigenständigen Kunst. Der fertig aufgebrühte Kaffee wurde in Kaffeekannen serviert, von denen es bald eine große Auswahl gab; von der einfachen Steingutkanne bis hin zu verzierten Kaffeespendern aus Silber mit Messinghähnchen (Kränchenkanne, Dröppelminna). Darin wurde der Kaffee von kleinen, mit Spiritus beheizten Stövchen warmgehalten.

Kaffeekanne aus Blech

Kränchenkanne mit Messinghaken

Silberne Kränchenkanne

Irdene Kaffeekanne

Filtermaschinen

Das Prinzip der Filtermaschine wurde bereits Anfang des vorigen Jahrhunderts vom englischen Grafen Rumford erfunden. In dieser Maschine wird gemahlener Kaffee in einen Behälter gepreßt, der auf dem Boden einen Filter hat. Kochendes Wasser läuft durch und fertig ist der Filterkaffee.

Ausgußsieb

Kaffeemaschine

Kaffeekanne aus Zinn

Filterkanne aus Weißblech

BIER BRAUEN

Bis etwa zum Jahr 1520 wurde praktisch nur ungehopftes Bier getrunken, bei den Briten das berühmte *Ale.* Dann kamen die Leute – auf der Insel wie auf dem Kontinent – auf den Geschmack und begannen, ihr Bier mit getrockneten Hopfenähren zu würzen. Hopfen, *Humulus lupulus,* ist eng verwandt mit der Nessel – und nebenbei auch mit der Cannabis-Pflanze, die gleichfalls so manchem Menschen „Freude" spendet. Als die Briten erst einmal diesen speziellen Genuß entdeckt hatten, waren sie nicht mehr davon abzubringen. Heinrich VIII. erließ zwar Gesetze gegen die Einfuhr des Hopfens, aber seine Untertanen scherten sich nicht darum. Ich habe mir selbst auch schon *Ale* gebraut und finde, daß es ein geschmackloses Zeug ist.

Malzherstellung

Der Hauptbestandteil des Bieres ist aber nicht der Hopfen, sondern die Gerste. Das Gerstenkorn besteht größtenteils aus Stärke, die nicht löslich ist. Deshalb müssen die Gerstenkörner zunächst zum Keimen gebracht werden. Danach kann sich die Stärke in löslichen Zukker verwandeln. Der Zucker wird mit Hilfe von Hefe in Alkohol umgewandelt. Zu diesem Zweck wird die Gerste angefeuchtet und etwa zehn Tage lang warmgehalten. Dann keimt oder schießt sie, wie die Mälzer sagen. Danach wird die Gerste „gemälzt", das heißt, auf einer durchlöcherten Platte über einem Feuer geröstet und öfters gewendet. Das Malz wird in einer Mühle geschrotet und ist dann fertig.

Heutzutage geschieht die Malzherstellung in großen Mälzereien, die dem Malz die Maltose (den Malzzucker) extrahieren und diese an die Brauereien liefern. Ein auf diese Weise gebrautes Bier ist nicht zu vergleichen mit dem aus dem Malz selbst gebrauten. Ich habe höchstpersönlich viele Liter Bier auf beide Arten gebraut und kann da mitreden.

Früher befaßten sich viele kleine Mühlen auf dem Land nicht nur mit dem Schroten des Malzes, sondern auch mit seiner Herstellung. Ein alter Nachbar von mir in Wales mälzte so noch die Gerste der Bauern.

Bierbrauen

Mit dem fertig vorbereiteten Malz war praktisch jedermann in der Lage, sein eigenes Bier zu brauen, zumindest auf dem Land. Zu Beginn der Neuzeit brachte es die unheilige Allianz zwischen großen Bierbrauereien und der Kirche

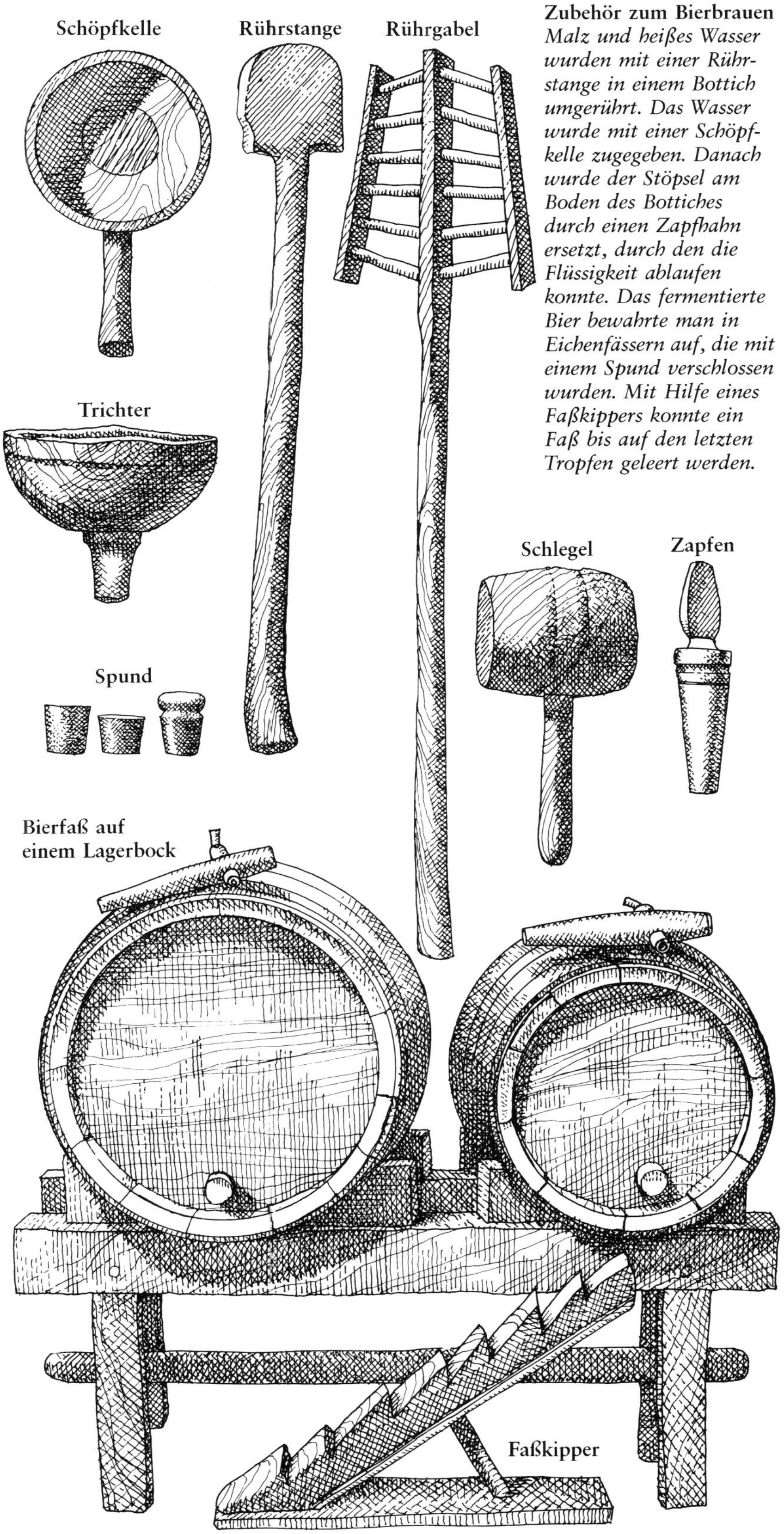

Zubehör zum Bierbrauen
Malz und heißes Wasser wurden mit einer Rührstange in einem Bottich umgerührt. Das Wasser wurde mit einer Schöpfkelle zugegeben. Danach wurde der Stöpsel am Boden des Bottiches durch einen Zapfhahn ersetzt, durch den die Flüssigkeit ablaufen konnte. Das fermentierte Bier bewahrte man in Eichenfässern auf, die mit einem Spund verschlossen wurden. Mit Hilfe eines Faßkippers konnte ein Faß bis auf den letzten Tropfen geleert werden.

in vielen Ländern dahin, daß Gesetze verabschiedet wurden, die das Hausbrauen einschränkten. Doch war das Bierbrauen nie ganz zu stoppen. Im Westteil von Wales etwa, wo ich zwanzig Jahre lang eine Farm betrieb, blieb die Tradition des Hausbrauens ungebrochen.

Das Brauverfahren ist einfach. Das Malz wird in einen Bottich geschüttet, anschließend wird heißes Wasser zugegeben, das allerdings nicht wärmer als 65 Grad Celsius sein darf, weil sonst die für den Gärungsprozeß wichtigen Enzyme zerstört werden. Der so entstandene Brei ist die Maische. Diese bleibt – gut verschlossen, damit die Wärme nicht entweicht – etwa zwölf Stunden lang stehen, dann wird die flüssige Bierwürze in einen anderen Behälter abgefüllt und darin gesiedet. Jetzt wird eine kleinere Menge Hopfen zugesetzt, meist in einem Musselinbeutel, der sich wieder herausnehmen läßt.

Nach dem Sieden, das etwa eine Stunde dauert, wird der Sud schnell in einen weiteren Behälter gefüllt und rasch abgekühlt, sonst könnte sich zuviel freie Hefe ansammeln, die den Geschmack des Bieres beeinträchtigt. Sobald der Sud genügend abgekühlt ist, wird Hefe zugesetzt. Dann bleibt er einige Tage stehen, um zu fermentieren.

Lagern des Bieres

Seit alters wurden sämtliche Gefäße zum Brauen und Lagern des Bieres aus Eiche hergestellt. Es ist wohl nicht nur pure Einbildung, daß Bier aus Eichenfässern besser schmeckt als solches, das zum Beispiel in Containern aus rostfreiem Stahl gelagert wurde. Allerdings, das muß betont werden, müssen die Eichenfässer gründlich gesäubert sein, bevor das Bier eingefüllt wird. Aus diesem Grund bevorzugen die Brauereien und die Wirte Stahlfässer, denn wenn ein Eichenfaß nicht ganz sauber ist, verdirbt das Bier leicht. Aber die Frauen der Leute vom Land scheinen eben darauf zu achten, daß die Fässer gründlich gesäubert sind und das daraus gezapfte Bier deshalb wie der Nektar der Götter schmeckt.

Der Kampf um die Reinheit des Bieres

In letzter Minute hat eine Bürgerinitiative, die „Real Ale Campaign" das reine britische Bier gerettet. Die großen Brauereien waren nämlich auch in England im Begriff, nur noch pasteurisiertes, mit vielen Chemikalien versetztes Bier zu liefern. Dieses Gesöff hält sich zwar unbegrenzt und bleibt angeblich unverändert im Geschmack, aber der Spaß am Biertrinken wäre uns auf diese Weise bestimmt verdorben worden. Auch in Deutschland steht die Reinheit des Bieres auf Messers Schneide. Auch die strengen Gesetze gegen das Hausbrauen wurden mancherorts wieder gelockert, und so findet diese vergessene Kunst neue Anhänger. Bleibt nur zu hoffen, daß die Hausbrauer nicht Malzextrakt verwenden, sondern ihr Bier wieder nach alter Art aus reinem Malz brauen.

Faßgrößen

Strenggenommen kann man von einem Faß nur reden, wenn es mindestens 36 Gallonen, das sind etwa 160 Liter, „faßt". Die verschiedenen Faßgrößen werden unten gezeigt.

Hausbrauen

Größere Bauernhöfe hatten oft eine eigene Braustube. Darin ließ sich rationeller arbeiten als im Wohnhaus. Die verschiedenen benötigten Apparaturen standen auf unterschiedlichen Höhen. Aus dem Kupferkessel floß durch ein Rohr Wasser in den Maischenbottich. Die dort erzeugte Bierwürze wurde in den Kupferkessel zurückgepumpt, wo sie zusammen mit Hopfen gesiedet wurde. Danach kam der Sud zum Abkühlen in einen weiteren Bottich, wo die Hefe zum Fermentieren zugesetzt wurde.

Bierseidel
Bis zum 18. Jahrhundert wurden Bier und Apfelwein vorwiegend aus Seideln getrunken. Diese waren meist aus Zinn oder Silber und hatten unterschiedliche Formen. Seidel mit verschließbarem Deckel trugen oft dekorative Verzierungen.

Runder Bierseidel mit Gravur

Daumengriff mit zwei Voluten

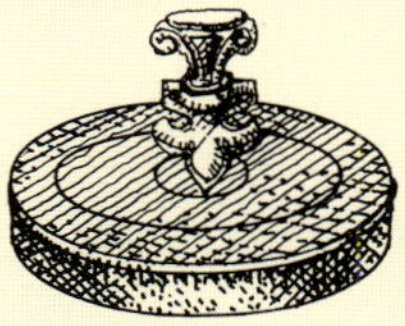

Federbusch-Daumengriff

Offener Daumengriff

Blattförmiger Daumengriff

Knospenförmiger Daumengriff

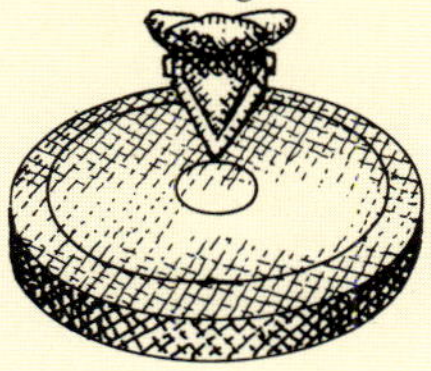

Zwillingsförmiger Daumengriff

Krug für einen Liter

Halbliterseidel aus Messing

Tulpenkrug („Tulpe") aus Bristol

Seidel mit Zinndeckel

Bierwärmer
Ale *wurde unter Zusatz von Gewürzen ähnlich wie Glühwein über Kohlenglut erhitzt. Als Schuh konnten die gefüllten Bierwärmer nicht umfallen.*

Schuhförmiger Bierwärmer aus Kupfer

Bierwärmer auf der Kohlenglut

Schuhförmiger Bierwärmer aus Weißblech

Bierwärmer aus Kupfer

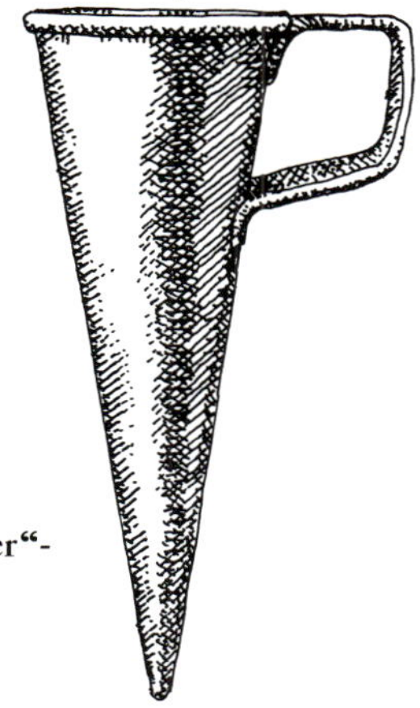

Bierwärmer mit Spiritus-Stövchen

Maßkrüge
In den Gasthäusern wurde das Bier in Gefäße oder Krüge eingeschenkt, die ein genaues Maß enthielten. Daher stammt auch die Bezeichnung Maßkrug. Eine Maß ist in Bayern ein Liter, eine halbe Maß ein halber Liter, ein Seidel ein Drittel Liter. Auch Maß-Flaschen gab es, diese konnten mit einem Stopfen verschlossen werden und verfügten über zwei Henkel zum besseren Transport.

Irischer Maßkrug

Irischer „Harvester"-Tonkrug

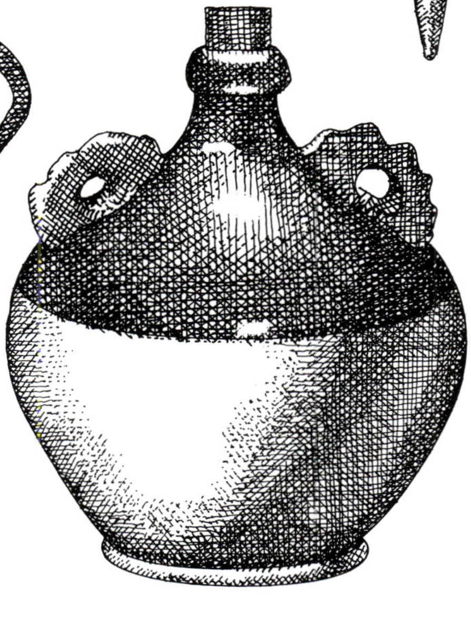

Bierkrug aus Kupfer

KELTERN UND WEIN

Weinbeeren und Äpfel sind zwar recht unterschiedliche Früchte, doch eines haben sie gemeinsam: Auf ihren Schalen siedeln sich Hefepilze an, mit deren Hilfe aus dem Saft der Früchte ein vorzügliches gegorenes Getränk entsteht. Preßt man die Flüssigkeit aus den Weintrauben heraus und läßt sie ohne weiteres Zutun stehen, dann entsteht Wein. Mit Äpfeln funktioniert das genauso.

Ballenpresse für Apfelwein
Nachdem die Äpfel zu einer breiigen Masse gestampft worden waren, drückte man ihren Saft auf einer Ballenpresse aus. Dazu wurde der Brei in Tücher eingeschlagen. Die Ballen stapelte man auf der Presse, die entweder ein mittleres oder zwei seitliche Gewinde hatte. Auf ihnen wurde mit Hilfe einer langen Stange ein schwerer Holzklotz niedergeschraubt. Der ausströmende Saft floß in ein unter der Presse stehendes Behältnis.

Traubenwein

Überall in Europa, wo die Weintrauben genügend Zucker enthalten, läßt sich daraus Wein machen. Der Herstellungsprozeß ist so einfach, und das Produkt ja so verführerisch, daß es mehr als verwunderlich wäre, hätten die Alten den Wein nicht erfunden.
Zunächst müssen die Weintrauben gestampft oder zerdrückt werden. Dies geschah, wie bereits erwähnt, seit jeher mit den bloßen Füßen, weil dadurch die Kerne vollständig erhalten blieben. Würden diese auch zerstampft, könnten sie den Geschmack des Weines beeinträchtigen. Aus dem Traubenbrei wird der Saft herausgepreßt. Dieser darf dann in einem Faß in seiner eigenen Hefe gären. Bei Rotwein werden die Schalen der roten Trauben während der Gärung aus dem Brei oder Saft nicht entfernt. Tut man es doch, entsteht Roséoder Weißwein.

Weine aus anderen Früchten

Auch aus anderen Beerenfrüchten lassen sich vorzügliche Weine gewinnen, zum Beispiel aus Holunder oder Brombeeren. Bei der Herstellung fast aller Beerenweine muß aber kochendes Wasser und Hefe zugesetzt werden. Die Hefe wird entweder in den Beerensaft geworfen oder schwimmt auf trockenen Brotstücken an der Oberfläche des Saftes, der auf diese Weise zur Gärung angeregt wird. In früheren

Weichtreten der Trauben

Handbetriebene Mostpresse

Stampfen der Trauben
Dies war die erste Stufe der Weinherstellung. Durch das Stampfen kamen die Hefepilze, die auf der Schale der Beeren angesiedelt sind, mit dem in den Beeren enthaltenen Fruchtzucker in Verbindung, und die Gärung konnte beginnen. Die Trauben wurden seit altersher mit den Füßen zerstampft. So blieben die Kerne unbeschädigt, die andernfalls dem Wein einen Beigeschmack vermittelt hätten.

Zeiten wurde sogar aus Pastinak, einem Wurzelgemüse, oder aus Kartoffeln Wein gemacht. Selbst aus Löwenzahn war Wein zu kochen, dem man Ingwer zusetzte, um ihm einen besonderen Geschmack zu verleihen.

Apfelwein

Der Apfelwein wird auch heute noch von vielen Bauern gern gekeltert. Zunächst werden die Äpfel zu Brei gestampft. Dies geschieht herkömmlicherweise in einem runden Steintrog, in dem ein Pferd (mit verbundenen Augen) einen großen, runden Stein im Kreis bewegt. Der Apfelbrei wird in Jutetücher eingeschlagen. Die so erhaltenen Ballen kommen auf eine Presse und werden durch Holzplanken getrennt. Unter großem Druck wird der Most herausgepreßt, dann rührt man den Brei in den Ballen um, damit auch noch die letzten Mostreste herausträufeln. Der zurückbleibende Trester wird schließlich an unsere beliebten Resteverwerter, die Schweine, verfüttert.

Den Most pumpt man in Fässer oder Behälter, die manchmal so hoch wie ein Haus sind. Oft wird noch Zucker oder Sirup zugesetzt, da nur Kenner bisher den Geschmack des puren, trokkenen Apfelweins schätzen. Beginnt der Apfelwein zu gären (in Hessen heißt er dann „Rauscher", anderswo „Suser"), dann wird ihm nachgesagt, er sei in diesem Stadium äußerst „hungrig". Finstere Geschichten werden darüber erzählt, daß dann die Apfelweinbrauer große Stücke Fleisch hineinwerfen, um sein Aroma zu verstärken. Auch wird behauptet, daß, wenn eine Ratte, eine Katze oder gar der Brauer selbst in das Faß hineinfallen sollten, von ihnen rein gar nichts mehr übrigbleibt – im Fall des Brauers, so meine ich, müßten mindestens die Anzugknöpfe unversehrt bleiben.

Apfelschnaps

Besondere Tradition hat die Apfelweinherstellung in der Normandie. Ich möchte mir allerdings keine Feinde machen und Vergleiche ziehen, welcher Apfelwein der bessere ist, der aus Frankreich, aus England oder aus Deutschland. In der Normandie destilliert man den Apfelwein auch zu Apfelschnaps, den berühmten Calvados. Dazu dient sehr trockener Apfelwein, der durch Spülen des Apfelbreis mit Wasser erzeugt wird. Im Westen Englands wird diese Destillation heute leider durch lächerliche Gesetze verboten. In bestimmten Gegenden der Vereinigten Staaten pflegt man den Apfelwein gefrieren zu lassen. Das gefrorene Wasser wird weggeworfen. Übrig bleibt ein stark alkoholhaltiges Gebräu. Besitzer von Tiefkühltruhen sollten sich dieses Rezept merken.

Der Korkenzieher
Früher besaßen die Korkenzieher im Griff oft eine kleine Bürste, mit der sich der Flaschenausguß von Wachsresten säubern ließ. Später kamen sehr raffinierte Korkenzieher auf, die zur Mitnahme etwa in der Hosentasche zusammengeklappt werden konnten.

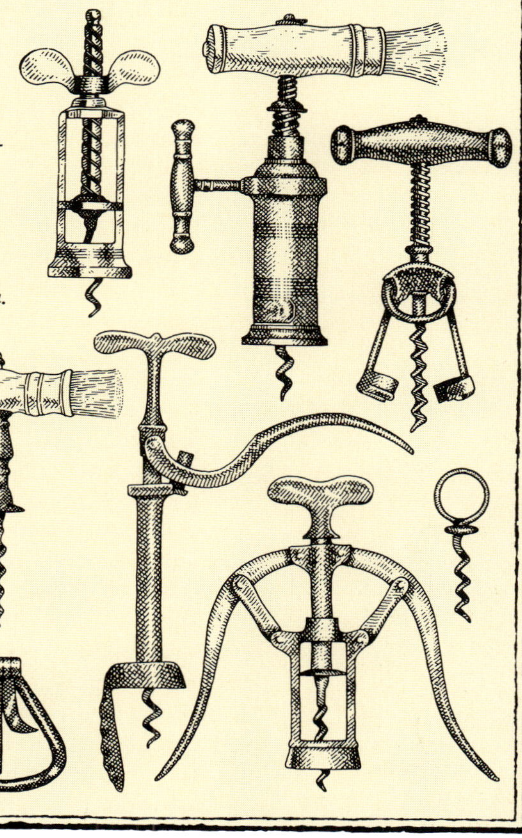

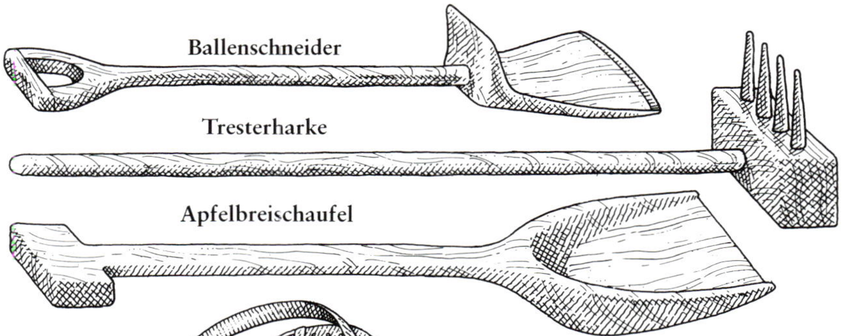

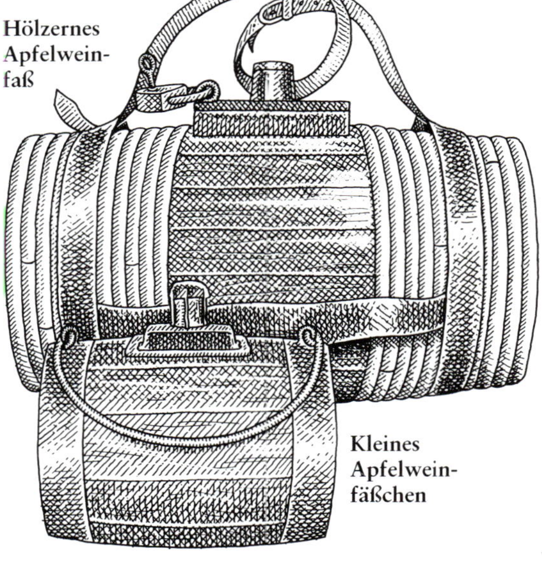

Geräte für die Apfelweinherstellung
Die Geräte für die Apfelweinerzeugung waren alle aus Holz, da Metall den Geschmack des Apfelweins beeinträchtigt und auch die Gefahr einer Bleivergiftung in sich birgt.

KRÄUTER UND GEWÜRZE

Glasglocken
Die Glasglocken wirkten wie kleine Gewächshäuser. Sie maßen etwa 10 Zentimeter im Durchmesser und wurden im Winter über die jungen Stecklinge gestülpt, um sie vor Frost und Schnee zu schützen.

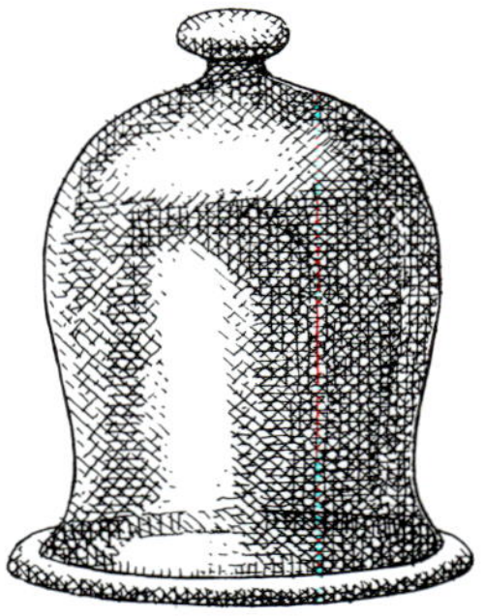

Geräte für den Kräutergarten
Die verwendeten Gartengeräte haben sich bis heute kaum verändert. Hacke und Forke dienen dazu, die Erde zu lockern und Unkraut zu entfernen. Mit Gartenkelle und Zwiebelhacke gräbt man Pflanzlöcher.

Kelle

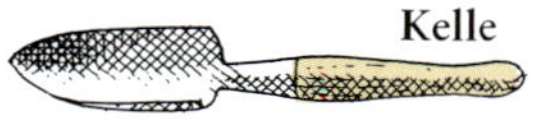

Zwiebelhacke

Gabel

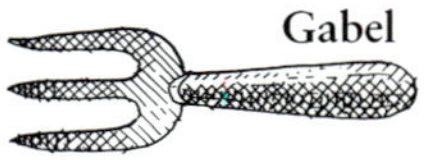

Hacke

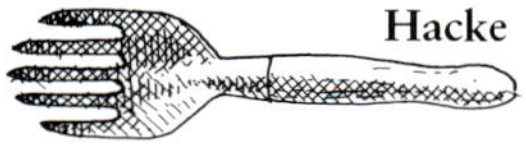

Die englische Küche war nicht immer so saft- und kraftlos, wie sie es leider heute oft ist. Früher kamen neben den teuren Gewürzen, die aus Asien importiert wurden, auch eine Menge einheimischer Gewürze zum Einsatz. Manche von ihnen, die uns heute ziemlich exotisch vorkommen, wie Oregano oder Liebstöckel, waren den Gärtnern in Viktorianischer Zeit wohlbekannt.

Anwendung von Kräutern

Kräuter sind seit uralten Zeiten für ihre Heilwirkung bekannt. Im Mittelalter kamen die Kräuter, von deren gesundheitlichem Nutzen bereits die alten Griechen wußten, nach Europa. Die Klosterbrüder pflanzten diese Kräuter in ihren Gärten an und wirkten bis zur Auflösung ihrer Klöster als Ärzte in der Umgebung.

Daneben wurden solche Kräuter auch in den Gärten der großen Landsitze angepflanzt. Die Dame des Hauses kurierte damit die kleineren Leiden der Familienangehörigen, der Dienerschaft und manchmal auch der Leute aus der Nachbarschaft. Die Kräuter wurden für den Gebrauch als Arzneimittel, als Gewürze und als Duftstoffe in der Kräuterkammer des Hauses (siehe Seite 113) getrocknet, aufbewahrt und teilweise auch destilliert.

Kräutergärten

Gewürz- und Heilkräuter wurden meist in unterschiedlichen Abteilungen des Gartens gehegt. Die Mönche zogen die Gewürzkräuter im Gemüsegarten auf großen, rechteckigen, von Wegen unterteilten Beeten nahe der Küche. Die Heilkräuter hingegen wuchsen in der Nähe der Krankenstube.

Die Kräutergärten der Landhäuser wurden sorgfältig angelegt und oft schachbrettartig oder in gefälligen Rundungen bepflanzt. Sehr beliebt bei den Reichen waren im 16. und 17. Jahrhundert bunte Beete, in denen man Kräuter in Spitzen- und Bordürenmustern anpflanzte. Thymian, Majoran und Lavendel bildeten die Umrandungen, die Zwischenräume wurden mit Blumen ausgefüllt.

Selbst der ärmste Häusler verfügte in dieser Zeit über einen kleinen Kräutergarten, der manchmal nur aus einem einzigen Beet bestand. Dort zog die Hausfrau nicht nur ihre Gewürzkräuter, sondern auch jene Kräuter, die zur Herstellung von Parfüms, Salben und Dufttöpfen dienten.

Bunte Beete

Die bunten Beete wurden im 16. Jahrhundert bekannt. Auf ihnen wurden verschiedene Heil-, Gewürz- und Duftkräuter so angepflanzt, daß der Eindruck verschlungener bunter Bänder entstand.

Die Verwendung von allerlei Kräutern und Gewürzen

Die Gewürze des Mittelalters waren Salbei, Petersilie, Fenchel, Thymian, Pfefferminze, Bohnenkraut und Knoblauch. Damit würzten besonders die armen Leute ihre Hauptgerichte: Gemüsesuppen und Eintöpfe. Manchmal machten sie daraus auch grüne Soßen für Fischgerichte. Die Reichen bevorzugten scharf gewürzte Soßen, um damit den Beigeschmack des manchmal bereits leicht verdorbenen Fleisches oder Wildbrets zu übertönen. Im 16. und 17. Jahrhundert waren auch süße Kräuter zum Würzen der Speisen beliebt.

Mit der Öffnung des Seeweges nach Indien und der Gründung der *East India Company* begannen die exotischen Gewürze, die einheimischen Kräuter zu verdrängen. Diese Gewürze bestanden aus den Beeren, Knospen, Wurzeln, Früchten, Rinden oder aus Blütenauszügen der in den fernen, heißen Ländern wachsenden Pflanzen. Bald konnten die Hausfrauen bei den Gewürzhändlern eine große Auswahl der verschiedensten Gewürze und Kräuter – frisch und getrocknet – kaufen, und die heimatlichen Kräutergärten gerieten fast in Vergessenheit. Was hindert uns aber eigentlich daran, im Garten wieder ein eigenes Beet mit Gewürz- und Heilkräutern anzulegen? Mehr Gesundheit ist uns damit auch gewiß.

Aufbewahren und Verarbeiten von Kräutern
Kräuter und Gewürze wurden zunächst getrocknet und dann in unterschiedlichen Behältnissen aufbewahrt. Der Gewürzschrank verfügte über eine besondere Schublade für jedes einzelne Gewürz. Manchmal wurden auch runde Behälter zu einer Säule übereinandergestapelt. Daneben gab es Blechdosen mit tortenartigen Unterteilungen für die einzelnen Gewürze, wobei die Muskatnüsse in die mittlere Aussparung kamen. Wurden die Gewürze benötigt, dann zerstampfte man sie mit einem Stößel in einem Mörser. Getrocknete Kräuter wurden vor dem Gebrauch mit Hackmessern kleingehackt.

Verzierte Kräuterhackmesser

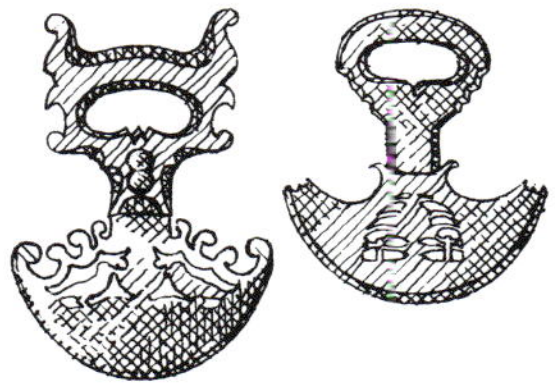

Hölzerne Pfeffermühle aus Viktorianischer Zeit

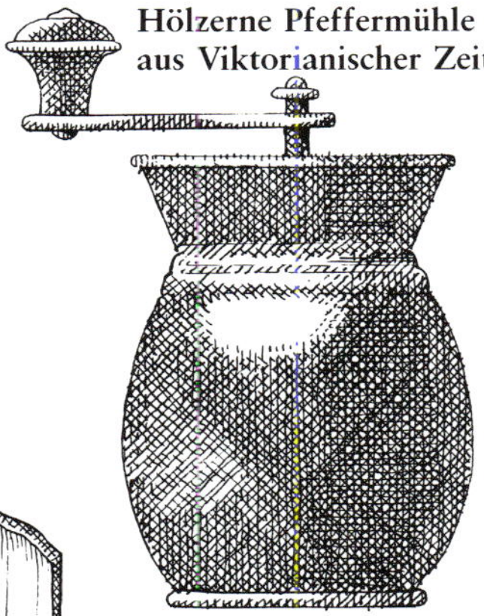

Runde Gewürzdose aus Obstbaumholz

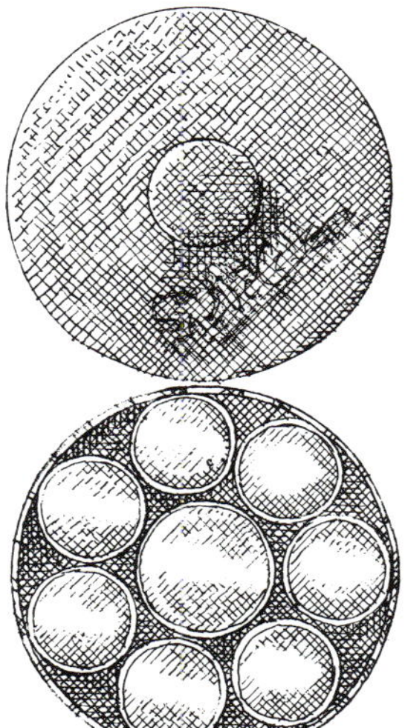

Gußeiserner Kräuterzerkleinerer

Mörser und Stößel aus Birkenholz

Gewürzkommode

Gewürzbehälter aus Rosenholz als Säule

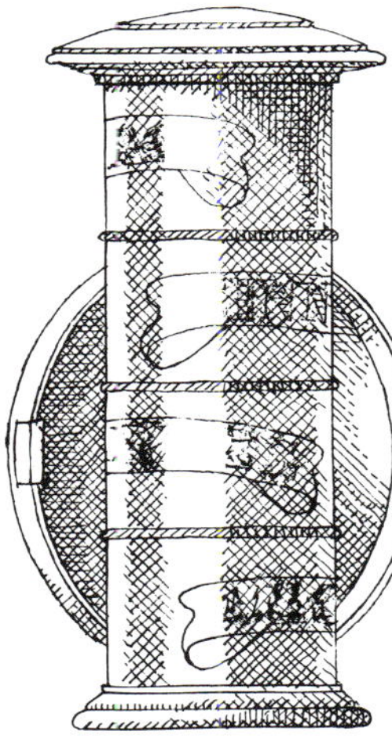

Schwarzlackierte Gewürzdose

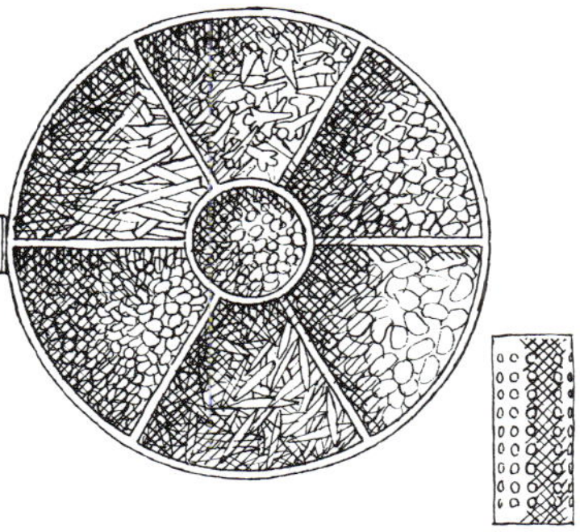

„Lignum Vitae"-Mörser und Stößel

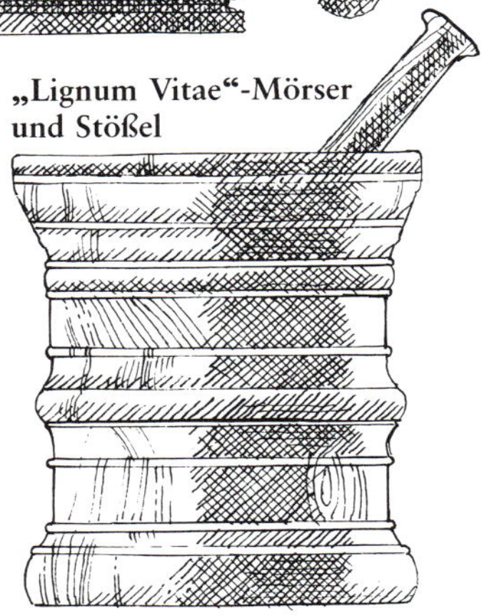

DIE VIEHHALTUNG

Ein Fleischhaken
Solche eisernen Fleischhaken wurden zum Aufhängen der Fleischstücke im Räucherkamin benutzt.

Ein irisches Sprichwort bezeichnet das Schwein als „den Hausgenossen, der die Pacht bezahlt". „Ein Schwein im Stall und ein Schwein im Topf" war eine oft benutzte Redewendung meiner ländlichen Nachbarn in Wales. Natürlich wäre es schöner gewesen, die irischen Bauern hätten keine Pacht zu zahlen brauchen und hätten ihr Schwein besser selber im Topf gesehen, aber das ist eine andere Geschichte.
Vor fünfzig Jahren noch hätte es sehr seltsam angemutet, wenn ein Haus auf dem Land nicht auch über einen Schweinestall verfügt hätte. Diese Schweineställe mußten sehr solide aus Steinen gemauert sein, denn Schweine sind dafür bekannt, daß sie danach trachten, jegliche Einfriedung zu zerstören. Wenn es ihnen gelingt, ihren Rüssel irgendwo in eine Spalte hineinzuzwängen, dann ist es im Handumdrehen um die Mauer geschehen, und der Besitzer hat das Nachsehen. Schweine lieben nun einmal von Geburt an ihre Freiheit. Deswegen wurden sie früher auch vorwiegend von Schweinehirten im Freien gehütet.
In seinem grundlegenden Werk über die alte Landwirtschaft, *Cottage Economy,* empfiehlt William Cobbett, daß jeder Landbewohner sich eine Kuh halten sollte. Zu seiner Zeit war das auch vorwiegend der Fall. Nachdem aber die Großgrundbesitzer immer mehr Land an sich rissen, auch die früher verbreiteten Gemeindewiesen, starb diese Angewohnheit langsam aus.

Für die Selbstversorgung der Familie
Eine Familie, die ein oder zwei Schweine im Jahr mästen konnte und darüber hinaus noch eine Milchkuh besaß, konnte niemals wirkliche Armut leiden, denn dieses Vieh paßte sich vorzüglich der natürlichen Ökologie eines Familienhaushaltes an. Das Schwein fraß alle Abfälle auf, die heute unter so großen Kosten vernichtet werden müssen. Im Gegenzug lieferte es den Dünger für den Garten, der die Familie wie die Kuh ernährte. Die Kuh wiederum lieferte Milch, Buttermilch, Butter und Käse und die äußerst eiweiß- und mineralstoffhaltige Molke für die Schweine. Und nicht zuletzt noch Dünger für die Äcker.
So ein Selbstversorger-Haushalt besaß in der Regel auch ein paar Dutzend Hühner, die teilweise von dem unverdauten Getreide lebten, das die Kuh hinterließ. Sie sorgten nicht nur für die Reduzierung des Ungeziefers rund ums Haus, sondern lieferten nebenbei Eier und Geflügelfleisch. In meiner Jugend gab es zudem viele Ziegen, die von Kleinbauern gehalten wurden, deren Land für die Ernährung einer Kuh nicht ausreichte. Deshalb hieß die Ziege auch die Kuh des kleinen Mannes. Lag in der Nähe ein Bach oder ein Teich, hielt man sich auch noch ein paar Enten; und wer eine Wiese sein eigen nannte oder Zugang zur Gemeindewiese hatte, gesellte ein paar Gänse dazu. Eine Familie mit so viel Vieh oder zumindest einigen Tieren wäre nie auf Sozialhilfe angewiesen gewesen, selbst wenn es die damals schon gegeben hätte.
Andere Tiere, die beim Haus gehalten wurden, waren Kaninchen und Frettchen. Die Versorgung der Kaninchen war normalerweise Aufgabe der Kinder, die dafür auf dem Schulweg eine große Handvoll Schafgarbe, Klee, Knöterich und andere Gräser und Wildkräuter am Wegrand pflückten. Die Frettchen dienten zum Jagen wilder Kaninchen. Nachts zogen die Burschen mit den Frettchen und ein paar Netzen aus und kehrten mit ein paar gefangenen Kaninchen wieder heim, die eine willkommene Bereicherung der Speisekarte darstellten. Kaninchenfleisch schmeckt besonders gut, wenn etwas fetter Schweinespeck mitgekocht wird. Die Kaninchen- und Frettchenställe wurden meist aus alten Holzkisten gebaut, in die man ein Loch sägte, das mit Draht bespannt wurde. Ich kann mich noch an viele Bauernhöfe erinnern, bei denen diese Kaninchenställe unter den Obstbäumen im Garten standen, während ringsherum die Hühner scharrten.
Auch die Taubenzucht war vor fünfzig Jahren noch viel weiter verbreitet als heute. Besonders die Industriearbeiter in den Städten hielten sich gerne Brieftauben, die sie an den Wochenenden über weite Strecken fliegen ließen, wobei wohl ihre Sehnsüchte mitflogen. Aber auch bei den Landbewohnern war die Beschäftigung mit Tauben beliebt. Manchmal waren die Tauben für den Kochtopf gedacht, oft aber auch nur aus Freude am Anblick der vielen Rassen gehalten.
Natürlich fanden sich in jedem ländlichen Haushalt auch mindestens ein Hund und eine oder gar mehrere Katzen. Die Hunde, die es nicht so gut getroffen hatten, wurden an Ketten gehalten, um den Hof zu bewachen. Die glücklicheren unter ihnen durften frei herumlaufen und hatten meist ihren Stammplatz auf einem zerrissenen alten Teppich vor dem Kamin, den sie notfalls wütend verteidigten. Und die Katzen strolchten frei herum.

Schweineställe

Im Mittelalter liefen die Schweine meist in Herden umher, die von einem Schweinehirten bewacht wurden. Seit dem 18. Jahrhundert wurden sie jedoch zunehmend im Hof gehalten. Durch Züchtung verloren sie mit der Zeit ihr haariges Fell und wurden immer rosiger und borstiger, aber auch anfälliger gegen Zugluft und Kälte. Deswegen wurde es nötig, sie in Ställen zu halten.

Die ersten Schweineställe bestanden aus leichten, kaum mehr als einen Meter hohen Verschlägen, die einen Lüftungsschlitz oder ein kleines Fenster aufwiesen sowie ein Törchen, das zu einem kleinen Auslauf führte. Dieser Auslauf war von einer hohen, festen Mauer umgeben. In der Mauer befand sich ein Durchlaß, durch den sich der Freßtrog füllen ließ. So wurde verhindert, daß die hungrigen Schweine den Fütternden umrannten.

Manche Schweineställe hatten, um Platz zu sparen, im Obergeschoß zugleich den Hühnerstall. Diesen konnte, wer die Eier einsammeln und die Hühner füttern wollte, über eine Außentreppe und einen schmalen Gang erreichen. Die Schweineställe in Wales waren rund, hatten ein konisches Dach und waren ganz aus Stein gebaut. Später gab es große Schweineställe, die aus einzelnen ummauerten Boxen bestanden. Dahinter befand sich ein Gang, der Zutritt zu den Schweinetrögen bot. Manchmal verfügten diese Ställe auch über einen überdachten Dungabfluß.

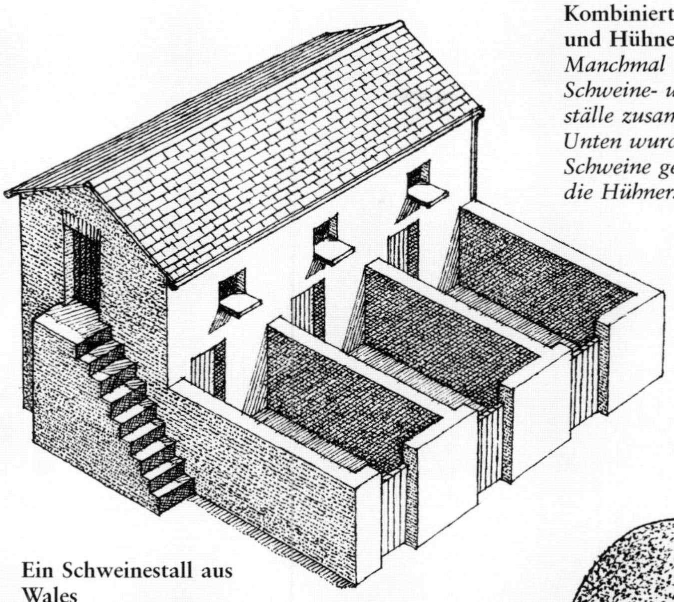

Kombinierter Schweine- und Hühnerstall
Manchmal wurden Schweine- und Hühnerställe zusammengebaut. Unten wurden die Schweine gehalten, oben die Hühner.

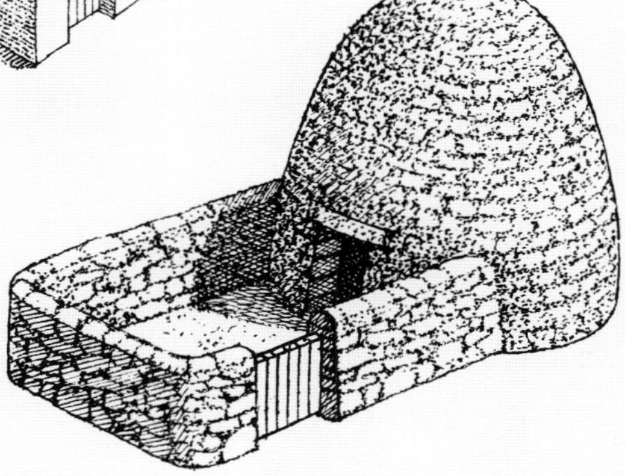

Ein Schweinestall aus Wales
Schweineställe in Wales waren rund, hatten ein konisch geformtes Dach und sahen ähnlich wie die Iglus des Eskimos aus. Sie waren ausschließlich aus Stein. Davor befand sich ein kleiner ummauerter Auslauf.

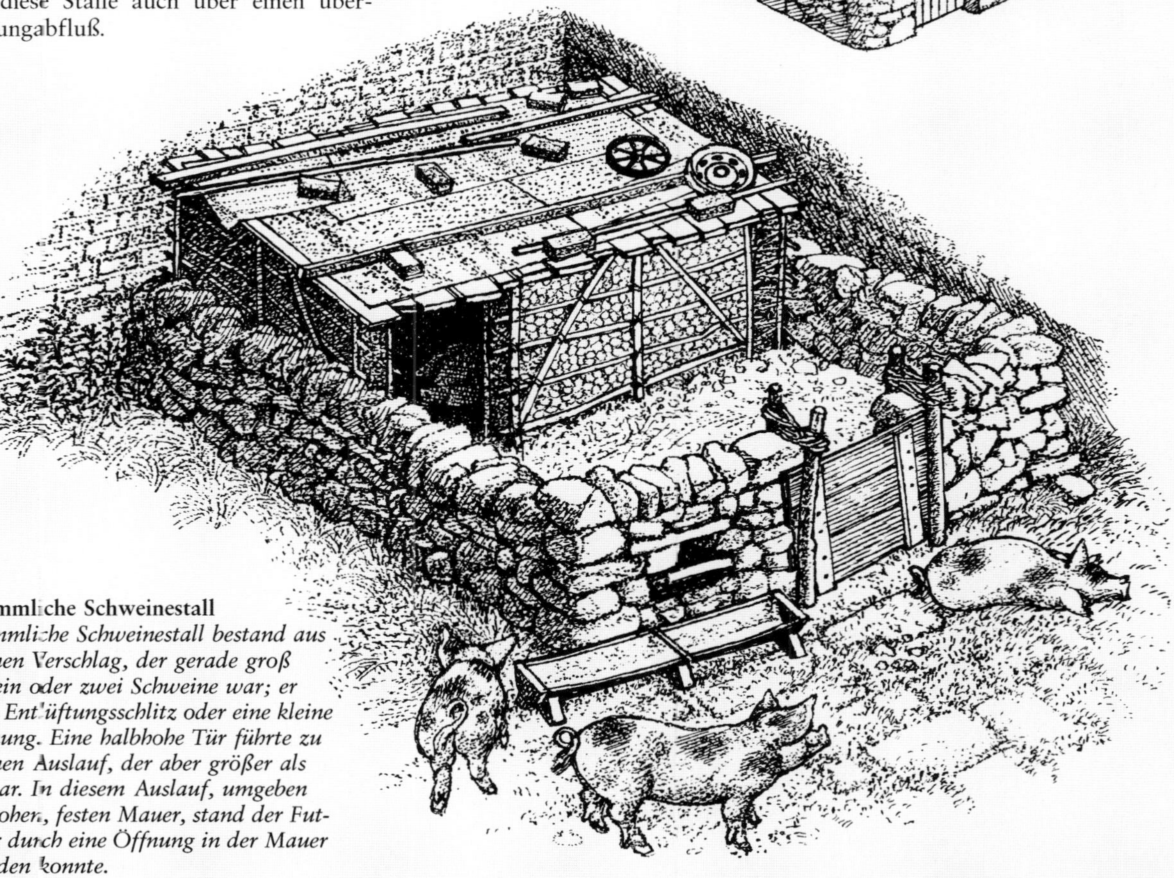

Der herkömmliche Schweinestall
Der herkömmliche Schweinestall bestand aus einem kleinen Verschlag, der gerade groß genug für ein oder zwei Schweine war; er hatte einen Entlüftungsschlitz oder eine kleine Fensteröffnung. Eine halbhohe Tür führte zu einem kleinen Auslauf, der aber größer als der Stall war. In diesem Auslauf, umgeben von einer hohen, festen Mauer, stand der Futtertrog, der durch eine Öffnung in der Mauer gefüllt werden konnte.

Haustierrassen

Die Tierhaltung auf dem Land war nicht nur von reinem Nützlichkeitsdenken bestimmt. Mancher Landbewohner hielt sich eine bestimmte Tierrasse vielleicht nur, weil sie ihm eben gut gefiel. Das erklärt zum Beispiel die Beliebtheit der Zwerghühnerrassen. Sie waren bei weitem nicht so nutzbringend wie andere Hühnerrassen, aber manche von ihnen erinnerten mit ihrem prächtigen Federkleid an lebende Juwelen. Natürlich sahen auch die stolzen Hähne der wilden Geflügelrassen wundervoll aus, besonders, wenn sie miteinander kämpften. Diese Rassen gaben wenig Eier, aber ihr Fleisch war sehr schmackhaft. Bei den Schweinen waren die älteren Rassen wie Wessex und Essex in England, in Deutschland beispielsweise das Deutsche Weideschwein, oder alte regionale Rassen wie das Schwäbisch-Hällische Schwein besonders beliebt. Die meisten Bauern kauften sich die Ferkel, die gemästet werden sollten, im Alter von etwa zwei Monaten bei den Züchtern mit guten Muttersäuen. Die kleinen Schweine wurden nach etwa sechs Monaten Aufzucht drei Monate lang mit Gerstenschrot oder gekochten Kartoffeln gemästet und dann geschlachtet. Das meiste Fleisch wurde dann zu Schinken oder Speck verarbeitet. Aber auch mancher gute Nachbar bekam nach dem Schlachtfest ein großes Stück Fleisch als Dank für erwiesene Gefälligkeiten ab.

Toggenburger

Ziegen
Ziegen wurden von den ärmeren Landbewohnern oft an den Straßenrändern zum Weiden gebracht.

Anglo-nubische Rasse

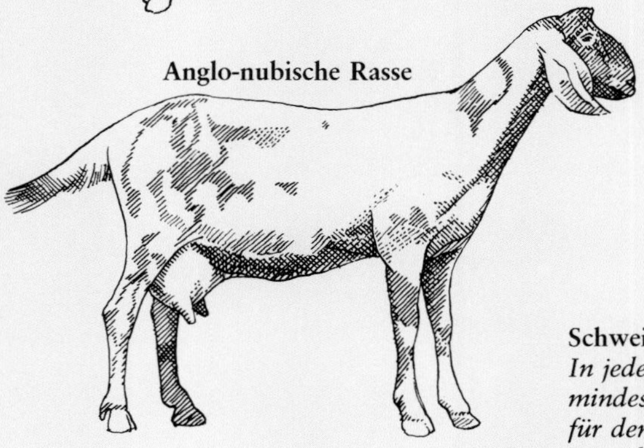

Schweine
In jedem Haushalt wurde mindestens ein Schwein für den nächsten Winter mit Abfällen gemästet.

Berkshire-Schwein

Gloucester Old Spot

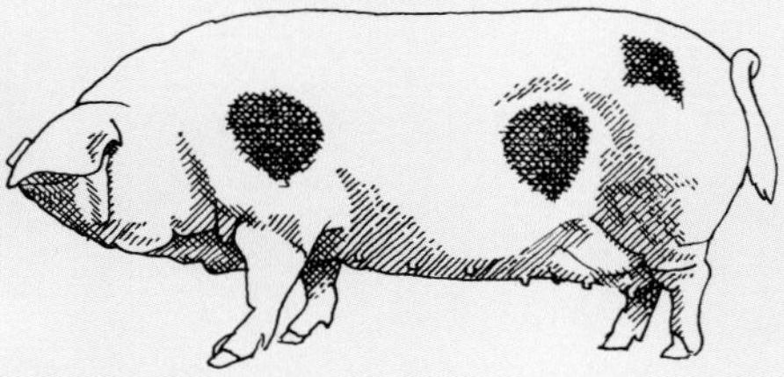

Tamworth-Schwein

Alte Engländer

Gelbbraunes Orpington

Weißes Leghorn

Truthähne
Auf jedem Bauernhof gab es in der Regel auch einen Truthahn, der zu besonderen Gelegenheiten geschlachtet wurde, meist zu Weihnachten.

Bronzefarbener Truthahn

Rote Rhodeländer

Hühner
Hühner waren billig zu halten, erforderten weniger Platz als anderes Vieh und lieferten regelmäßig frische Eier.

Helles Sussexhuhn

Römische Gans

Gänse
Gänse wurden zum Braten gemästet. Die weichen Daunen füllten Daunendecken und Kopfkissen.

DIE BIENENHALTUNG

Für den Laien hat die Bienenhaltung oft etwas Geheimnisvolles an sich. Noch heute gibt es in fast jedem Dorf einen Imker. Er wird geholt, wann auch immer ein Schwarm gefunden wird, oder wenn sich irgendwo auf einem Dach ein Bienenschwarm niedergelassen hat. Irgendwie hegen die Leute Ehrfurcht vor jemandem, der so kühl und gelassen mit diesen gefährlichen Insekten umgehen kann. Als Eleve auf einer Farm in Südafrika mußte ich einmal miterleben, wie man einen meiner Kameraden bewußtlos auf einer Trage abtransportierte, nachdem er heftig von Bienen attackiert worden war. Später habe ich fast drei Jahrzehnte lang selbst Bienen in England und Wales gezüchtet. Ich näherte mich ihnen immer nur gut geschützt und ließ ihnen nie eine Chance, mir etwas anzutun. Wenn ich mir einen Astronautenanzug hätte besorgen können, dann hätte ich am liebsten den bei der Arbeit getragen.

Einfangen eines Bienenschwarms

Sollten Sie selbst ein Bienenzüchter sein, dann wird bestimmt an einem schwülen Sommertag ein Nachbar an Ihre Tür klopfen und Ihnen verkünden, er habe einen Bienenschwarm in seinem Garten entdeckt. Was bleibt dann zu tun? Sie bewaffnen sich mit einem leeren Bienenkorb oder einem anderen Behältnis und begeben sich in Nachbars Garten, wo an einem Ast ein summender und brummender Bienenschwarm hängt. Ihr Nachbar hat schreckliche Angst davor – Sie aber nicht, denn Sie wissen als Experte ja, daß diese Bienen mit größter Wahrscheinlichkeit nicht stechen werden. Sie haben sich nämlich, ehe sie aus ihrem alten Stock ausschwärmten, um eine neue Heimat zu suchen, noch mit Honig vollgesaugt. Also heißt es auf den Baum klettern, den Behälter unter den Schwarm halten und den Ast kräftig schütteln. Mit einem kräftigen Plumps fällt der ganze Schwarm in den Behälter und Sie begeben sich lässig wieder nach unten. Ihr Nachbar wird von dieser Unerschrockenheit höchst beeindruckt sein. Natürlich erzählen Sie ihm nicht, daß schwärmende Bienen äußerst harmlos sind.

Bau und Einsatz von Bienenkörben

Bis zum Jahr 1851 wurden Bienen ausschließlich in Körben aus Stroh oder Binsen gehalten. Jeder Landbewohner konnte selbst einen solchen Korb anfertigen. Er benötigte langes Weizen- oder Roggenstroh, ein paar gespaltene

Ausräuchern der Bienen
Wenn der Imker den Bienenstock öffnen mußte, um die Bienen zu inspizieren oder die Waben herauszunehmen, dann blies er Rauch hinein, um die Bienen zu betäuben. Dieser Rauch wurde meist durch langsam schwelendes Material in einer kleinen Imkerpfeife erzeugt.

Räuchergerät für Bienen

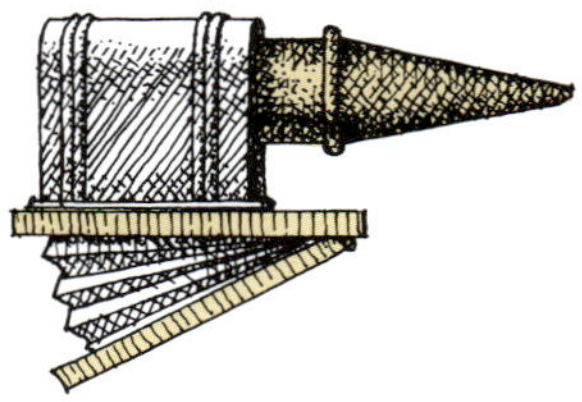

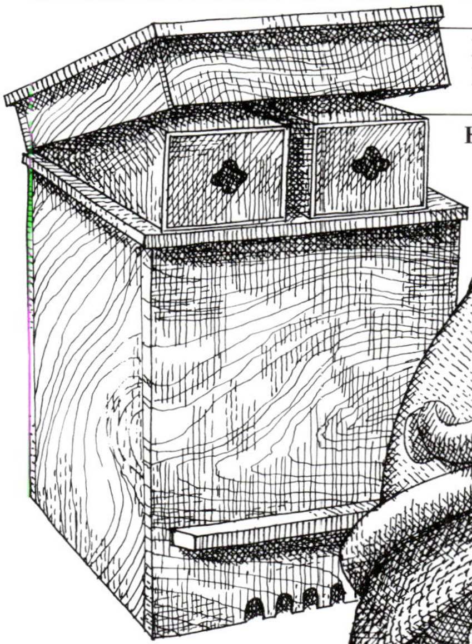

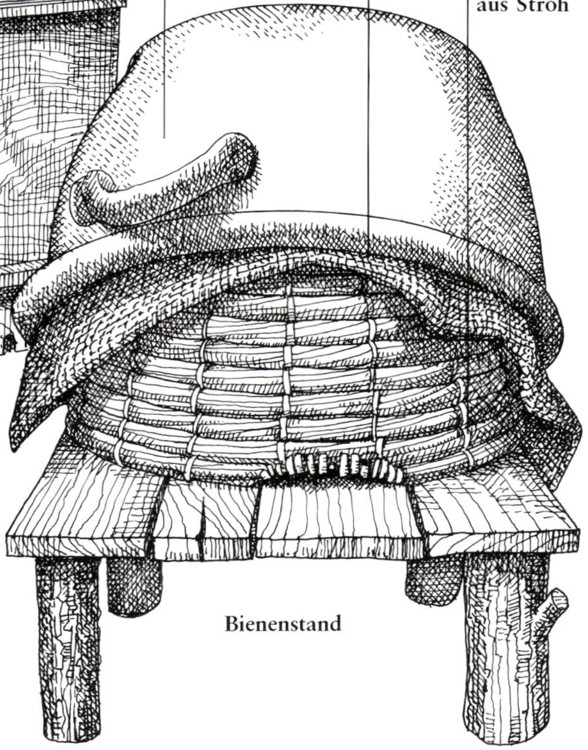

Bienenkörbe und -stöcke
Früher wurden die Bienen in einfachen, aus Stroh geflochtenen Körben gehalten, zum Schutz vor Nässe waren sie mit Jutesäcken und manchmal auch mit Tontöpfen abgedeckt. Später entstanden kunstvollere Stöcke. Diese waren so unterteilt, daß der Imker die Waben herausnehmen konnte, ohne die Bienen zu stören.

Freimachen einer Wabe von Wachs
Wenn man die Wabe aus dem Stock nimmt, ist sie mit Bienenwachs bedeckt. Um an den Honig zu kommen, muß der Imker zunächst das Wachs entfernen, am besten mit einem scharfen Messer, dessen Klinge erhitzt wurde.

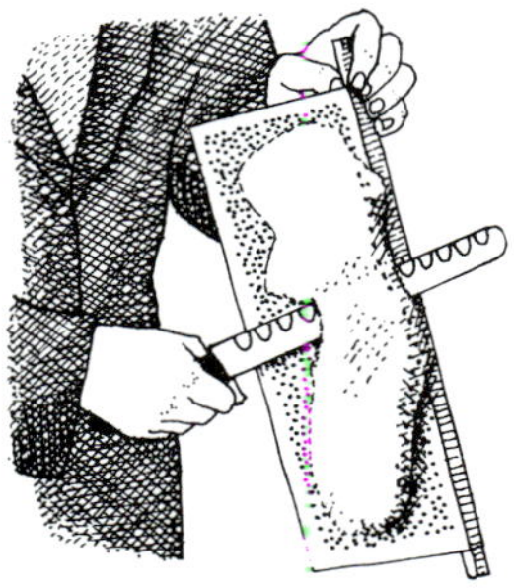

Schleudern des Honigs
Die vom Wachs befreite Wabe wird in eine Schleuder eingesetzt. Wird die Kurbel gedreht, bewegt sich die Schleuder sehr schnell zunächst in die eine, dann in die andere Richtung. Der Honig wird aus der Wabe geschleudert, ohne sie zu beschädigen, so daß sie anschließend neu eingesetzt werden kann.

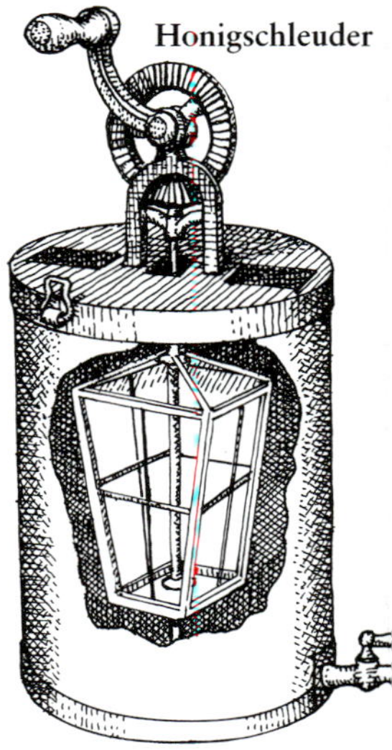

Honigschleuder

Ein Stechapparat
Das ist nicht etwa ein Foltergerät, sondern eine Vorrichtung, die helfen sollte, Rheumatismus zu lindern. In die Glasröhre des Apparats wurde eine Biene gesetzt, dann setzte man den Apparat auf die Haut des Patienten auf, öffnete den Schieber und drückte den Kolben herunter – prompt tat die Biene ihre Pflicht und stach den Patienten.

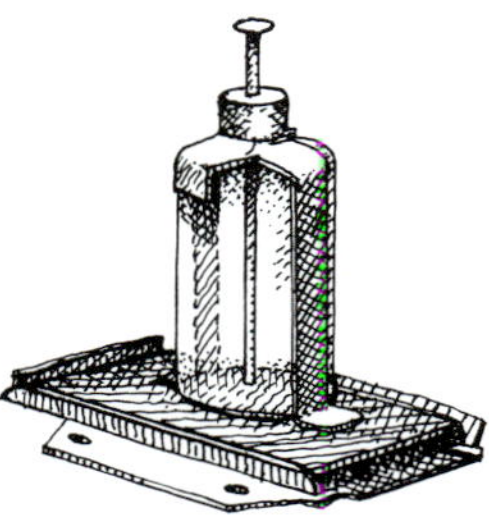

Dornenzweige, ein Rinderhorn mit abgesägter Spitze und einen Geflügelknochen. Das Stroh führte er durch die größere Öffnung des Horns und band es am anderen Ende mit den Dornenzweigen zusammen. So erhielt er Strohseile, die er zusammennähte. Das Knochenstück benützte er als Nadel.

Die Bienen bauten sich ihre Waben in solch einem Korb in ihrer eigenen Manier. Die Bienenkönigin legte in jede Zelle ein Ei, dann ging das Honigsammeln los. Wenn der Imker den Honig herausnehmen wollte, hatte er lediglich einen leeren Korb auf den Bienenkorb zu stellen und die Bienen hineinzujagen. Dann nahm er die Waben aus dem Korb heraus, entfernte die Bienenlarven und schleuderte den Honig aus. Das seiner Brut und seiner Nahrung beraubte Bienenvolk mochte manchmal überleben, manchmal auch nicht. Aber in jenen Tagen gab es auf dem Land Tausende von Bienenvölkern. Die Bienen fanden allerorts genügend Nektar als Nahrung; es gab noch keine giftigen Pflanzenschutzmittel, und während des Sommers konnte man an allen Ecken und Enden neue Schwärme einfangen.

Die Bienenkörbe waren nicht wasserdicht und mußten deshalb vor Regen geschützt werden. Manchmal stellte der Imker kegelförmige Strohhüte, sogenannte Hechel, darauf. Es gab auch speziell angefertigte hölzerne Bienenhäuser, in die die Körbe gestellt werden konnten.

Bienenstöcke

Die modernen Bienenstöcke wurden 1851 von einem Mann namens Langstroth aus Philadelphia erfunden. Er fand den optimalen Abstand zwischen den Bienenwaben heraus – daß sie halten und die Bienen aber noch Bewegungsfreiheit haben. Der Langstroth-Bienenstock und alle seine Nachahmungen ermöglichen es auch, die Bienenkönigin von der Stelle mit dem meisten Honig fernzuhalten. So kann sie dort keine Eier legen, und der Imker ist nicht gezwungen, alle Larven zu töten, wenn er den Honig herausnimmt.

In der Schweiz habe ich einmal ein wundervolles Bienenhaus gesehen. Es bestand aus einer Holzhütte voller Bienenstöcke, die durch Fluglöcher mit der Außenwelt verbunden waren. Die Bienen konnten von innerhalb der Hütte inspiziert und versorgt werden, indem man die Dächer der Stöcke abnahm. Das schien mir eine sehr gute Einrichtung zu sein, sowohl für den Imker als auch für die Bienen. Solche Bienenhäuser waren in den Alpen und im süddeutschen Raum allgemein verbreitet.

DIE MILCH-WIRTSCHAFT

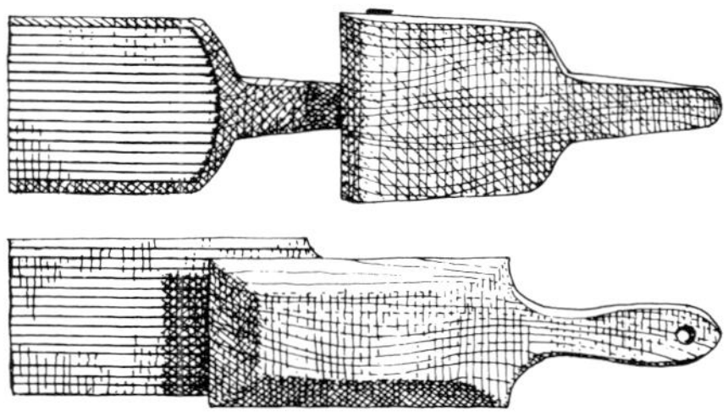

Ich weiß nicht, ob Ihnen das Sprichwort bekannt ist: „Der Mann gehört an den Pflug, die Frau zur Kuh." Genau dies war früher auf den kleinen Gehöften der Fall. Die Frau molk die Kuh nicht nur, sondern machte aus einem Teil der Milch Butter und – sofern der Ertrag reichte – auch Käse. Den Überschuß an Butter und Käse verkaufte sie auf dem nächsten Markt. Der Besitz einer Kuh bedeutete eine ständige Quelle der Ernährung und Gesundheit für die ganze Familie. Einst empfahlen Agrarfachleute alten Schlages eindringlich, daß jeder Landbewohner, wenn nur irgend möglich, sich eine Kuh halten sollte. Wenn er über mindestens sechs Morgen Grasland verfüge und darüber hinaus noch Zugang zur Gemeindeweide habe, sei ihm dies in jedem Fall möglich. Viel anderes könne er mit den sechs Morgen sowieso nicht anfangen, sondern darauf höchstens „eine Reihe von Apfelbäumen pflanzen, die der Grund dafür sind, daß die Kinder regelmäßig Bauchschmerzen bekommen". Zwar müsse er dann das Land intensiv bearbeiten, aber das werde mehr als genug durch die Vorteile aufgewogen, die die Haltung der Kuh biete. Ich muß ihm uneingeschränkt zustimmen.

MILCHERZEUGUNG /-VERARBEITUNG

Das Melken
Jahrhundertelang wurden die Kühe von Hand gemolken. Dazu setzte man sich auf einen dreibeinigen Melkschemel, auf dem sich die Balance halten ließ, wenn man sich vorbeugte. Gemolken wurde meist in einen Holzeimer. Trotz Melkmaschine wurde lange noch von Hand – billiger – gemolken.

Ich hatte das große Glück, in einem großen Landhaus im englischen Essex aufzuwachsen. Dort hielten wir auch zwei Kühe, die von einem Knecht versorgt wurden. Ich glaube behaupten zu dürfen, daß nichts mehr zu der Tatsache beigetragen hat, daß ich mein ganzes Leben bei guter Gesundheit verbringen durfte, als diese beiden Kühe.

Die Haltung von Milchkühen

Bis zum Ersten Weltkrieg waren Milchkühe auf dem Land praktisch überall. Auch die Stadtmenschen bekamen jeden Morgen ihre frische Milch geliefert, erzeugt von großen Kuhherden, die bereits permanent in Ställen nahe der Städte gehalten wurden. Diese Stallkühe wurden ständig ausgewechselt. Sobald eine von ihnen nicht mehr genug Milch gab, wanderte sie zurück aufs Land oder aber zum Schlachthof. Es wird angenommen, daß diese frühe intensive Rinderhaltung zur Verbreitung der Tuberkulose beitrug.
Dieses System der „Stadt-Höfe" wurde allerdings schon abgeschafft, als ich noch ein Kind war. Fortan lieferten die Bauern die Milch für die Städter auf den ländlichen Bahnstationen ab. Der Milchzug zwang die Bauern, jeden Morgen um vier oder fünf Uhr aufzustehen, die Kühe zu melken und mit überschwappenden Milchkannen zur Station zu fahren. Damals gab es noch keine Pasteurisierung, was bedeutete, daß die Milch absolut frisch sein mußte. Die Melkutensilien mußten sterilisiert und die Milch nach dem Melken sofort gekühlt werden, damit keine Mikroorganismen sie verderben konnten.

Der Milchvertrieb

Mitte der dreißiger Jahre arbeitete ich auf einer walisischen Farm, die auch Milch erzeugte. Jeden Morgen um fünf Uhr mußte ich aufstehen, melken, die Milch kühlen und sie in saubere Kannen abfüllen. Nach dem Frühstück fuhr der Bauer in die nahe gelegene Stadt und lieferte die Milch aus. Fiel er einmal aus, mußte ich diese Aufgabe übernehmen. Vor den Haustüren unserer zahlreichen Kunden in der Stadt standen kleine Milchkannen. Vor jeder Tür hielt ich das Pony an, schüttete zwei oder drei halbe Liter in die Kanne und gab noch einen Nachschlag dazu – nach der Bibel soll das Maß überlaufen.

Melkutensilien
Beim Melken wurden den Kühen oft die Beine mit einem Rinderstrick zusammengebunden, um sie am Treten zu hindern. Wurden sie auf dem Feld gemolken, dann wurden die Milcheimer mit einem gutsitzenden Schulterjoch, an dem ihre Henkel mit längs verstellbaren Ketten eingehakt wurden, zum Hof transportiert. Beim Transport mußte man die Eimer gut festhalten, damit die Milch nicht überschwappte. In der Melkstube wurde die Milch zunächst in Holzbottichen gekühlt, dann seihte man sie durch. Anschließend wurde sie zum Bahn- oder Straßentransport in Kannen abgefüllt. Diese Kannen trugen oft den Namen des Bauern. Der Milchmann füllte die Milch mit einer geeichten Schöpfkanne in die Milchkanne der Hausfrau ab.

Schultertrage für Melkerinnen

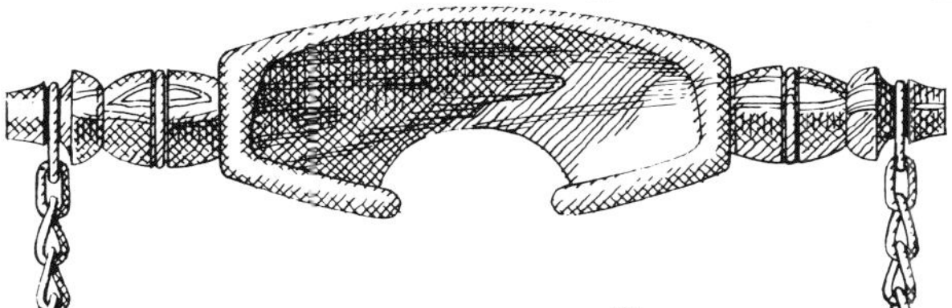

Kuhstrick aus geflochtener Baumwolle

Doppeljoch aus Eichenholz

Melkeimer aus Eichenholz

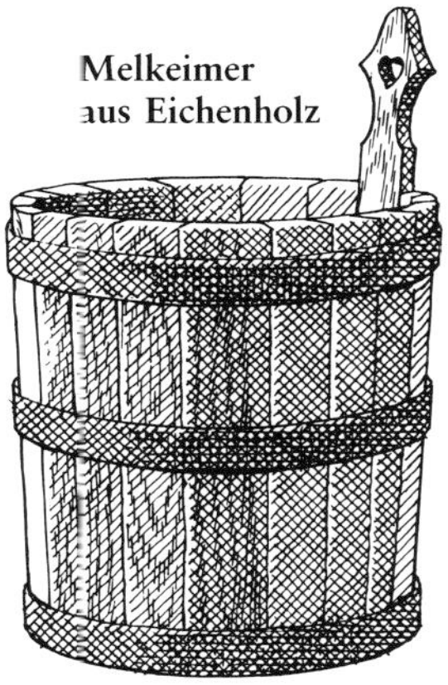

Eichener Melkschemel

Melkmaschine nach dem Unterdruckprinzip

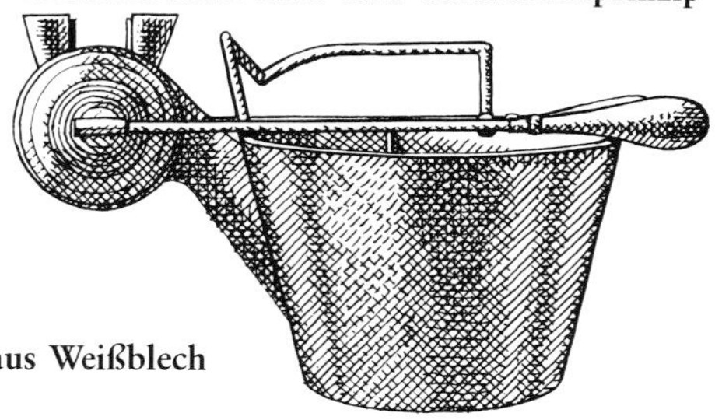

Rückentragekanne

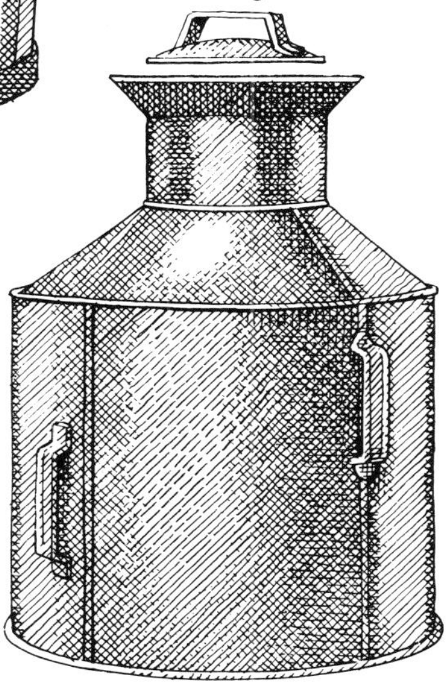

Meßbecher aus Weißblech

Kanne zur Auslieferung von Milch

Milchsieb

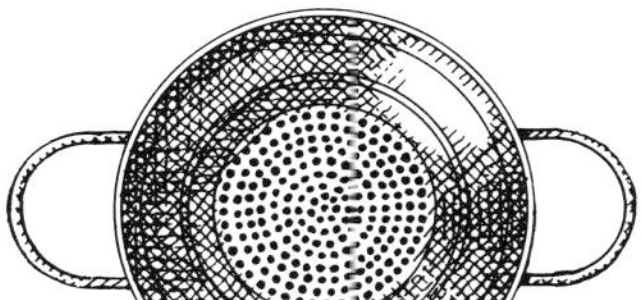

Kleine Milchkanne

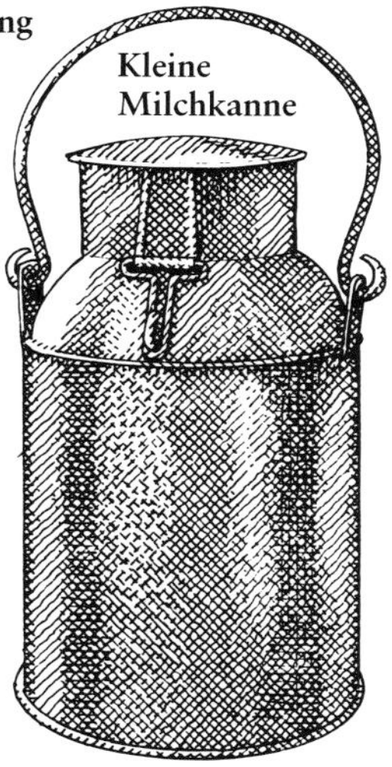

Milchkanne aus Weißblech

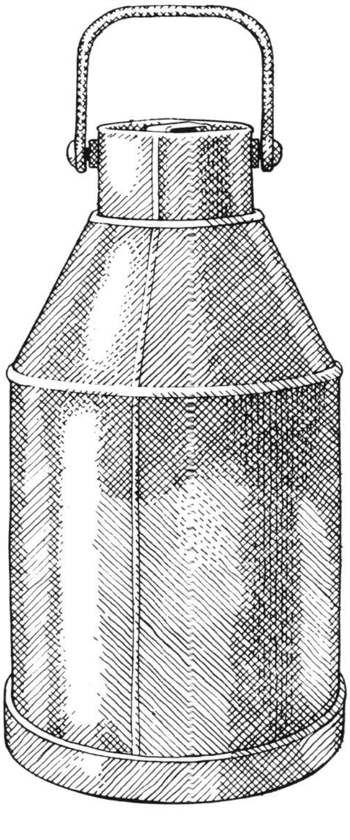

Milchkannen mit zwei Griffen

Milchkanne mit Henkelgriff

Milchkühe

Bis vor nicht allzu langer Zeit hielten sich auch die meisten kleinen Häusler noch eine Kuh und eine Ziege. Sollte die Kuh nur Milch liefern, kam sie oft nur leihweise von einem Bauern, der sie vor dem Kalben wieder zurückholte. Solange dann keine Kuh da war, begnügte man sich mit der Ziegenmilch. In Viktorianischer Zeit wurde die Ziegenmilch besonders für die Ernährung von Kleinkindern geschätzt. In jedem Fall war sie frei von Tuberkulose. Besonders gute Milchkühe hat die „Jerseyrasse“ hervorgebracht. Diese Rasse ist nicht nur abgehärtet und besonders friedlich, sondern sie ist auch leicht zu züchten und gibt sehr sahnige Milch.

Die meisten Kühe leben heutzutage nur noch im Stall. In früheren Zeiten aber – zumindest im Sommer – war es ein schönes Bild, wie die Bauernmädchen mit Melkschemeln, Eimern und Tragejochen auf die Weide zogen, dort die Kühe im knietiefen Gras molken und dann mit den überschwappenden Eimern zurück zum Hof zogen und sich bemühten – oder auch nicht –, den Bauernburschen dabei aus dem Weg zu gehen, die ihnen, wie uns die Dichter erzählen, unterwegs auflauerten.

Hörnerloses Rind
Diese Rasse liefert sowohl gute Milch wie auch gutes Fleisch.

Kurzhorn-Milchkuh
Diese Rasse liefert exzellente Milch, aber kein gutes Fleisch.

Ayrshire-Rasse
Diese abgehärtete Rasse aus dem Südwesten Schottlands liefert sehr fetthaltige Milch.

Britisch-kanadische Holsteiner
Diese von den friesischen Kühen abstammende Rasse liefert sehr gute Schlachtkälber – sofern man den richtigen Stier hat.

Guernseyrasse
Jersey- und Guernseykühe sind zwei sehr gute Milchrassen. Auf den Kanalinseln, von denen sie stammen, dürfen nur diese zwei Rassen gehalten werden. Beide sind klein, mager, leicht zu züchten und liefern eine sehr sahnige Milch.

SAHNE: GESCHENK DER MILCH

Ich erinnere mich noch gut daran, wie ich als Kind den Hausmädchen zuschaute, wenn sie die Milch nach dem Melken in große, flache Porzellanschüsseln gossen, sie mit Musselin abdeckten, um die Fliegen abzuhalten, und sie bis zum nächsten Tag stehenließen. Über Nacht setzte sich der Rahm auf der Milch ab. Nichts konnte einen kleinen Jugen daran hindern, sich heimlich in die Melkstube zu schleichen, seinen schmutzigen Finger in die Sahne zu stecken und ihn genußvoll abzulecken.

Abschöpfen des Rahms

Der Rahm wurde mit einem runden, leicht gewölbten und durchlöcherten Abscheider aus Email von der Milch abgeschöpft. Zusammen mit dem Griff war diese Rahmkelle etwa zwanzig Zentimeter breit. Damit strich man einfach unter dem fetten Rahm hindurch, nach dem Abschöpfen floß die Milch durch die Löcher zurück. Gern erinnere ich mich noch an die dicke, fettige Rahmschicht, die die Milch unserer Jerseykühe – einfach den besten Milchkühen – sofort lieferte.

Im Westen und Norden unseres Landes wurde die Milch in flache Schiefertröge (die auch zum Einsalzen benutzt wurden – siehe Seite 38) gegossen. Hatte sich der Rahm abgesetzt, zog man den Stöpsel heraus und die Milch floß in ein darunter stehendes Gefäß ab. Der Rahm blieb am Schiefer haften und wurde einfach abgekratzt.

Bauern, die bereits mehrere Kühe ihr eigen nannten, schafften sich damals Zentrifugen an. Dies hatte den Vorteil, daß sie mehr Rahm aus der Milch gewannen, solange die Milch noch frisch war. Die Milch wurde praktisch direkt von der Kuh in den Separator gegeben, sie wurde nicht einmal zuvor gekühlt.

Verwendung des Rahms

Früher hegte niemand so abwegige Ansichten, daß frische Sahne schädlich für die Gesundheit sein könnte. Wir gossen sie über Obst und Puddings und machten das Ganze noch delikater, indem wir es heiß servierten. Auch pflegten wir sie gelegentlich aufzukochen, setzten Gewürze, Zucker oder gar etwas Orangenblütensaft zu, ließen sie wieder abkühlen, rührten Obst und noch mehr Zucker darunter und vertilgten diese köstliche Speise mit Genuß. Die entrahmte Milch wurde in aller Regel an Kälber oder Schweine verfüttert.

Rahmauslieferung

Der Rahm wurde auf dreirädrigen Handkarren ausgeliefert, in deren Mitte eine große Kanne für die frische Milch stand, während der Rahm selbst in kleineren Kannen transportiert wurde, die an der Seite des Karrens hingen.

Rahmrezepte

Rahm war nicht nur beliebter Zusatz zu Obstauflauf und Pudding, sondern er war auch der Hauptbestandteil einer Reihe köstlicher Eiercremes, Rahmspeisen und anderer Desserts. Rührte man zum Beispiel Sahne, Eier und geschmolzene Schokolade zusammen, bis alles cremig wurde, dann ergab das eine wundervolle Schokoladencreme. *Blancmanger,* gewürzt mit Mandeln, war gleichfalls sehr beliebt. Diese Nachspeise wurde bereitet, indem der Rahm zusammen mit geriebener Zitronenschale, Zucker und gehackten Mandeln erhitzt und in einer eingeölten Form abgekühlt wurde. Eine andere, ebenso simple wie köstliche Milchspeise bestand aus erhitzter Sahne, gemischt mit Eidottern, Zucker und Rosenwasser.

Milch-Zentrifugen
Früher wurde der Rahm in der Regel von der Milch abgeschieden, indem diese in einer flachen Schüssel („Milchsette") stehenblieb. Dabei setzte sich der Rahm auf der Milch ab und konnte abgeschöpft werden. Mit Zentrifugen zur Milchentrahmung, die von Hand betrieben wurden, geschah dies jedoch in einem Bruchteil der sonst benötigten Zeit. Sie schieden bei rascher Drehbewegung den leichteren Rahm von der schwereren Milch ab. Es dauerte jedoch lange Zeit, ehe sich solche Zentrifugen allgemein durchsetzten.

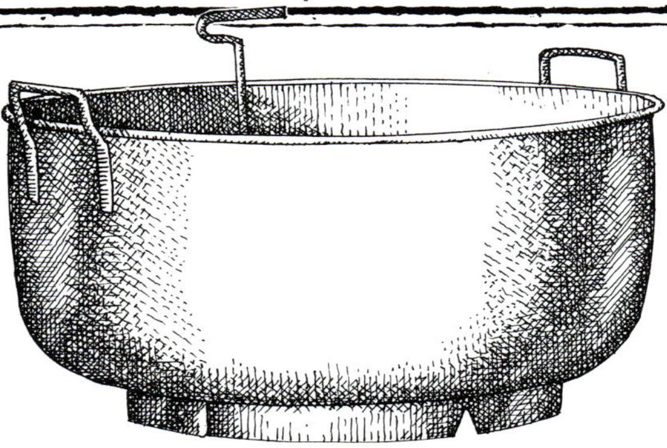

Schüssel für Zentrifuge

Wurde die am Abend gemolkene Milch während des ganzen nächsten Tages in einer großen Tonschüssel leicht erwärmt, gab das geronnenen Rahm (Schlotter). Ideal dafür war Torf- oder Holzfeuer. Dann durfte die Milch in der folgenden Nacht wieder abkühlen, und am nächsten Tag wurde der Rahm in der gewohnten Weise abgeschöpft. Er war dann sehr dick, gelb und krustig.

Sauerlegen des Rahms

Ein Teil des Rahms wurde beiseite gestellt, um in Butter verwandelt zu werden. Dazu mußte er zunächst gesäuert werden. Blieb er einfach lange genug stehen, dann tat, besonders im Sommer, der gute alte Lactobacillus von allein seine Pflicht und verwandelte ein wenig von der im Rahm enthaltenen Laktose (Milchzukker) in Milchsäure. Gewöhnlich wurde dieser Prozeß jedoch abgekürzt, indem ein bißchen bereits gesäuerter Rahm dazugegeben wurde. Auf diese Weise war der Rahm zum Buttern fertig, ehe er von außen irgendein anderes Aroma annehmen konnte.

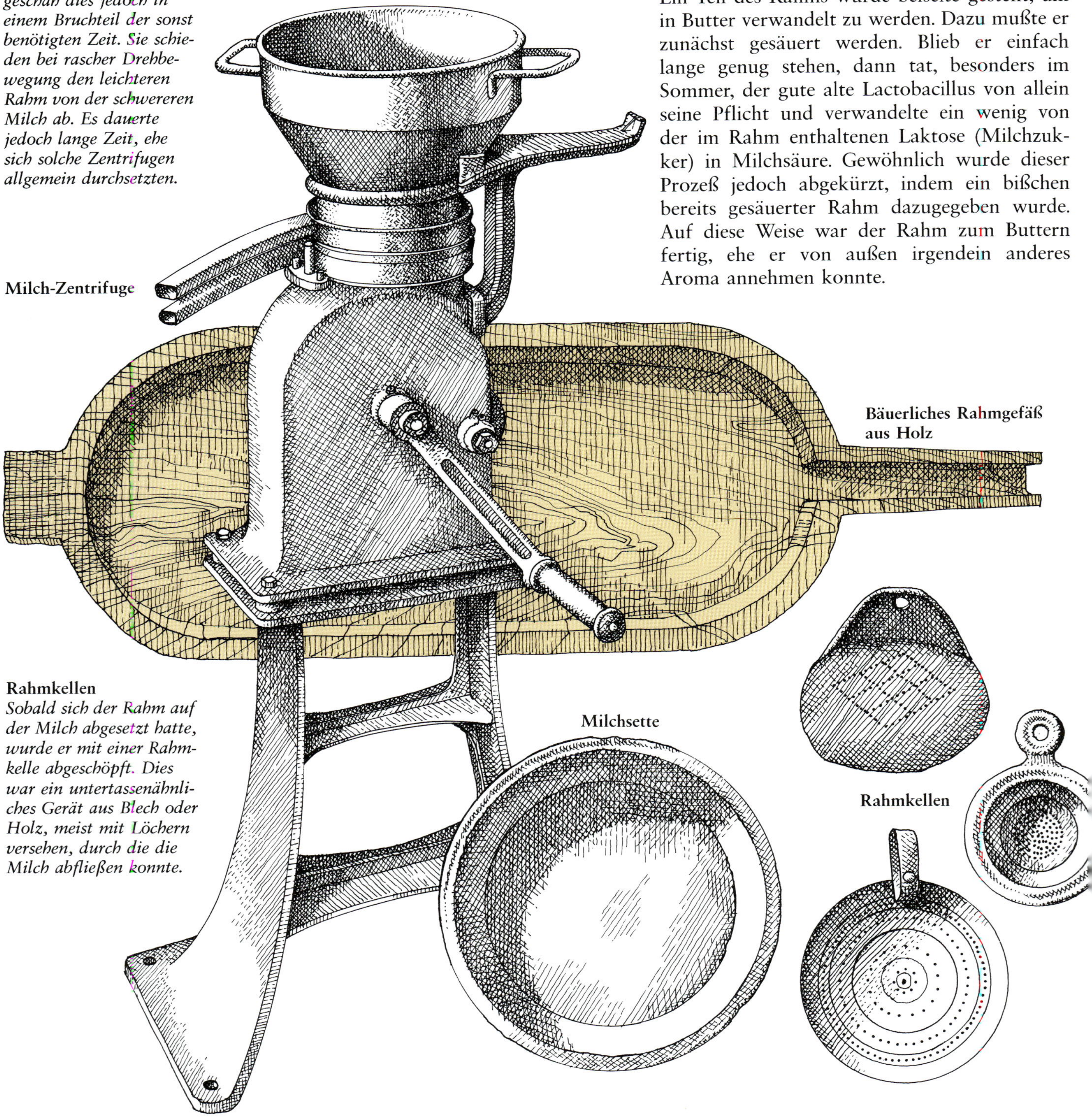

Milch-Zentrifuge

Bäuerliches Rahmgefäß aus Holz

Milchsette

Rahmkellen
Sobald sich der Rahm auf der Milch abgesetzt hatte, wurde er mit einer Rahmkelle abgeschöpft. Dies war ein untertassenähnliches Gerät aus Blech oder Holz, meist mit Löchern versehen, durch die die Milch abfließen konnte.

Rahmkellen

BUTTERN

Das Buttern ist nicht schwierig. Dazu wird einfach saurer Rahm (siehe Seite 74) in ein Gefäß gefüllt und so lange geschüttelt, bis daraus Butter entsteht. In Essex nahmen wir dazu ein Butterfaß, das ich damals gelegentlich drehen durfte. Aber nicht nur Kinder wurden früher als Antriebskraft eingesetzt, sondern auch Wasserräder, Pferde-Mühlen und sogar von Hunden angetriebene Tretmühlen. Allerdings habe ich nie begriffen, wozu all diese Kraftaufwendung nötig war, denn wenn der Rahm sauer genug ist und die Temperatur stimmt (etwa 20° Celsius), dann „kommt" die Butter innerhalb weniger Minuten von selbst.

Butterfässer

Das kurbelgetriebene Drehbutterfaß war das übliche Gerät zum Buttern. Früher gab es an jedem kleineren Ort Hersteller von Butterfässern. Die Butterfässer, die heute noch zu kaufen sind, stammen aus früheren Zeiten.

Daneben gab es noch die wesentlich älteren Stoßbutterfässer, die bis vor kurzem noch in Irland, Wales und Schottland und in anderen abgelegenen Gebieten in Gebrauch waren. In ihnen wurde der Rahm mit einem Stößel geschlagen, bis er sich in Butter verwandelte. Diese Stoßbutterfässer waren genauso wirksam wie die kurbelgetriebenen Drehbutterfässer, nur ließ sich bei letzteren die Butter besser „waschen". Leute, die nur ein oder zwei Kühe besaßen, begnügten sich oft auch mit einem kleineren Apparat. Dieser bestand aus einem Glasbehälter, in dem mit dem Drehen einer Kurbel ein kleines Holzpaddel rotierte. Des öfteren habe ich auch beobachtet, wie auf einfache Weise kleinere Mengen Butter entstanden. Der saure Rahm wurde mit einer Gabel oder einem Schneebesen geschlagen bzw. in einem Krug oder einer Flasche geschüttelt.

Wie die Butter „kommt"

Die Drehbutterfässer verfügten über ein Fensterchen, durch das sich beobachten ließ, wie die Butter „kam". Sobald sich kleine Kügelchen bildeten (so klein wie Schrotkugeln), war es Zeit, den Deckel des Butterfasses zu öffnen und etwas kaltes Wasser hineinzugießen. Dann galt es, noch ein paar Minuten weiterzudrehen. Zum Schluß wurde die übrigbleibende Flüssigkeit vorsichtig ausgegossen. Das war die vorzügliche Buttermilch. Übrig blieb die Butter selbst. Wer nicht weiß, wie köstlich Buttermilch schmeckt, ist wahrlich zu bedauern.

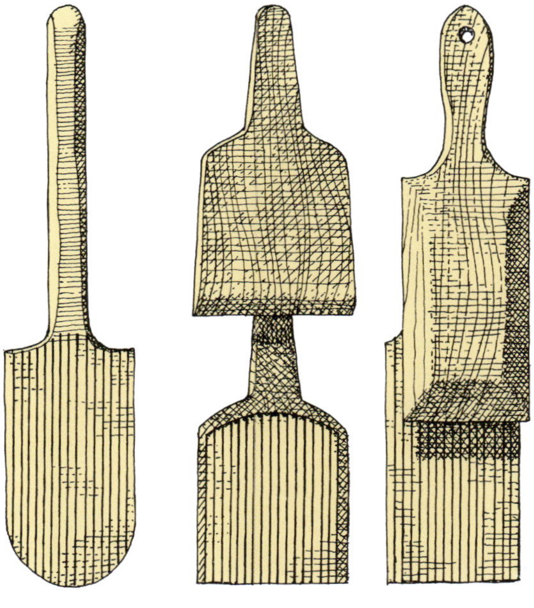

Butterformlöffel
Mit kleinen hölzernen Butterlöffeln, gehalten mit beiden Händen, wurde die Butter unterteilt und geformt. Das Klatschen dieser mit tiefen Kerbschnitten verzierten Löffel gegen die Butter war ein aus allen Melkstuben gewohntes Geräusch.

Geräte zum Buttern

Das wichtigste Gerät zum Buttern war natürlich das Butterfaß. Zunächst bestand das sogenannte Stoßbutterfaß aus einem aufrecht stehenden Zylinder mit einem Stößel, an dem eine durchlöcherte Holzscheibe befestigt war. Dieser Stößel wurde so lange auf und nieder bewegt, bis der Rahm sich in Butter verwandelt hatte. Im 18. Jahrhundert gab es auch Butterfässer, die aufgehängt und hin und her gestoßen wurden. Danach kamen kleinere Buttermaschinen in Gebrauch, die zunächst aus Holz, später aus Glas oder Steingut bestanden, in denen die Butter mit Rührschaufeln geschlagen wurde. Die Schaufeln wurden mit Handkurbeln betätigt. Noch später wurden die Sturzbutterfässer erfunden, die in einem Gestell ruhten und mit einer Kurbel herumgeschleudert wurden. Wenn die Butter fertig war, mußte die überflüssige Buttermilch auf einer Butterpresse herausgeknetet werden. Mit hölzernen Butterformlöffeln wurde die Butter aus dieser Presse herausgekratzt, in rechteckige, runde oder zylindrische Formen gefüllt oder zum Lagern in Töpfe geknetet. Für den Verkauf wurde sie auf Butterwaagen aus Holz abgewogen.

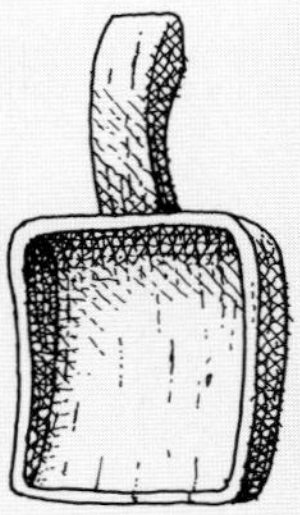

Quadratischer Butterformlöffel

Butterformlöffel aus Bergahorn

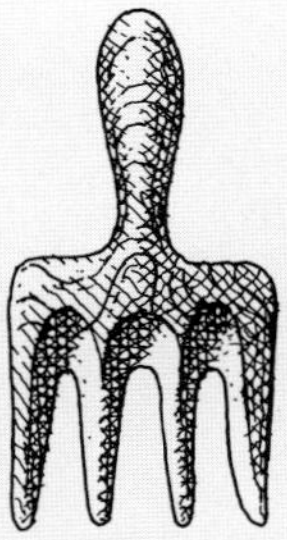

Buttergabel

Butterschüssel

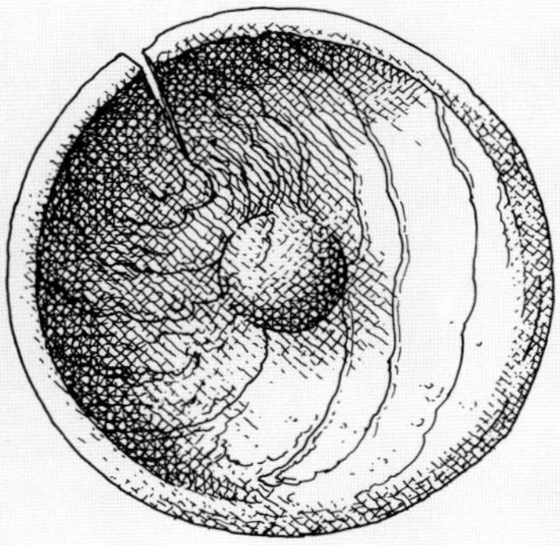

Butterpresse

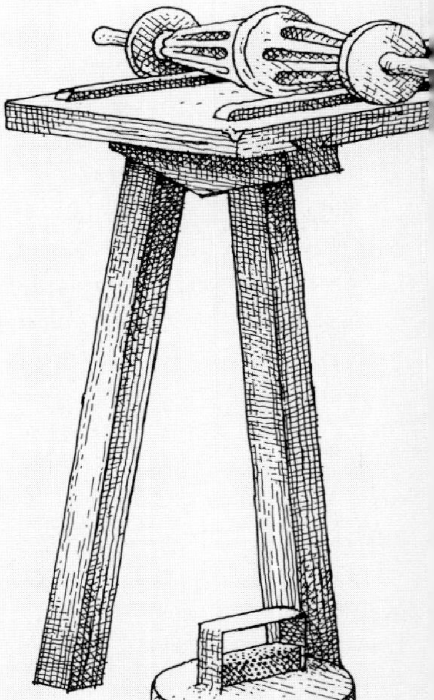

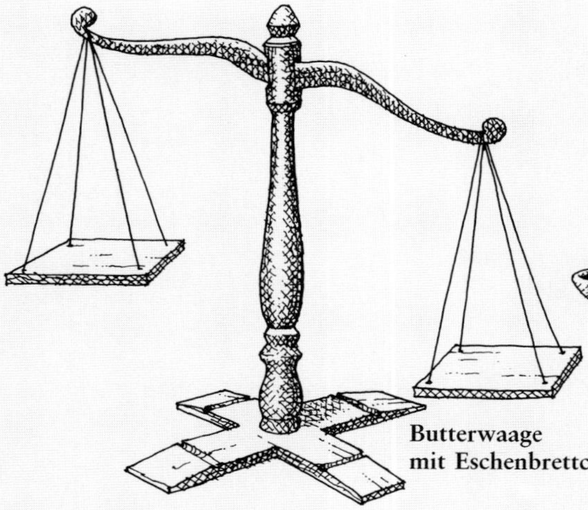

Butterwaage mit Eschenbrettchen

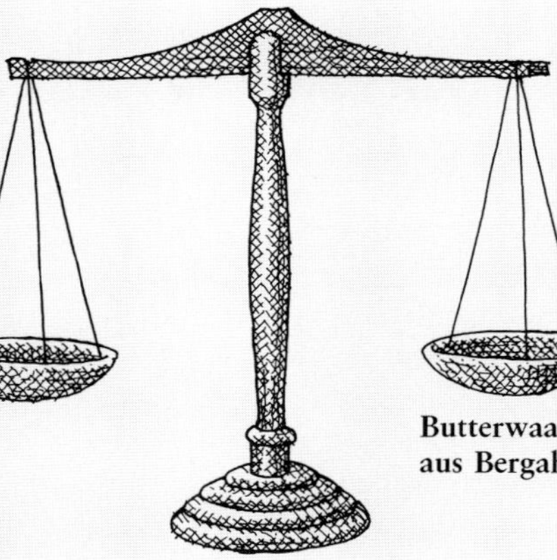

Butterwaage aus Bergahorn

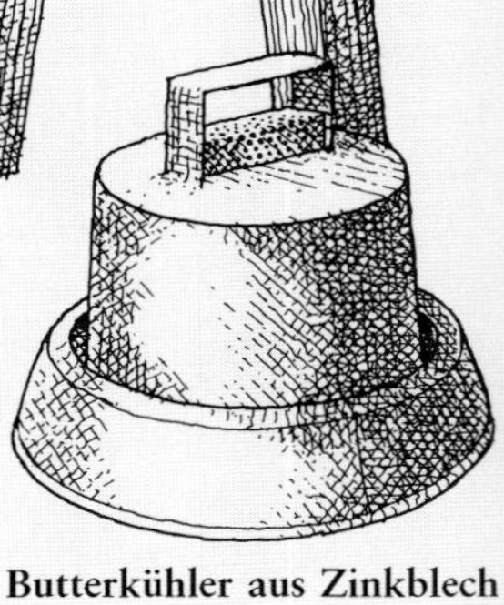

Butterkühler aus Zinkblech

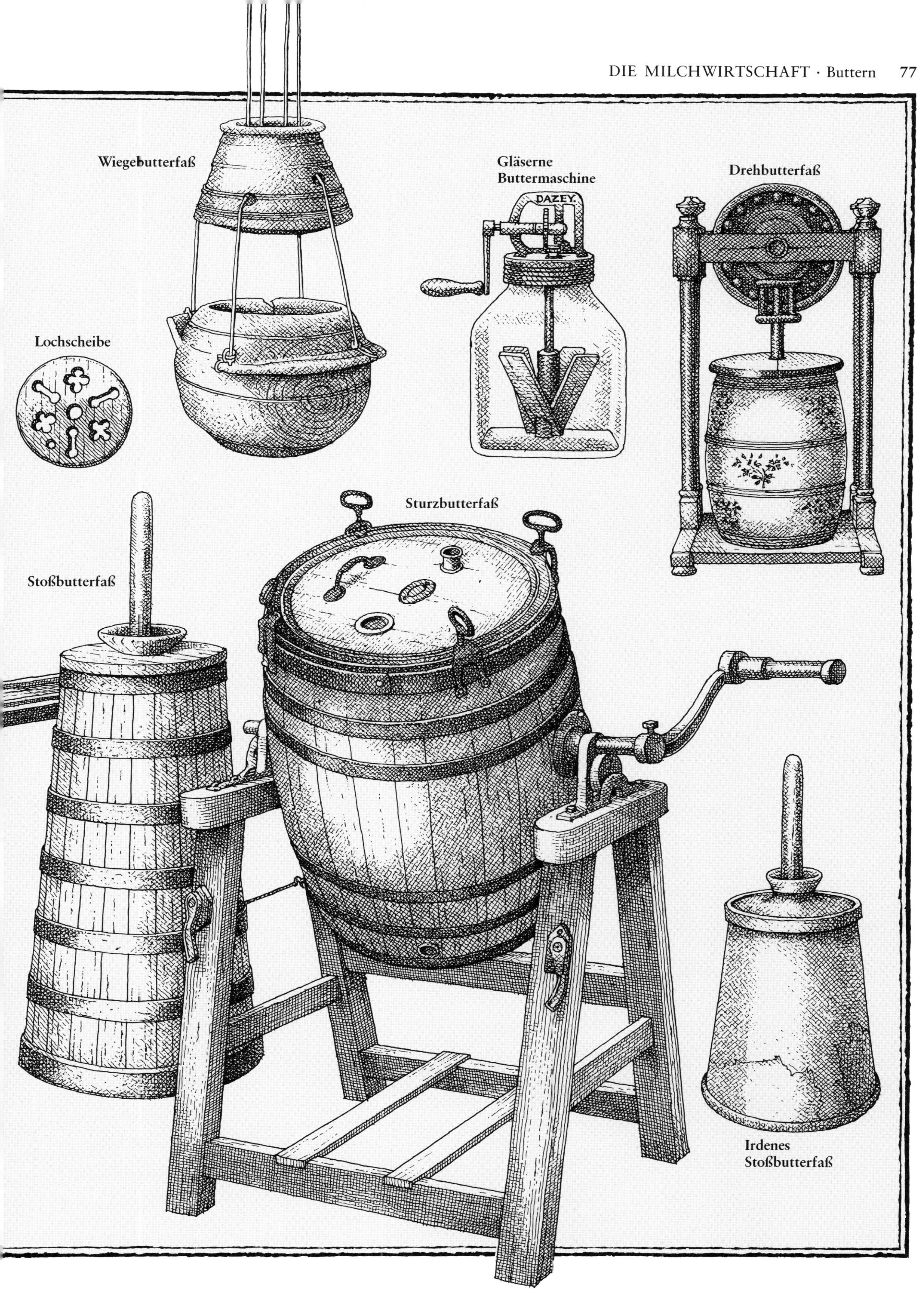
Wiegebutterfaß
Gläserne
Buttermaschine
DAZEY
Drehbutterfaß
Lochscheibe
Sturzbutterfaß
Stoßbutterfaß
Irdenes
Stoßbutterfaß

Wie die Leute, ohne zynisch zu werden, von Fortschritt reden können, in einer Welt, in der man statt frischer Buttermilch jetzt lieber sprudelnde Zuckerwässerchen trinkt, wird mir immer unbegreiflich bleiben.

Waschen der Butter

Nach dem Abschütten der Buttermilch mußte die Butter gewaschen werden. Dazu wurden große Mengen kalten, sauberen Wassers in das Butterfaß gegossen, den Stößel wieder betätigt, und das Wasser tröpfelte heraus.

Jetzt kam die Butterpresse ins Spiel. Bei uns zu Hause war das ein flacher, sauber gescheuerter Holzkasten mit einer rinnenförmig ausgehöhlten Rolle, die über die Butter hinwegrollte, wenn man an der Kurbel drehte. Dabei wurde reichlich Wasser über die Rolle gegossen, denn es war entscheidend, daß die Butter absolut sauber blieb und keinen schlechten Geschmack annahm.

Lagern der Butter

Sobald absolut sicher war, daß die Butter keinerlei Buttermilch mehr enthielt, wurde sie gesalzen und dann noch einmal gerollt. Danach kam sie in Steinguttöpfe. Sie wurde in kleinen Klumpen regelrecht in den Topf geworfen, damit Wasser und Luft entwichen. War der Topf voll, wurde die Butter noch einmal intensiv mit einem muschelförmigen Holzlöffel durchgeknetet. Sie durfte weder Wasser noch Luft enthalten, sonst wurde sie schnell ranzig. Eingelagert mußte sie zudem stark gesalzen sein. Vor dem Verzehr der Butter ließ sich das Salz aber jederzeit wieder herauswaschen. Gut gesalzene Butter läßt sich praktisch unbegrenzt lagern und schmeckt so gut wie frische Butter.

Butterformen

Die Butter wurde gerne in besonderen Formen verkauft und serviert, weil ja schließlich das Auge mitißt. Es gab vor allem dreierlei unterschiedliche Formungsarten: Butterrollmodel, flache Stempel und zweiteilige Formen.

Hölzerner Butterstempel mit Sechssternornament

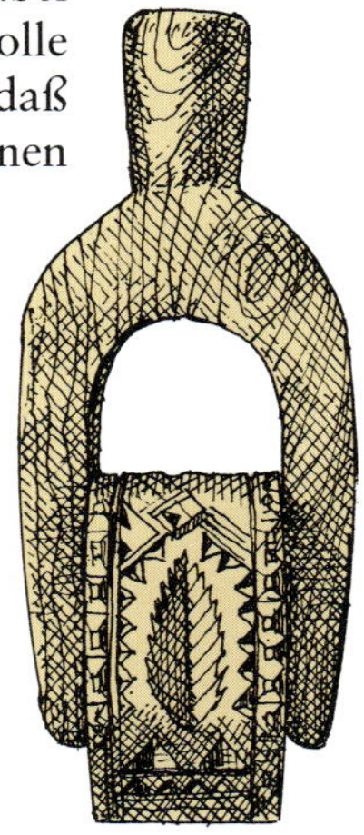

Rollmodel mit Blattornament

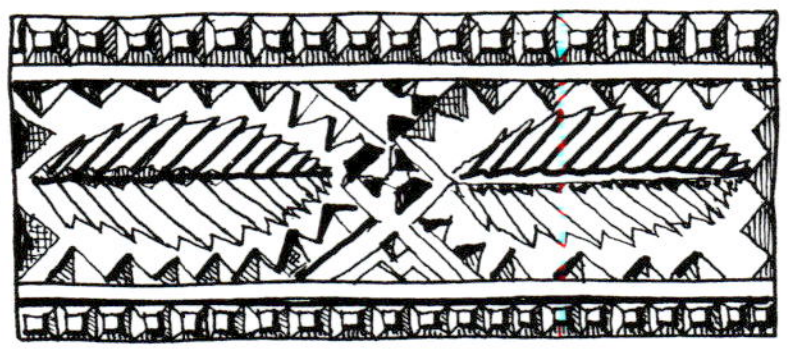

Model mit Blattornamenten

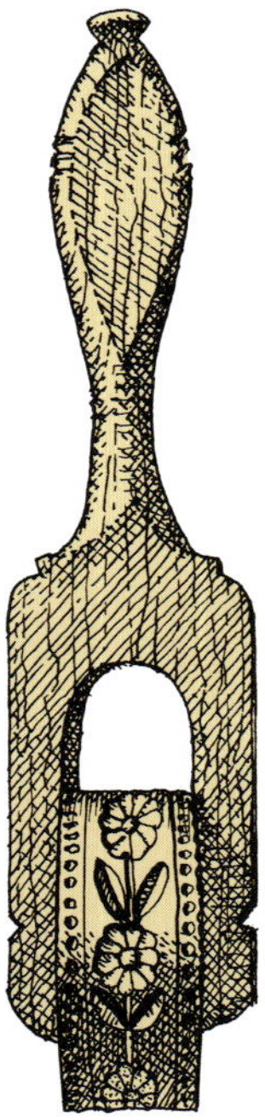

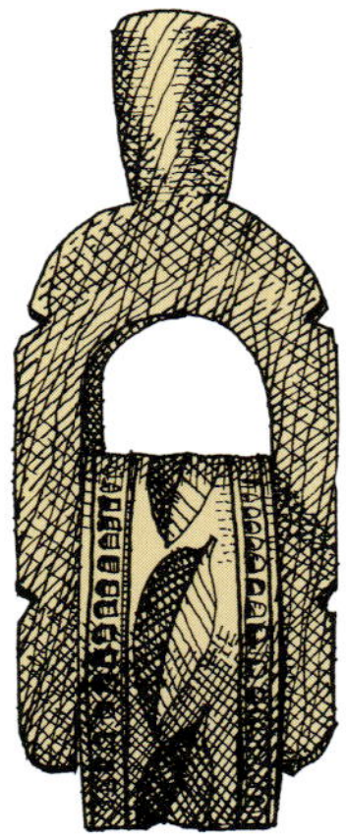

Rollmodel mit Blatt- und Blumenornament

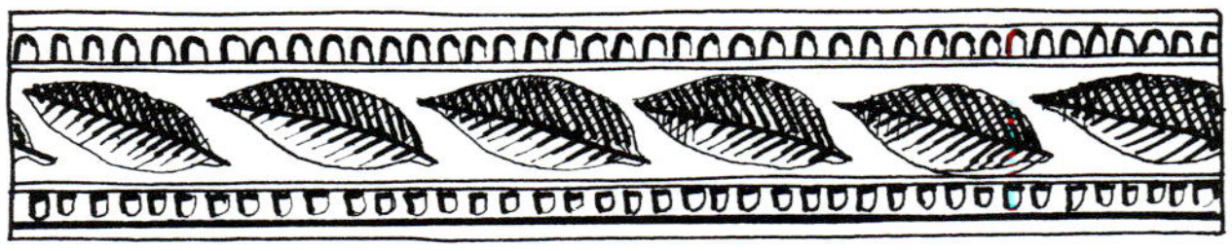

Formmotive

Die Motive, mit denen man die ausgeformte Butter verzierte, bestanden oft aus Blumen, Vögeln oder anderen Tieren. An den Kanten erhielten die Butterquader sich wiederholende Bandmuster.

Model mit Blättern und Blumen

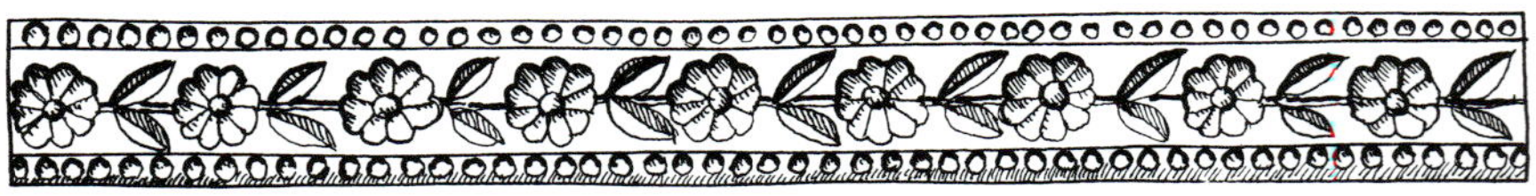

Ovaler Butterstempel

Zweiteilige Butterform mit Schwanenmotiv

Butterstempel mit Kuhmotiv

Kluge Leute molken ihre Kühe im Sommer, wenn genügend Gras als Futter wuchs, und horteten die Milch als Butter oder Käse für den Winter, wo vielleicht nur noch eine Kuh Milch gab, aber auch sparsam gefüttert wurde – gerade so, daß sie genug Milch für den Tee und für die Kinder lieferte. Die heutige Praxis, Kühe auch im Winter mit importiertem Kraftfutter auf Höchstleistung zu halten, war noch nicht im Schwange.

Ausformen der Butter

Bevor die industrielle Nahrungsmittelproduktion ihren traurigen Triumphzug antrat, pflegten die Bauersfrauen einmal in der Woche zum Markt in die nächste Stadt zu fahren und dort ihre Butter anzubieten. Natürlich verkauften sie darüber hinaus Eier und Käse, Obst und Gemüse, zuweilen auch selbstgesammelte Beeren und Pilze. Damit verdienten sie sich ein Taschengeld, über das sie selbst verfügen konnten.

Da nun einmal das Auge mitkauft, hatte jede Bauersfrau ihre eigenen Butterformen, die sozusagen ihre Handelsmarke darstellten. Am Abend vor dem Markttag wurde die Butter mit Butterlöffeln ausgeformt und mit den persönlichen Mustern versehen. Dafür verwendeten die Frauen Butterroller oder Stempel, die von dörflichen Handwerkern angefertigt wurden.

Der private Butterverkauf ist heute ganz aus der Mode gekommen. Anstatt unsere Butter von einer Bauersfrau zu beziehen, die ihren ganzen Stolz darin setzte, uns mit Liebe zubereitete Butter zu verkaufen, müssen wir uns nun mit in Fabriken erzeugtem Butterfett zufriedengeben, das lieblos in Ölpapier verpackt ist. Wehmütig erinnere ich mich daran, wie die Dienstmädchen im elterlichen Haushalt darin wetteiferten, uns die Butter in immer neuen gefälligen Formen zu servieren. In der Regel war sie mit frischer Petersilie dekoriert. Wo sind diese Zeiten nur geblieben!

Butter am laufenden Meter

In Cambridge und einigen anderen Orten im Osten Englands war es üblich, die Butter „am laufenden Meter“ zu verkaufen. Besonders in Cambridge waren die Butterverkäufer – meist Männer – einst sehr berühmt. Ihre Butter hatte die Form einer langen Wurst und wurde mit einem Ringmaß abgemessen. Wieso sie die Butter in dieser Form verkauften, ist nicht mehr bekannt. Vermutlich war es so für die Hausmädchen, die Hausfrauen oder das Gesinde einfacher, daraus die richtige Buttermenge für die benötigten Stücke herauszuschneiden.

Butterstempel mit Sechssternmotiv

Butterstempel mit Adlermotiv

Butterstempel mit Distel

Butterstempel mit Primelmotiv

Butterstempel mit Schafmotiv

KÄSEN

Geräte für die Käseherstellung
Damit die Milch durch den Zusatz von Lab besser gerinnen konnte, wurde sie mit einem Rührlöffel „gebrochen". Der Quark wurde mit verschiedenen Schneidgeräten in Quirlform zerkleinert, ehe man ihn in einen Musselinbeutel füllte. Dieser wurde in ein Käsefaß gelegt, ein hölzernes Seihgefäß, durch dessen Löcher im Boden die Molke ablaufen konnte. Manchmal kam er auch auf ein Sieb oder in eine Quarkpresse. Der fertige Käse wurde mit einem Drahtmesser zerteilt und auf einem Käsebrett serviert.

Läßt man Milch im Sommer längere Zeit stehen, dann beginnt sie sauer zu werden und zu Quark und Molke zu gerinnen. Dieser Prozeß läßt sich auch auslösen, wenn man der Milch Lab zusetzt. Lab ist ein spezielles Ferment im Kälbermagen, ohne das ein Kalb die Milch der Kuh nicht verdauen könnte.
Wird die geronnene Milch in einem Musselinbeutel aufgehängt, dann läuft die Molke ab, während der ausgetrocknete Quark sich in Weichkäse verwandelt. Preßt man auch diesen Weichkäse und drückt damit noch das restliche Wasser heraus, dann entsteht Hartkäse. Die Bedeutung der Käseherstellung ist enorm groß. Sie ermöglicht es uns, das so nahrhafte, eiweißreiche Nahrungsmittel Milch – das wir im Sommer, wenn das Gras hoch steht, von den Kühen frisch erhalten – bis in den Winter hinein zu konservieren. In dieser Zeit benötigen wir selbst mehr Energie und haben weniger Futter für die Kühe zur Verfügung. Dieser Vorgang ist in allen Kulturen des Abendlandes bekannt, und Käse wird dort seit Jahrhunderten hergestellt. In Asien, Afrika und anderen tropischen Ländern wurde jedoch niemals Käse produziert, weil das Klima dort zu ungünstig dafür ist. Die hohen Temperaturen haben zur Folge, daß die Milch dort sehr schnell verdirbt.

Quark- und Käseschläger

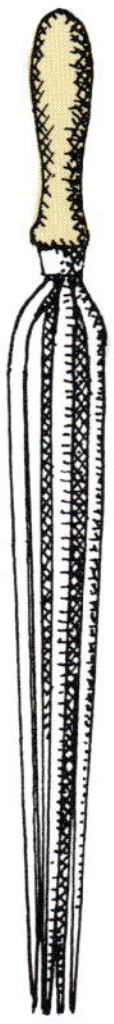

Käsebrett

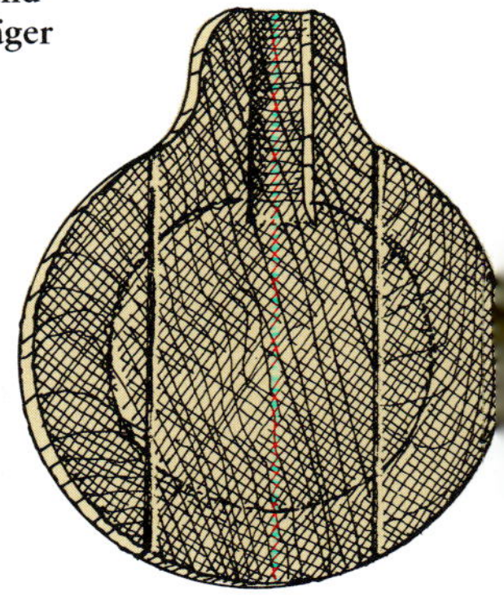

Quarkschneidegerät

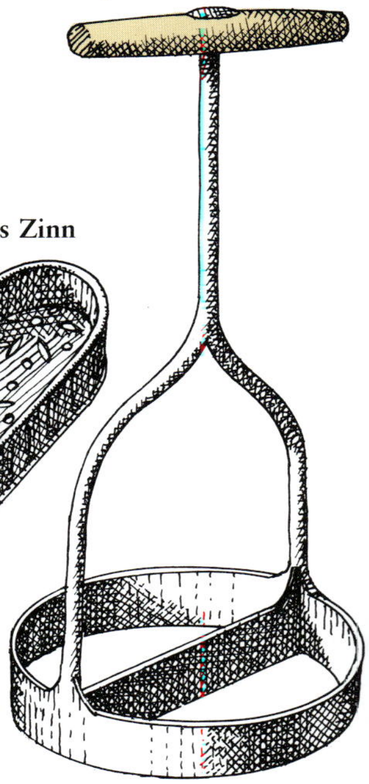

Käsemodel aus Zinn

Käseharfe

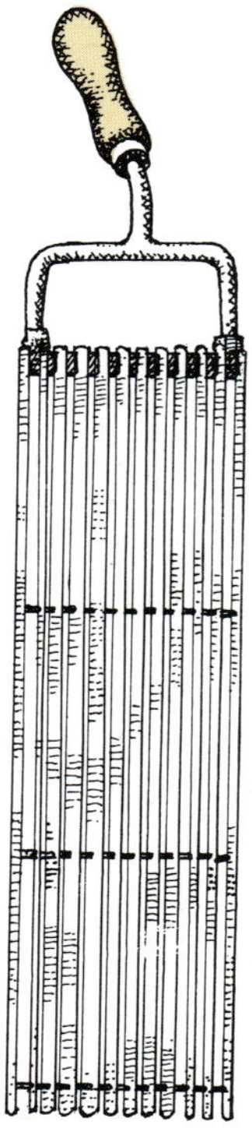

Käsesieb aus Kiefernholz

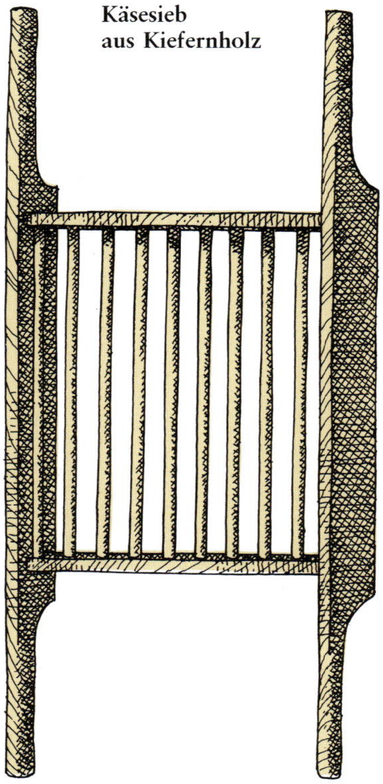

Formgefäß für Käse

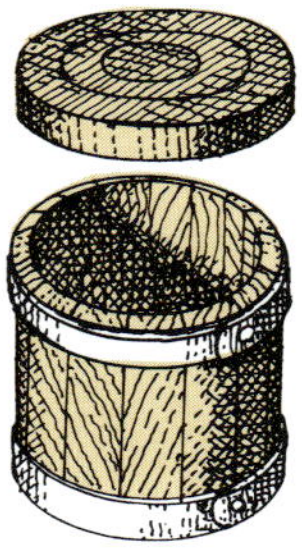

Quark- und Käserührer

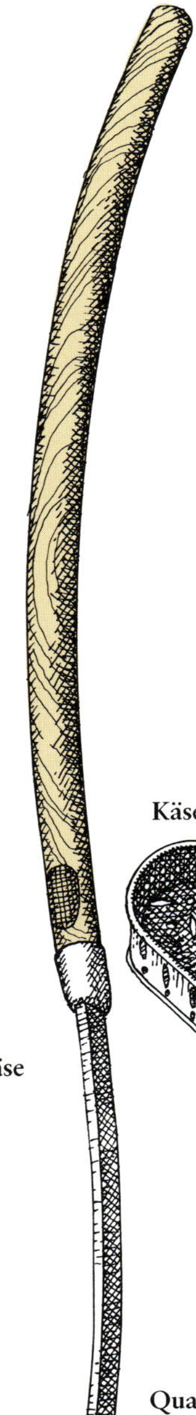
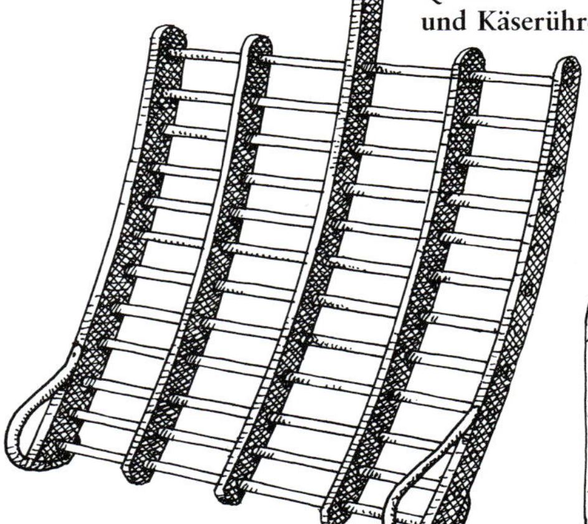

Käseschneider

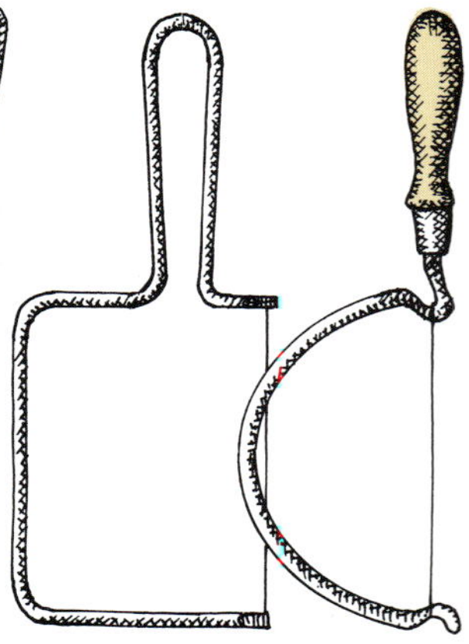

Die Menschen konservieren deshalb keine Milch, mit Ausnahme der Inder, die aus Büffelmilch eine halbflüssige Butter, genannt *Ghee,* herstellen, die sich selbst in subtropischem Klima frisch hält.

Alles streng nach Regel

Die Käseherstellung ist ein biologischer Prozeß, und die lebenden Organismen, die ihn für uns vollziehen, müssen sorgfältig eingesetzt werden. Im 19. Jahrhundert hatte der Käse aus Suffolk einen äußerst schlechten Ruf. Über ihn hieß es, daß selbst eine hungrige Ratte ihn nicht fressen würde. Er wurde aus Magermilch hergestellt, da die Vollmilch zu hohen Preisen nach London verkauft wurde. Praktisch war dieser Käse nur ein Nebenprodukt der Butterherstellung.

Heutzutage wird Käse meist aus pasteurisierter Milch in großen Fabriken produziert. Die damit beschäftigten Arbeiter brauchen kein besonderes Geschick mehr. Der Fabrikationsprozeß ist genau geregelt, alles ist vorgegeben: Temperatur, Säuregehalt, Art der Zusätze und so weiter. Das Resultat ist, daß der Käse immer gleichbleibend in seiner Konsistenz wird, aber auch immer gleich fad im Geschmack. Gott sei Dank kommt allmählich aber auch wieder selbstgemachter Käse auf den Markt. Dieser ist – oder sollte es wenigstens sein – aus unpasteurisierter Milch entstanden. Sein Reifeprozeß wurde den in der Käserei vorkommenden natürlichen Mikroorganismen überlassen; der Vorgang wird zwar ständig sorgfältig kontrolliert, aber keineswegs unterbrochen. Und nur auf diese Weise entstehen die besten Käsesorten der Welt.

Hartkäse

Zur Herstellung von Hartkäse schüttete der Bauer früher die am Abend gemolkene Milch in einen Trog und gab am nächsten Morgen noch einmal die gleiche Menge frisch gemolkener Milch hinzu. Zu diesem Zeitpunkt hatte sich auf der Milch bereits die Sahne abgesetzt, die abgeschöpft und zum Buttern verwendet wurde. Halb Abend- und halb Morgenmilch – das war das traditionelle Rezept für die Herstellung von Cheddar und anderer Hartkäsesorten. Manchmal setzte man zum Reifen noch eine Bakterienkultur hinzu. Hatte die Milch genau die richtige Temperatur erreicht, kam Lab hinein. Danach folgte das schwierige „Streichen" der Milch, um ein weiteres Absetzen der Sahne zu verhindern.

Wenn die Milch geronnen war, wurde der Quark mit einem Quarkmesser, einer „Käseharfe", zerteilt. In kleineren Höfen nahm man dazu einfach ein Küchenmesser. Größere Höfe verfügten über einen sogenannten „Amerikanischen Quarkschneider". Dieser bestand aus zwei zusammengesetzten Messern, die es ermöglichten, den Quark in Würfel von zwei bis drei Zentimeter Kantenlänge zu zerschneiden. Dabei hieß es sehr vorsichtig vorzugehen, um den leckeren Quark nicht zu zerstören. Der Quark wurde dann in der Molke stehengelassen, um zu säuern. Das heißt einfach, daß er nicht mehr bearbeitet wurde. Je länger er stand, desto saurer wurde er, und daher kam es auf den richtigen Zeitpunkt an, den Vorgang abzubrechen. Da es sehr wichtig war, seinen genauen Säuregehalt zu bestimmen, verfügten größere Höfe über einen sogenannten Säuremesser. Manche Bauersfrau bestimmte den Säuregehalt aber auch durch einen „Bügeleisentest". Brach der Faden, den sie mit dem Eisen aus dem Quark zog, nach kurzer Strecke ab, dann war der Quark noch nicht sauer genug und mußte noch etwas stehen. Zog das Eisen einen zu langen Faden, dann war die Masse bereits zu säurehaltig und konnte nur noch den Schweinen zum Fraß vorgeworfen werden, zur Käseherstellung taugte sie nicht mehr.

War genau der gewünschte Säuregehalt erreicht, wurde die Molke abgegossen. Diese konnte nicht nur an die Schweine verfüttert werden, sondern daraus ließen sich auch Farben herstellen und gar die Böden damit putzen. Durstige Bauern pflegten sie zu trinken, wenn sie nichts Besseres hatten.

Das Durchseihen der Molke

Nachdem die Milch geronnen war, wurde die Molke durch ein Musselintuch ausgeseiht. Zurück blieb der Quark für die Käseherstellung.

Je nach Art des Käses, der produziert werden sollte, wurde der Quark einer Reihe verschiedenartiger Behandlungen unterzogen. Zum Beispiel mit einer „Quarkmühle" aus zwei Rollen unterteilt. Wollte man echten Hartkäse erzeugen, wurde die Masse in sogenannte Käsetücher eingewickelt und in ein Holz- oder Eisenfaß gelegt, dessen Boden durchlöchert war, damit die restliche Molke abfließen konnte. Zum Schluß kam der Käse in eine Presse, in der er nach etwa einer Stunde umgedreht wurde. Es gab Käsepressen der verschiedensten Art. Einige von ihnen übten einen Druck von mehreren Tonnen aus.

Nach dem Pressen wurde der Käse zum Reifen gelagert. Dabei waren die äußeren Bedingungen sehr wichtig. In dem betreffenden Raum sollte unbedingt eine gleichbleibende Temperatur von etwa zwanzig Grad Celsius herrschen sowie ausreichende Luftfeuchtigkeit und Durchlüftung gewährleistet sein. Weiter mußte sichergestellt sein, daß die gefährlichen Käsemilben von der Lagerstelle ferngehalten wurden. Über Wochen hinweg mußte der Käse täglich gewendet werden. Peinliche Sauberkeit war unerläßlich.

Je größer die Käselaibe, zum Beispiel beim Cheddarkäse, werden sollten, desto länger dauerte der Reifeprozeß, desto intensiver wurde aber auch ihr Aroma. Die Holländer unterscheiden sehr strikt zwischen „jungem" und „altem" Käse. Letzterer ist wesentlich teurer, aber auch eindeutig aromatischer. Bemerkenswert erscheint mir, daß der gesamte Käse, der in Holland noch auf die alte Weise hergestellt wird, nach Frankreich geliefert wird. Der in Fabriken erzeugte Käse hingegen wird nach England exportiert. Das scheint mir eine Menge über die unterschiedlichen Geschmacksnerven beider Nationen auszusagen.

Andere Käsesorten

Käsesorten wie Roquefort, der aus Schafsmilch gemacht wird, oder Stilton, der aus Kuhmilch entsteht, sind keine echten Hartkäse, denn sie werden nicht gepreßt. Ihnen werden Schimmelpilze zugesetzt, die ihnen die charakteristische grünliche oder bläuliche Färbung verleihen. Diese Sorten können nicht zu lange gelagert, sondern müssen bald verzehrt werden.

Dann gibt es eine große Auswahl von Weichkäsen, darunter Brie, Camembert und – besonders natürlich in Frankreich – noch über hundert andere Sorten. Sie werden immer noch traditionell aus Rohmilch produziert.

General de Gaulle hat einmal die Frage gestellt, wie man ein Land regieren könne, das so viele verschiedene Käsesorten herstelle …

Die Milchwirtschaft
Für die Käsezubereitung ist ein kühler, gut belüfteter und makellos sauberer Raum ebenso unerläßlich wie für alle anderen Bereiche der Milchwirtschaft. In der Regel befanden sich die Molkereien an der kühlen Nordseite des Hauses, oft auch unter dem Schatten überhängender Baumkronen. Allgemein waren die Arbeitsflächen aus Stein.

Käsepresse mit hölzerner Schraube

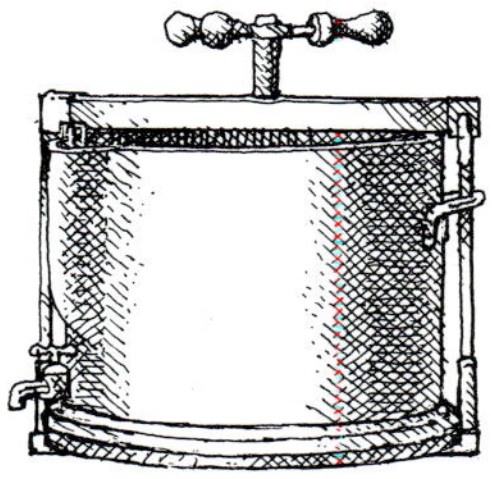

Käsepresse aus Weißblech mit Sprungfedern

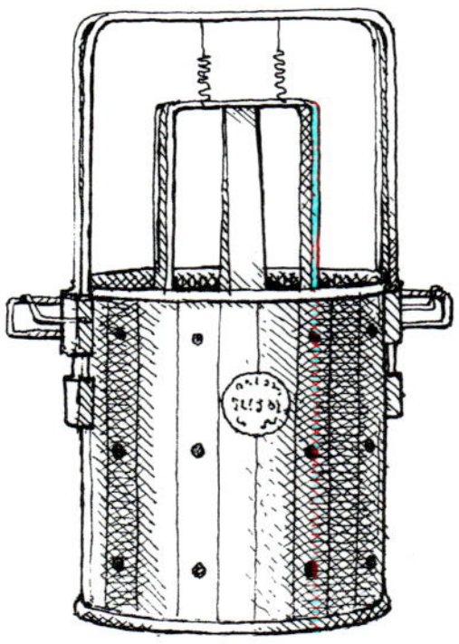

Käsepressen
Im Laufe der Zeit wurden eine ganze Reihe von Apparaturen zum Käsepressen erfunden. Der Quark wurde in Behälter aus Metall oder Holz gestopft, die Löcher an der Seite oder auf dem Boden hatten. Um genügend Druck auf den Käse im Inneren dieser Gefäße auszuüben, benutzte man Gewichte, und diese wiederum wurden mit Hilfe eines Hebels reguliert. Den Käse mußte man mindestens einen Tag lang pressen.

HERSTELLUNG VON EISCREME

Das beliebte Speiseeis, so wird erzählt, wurde von Katharina von Medici erfunden. Damals wurde es fabriziert, indem man eine Schüssel aus Blech oder Hartzinn in eine andere Schüssel stellte, die mit einer Mischung aus Eis und Salz gefüllt war. Dann schüttete man Sahne in die innere Schüssel und gab Geschmacksstoffe wie Zucker, Fruchtsäfte, Likör oder auch Konfitüren dazu. Diese Mischung wurde unablässig mit einem Spachtel oder einer Schaufel, die normalerweise aus Kupfer war, umgerührt, während gleichzeitig die innere Schüssel mit einer Kurbel gedreht wurde. Durch das fortwährende Rühren konnte die Mischung beim Gefrieren keine Klumpen bilden, und die Zutaten waren gleichmäßig verteilt. Sie gerann schließlich langsam zur beliebten Eiscreme.

Eispudding

Zur Anfertigung von Eispudding rührte die Hausfrau Milch, Zucker, Eier und manchmal auch gemahlene Mandeln untereinander, und zwar über mäßiger Hitze, bis die Mischung schließlich zähflüssig wurde. Dann nahm sie sie vom Feuer, ließ sie abkühlen und stellte sie zum Schluß in den Eisschrank. Eispudding schmeckt mit Obstkompott zusammen besonders gut.

Sorbets

Die Sorbets wurden in Persien erfunden. Dazu brachte man ewigen Schnee von den Schneefeldern des Elburs in das heiße Teheran. Dort wurden ihm Fruchsäfte zugesetzt, die ihn färbten und aromatisierten. Der Schah und sein Hof pflegten die Sorbets zu genießen, um ihre trockenen Kehlen zu kühlen.

Eiscremeformen

Eiscremes und Eispuddings wurden von der Hausfrau gewöhnlich in Formen aus Zinn oder Blei abgefüllt. Darin blieben sie so lange gekühlt liegen, bis die Familie nach dem Dessert verlangte. Es gab solche Formen in großer Auswahl. Viele waren mit einem Scharnier zur vorsichtigen Entnahme versehen.

Geräte zur Herstellung von Eiscreme
Eisgeräte gab es in den verschiedensten Ausführungen. Sie funktionierten alle in ähnlicher Weise: Mit einer Kurbel wurde die äußere, mit Eis gefüllte Trommel zum Rotieren gebracht. Die fertige Eiscreme wurde in reich gemusterte Formen abgefüllt und mit einem speziellen Löffel serviert. Diese Löffel verfügten oft über eine Klinge, mit der sich die gewünschten Eiscremestücke von der übrigen Masse abtrennen ließen.

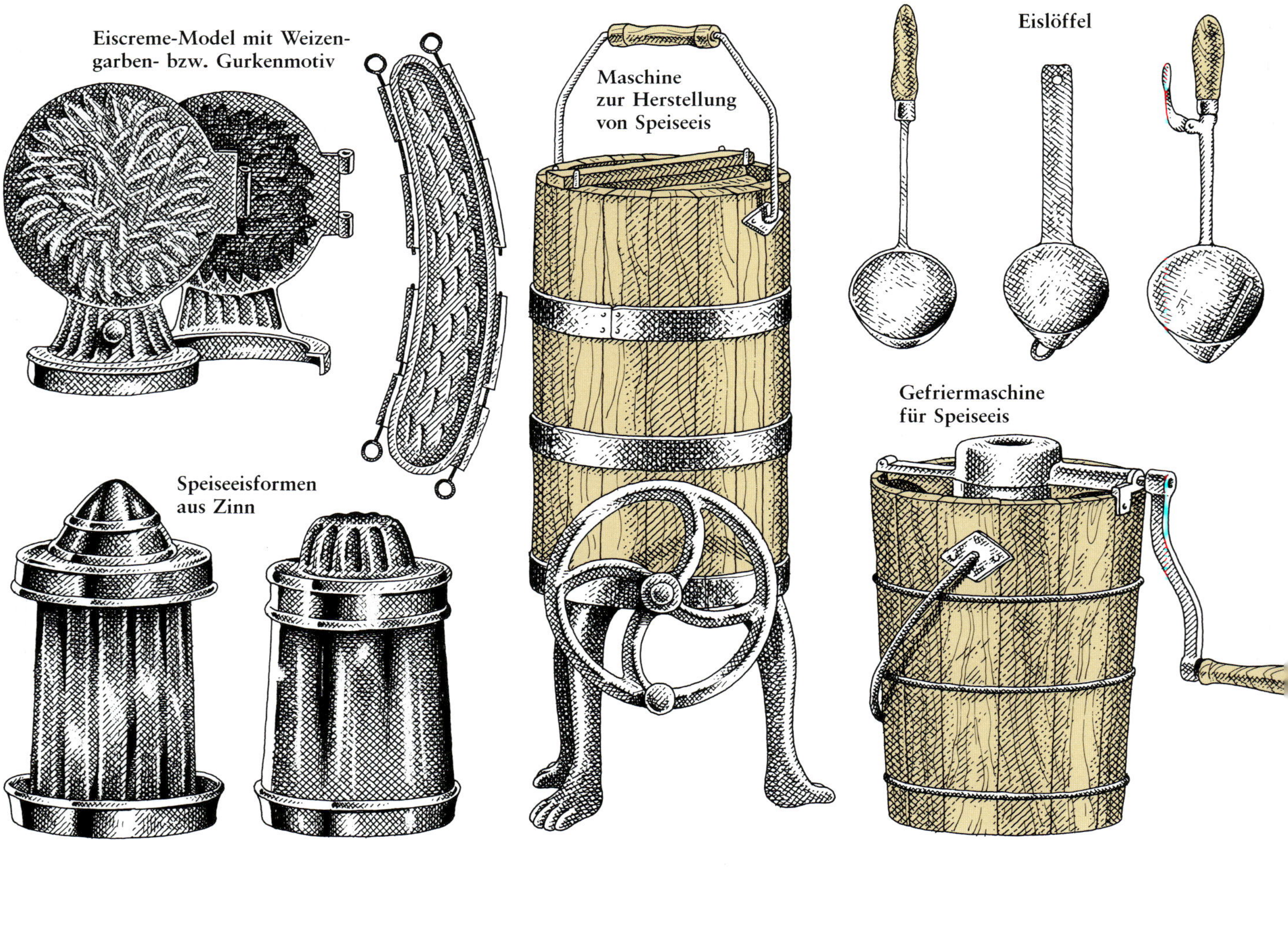

WASCHEN UND WÄSCHEPFLEGE

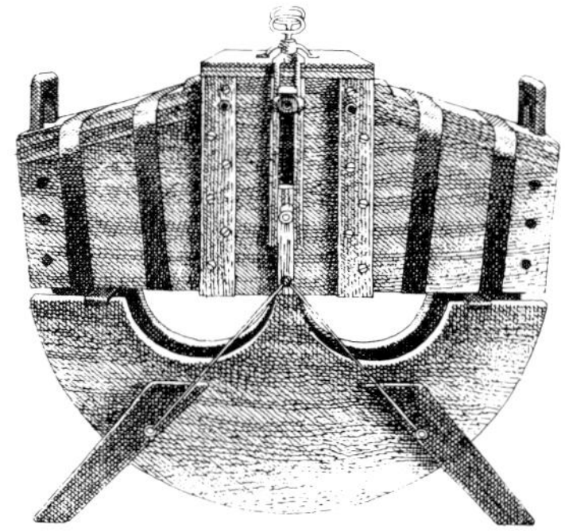

Heutzutage, wo in nahezu jedem Haushalt eine Waschmaschine und ein Wäschetrockner stehen, kann man sich kaum noch vorstellen, welch eine anstrengende Tätigkeit das Wäschewaschen früher gewesen ist. Waschmaschinen gibt es erst seit den achtziger Jahren des vergangenen Jahrhunderts. Sie mußten damals aber noch von Hand bedient werden. In den meisten Haushalten war in der Regel der ganze Montag der Wäsche vorbehalten. An diesem Tag hatte die Hausfrau alle Hände voll damit zu tun, die Wäsche einzuweichen, zu kochen, zu spülen, auszuwringen, zu bleichen, zu stärken und zum Trocknen aufzuhängen. Wenn sie Glück hatte, schaffte sie es, das Ganze auch noch am gleichen Tag zu bügeln; aber das war angesichts der schweren Bügeleisen leichter gesagt als getan. Die reichen Leute, die es sich erlauben konnten, ihre Leibwäsche gleich dutzendweise einzukaufen, ließen sich alle sechs Wochen Waschfrauen kommen, die dann manchmal vier Tage hintereinander mit der Wäsche beschäftigt waren. Auf der anderen Seite mußten die Armen, die nur das besaßen, was sie auf dem Leib trugen, es praktisch am Abend vor dem Schlafengehen waschen in der Hoffnung, daß es am nächsten Morgen auch trocken war.

WASSERVERSORGUNG

Eimertragen mit Reifen
Das Heranholen des Wassers aus dem Dorfbrunnen war eine anstrengende tägliche Aufgabe der Hausfrau. Zum Tragen der Wassereimer benutzte sie oft einen Reifen, der verhindern sollte, daß die Eimer ihr gegen die Beine schlugen.

In dem alten englischen Kinderreim von Jill und Jack steigen die beiden auf einen Hügel, um einen Eimer Wasser zu holen. Meist jedoch lagen die Wasserquellen auf dem Land am Fuß eines Hügels. Es wäre auch dumm gewesen, einen Brunnen gerade oben auf dem Hügel anzulegen, denn dann hätte man ja einen sehr tiefen Schacht graben müssen. So mußten die meisten Leute früher, sofern sie in einer hügeligen Gegend lebten, das Wasser den Berg hinaufschleppen – was ihre Aufgabe auch nicht gerade erleichterte.

Wasser tragen

Jemand, der noch nie sein Wasser aus einem Brunnen herbeischaffen mußte, wird nun vermutlich annehmen, daß dies eine sehr mühselige Sache ist. Aber es ist halb so schlimm. Wo ich gegenwärtig lebe, mußten wir die ersten zwei Jahre jeden Tropfen Wasser aus einer fast 300 Meter entfernten Quelle über einen unwegsamen, steilen Pfad heranschaffen. An normalen Wochentagen benötigten wir etwa 40 Liter Wasser. Meine Frau und ich konnten jeweils zwanzig Liter in zwei Zehn-Liter-Eimern tragen. Das bedeutete also einen Weg pro Tag. An Waschtagen, das war zweimal die Woche, benötigten wir allerdings die vierfache Menge, was vier Wege für jeden ausmachte. Hätten wir ein Tragejoch besessen, dann hätten wir bequem die doppelte Menge Wasser tragen können. Leider kamen wir nie in den Besitz eines solchen Jochs. Einmal in der Woche wurde gebadet. Das bedeutete einen weiteren gemeinsamen Weg, der zusammen mit dem Füllen der Eimer etwa zwanzig Minuten in Anspruch nahm. Wir mußten das Wasser ja von der Quelle heraufpumpen. Die meisten Landbewohner werden früher eine vergleichbare Wegzeit gehabt haben.

Ich kann mich noch daran erinnern, wie in meiner Jugendzeit die Wassereimer mit einem Tragejoch transportiert wurden. Dieses Gerät hatte den Vorteil, daß das gesamte Gewicht auf den Schultern des Tragenden ruhte und die Eimer nicht gegen seine Knie schlagen konnten.

Um letzteres zu verhindern, wurde manchmal auch eine Haselrute als Holzreifen benutzt, in den man die Eimer einhing und dann selbst hineinstieg. Die Eimer wurden an den Bügeln getragen. In manchen Gegenden, zum Beispiel in Wales, trugen die Frauen das Wasser auch in großen Behältern auf dem Kopf. Die Wassereimer wurden zunächst meist vom Dorfküfer aus Holz gefertigt. Allmählich löste dann galvanisiertes Eisenblech das Holz ab.

Wasser pumpen

In meiner Kindheit in Essex verfügte fast jeder Hof über einen eigenen Brunnen, der meist im Garten stand. Oft grub man sich aber auch einen Brunnen unter der Küche, so daß sich das Wasser direkt in den Wassertrog pumpen ließ. Die Brunnen, die im Garten standen, hatten in der Regel eine Winde, mit der man das Wasser in einem großen Eimer hochziehen konnte.

Darüber hinaus gab es in fast jedem Ort noch einen Dorfbrunnen mit einer Pumpe oder einer Winde. Aus diesem Brunnen das Wasser zu holen, war meist die Aufgabe der Dorfschönen, die gern die Gelegenheit zu einem gemeinsamen Schwätzchen nutzten. Der Brunnen hatte somit die Funktion eines Frauentreffs.

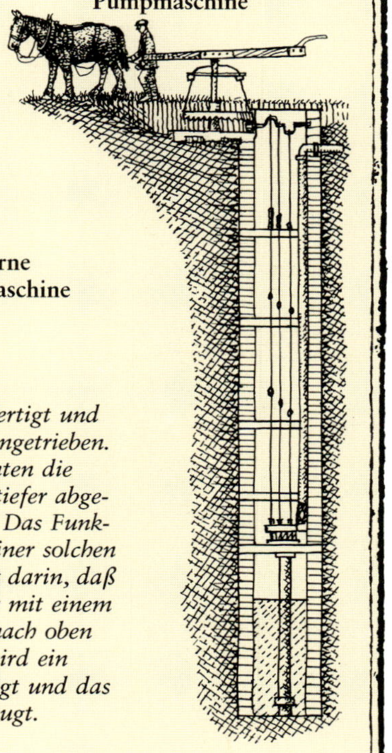

Wasserpumpen in Funktion
Früher wurden die Pumpen meist aus Holz hergestellt. Es war die Aufgabe des Dorfzimmermanns, den Brunnenschacht zu bohren. Normalerweise grub er etwa sechs bis acht Meter tief. Im 19. Jahrhundert wurden die Pumpen dann aus Gußeisen gefertigt und von Pferden angetrieben. Dadurch konnten die Brunnen viel tiefer abgesenkt werden. Das Funktionsprinzip einer solchen Pumpe besteht darin, daß sie das Wasser mit einem Tauchkolben nach oben drückt – so wird ein Vakuum erzeugt und das Wasser angesaugt.

Pumpsäule mit gotischen Maßwerkornamenten

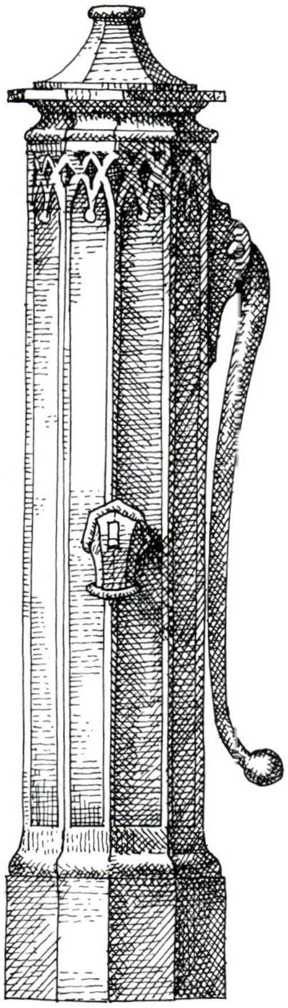

Hölzerne Pumpsäule mit gußeisernem Wasserspeicher

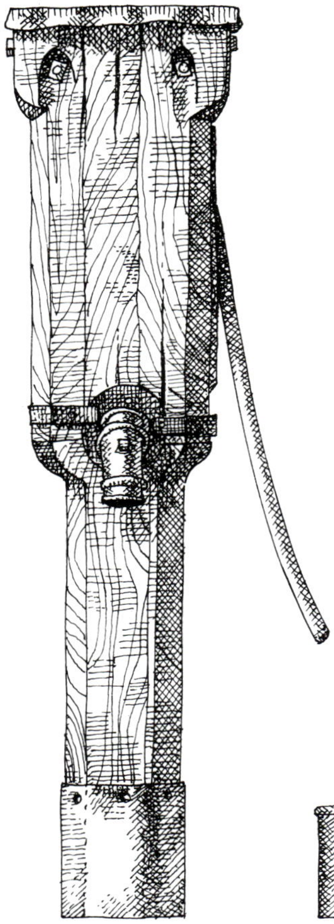

Eiserne Gartenpumpe mit Trog

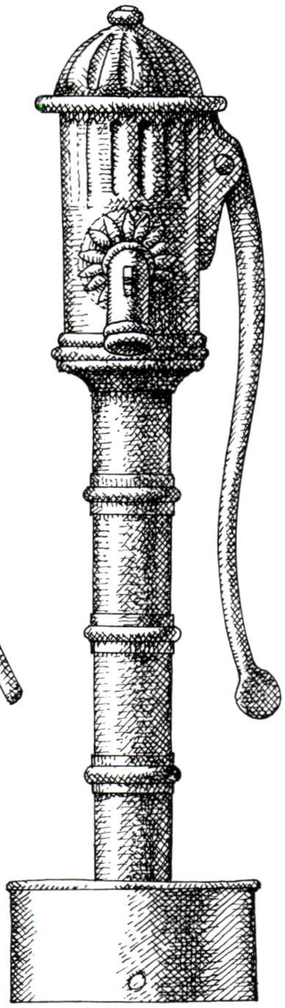

Parker-Pumpe aus Eisen

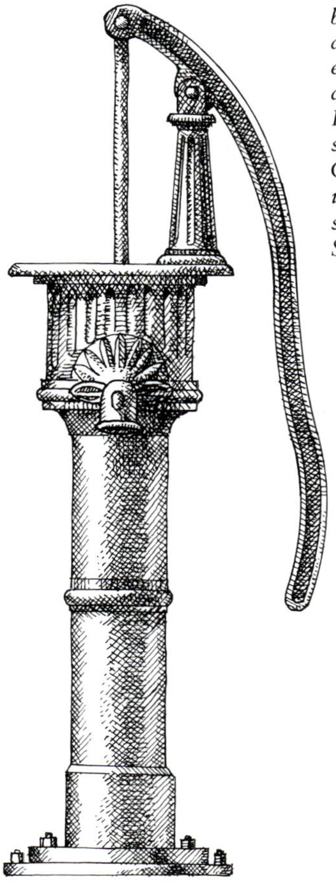

Dorfpumpen
Die Dorfpumpe war ein beliebter Treffpunkt für die Frauen und Mädchen eines Dorfes. Während sie darauf warteten, an die Reihe zu kommen, ergab sich eine willkommene Gelegenheit zu Klatsch und Tratsch oder auch schon mal zu handfesten Streitigkeiten.

SEIFEN UND LAUGEN

Meine Mutter klagte oft, ihre Dienstboten würden Tee trinken, der „so stark wie Lauge" sei. Als ich sie einmal fragte, was denn Lauge sei, erklärte sie mir, dies sei eine alkalische Flüssigkeit, die man in ihrer Jugendzeit verwendet habe, bevor es das Ätznatron gab, das dann in meinen Kindheitsjahren zum Reinigen der Wäsche diente. Durch die alkalische Lösung werden Schmutz- und Fettflecken in der Wäsche aufgeweicht und sind dann leichter zu entfernen. Lauge wurde gewonnen, indem Wasser durch Holzasche lief und dann durch ein Tuch geseiht wurde. Mit dieser Lösung wurde die Wäsche im Waschfaß gereinigt. Mit Fett versetzt, entsteht aus Lauge Seife.

Herstellung von Lauge

Später habe ich mir dann selbst Lauge hergestellt. Dazu bohrte ich Löcher in den Boden eines Fasses, schüttete darauf eine Schicht Kies und füllte den Rest mit Holzasche auf. Asche von Harthölzern ist am besten geeignet. Dann ließ ich Regenwasser durch das Faß laufen. Nach längerer Zeit tröpfelte dann das gefilterte Wasser, die Lauge, durch die Löcher am Boden heraus. Durch Kochen verdickte ich die Flüssigkeit, bis sie so konzentriert war, daß ein Ei hätte darauf schwimmen können.
Lauge läßt sich auch aus Farnkräutern gewinnen, die überall in der Natur kostenlos erhältlich sind. Man trocknet den Farn im Freien und verbrennt ihn dann in einem Topf, was eine rötlich-graue Asche ergibt. In vielen ländlichen Gegenden wurde diese Pottasche nicht ausschließlich von den Herstellern verwendet, sie wurde außerdem zu Ballen gepreßt und in den Dörfern und Städten verkauft.
Manchmal wurde zusammen mit dem Farn auch Gartenunkraut verbrannt. Diese Asche wurde zu Würfeln geformt und hielt sich, wenn sie absolut trocken aufbewahrt wurde, praktisch jahrelang. In Irland war sie besonders beliebt.

Testen der Lauge

Um aus der Lauge Seife herstellen zu können, mußte die Hausfrau zunächst prüfen, ob die Lauge auch die richtige Konzentration hatte. Zu diesem Zweck stellte sie sich eine absolut gesättigte Salzlösung her. Dann nahm sie einen Stab, der an einem Ende beschwert war, und ließ ihn in dieser Sole schwimmen. Durch sein Gewicht richtete er sich auf. Nun wurde er an der Oberfläche der Sole eingekerbt, und die Hausfrau hatte ihren Laugenmesser.
Als nächstes steckte sie dieses Meßgerät in die Lauge. Stimmte seine Einkerbung mit dem Wasserspiegel der Lauge überein, dann hatte diese die richtige Konzentration. Stand die Kerbe über, dann war die Lauge zu stark, und die Hausfrau goß einfach etwas Regenwasser zu. Zu schwach konnte die Lauge nie sein.

Seifenherstellung aus Lauge

Zu diesem Zweck mischte die Hausfrau einen halben Liter Lauge mit zwei Pfund sauberem, geschmolzenem Fett oder mit Öl. Diese Mischung mußte etwa drei Stunden bei schwacher Hitze vorsichtig gesiedet werden. Gut geeignet waren Rinder-, Schweine- oder Hammelfett, auch Pflanzenöle. Beim Abkühlen wurde ein Pfund Salz hineingerührt, das die Seife aushärtete. Sobald sich das Salz gesetzt hatte, schüttete die Hausfrau die weiche Seifenmasse in eine mit feuchten Tüchern ausgelegte Holzform. Zum Schluß gab sie noch Farb- und Duftstoffe hinzu, meist eine Mischung bestimmter Kräuter. Dann konnte die Seife endgültig aushärten. Aus Lauge hergestellte Seife wurde mit der Lagerung noch besser. Allerdings nur an einem luftigen und kühlen, nicht zu kalten Ort.

Seifenherstellung aus Soda

Zum erstenmal konnte ich in Südwestafrika beobachten, wie Seife hergestellt wird. Wer sich

Seifenkraut
Das Seifenkraut wächst gern in der Nähe von Wasserläufen. Seine Blätter wurden in Wasser gekocht und lieferten eine schäumende Flüssigkeit, die als Wollwaschmittel diente.

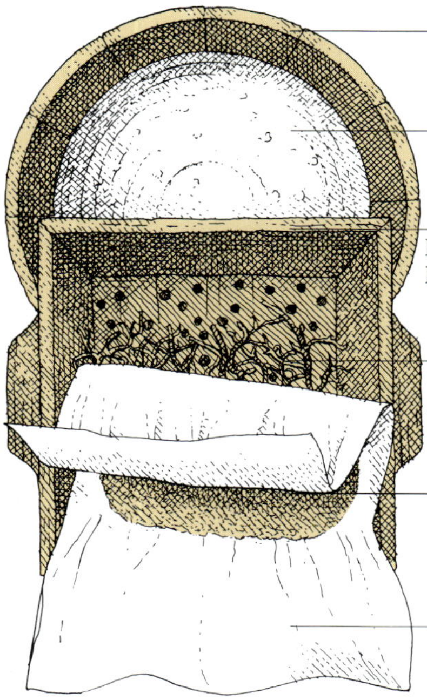

Die Herstellung von Laugen
Ein Laugenabtropfer war eine Holzkiste oder ein Trog mit Löchern am Boden, der auf einem Faß stand. Unten war eine Lage Ablauffilter – aus Zweigen oder Kies. Dieses Material wurde mit einem Stück Stoff bedeckt, dann wurde der Behälter mit Holzasche aufgefüllt. Darüber wurde ganz langsam Wasser gegossen. Dieses zog beim Heraustropfeln die alkalischen Salze aus der Asche in das Faß mit. Die so entstandene Flüssigkeit war die Lauge, die zum Wäschewaschen benützt wurde.

dort die Seife nämlich nicht selbst erzeugte, hatte eben keine. Verwandt wurde das Fett von Ochsen oder Straußen, skurrilerweise manchmal sogar von einem jungen Löwen, den man schoß, wenn er gerade einen Esel zum Fraß erwischt hatte. Strauße wurden damals, in der Zeit vor dem Zweiten Weltkrieg, oft nur zu diesem Zweck gejagt.

Das Tierfett wurde mit Ätznatron gekocht, dadurch neutralisiert und so in Seife verwandelt. Anstelle des Ätznatrons ließen sich auch die Blätter eines wildwachsenden Busches nehmen, die stark alkalisch waren. Meist verwendeten die Siedler jedoch Soda, von dem ein Eimer voll nicht zu viel kostete und lange vorhielt. Seife selbst war ihnen zu teuer.

Bis Ende des 18. Jahrhunderts war Soda in Europa nicht gerade billig. Dann entdeckte aber der Franzose Nicholas Leblanc, wie man es aus Salz herstellen konnte. Vorher benützten Haushalte, die wirklich sauber sein wollten, Sand und Ziegelstaub als Scheuerpulver und Waschmittel. Die Wäsche schlugen sie mit einer hölzernen Ramme gegen einen Felsen im Fluß. Manche Leute stellten Lauge her und kochten darin das Leinen.

Bis 1833 war Seife in England sehr teuer, deshalb versuchten gewöhnliche Haushalte, ohne sie auszukommen, bis dann 1880 billige Fabrikseife den Markt überflutete. Auf zweierlei Art ließ sich die Seife anwenden: Sie wurde auf besonders schmutzige Stellen im Gewebe gerieben, oder sie wurde in kochendem Wasser aufgelöst, was dann ein Seifengel ergab. Dieses vermischte sich ideal mit heißem Wasser und ergab eine kräftige, seifige Lösung für die Wäsche.

Bekannt war Seife in England bereits seit dem 16. Jahrhundert, aber zu ihrer Herstellung wurde Tierfett benötigt, das auch zur Anfertigung von Kerzen und Binsenlichtern diente. Dies konnten sich die armen Leute nicht leisten. Viele Hausfrauen gingen deshalb mit ihrer Seife sehr sparsam um und wuschen nur ihre Lieblingskleider oder besonders gute Teile damit. Der Rest kam in die Laugenwäsche. Dies wurde erst anders mit dem Aufkommen der billigeren, industriell produzierten Seife. In wohlhabenderen Haushalten wurde die Wäsche mit Seife gewaschen und anschließend in Lauge gekocht. Diese enthärtete das Wasser und bleichte das Leinen.

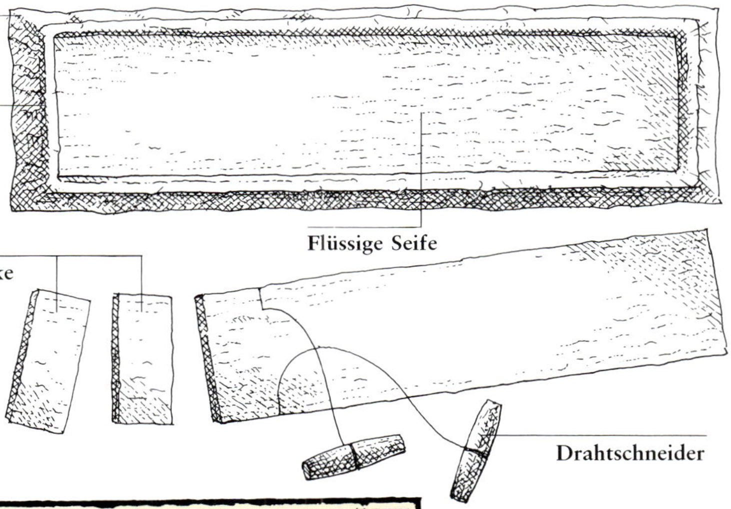

Seifenherstellung
Die flüssige Seife wurde zum Härten in eine Form abgefüllt, die mit einem feuchten Tuch ausgelegt war. Am nächsten Tag konnte man die Seife mit dem Tuch herausnehmen und mit einem Draht in handliche Stücke schneiden.

Färben und Parfümieren der Seife

Ehe die flüssige Seife in einer Form aushärtete, setzte man ihr zur Verbesserung der Qualität Farb- und Duftstoffe zu. Dabei ließen sich alle möglichen Zutaten verwenden, sofern sie keinen Alkohol enthielten, der die Seife aufgelöst hätte. Möhren, Spinat und die Wurzeln der roten Bete färbten die Seife gelborange, grün oder rosa. Lavendel, Rosmarin oder Zitronenmelisse verliehen ihr einen zarten Duft.

WASCHEN DER LEINENWÄSCHE

Touristen in Indien werden bestimmt schon einmal einem *Dhoby Wallah* beim Wäschewaschen zugeschaut haben. Er steht in einem Fluß oder vor einem Brunnen, taucht jedes Wäschestück einzeln ins Wasser, schlägt es gegen einen Stein, taucht es dann wieder ins Wasser, schlägt es wieder aus – und so geht es fort und fort. Sollten sich an einem Wäschestück Knöpfe befinden, so fliegen sie bei dieser Prozedur bestimmt auf und davon. Aber das schert den Mann wenig, er macht ungerührt weiter. Endlich hat er alle Wäsche sauber bekommen, ohne Seife oder eine andere Chemikalie zu benutzen. Danach breitet er sie zum Trocknen und Bleichen in der Sonne aus.

Auf Gemälden aus dem 18. Jahrhundert sieht man oft vollbusige Landmädchen, gezeichnet mit hochgeschlagenen Röcken und stämmigen Beinen, die die Wäsche entweder mit bloßen Füßen in einem Waschzuber sauberstampfen oder sie in einem Bach auf großen Steinen mit Schlegeln bearbeiten. Auch sie wuschen ihre Wäsche ohne jede Seife oder Lauge und breiteten sie zum Bleichen in der Sonne aus.

Familienwaschtag
Während die schmutzigen Wäschestücke einweichten, wurden die empfindlicheren Sachen von Hand in einem Zuber ausgewaschen und in dem anderen mit klarem Wasser ausgespült. Der Waschtag war sehr anstrengend für die Hausfrau. Sie freute sich keineswegs darauf.

Der Waschzuber

In seiner schönen Autobiographie erzählt Gordon Boswell, wie er in seiner Jugend mit seiner Familie in einem von Pferden gezogenen Wohnwagen in England umherzog. Jede seiner Schwestern besaß einen eigenen Waschzuber aus Eiche. Wenn sie mit dem *Ordo,* wie der Wohnwagen genannt wurde, ein paar Tage auf einer Wiese kampierten, damit die Pferde sich einmal ordentlich satt fressen konnten, dann wuschen die Mädchen die Wäsche der gesamten Familie und hängten sie an den nahe gelegenen Büschen zum Trocknen auf. Boswells farbenprächtige Beschreibung läßt diese ländliche Idylle plastisch vor unserem inneren Auge entstehen. Leider ist in der heutigen Zeit, die von den auf Asphalt dahinrasenden Autos beherrscht wird, eine solche Szene kaum mehr zu beobachten.

Als ich vor mehr als zwanzig Jahren einmal auf einer Insel vor der irischen Küste von einem Ende zum anderen wanderte, hörte ich plötzlich einen wundervollen Gesang. Ich setzte mich nieder und lauschte. Es war die Stimme eines jungen Mädchens, das im Gebüsch einige der getragenen Weisen sang, die uns vermuten lassen, daß die Einwohner dieses Landes einst über die Iberische Halbinsel aus Nordafrika eingewandert sind. Als ich meine Neugier endlich kaum noch zügeln konnte, stand ich auf, ging weiter und kam zu einer kleinen, strohgedeckten Hütte, vor der ein hübsches junges Mädchen die Wäsche in einem ebensolchen Zuber wusch, wie ihn Gordon Boswell beschrieben hat. Das Mädchen war nicht im geringsten über mein Erscheinen verwirrt und sang mir auf mein Verlangen bereitwillig ein weiteres der schwermütigen Lieder vor. Heutzutage verfügt Aranmor über einen Flugplatz, über den zahlreiche Touristen auf die Insel einströmen. Die idyllischen Zeiten sind auch dort dahin.

Waschtag

Vor dem Beginn unseres Jahrhunderts war der Waschtag eine mühselige Angelegenheit, die Kraft und Ausdauer erforderte. In großen

Haushalten nahm er meist einen ganzen Tag in Anspruch. Gewöhnlich war dies der Montag.

Der Grund, weshalb gerade der Montag als Waschtag bevorzugt war, lag nicht vornehmlich darin, den Kinderliedern Rechnung zu tragen, die ihn dazu ernannt hatten, vielmehr war am vorhergehenden Sonntag meist ein großes Stück Fleisch gebraten worden und deshalb noch genügend kaltes Fleisch für das Essen an diesem Tag übrig. Die Hausfrau mußte an diesem Tag also nicht auch noch eine komplette Mahlzeit kochen und konnte sich deshalb intensiver der Wäsche widmen. Meist gab es einen kräftigen Eintopf aus Fleischresten, Gemüse und Kartoffeln. Wir nannten dieses Essen „Blubbern und Quietschen".

Waschtag bedeutete damals natürlich noch nicht, daß einfach alle schmutzige Wäsche in die Waschmaschine gefüllt wurde und dieser die weitere Arbeit überblieb, wie das heute der Fall ist. Zuerst mußten die Kleider und die andere Wäsche sorgfältig auseinandersortiert werden. Dann wurden die schwereren und schmutzigeren Textilien längere Zeit in Soda oder Lauge eingeweicht (siehe Seite 89) und anschließend in einem Kupferkessel gekocht. Die leichteren und empfindlicheren Teile wurden von Hand in einem Zuber mit kaltem oder lauwarmem Wasser gewaschen.

Festsitzender Schmutz wurde auf einem Waschbrett aus der Wäsche herausgerieben. Oft wurde die Wäsche aber auch noch im Zuber geschleudert. In meiner Jugend bestanden diese dickbauchigen Zuber meist aus kanneliertem Galvanostahl. Darin wurde die Wäsche mit einem Wäschestampfer von der Hausfrau bearbeitet. Diese Stampfer, die meist vom Dorftischler aus Ahornholz angefertigt wurden, bestanden aus einem Schaft, an dem am unteren Ende eine runde Scheibe mit vier Pflöcken angebracht war. Ein solcher Stampfer hieß auch das „Hausfrauenklavier". Diesen klingenden Namen gab ein Tischler auf dem Lande seinen Wäschestampfern.

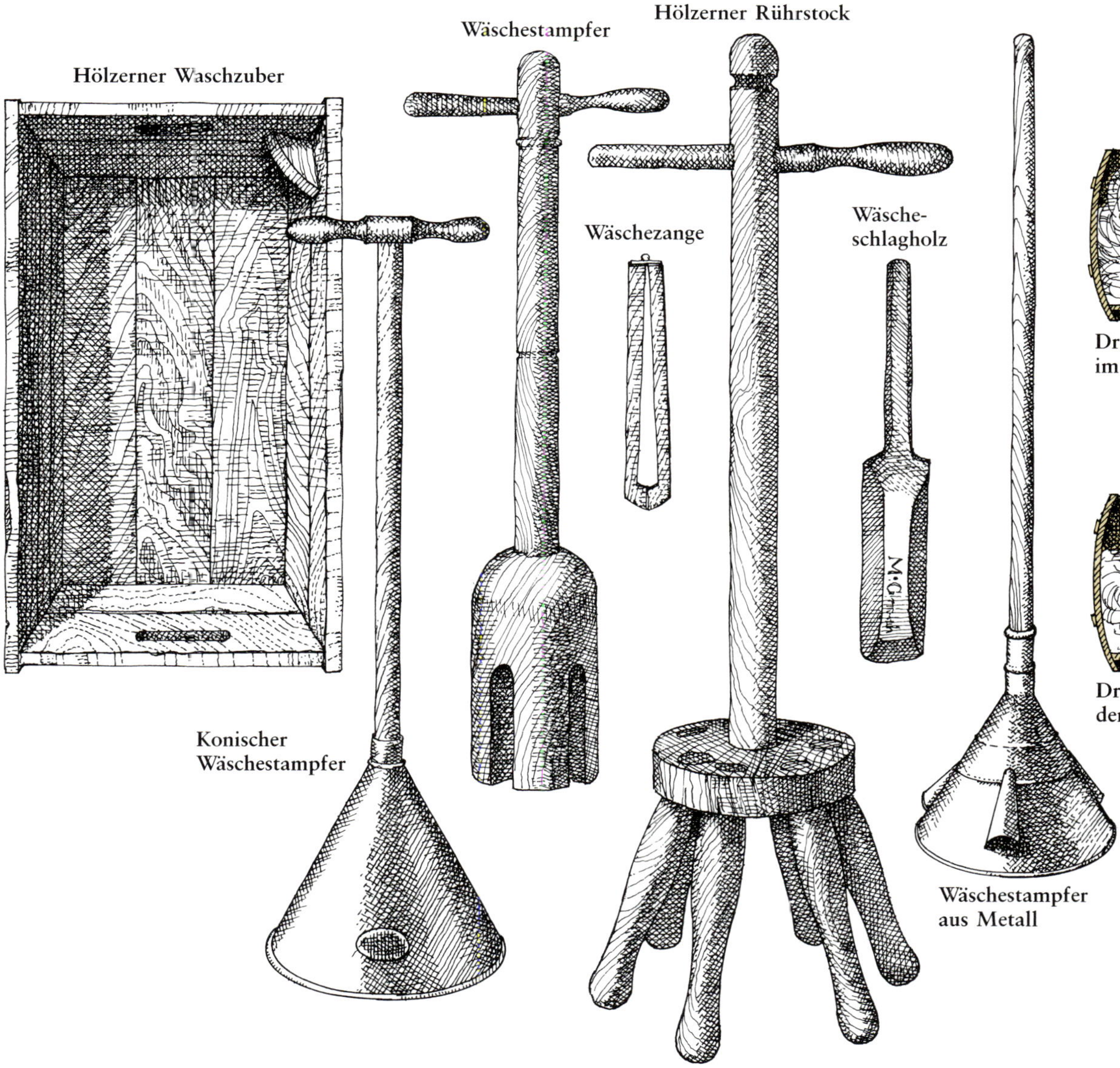

Waschzuber und Wäschestampfer
Stark verschmutzte Wäsche wurde in einem Zuber mit Wäschestampfern bearbeitet. Dadurch löste sich der Schmutz und sammelte sich am Boden. Heutzutage wird die Wäsche meist in einer Waschmaschine geschleudert.

Waschbrett aus Holz und Eisen

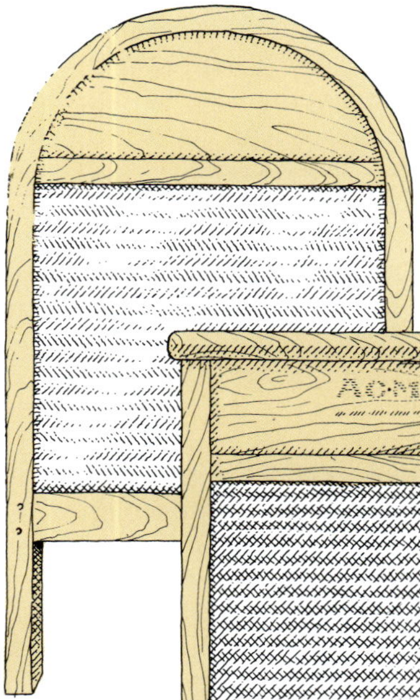

Das Waschbrett
Waschbretter wurden aus geriffeltem Holz, gerilltem Glas oder aus gewelltem Zinkblech hergestellt. Man stellte sie in den Waschzuber und rieb darauf kräftig die Wäsche, bis sich der Schmutz löste.

Waschbrett mit geriffelter Glasplatte

Wäschebürste

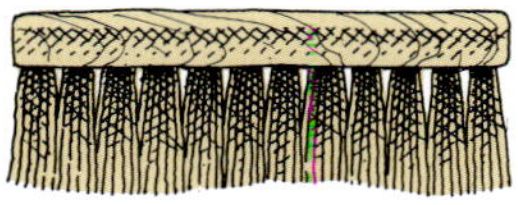

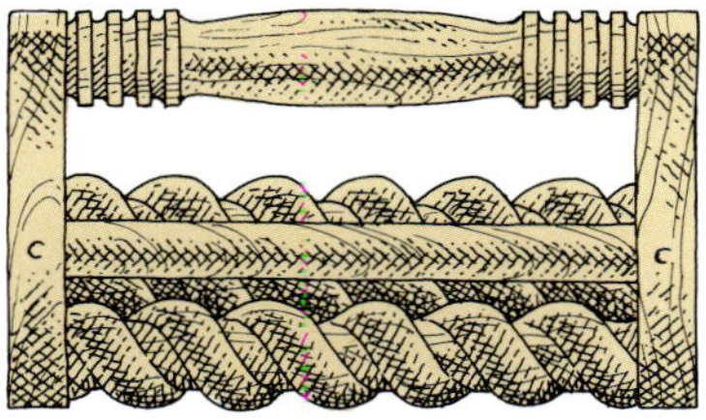

Die Waschrolle
Zur Schonung von Händen und Knöcheln wurde anstelle des Waschbretts manchmal auch eine Waschrolle eingesetzt, die über die Wäsche im Zuber gerollt wurde.

Der Waschzuber
Waschzuber wurden aus Holz hergestellt und bekamen meist eine rechteckige Form, damit sich das Waschbrett hineinstellen ließ. In faßförmigen Waschzubern wurde die Wäsche mit Wäschestampfern bearbeitet.

Zum Beseitigen von Flecken aus der Wäsche gab es eine Menge verschiedener Hilfsmittel. Für das Entfernen von Fetten und Ölen diente Bleicherde, aber auch Kalk oder Pfeifenton. Mit Zitronensaft, Zwiebelsaft oder sogar Urin verschwanden Tintenflecken, und mit Hilfe heißer, in ein Tuch gewickelter Kohlestücke ließen sich Wachsflecken entfernen. Für Urin-, Essig- und Obstflecke war Milch das probate Mittel. Dann gab es noch eine Anzahl komplizierter Hausrezepte, um Flecken diverser Art herauszubekommen. Manche von ihnen erforderten bereits mühevolle Vorbereitungen, bevor es überhaupt an die Arbeit selbst ging.

Der Waschkessel

In meinen Kindertagen verfügte jeder Bauernhof über mindestens einen Waschkessel, der „Kupferkessel" genannt wurde, obwohl er meist aus dünnwandigem Gußeisen bestand. Das war ein halbrunder Kessel, der hundert bis zweihundert Liter Wasser fassen konnte. Meist stand er in einem separaten Waschhaus, Hinterhaus oder auch blaues Haus genannt, irgendwo auf dem Hof, oder aber in der Küche.

Gewöhnlich waren diese Waschkessel eingemauert. Darunter befand sich ein Feuerrost. Bei guter Konstruktion wurde die Hitze erst noch um den ganzen Kessel herumgeleitet, ehe sie aus dem Kamin entweichen konnte. Derartig eingemauerte Waschkessel arbeiteten sehr sparsam. Ich erbte einen von ihnen, als ich Anfang der fünfziger Jahre ein Forsthaus in der Grafschaft Suffolk bezog. Ich war verblüfft über seine Leistung. Mit einem Bündel trockener Zweige ließen sich darin im Nu hundert Liter Wasser erhitzen.

Waschkessel waren, nebenbei gesagt, absolute Mehrzweckgeräte. Man konnte darin nicht nur die Wäsche waschen, sondern auch das Schweinefutter kochen, das benötigte heiße Wasser für das Abbrühen des geschlachteten Schweines, aber auch für das Bierbrauen im Haus und für die eigene Weinherstellung erhitzen. Darüber hinaus lieferte der Kessel nicht nur das heiße Badewasser, sondern darin wurde notfalls auch die Suppe oder der Eintopf für die ganze Familie gekocht. In den Zeiten, als zur Familie auch noch das Gesinde gehörte, kochte die Hausfrau gelegentlich auch ein riesiges Stück Fleisch in dem Kessel, das dann für mehrere Mahlzeiten reichte.

Bleichen

Bis ins 19. Jahrhundert hinein wurde die Wäsche zum Bleichen in Urin getaucht, der bekanntlich Ammoniak enthält. Manchmal nahm man Schweinejauche, verdünnt mit etwas

kaltem Wasser. Natürlich wurde die Wäsche anschließend gründlich mit frischem Wasser ausgespült.
Natürlich bleichte die Wäsche auch in der Sonne, ausgebreitet auf der dörflichen Bleichwiese. Die heutigen Bleichmittel (eine Mischung aus gebranntem Kalk, Salz und Sauerstoff) gibt es erst seit 1900.
Lebhaft erinnere ich mich noch an den „blauen Beutel", der mir in meiner Kindheit nach jedem Wespenstich angefeuchtet auf die Stichwunde gepreßt wurde. Sein Inhalt bestand aus einem blauen Farbpulver aus Indigo oder Ultramarin. Eine kleine Menge davon wanderte als eine Art Weißmacher ins Spülwasser, um die Weißwäsche optisch aufzuhellen.

Stärken der Wäsche
Zum Stärken der Wäsche diente Weizen-, Reis- oder Kartoffelmehl, das in Wasser aufgekocht wurde. Industriell produzierte Stärke gab es seit den vierziger Jahren des vergangenen Jahrhunderts.
Mir scheint, daß unsere Vorfahren, was das Stärken der Wäsche anging, sich das Leben nicht gerade leichtmachten. Die gesellschaftliche Konvention erforderte geradezu, daß jeder „Herr" – und dazu zählten selbst die einfachen Büroangestellten – gestärkte Hemden und Kragen zu tragen hatten, die kaum eine Kopfbewegung erlaubten. Und die armen Hausfrauen hatten ein gehöriges Quantum Arbeit damit. Diese Zeiten sind Gott sei Dank vorbei.

Ein sozialer Anlaß
Da am Waschtag so viele schwere Arbeit zu leisten war – vom Assortieren der Wäsche über das Einweichen, Waschen und Auswringen der Wäsche bis hin zum Aufhängen –, mußte jede verfügbare weibliche Hand mithelfen. Das gestaltete sich oft zu einer Art gesellschaftlicher Angelegenheit. So wurde die Wäschepflege zu einem Gemeinschaftserlebnis.

Waschmaschinen

Im vergangenen Jahrhundert gab es bereits viele Versuche, wirkungsvolle Waschmaschinen zu konstruieren. Die meisten beruhten auf der herkömmlichen Methode, die Wäsche im Wasser zu schleudern, damit sich der Schmutz löst. Bei diesen Maschinen blieb aber noch viel Handarbeit übrig. Zunächst mußten sie mit Wasser gefüllt und später wieder geleert werden. Ihre Schleuder mußte mittels einer Kurbel betätigt werden. Trotzdem setzten sich diese Geräte schließlich durch. Die „Faithful"-Maschine ersetzte den Schleudervorgang durch rüttelnde Bewegungen. Bei ihr hatte die Hausfrau die Maschine kontinuierlich von einer Seite zur anderen zu rütteln. Manchmal machte sie dies sogar nur mit einer Hand, während sie mit der freien Hand noch eine andere Tätigkeit erledigte.
Allmählich wurden die hölzernen Waschmaschinen durch solche aus Stahl oder Kupfer abgelöst, die nicht so groß waren und auch gefälliger aussahen. Ende des 19. Jahrhunderts wurden die ersten Dampfwaschmaschinen erfunden. In ihnen wurde das Wasser durch Gasdüsen erhitzt. Die schmutzige Wäsche wurde von nun an mit den vereinten Kräften von Wasser und Dampf gereinigt, was sich als viel wirkungsvoller erwies.

Das Schleudergetriebe

Die hölzerne Waschmaschine
Der herkömmliche Waschzuber (siehe Seite 91) wurde von der Waschmaschine aus Holz abgelöst. Diese mußte noch von Hand mit Wasser gefüllt und wieder geleert werden. Ihre Schleuder wurde mit Hilfe eines großen Schwungrades betätigt. An der anderen Seite des Bottiches war eine kleine Mangel befestigt.

Die Warmwasser-Waschmaschine
In dieser Waschmaschine wurde das Wasser ständig heiß gehalten. Die ersten Modelle bestanden aus ummauerten Gußeisen- oder Kupferkesseln. Darunter befand sich ein Feuerrost. Die Hitze stieg zwischen Ummauerung und Kessel nach oben und zog durch den Kamin ab. Die schmutzige Wäsche wurde mit Seife oder Lauge gekocht. Später wurden die Kessel mit Gas beheizt und standen frei im Raum. Das Wasser wurde noch von Hand eingefüllt, konnte aber durch einen Hahn ablaufen.

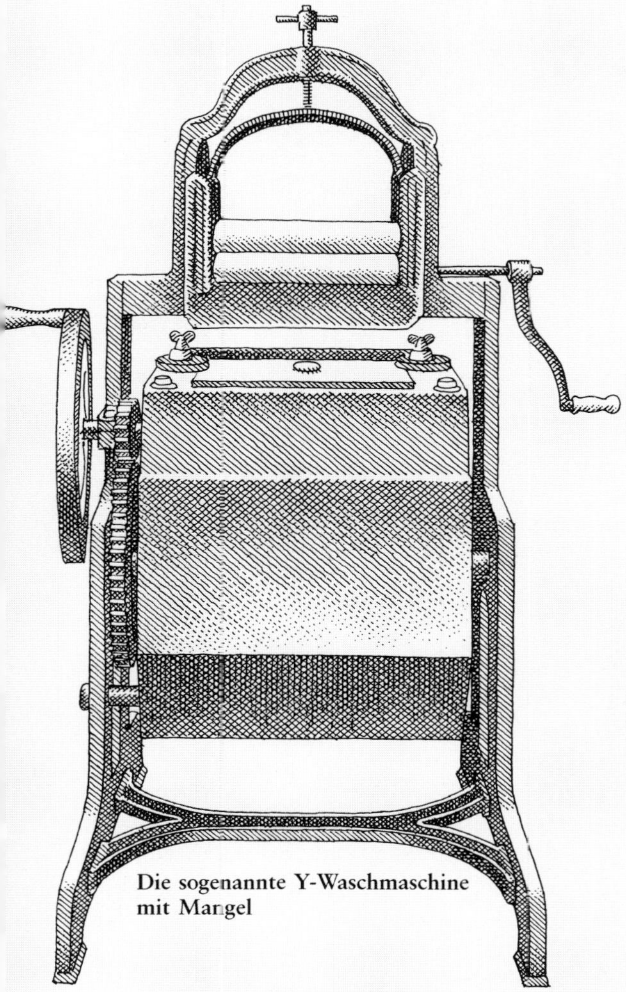

Die sogenannte Y-Waschmaschine mit Mangel

Die „Faithful"-Waschmaschine mit Schwingtrog

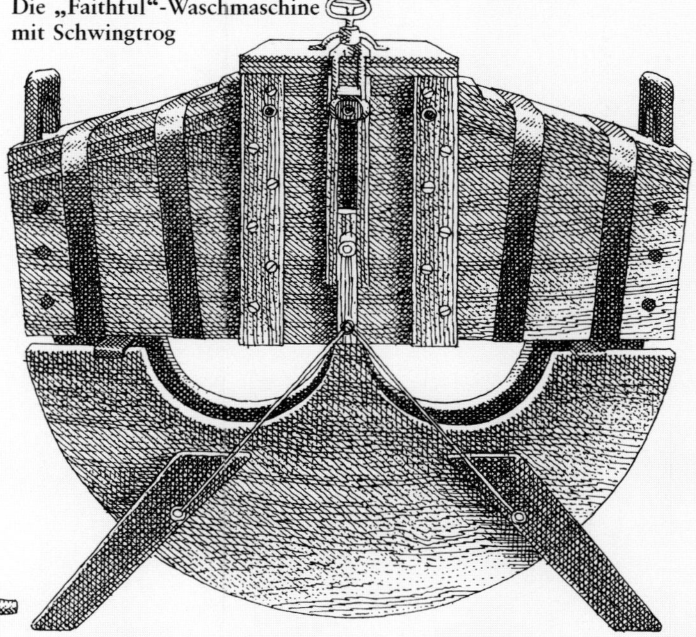

Edwards-Taylor-Wasch- und Wringmaschine

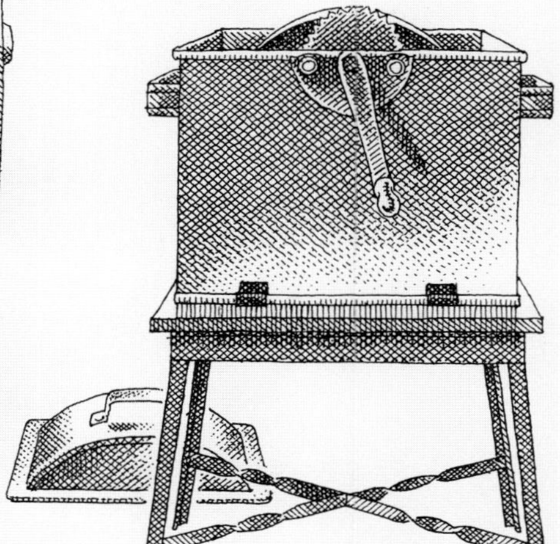

Dampfwaschmaschine „System Howarth"

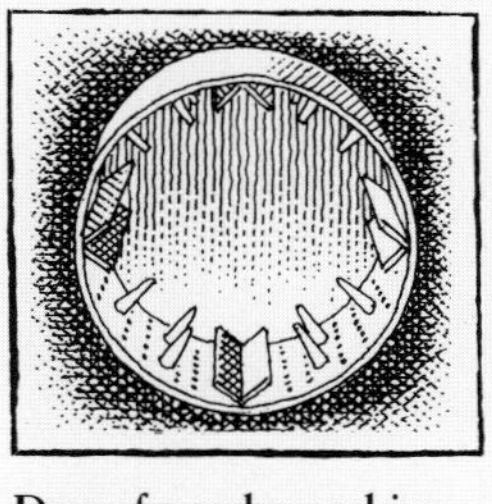

Dampfwaschmaschine
Die Trommel wurde mit einer Kurbel gedreht. An ihrer Innenseite befanden sich Pflöcke, die die Wäsche mitnahmen, sowie kleine Mulden, die das heiße Wasser beim Drehen über die Wäsche ausgossen. Beheizt wurde mit Gas.

WÄSCHE TROCKNEN

Das Trocknen der Wäsche war gleichfalls eine mühselige Aufgabe. Dabei war die Hausfrau auch vom Wetter abhängig, denn es war recht schwierig, die Wäsche auf dem beschränkten Raum vor der Feuerstelle im Haus zu trocknen, zumal vor der Verbreitung des geschlossenen Küchenherdes immer mit Rauchentwicklung zu rechnen war. In größeren Ortschaften war allerdings auch Staubentwicklung im Freien leicht möglich. Außerdem machten die Fuhrwerke, die in den Seitenstraßen verkehrten, gelegentlich den ganzen Wasch-Aufwand zunichte, denn sie rissen rücksichtslos alle Hindernisse, so auch die von Haus zu Haus aufgespannten Leinen, an denen die Wäsche hing, nieder. Deshalb war die Hausfrau bemüht, ihre Wäsche vor dem Aufhängen durch Auswringen möglichst trocken zu bekommen.

Auswringen und Mangeln

Die ersten Wringvorrichtungen lösten das mühselige Auswringen der Wäsche mit den Händen ab. Dabei wurde die Wäsche über zwei Pfosten gespannt. Den einen Pfosten drehte die Hausfrau immer enger, wobei das Wasser aus der Wäsche herausgepreßt wurde. Die Wringer, die im 18. Jahrhundert aufkamen, waren schon weiterentwickelt. Sie dienten sowohl zum Wringen als auch zum Mangeln. Ein schwerer, mit Steinen gefüllter Kasten wurde über lockere Holzpfähle hin und her gerollt und auf diese Weise die darunterliegende Wäsche ausgewrungen. Aber nur die Haushalte, die über eine separate Waschstube verfügten, hatten hierfür genügend Platz. Erst die im 19. Jahrhundert aufkommenden, aufrecht stehenden Wringmaschinen hielten Einzug in alle Haushalte. Ausgewrungene Wäsche benötigte anschließend weniger Zeit, um auf der Leine (oder der Hecke) zu trocknen.

Einfachere Wäschestücke wie Bettlaken, Kopfkissenbezüge, Handtücher und Tischdecken wurden nach dem Trocknen gemangelt und mußten nicht mehr gebügelt werden. Oft wurden diese Textilien vor dem Mangeln in eine Stärkelösung getaucht. Sie wurden dadurch etwas steifer.

Anfertigen von Wäscheklammern

Es war ein Zigeuner – nicht Gordon Boswell, sondern John Jones aus Wales (beide befinden sich jetzt schon lange in den ewigen Wandergründen über den Wolken) –, der mir am abendlichen Lagerfeuer beibrachte, wie man

Aufhängen der Wäsche
Falls genügend Platz vorhanden war, wurde die nasse Wäsche auf einer Leine im Freien aufgehängt, damit sie im Wind trocknen konnte. Durchhängende Wäscheleinen stützte man mit Holzpfählen ab. Das Trocknen im Freien war beliebter als das Trocknen im Haus.

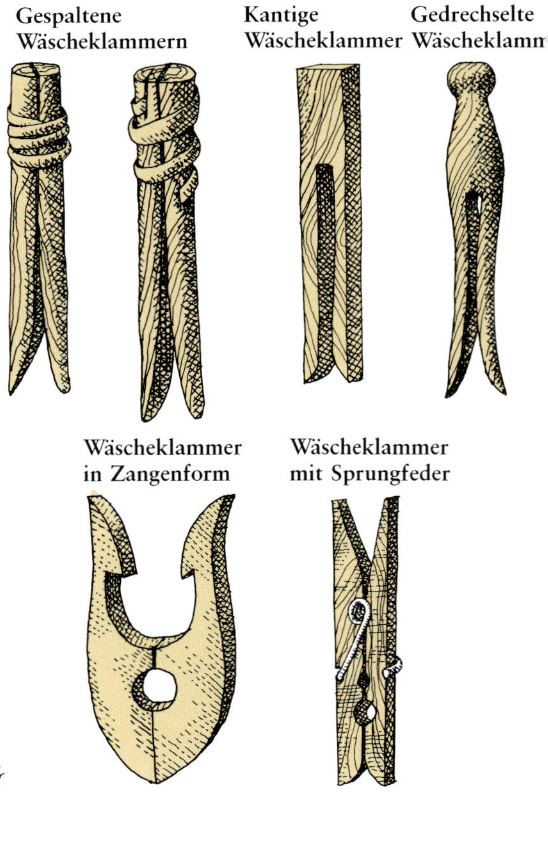

Wringmaschinen
Bei den ersten Wringvorrichtungen wurde die Wäsche lediglich aufgedreht, um das Wasser herauszupressen. Ihre Nachfolger verfügten über einen schweren Kasten, der über lose Rollen bewegt wurde, unter denen die Wäsche lag. Schließlich folgten die aufrecht stehenden Wringmaschinen. Bei ihnen wurde die Wäsche durch zwei Walzen gedreht, die von einer Kurbel betätigt wurden. Die obere Walze war durch Gewichte beschwert.

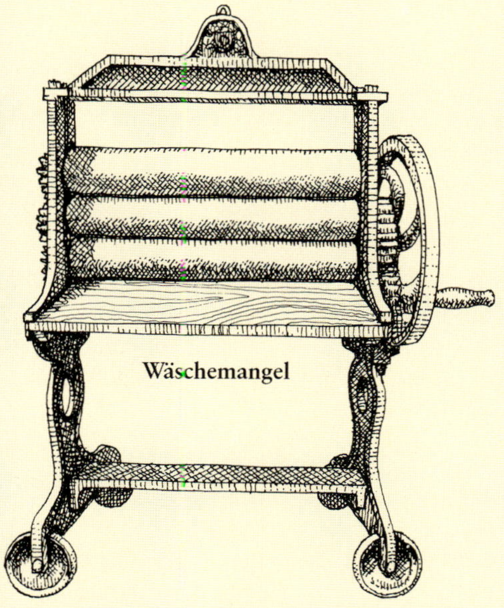

Wäschemangel

Wäscheklammern macht. Er nahm Weiden- oder Haselgerten, zerteilte sie mit einem scharfen Beil in Stücke von etwa fünfzehn Zentimeter Länge und schnitzte am Ende mit einem rasierklingenscharfen Messer eine Art Knopf an. Danach wickelte er Blechstreifen, die er aus alten Blechbüchsen geschnitten hatte, um die Mitte des Pflocks und band sie fest. Dann schnitt er den Pflock von der anderen Seite her ein. Zum Schluß rundete er mit zwei kräftigen Schnitten die Spitzen ab.
Alle Zigeuner waren in der Lage, Hunderte von diesen Wäscheklammern an einem Tag anzufertigen. Sie steckten sie auf Kartenstreifen, die „Hände" hießen, und ihre Frauen nahmen sie mit und verkauften sie, wenn sie hausieren gingen.

Wäschetrocknen im Freien

In bestimmten bürgerlichen Kreisen gilt der Anblick trocknender Wäsche als etwas anstößig. Ich persönlich kann mir kein gefälligeres Bild denken. Im Sonnenschein auf der Leine flatternde bunte Wäsche weckt in mir Assoziationen von Sauberkeit, Selbstachtung und fleißiger Arbeit. Aus einem modernen Wäschetrockner kommt doch nichts Vergleichbares heraus. Auch fühle ich mich geehrt, wenn eine Angehörige des anderen, aber so viel kompetenteren Geschlechts mich auffordert, ihr die Aufgabe des Wäscheaufhängens abzunehmen.

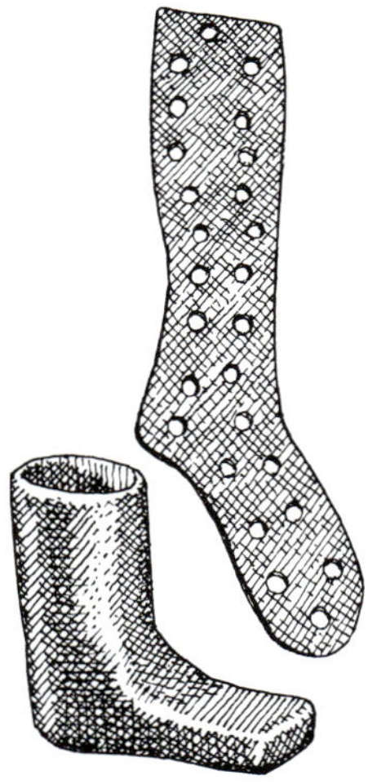

Strumpftrockner
Damit Socken und Strümpfe ihre Form beim Trocknen beibehielten, wurden sie über hölzerne Strumpftrockner gezogen, die an der Wäscheleine aufgehängt wurden. Manchmal bestanden die Strumpftrockner auch aus Ton. In sie wurde heißes Wasser gegossen, um das Trocknen zu beschleunigen.

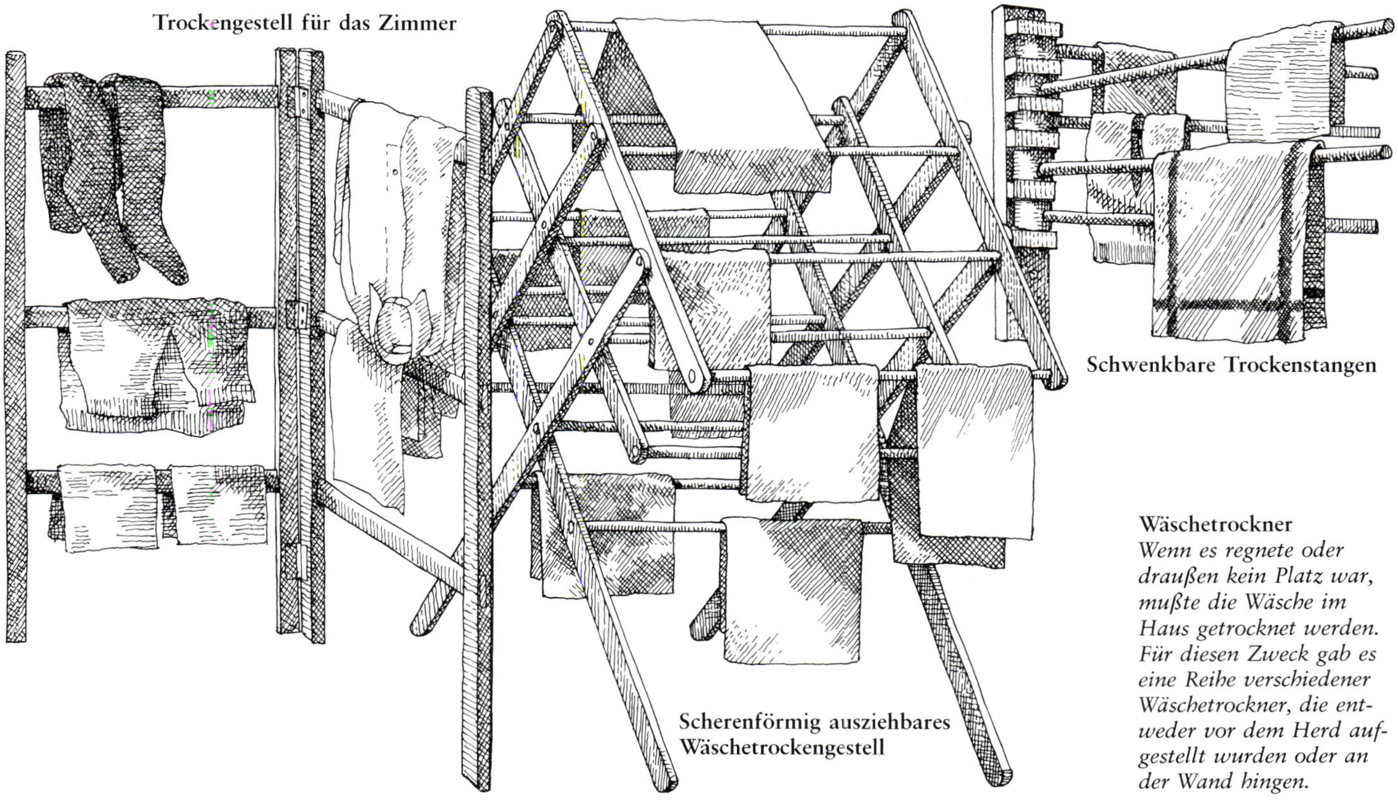

Trockengestell für das Zimmer

Scherenförmig ausziehbares Wäschetrockengestell

Schwenkbare Trockenstangen

Wäschetrockner
Wenn es regnete oder draußen kein Platz war, mußte die Wäsche im Haus getrocknet werden. Für diesen Zweck gab es eine Reihe verschiedener Wäschetrockner, die entweder vor dem Herd aufgestellt wurden oder an der Wand hingen.

WÄSCHE BÜGELN

Die Wäschepresse
Damit die Bett- und Tischwäsche exakte Falten bekam, wurde sie nach dem Bügeln noch auf der Wäschepresse gepreßt. Auf dieser drehte man mit einem Schraubgewinde ein schweres Brett herunter. Die gepreßte Wäsche kam danach in den Schrank.

Kleidungsstücke mußten für gewöhnlich noch gebügelt werden. Dazu gab es in jedem Haushalt mehrere Plätteisen. Sie wurden auf dem Rost des Küchenherdes erhitzt und abwechselnd benützt. Während die Hausfrau mit dem einen bügelte, standen ein oder zwei weitere auf dem Herd zum Aufwärmen. Brauchte die Hausfrau ihr Bügeleisen für einen Augenblick nicht, so konnte sie es auf einen kleinen Eisenständer neben sich stellen. Auch diese Ständer gab es in vielen verschiedenen Ausführungen (siehe Seite 100/101).

Sofern keine Küchenherde vorhanden waren, wie beispielsweise in Südafrika oder Indien, benutzte man allgemein Kastenbügeleisen. Das waren eiserne Kasten, in die erhitzte Eisenbolzen geschoben wurden. Diese Eisenbolzen waren der Größe entsprechend numeriert. Je kleiner die Nummer, desto kleiner und leichter war auch der Bolzen.

Holzkohle-Bügeleisen

Ähnlich wie die Kasteneisen sahen auch die Bügeleisen aus, die mit Holzkohle erhitzt wurden. An den Seiten hatten sie Luftlöcher, damit die Glut nicht erlosch. Noch heute kann man den *Dhobi Wallah* in Indien oder den Waschboy in Afrika dabei beobachten, wie er sein Bügeleisen heftig durch die Luft schwenkt, um die Holzkohle glühend zu halten.

Ich habe einmal einen Mann kennengelernt, der ein Vermögen damit gemacht hatte, Holzkohle-Bügeleisen zu verkaufen. Das war in Barotseland in Nord-Rhodesien, das heute Sambia heißt. Einmal tauchte er in dem gottverlassenen Nest Mulobesi mit einem Auto voller Bügeleisen auf, ging in den einzigen Kaufladen dort – der im Umkreis von einigen hundert Meilen der einzige Laden überhaupt war – und wurde eine ordentliche Menge seiner Eisen los.

Später, bei einer Flasche Whisky, verriet er mir das Geheimnis seines Gewerbes. Sein Erfolg beruhte darauf, daß er eine Schar Frauen beschäftigte, die in der Woche vor seiner Ankunft in den Laden gingen und ein Kohlebügeleisen verlangten. Sie staffelten ihre Besuche so, daß der Kaufmann sich mehrere Tage von Frauen belagert sah, die nach diesem bis dato unbekannten Artikel fragten. Wenn dann – durch göttliche Vorsehung – wenige Tage später ein Händler mit einem Lastwagen voll der geforderten Güter vorsprach, war der Ladenbesitzer natürlich begierig, sich für die große Nachfrage entsprechend einzudecken. Auf diese Art machte der Mann seinen Weg quer durch Afrika und verdiente sich dabei eine goldene Nase.

Für gestärkte Wäschestücke verwendete die Hausfrau zum Beispiel ein Poliereisen. Das sah ähnlich aus wie ein Plätteisen, hatte aber eine konvex gerundete Fläche. Die Hausfrau bediente es mit der einen Hand, während sie mit der anderen geschickt ein Stärkemittel auf den Stoff sprühte.

Das italienische oder Kolbeneisen (siehe Seite 100) wurde zum Bügeln von Bändern und Haubenschleifen und zum Herrichten der Rüschen und Halskrausen benutzt. Sie bestanden aus einem oder mehreren Zylindern verschiedener Durchmesser, in die Eisenbarren eingeschoben wurden, die auf dem Feuer erhitzt worden waren. Die Hausfrau hielt die gerüschten Bänder oder die Oberseite des gekrausten Stoffes gegen die erhitzen Kolben, bis sie glatt

Bügelgeräte
Bügelbretter verfügten meist noch über ein zweites Brett, auf das die gebügelte Wäsche gelegt werden konnte. Trockene Wäsche wurde vor dem Bügeln mit Lavendelwasser eingesprüht. Bügeleisen gab es in unzähligen Ausführungen. Zum Bügeln zerknitterter Wäschestücke dienten Eisen mit geriefelten Flächen. Wurden die Bügeleisen mit Holzkohle erhitzt, waren kleine Blasbälge notwendig, um die Kohle am Glühen zu halten, oder man mußte das Eisen immer wieder durch die Luft schwenken.

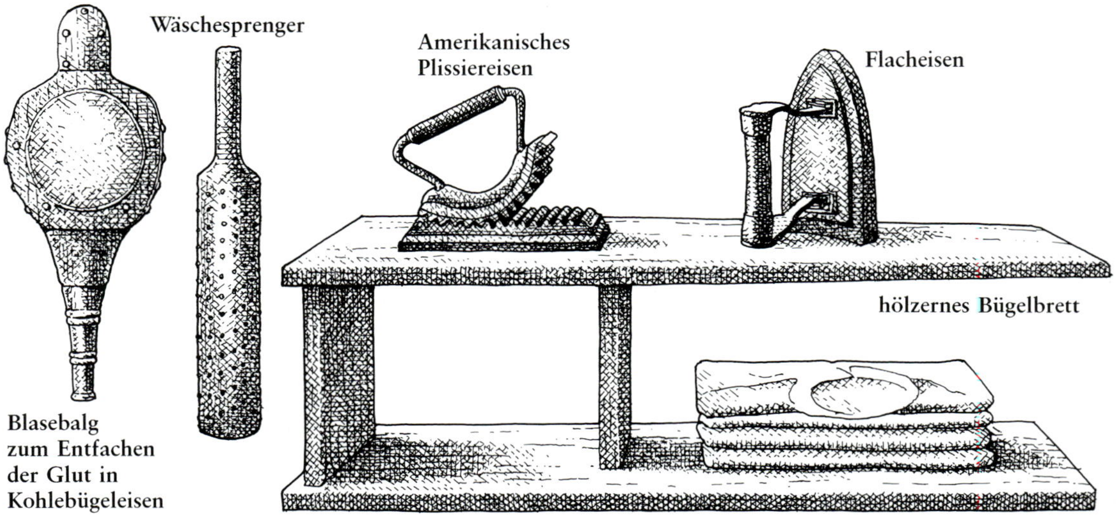

und trocken waren. Das französische oder Pilzeisen ähnelte dem italienischen, es hatte aber eine abgerundete Spitze und wurde hauptsächlich zum Ausrunden von Puffärmeln verwendet.
Ende des 18. Jahrhunderts wurden verschiedene Plissier-Geräte entwickelt, mit denen das Gewebe gefältelt werden konnte. Scherenähnliche Metallwerkzeuge – Falten- oder Plissierzangen – waren bekannt, auch das Plisseebrett erfüllte diesen Zweck. Dies war ein geriffeltes Holz- oder Metallbrett mit einer geriffelten Walze. Der gestärkte Stoff wurde noch feucht auf das Brett gelegt und die Walze darauf hin und her gerollt. Lange Zeit war auch der Kräuselständer in Gebrauch. Er bestand aus zwanzig bis dreißig hölzernen oder eisernen Zapfen, die in zwei Pfosten eingelassen waren. Der feuchte Stoff wurde durch diesen Ständer gezogen und dann vors Feuer gestellt. In der zweiten Hälfte des 19. Jahrhunderts entwickelte sich daraus die Kräuselpresse. Sie funktionierte ähnlich wie die Wringmaschine (siehe Seite 97), aber ihre Walzen waren hohl, so daß man erhitzte Barren hineinschieben konnte, ähnlich wie beim Kolbenbügeleisen. Die Walzen der Kräuselmaschine waren auf der Außenseite geriffelt.

Vom Gas- zum Elektrobügeleisen

Gasbügeleisen waren während meiner Jugendzeit in Gebrauch. Ich besaß selbst einmal ein Eisen, das über einen Behälter für Kerosin verfügte. Der nötige Druck wurde mit Hilfe einer kleinen Pumpe erzeugt.
Die Dienstmädchen, die in meiner Kindheit in Essex die Wäsche bügelten, hatten neben sich immer eine Schale Wasser mit einem kleinen Lavendelzweig stehen. Damit besprühten sie laufend die Bügelwäsche, um sie feucht zu halten und ausreichend glatt zu bekommen. Nach dem Bügeln wurde die Wäsche gefaltet. In die Wäschestapel legten die Mädchen in regelmäßigen Abständen kleine Lavendelsträußchen, damit der frische Geruch der Wäsche erhalten blieb. Das Aufkommen der elektrischen Bügeleisen und speziell der durch Thermostate geregelten Dampfbügeleisen gestaltete das Bügeln müheloser und machte das Einsprengen der Wäsche mit Lavendelwasser überflüssig.

Das Binden eines Lavendelsträußchens
Der Lavendel sollte, kurz bevor er voll aufgeblüht ist, abgeschnitten werden. Die Stiele werden direkt unter den Blüten fest zusammengebunden. Dann biegt man die Stiele über die Blüten und zieht ein Band hindurch, um ein „Körbchen" zu erhalten. Zum Schluß folgt eine zierliche Schleife.

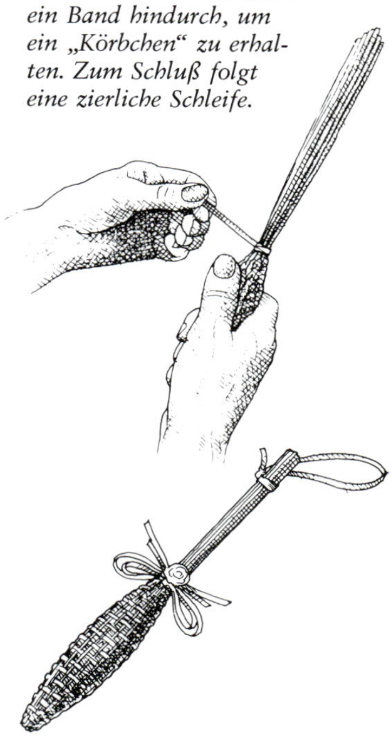

Fälteln und Kräuseln
Kleider mit vielen Rüschen und Fältchen wurden auf dem Kräuselbrett mit einer Rolle geglättet. Die Fältchen plissierte man auf Plissierwalzen, die ähnlich wie eine Wringmaschine funktionierten.

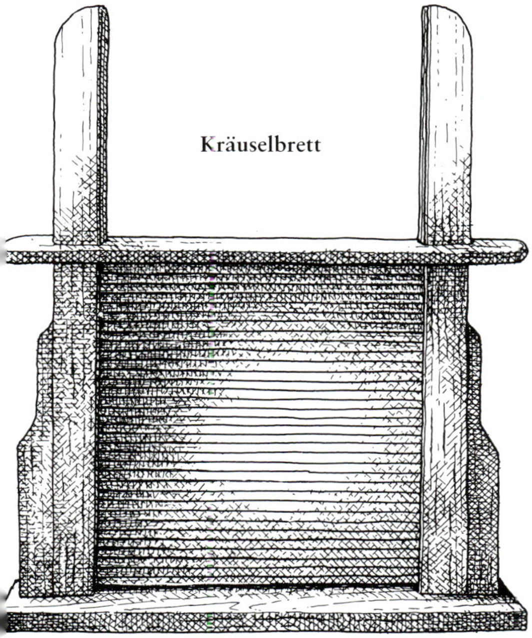

Kräuselbrett

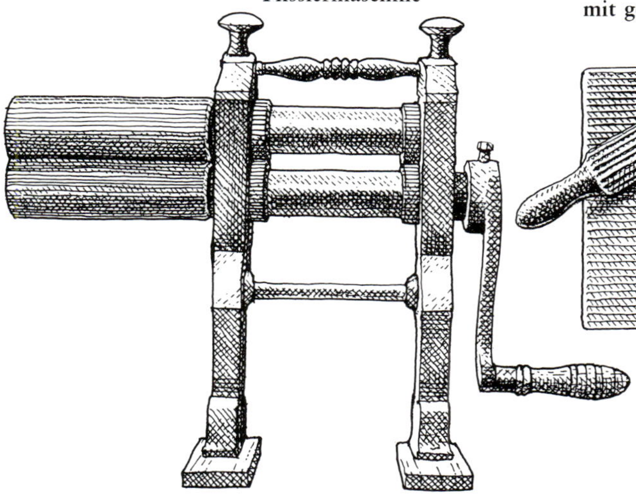

Plissiermaschine

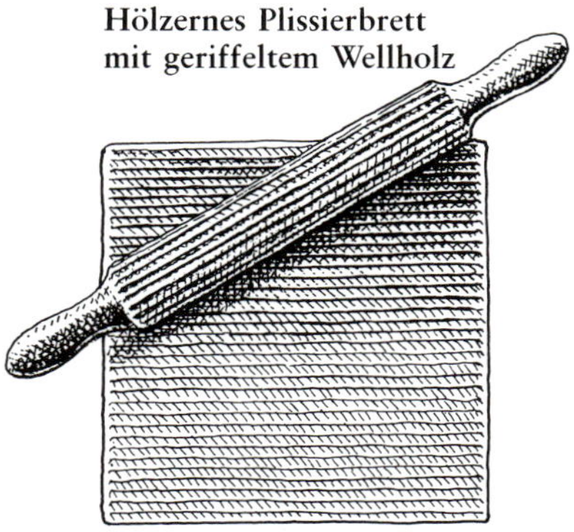

Hölzernes Plissierbrett mit geriffeltem Wellholz

Die Bügel-Eisen-Zeit

Im 17. Jahrhundert setzten sich zwei Grundtypen von Bügeleisen durch: das flache Eisen und das Kasteneisen. Flache Bügeleisen gab es mit unterschiedlichen Gewichten, schwere für stärkere Stoffe, leichte für Materialien wie Musselin. Erhitzt werden diese Eisen entweder vor dem offenen Feuer oder auf dem Küchenherd. Große Haushalte besaßen auch spezielle Wärmeöfen für Bügeleisen. Die Kasteneisen hingegen wurden von innen heraus aufgewärmt, indem man rotglühende Eisenbolzen mit einer Zange in ihren Hohlraum hineinschob. Der nötigen Luftzufuhr wegen waren sie an den Seiten durchlöchert. Darüber hinaus gab es noch Bügeleisen für Spezialzwecke. So ließ sich zum Bügeln von Fältchen und Kräuselungen nicht auf die sogenannten Kolbeneisen verzichten. In der zweiten Hälfte des 19. Jahrhunderts kamen Bügeleisen auf den Markt, die mit Spiritus beheizt wurden; sie wurden aber bald schon durch das elektrische Bügeleisen verdrängt, das zuerst 1883 in den Vereinigten Staaten patentiert wurde.

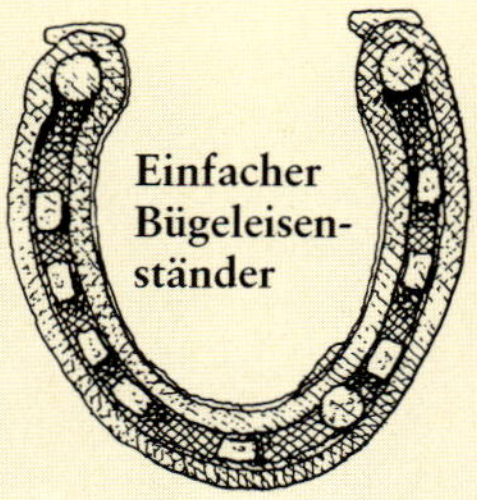
Einfacher Bügeleisenständer

Runder Holzständer mit Sockel
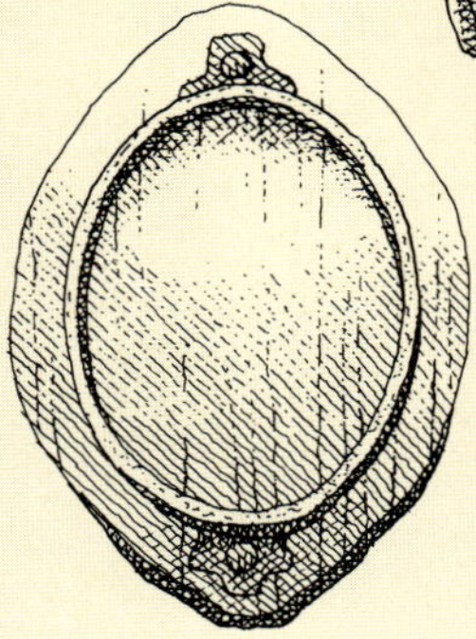

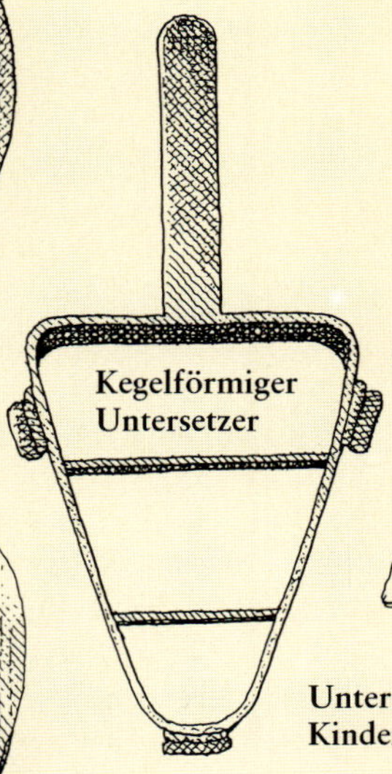
Kegelförmiger Untersetzer

Ständer mit der Jahreszahl der Schlacht von Trafalgar
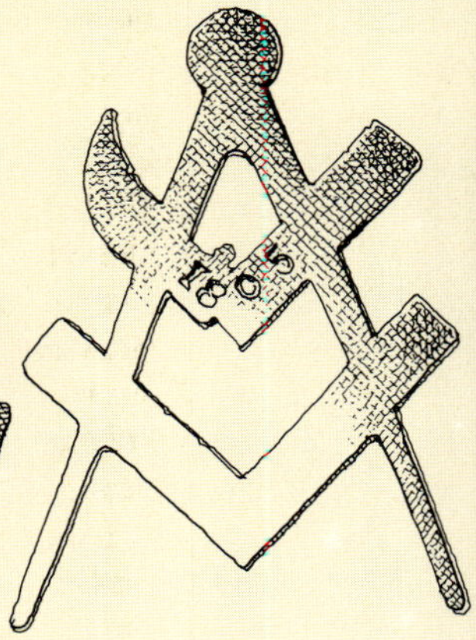

Untersetzer für Kinderbügeleisen
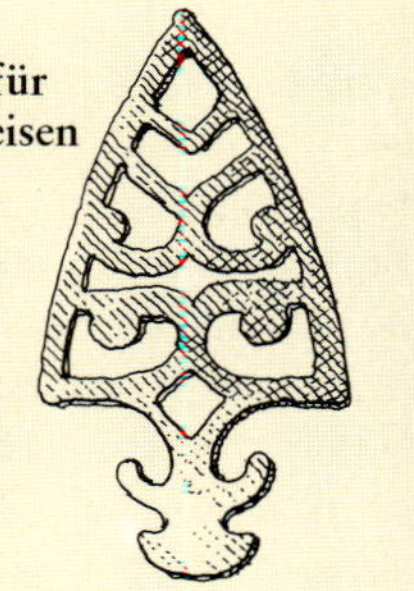

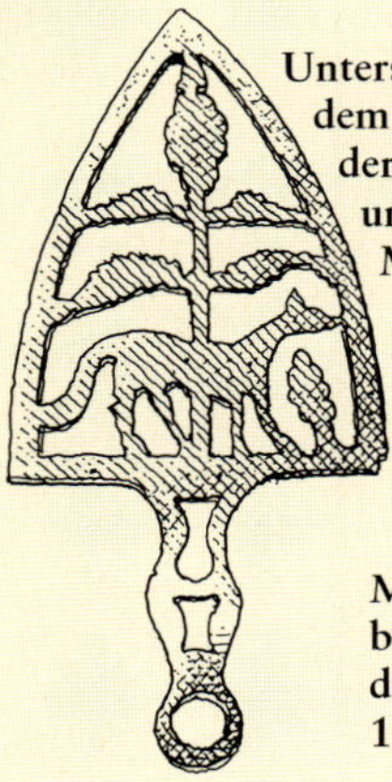
Untersetzer aus dem 19. Jahrhundert mit Fuchs- und Baum-Motiv

Messing-Kolbenbügeleisen aus dem frühen 19. Jahrhundert

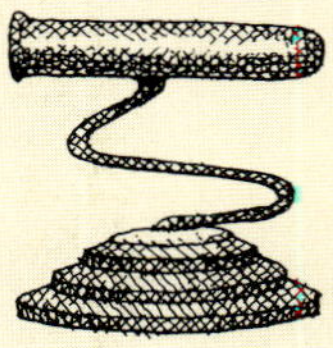
Kleines Kolbeneisen mit Messingkolben

Gußeisernes Kolbeneisen mit handgeschmiedetem Heizkolben

Seidenschleifchen

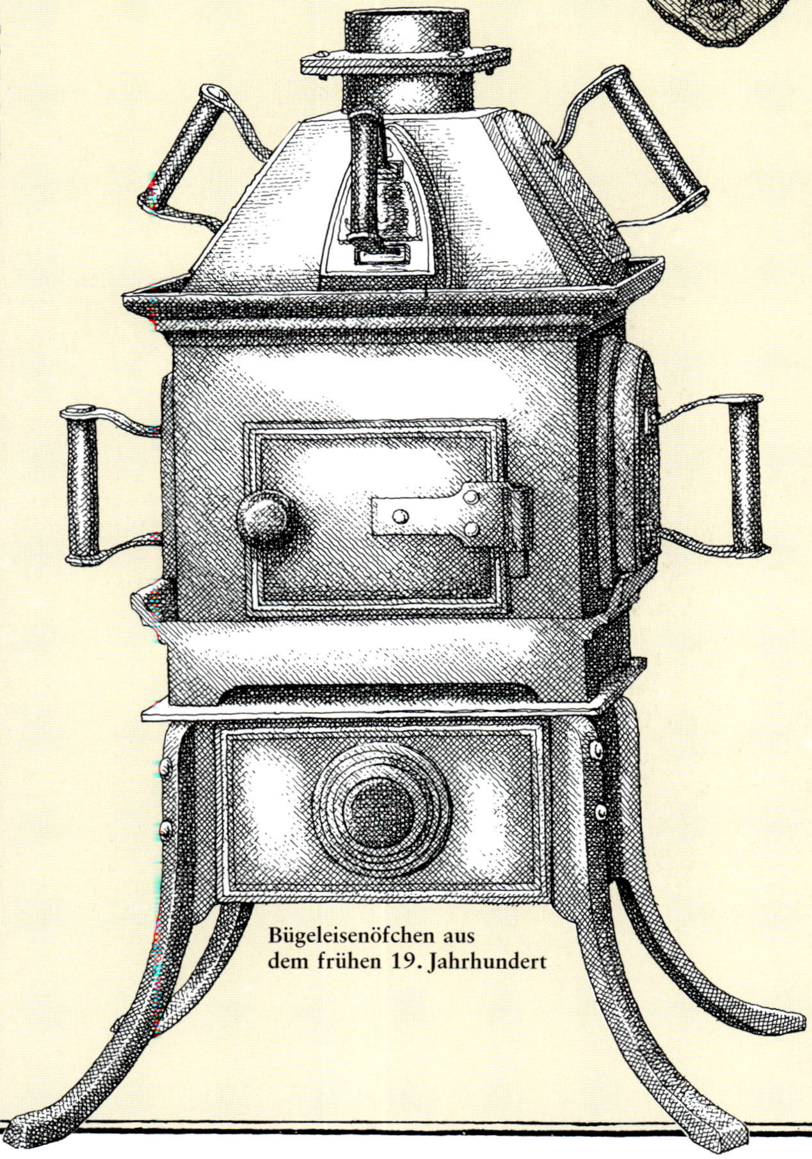
Bügeleisenöfchen aus dem frühen 19. Jahrhundert

Metalluntersetzer

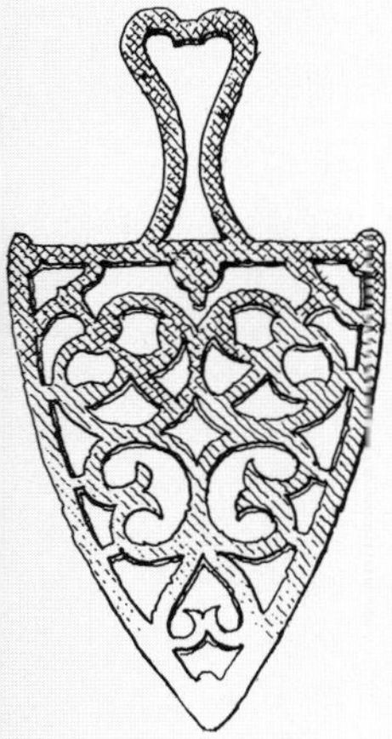

Dreierlei Messinguntersetzer

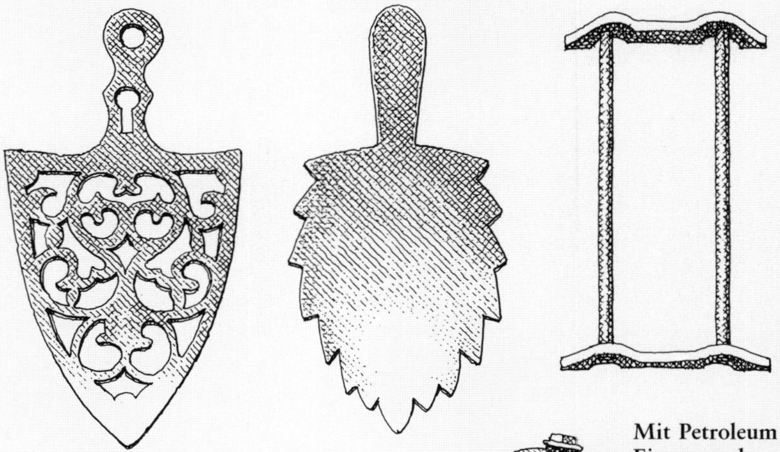

Bronzeuntersetzer

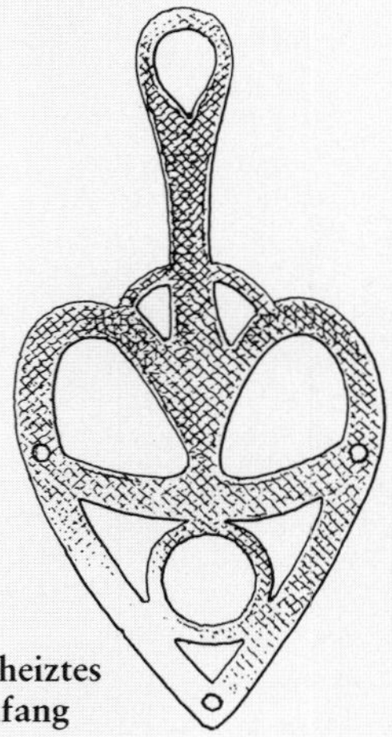

Österreichisches Kasteneisen aus dem frühen 19. Jahrhundert

Kohlebügeleisen

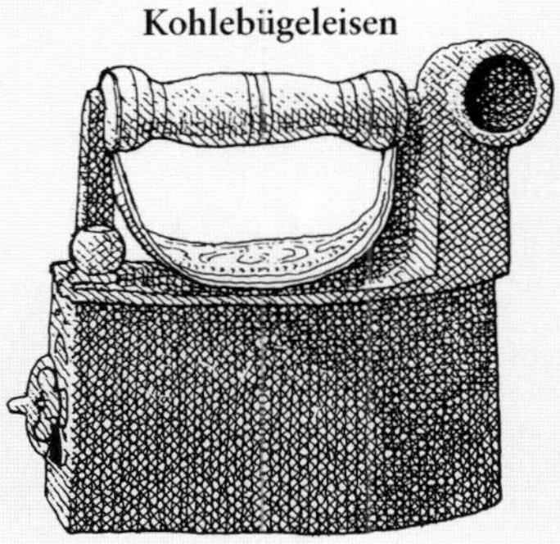

Mit Petroleum beheiztes Eisen aus dem Anfang dieses Jahrhunderts

Dampfbügeleisen

Spiritus-Bügeleisen aus dem späten 19. Jahrhundert

Kastenbügeleisen aus dem 19. Jahrhundert

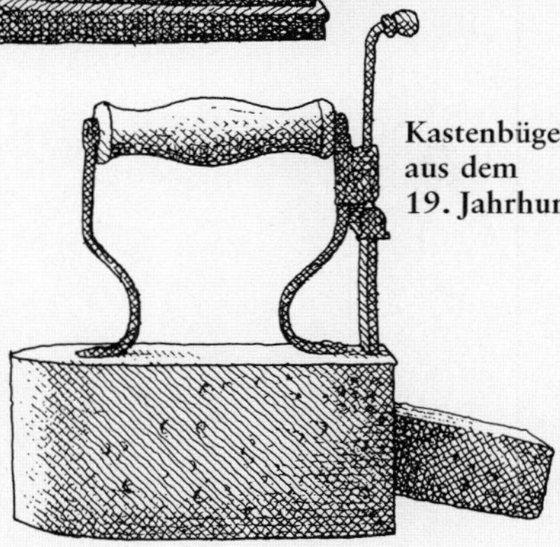

Gasbügeleisen

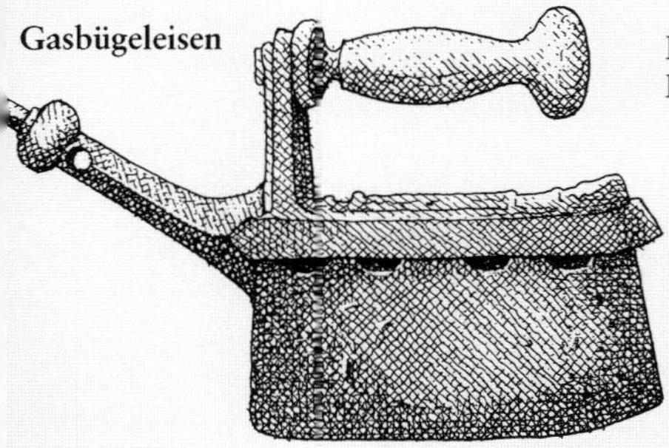

Holzkohle-Bügeleisen

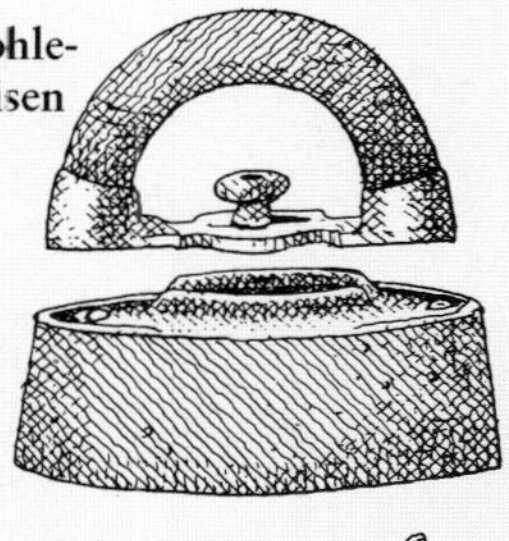

Kastenbügeleisen aus dem späten 19. Jahrhundert mit Bolzen

Chinesisches Pfannenbügeleisen

Flacheisen

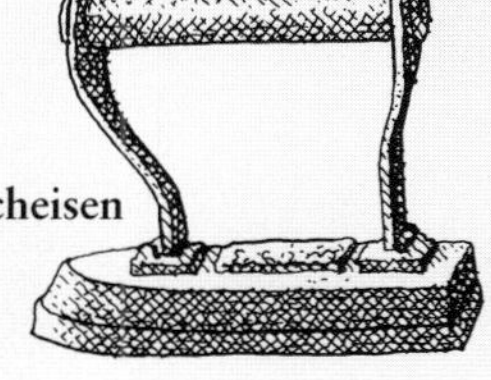

TUCH FÄRBEN

Einfärben von Wolle
Die Zutaten für die Farbbrühe kamen in einen Eisenkessel, in dem sich ein schwerer, durchlöcherter Zwischendeckel befand. Dann wurde Wasser eingefüllt und das Ganze zum Sieden gebracht. Danach wurde die Wolle mehrere Stunden lang in der Farbbrühe gekocht.

Es läßt sich zwar nicht behaupten, daß das Selbsteinfärben von Textilien in den letzten zwei Jahrhunderten sehr verbreitet war, aber zweifelsohne erlebt es zur Zeit steigende Popularität. Seit dem 17. Jahrhundert hatte sich die Tuchherstellung im Zuge der Industrialisierung immer mehr spezialisiert. Gleichwohl haben die modernen Tuchfabrikanten und Färber die alten Lehren wieder aufgestöbert und besinnen sich langsam wieder auf die Zeiten vor der Erfindung der Anilinfarbstoffe im 19. Jahrhundert zurück. Damals wurden zum Färben die vielen in der Natur vorkommenden pflanzlichen Farbstoffe verwendet.

Pflanzliche Farbstoffe

Ohne Zweifel sind die Einfärbungen mit pflanzlichen Farbstoffen viel freundlicher als die teilweise recht grellen Farben der modernen, künstlichen Farbstoffe. Zwar finden wir kräftigere natürliche Farbstoffe wie Indigo nur in den Tropen, aber Pflanzen für gedämpftere Töne gibt es auch bei uns.

Tuchfärben im Freien
In früheren Zeiten geschah das Färben vorwiegend im Freien. Das Tuch wurde in einem Eisenkessel, der über dem offenen Feuer hing, in der Farbbrühe gekocht. Dies war eine sehr mühselige Arbeit, denn das Tuch mußte mehrere Stunden lang ständig gewendet werden.

Die meisten pflanzlichen Farbstoffe müssen vorher gebeizt werden; ihnen wird eine Chemikalie zugesetzt, mit der sie sich in das Garn „einbeißen" können, das die Farbe auf Dauer behält. Als Beizen eignen sich Chromsäure, Zinnsalz, Eisen- und Kupfersulfate, Alaun und Chrom. Es ist oft erstaunlich, wie die guten Eigenschaften all dieser Stoffe entdeckt worden sind. Ebenso überraschend ist es, wie die Menschen herausfanden, daß die Blätter des Rainfarns, der Birke, des Frauenmantels, des Kerbels, des Heidekrauts und der Berberitze alle einen wundervollen gelben Farbstoff liefern. Rote Farbstoffe ergeben die *Parmelia saxatilis* und die Wurzeln des Labkrauts, während aus Zinnien und einigen Dahliensorten ein gelblichroter Farbstoff zu erhalten ist. Die komplette Liste aller pflanzlichen Farbstoffe ist sehr lang.

Färben von Flachs und Baumwolle

In früheren Zeiten, als noch viele Landbewohner ihr eigenes Leinen aus Flachs spannen und woben, wurde das Garn zunächst gebleicht, indem man es in einer schwachen Lösung aus Ätznatron ziehen ließ und anschließend in die Sonne legte. Durch das Zusammenweben von gebleichtem und ungebleichtem Garn entstanden hübsche Muster. Jedoch bleichte das ungebleichte Garn, das leicht rehfarben war, nach einiger Zeit gleichfalls aus. Um das zu verhindern, wurde es mit einer starken Lösung aus Wacholdersaft und Wasser imprägniert.

Flachs und Baumwolle sind beide zellulosehaltig und nehmen deshalb die meisten pflanzlichen Farbstoffe nicht an, außer einem Gemisch aus Eichäpfeln sowie verschiedenen Färbemitteln aus Rinde und Zweigen. Baumwolle, die bekanntlich in den heißen Klimazonen gedeiht, wurde in größerem Umfang erst nach Europa eingeführt, als die Garnverarbeitung bereits industrialisiert war. Es wäre unrentabel gewesen, sie zu Hause zu weben und zu färben, deshalb wurde sie direkt in die Fabriken geliefert.

Färben von Wolle

Tierische Wolle ist eine Proteinfaser und nimmt alle Farbstoffe gut an. Seit jeher hat es schwarze und weiße Schafe gegeben; Spinnerinnen und Weber erzeugten durch Verwendung beider Farben attraktive Stoffmuster. Häufig wurden diese mit Indigo in einem Bottich, der sog. Küpe gefärbt und dann zu noch ansehnlicheren Kleidungsstücken verarbeitet.

RUND
UM DAS HAUS

Sollten Sie zufällig einmal eines der zerfallenen alten Bauernhäuser betreten, die sich auf dem Lande überall finden, dann empfehle ich Ihnen, sich auf den gemauerten Fußboden zu stellen, durch den jetzt vermutlich das Gras und vielleicht sogar kleine Baumschößlinge hindurchwachsen, um durch die Löcher im Dach in den Himmel hinaufzublicken. Bestimmt wird Sie dann ein Gefühl von Ehrfurcht und Scheu beschleichen. Damit stehen Sie nämlich in einer Behausung, die – obwohl jetzt alles verfallen und der Kamin schon lange Jahre ungenutzt ist – einmal über viele Jahre lang eine wirkliche Heimat geboten hat. Ein solches Zuhause besteht nicht nur aus Stein und Mörtel, Schieferverkleidung und Strohbedeckung, sondern es stellt einen Tempel dar, in dem Generationen von Männern und Frauen respektvoll der häuslichen Gemeinschaft gedient haben. Während die Frauen das Haus versorgten, es sauber und instand hielten, mußten die Männer hinaus auf den Acker – oder sogar weit weg über die See –, um den Lebensunterhalt für die Familie heranzuschaffen. Die Frauen hatten darüber hinaus die Kinder zu versorgen und ihnen alle die Fertigkeiten zu vermitteln, die sie eines Tages beherrschen mußten, um sich selbst versorgen zu können. Dies ist nicht mehr unbedingt die Bahn, in der das Leben heute verläuft, aber damals, als in diesen zerfallenden Räumen noch reges Leben herrschte, ehe der wirtschaftliche Fortschritt ihm ein brutales Ende bereitete, da war es genau so.

BESCHAFFEN VON BRENNMATERIAL

Seit dem Mittelalter wachten die Grundbesitzer in England eifersüchtig über ihre Waldbestände. Trotzdem hatten fast überall in Mitteleuropa die Bauern das Recht, den Windbruch als Brennholz in den Wäldern zu sammeln. Darüber hinaus durften sie sich auch die abgestorbenen Äste von den Bäumen holen. Dazu bedienten sie sich entweder eines Ankers, den sie an einem Seil über den Ast warfen, um ihn herunterzuziehen, oder eines Hakens, der an einem langen Holzstiel befestigt war.

Damals waren die Wälder noch größer als heute – jedenfalls im Verhältnis zur Bevölkerungszahl –, und so gab es für fleißige Leute, wenn sie auch arm waren, keinen Mangel an Brennholz. Daher bestand auch keine Veranlassung, lebende Bäume nur für Heizzwecke zu fällen.

Hart- und Weichholz

Nicht jede Holzart eignet sich gleichermaßen zum Heizen. Hartholz – von Eiche, Esche, Ilex, Buche, Hainbuche, Ulme, Ahorn, Linde und Platane – brennt gut und erzeugt große Hitze, jedoch muß das Holz, abgesehen von Esche und Ilex, gut durchgetrocknet sein. Man muß die anderen Bäume schon ein Jahr zuvor schlagen und ihr Holz gut ablagern, ehe es als Brennholz zu verwenden ist – sonst wärmt es weder Bauch noch Rücken. Weichhölzer heizen nicht so gut, schon gar nicht, wenn sie noch naß sind. Also empfiehlt es sich in jedem Fall, sie erst einmal zum Trocknen zu lagern.

Die weit überstehenden Dächer der Alpenhöfe sind nicht nur des schönen Aussehens wegen so konstruiert, sondern weil unter ihnen der Holzvorrat für den Winter gelagert wurde, ohne

Baumfällen

Das Fällen von Bäumen für Brennholz erforderte spezielle Werkzeuge. Zunächst schlug man mit der Axt eine Kerbe in den Baum. Dann wurde der Stamm auf der gegenüberliegenden Seite mit einer großen Baumsäge angesägt. In diesen Sägeschnitt trieb man einen Keil hinein, der Baum stürzte um. Der gefällte Baumstamm wurde mit Keilen der Länge nach auseinandergetrieben. Um das Holz weiter zu zerkleinern, wurden Spaltmesser hineingeschlagen.

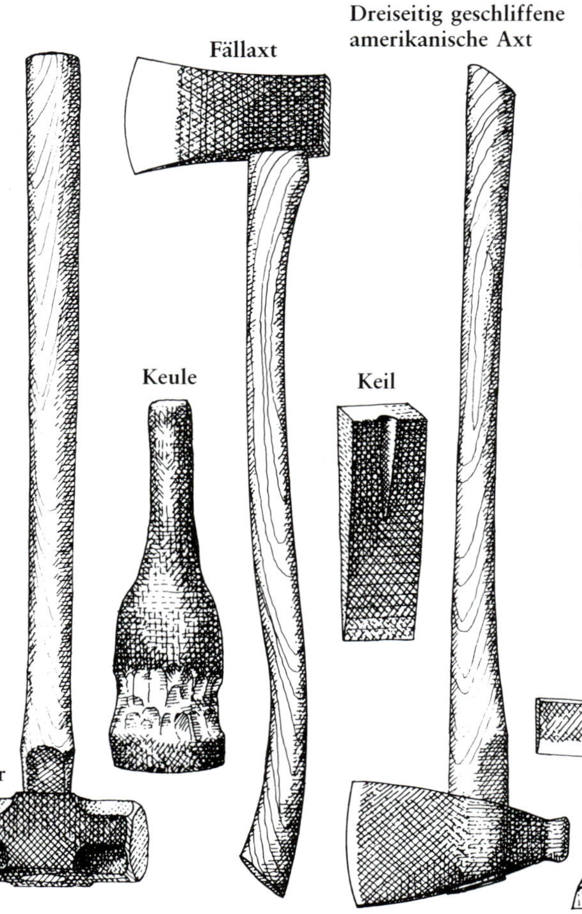

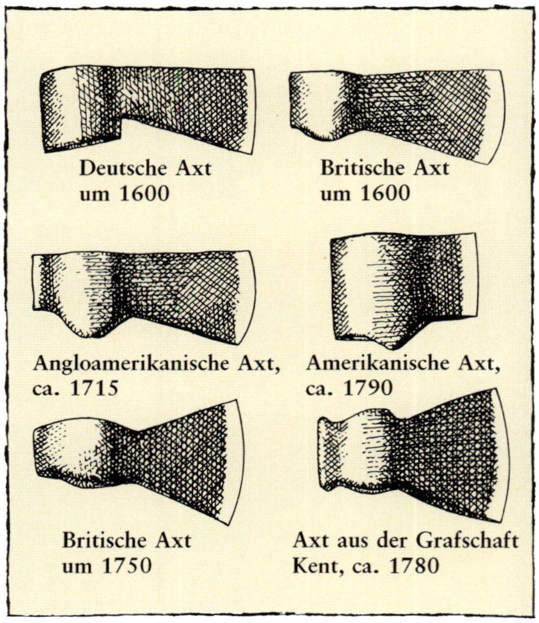

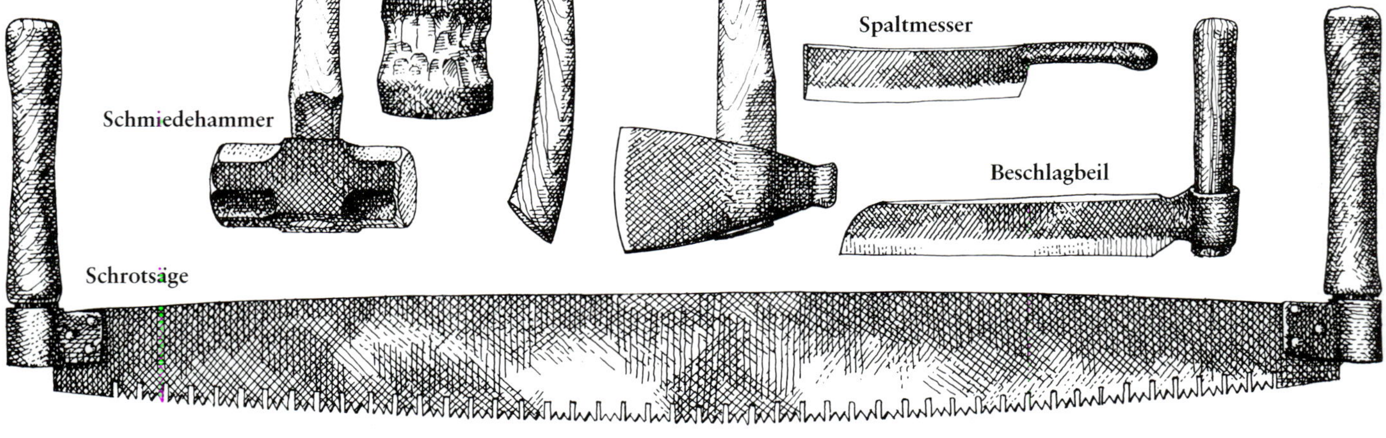

den die Menschen in den harten und langen Wintern dort oben nicht hätten überleben können. In diesen Höhen wachsen nämlich nur Weichhölzer. Da diese beim Verbrennen auch Funken sprühen, konnten die Häuser in den Alpen nicht mit offenen Kaminen geheizt werden. Deshalb finden sich dort überall große Kachelöfen, oft für mehrere Räume zugleich, die von einem kleinen Feuerschacht aus beheizt wurden. Da die Kacheln die Wärme gut halten, blieb es in den Zimmern lange warm.

Torf stechen

Die Vorsehung hat es wohl so gefügt, daß dort, wo Brennholz knapp ist, meist Torf zur Verfügung steht. Torf bildet sich in der Natur an Stellen, wo sich im Boden Wasser sammelt, das kaum abfließen kann. Wenn die Pflanzen an diesen Stellen absterben, so verrotten sie nicht, sondern sinken in den Sumpf ab und bauen sich allmählich zu einem Moor auf, das im Lauf von Jahrhunderten mehrere Meter dick werden kann. Grob gesprochen, gibt es zwei Arten von Moor: Hochmoore, die sich in Gebirgstälern gebildet haben, und Tieflandmoore, die sich in den Ebenen bildeten, wo das Wasser keinen Abfluß finden konnte. Die Mitte der irischen Insel ist eigentlich ein einziges riesiges Moor dieser Art.

Moor wird schon seit Tausenden von Jahren gestochen und verheizt. Seit die Preise für Heizöl und Kohle so sehr gestiegen sind, ist es als billiges Brennmaterial wieder beliebt geworden. So kann man während des Frühjahrs und Frühsommers im schottischen Hochland, auf den der schottischen Küste vorgelagerten Inseln und im Westen von Irland überall Torfstecher am Werk sehen. Sie benützen dafür einen speziellen Torfspaten.

Der Torf wird in flachen Soden abgestochen, die man zum Trocknen auf einen Haufen wirft. Bei schlechter Witterung müssen sie öfters gewendet werden Haben Wind und Sonne sie getrocknet, werden sie gestapelt und oft sogar in großen Mieten gelagert. Dabei werden die Soden so angeordnet, daß der oberste und die äußeren Blöcke einen Winkel bilden und somit der Regen an ihnen abfließen kann.

Ein Brennmaterial, das heute ganz unbekannt ist, früher aber in Wales und Irland oft verwendet wurde, stellen Kohlenstaub-Briketts dar. Sie wurden fabriziert, indem etwa vier Teile Lehm mit einem Teil Kohle- oder Anthrazitstaub gemischt wurde. Unter Zusatz von etwas Wasser wurden daraus Kugeln geformt, die auf einem hochgelagerten Rost verbrannt werden mußten, damit genügend Luft zutreten konnte. Solche Briketts heizten gut und lange.

Torf stechen
Zunächst wurden senkrechte Stiche in den Torf gemacht, und danach wurde dieser mit einem Stecheisen abgehoben. Mit dem Spaten stach man die einzelnen Soden rechtwinklig ab. Diese mußten mit einer Handtrage an den Rand des Moores transportiert werden, da eine Schubkarre in dem nassen Boden eingesunken wäre. Dort wurden die Soden lose zum Trocknen aufgestapelt.

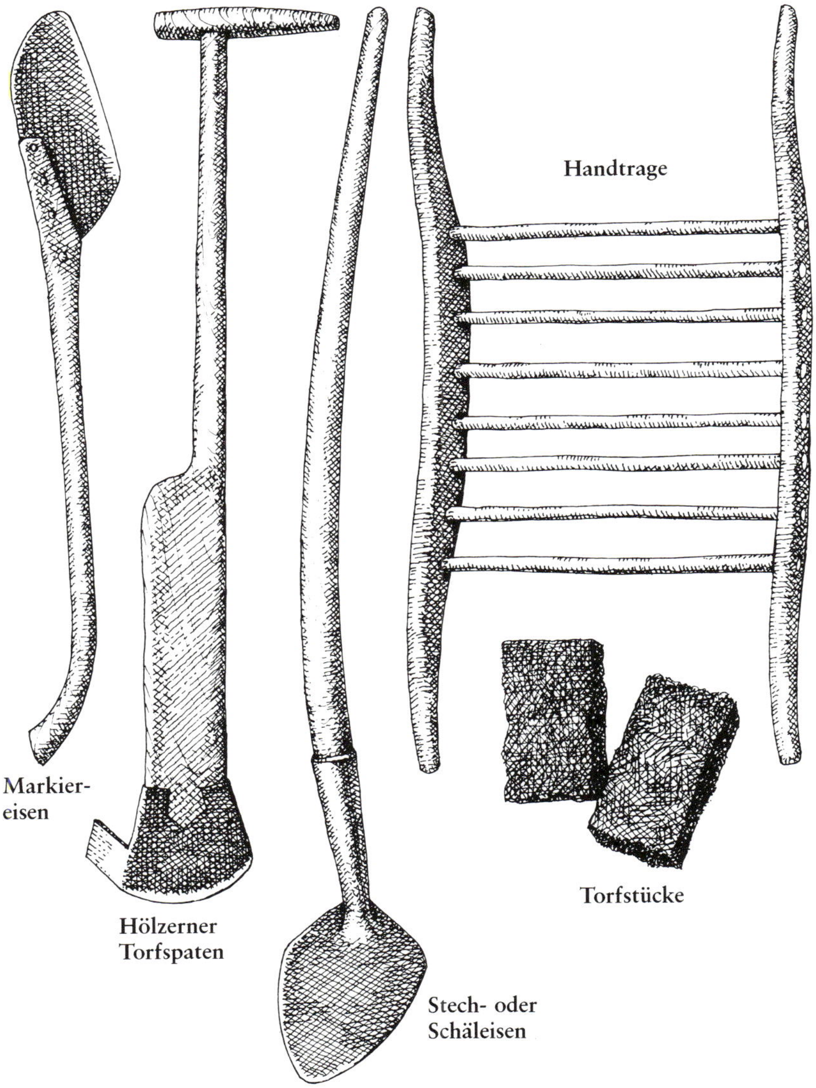

HEIZEN DES HAUSES

Lagern des Brennholzes
Je trockener das Holz war, desto besser brannte es. Deshalb wurde es oft, nachdem es in handliche Stücke zerhackt war, in einem Gestell gelagert, das ein Strohdach zum Schutz vor Regen trug.

Zweifellos ist es sehr bequem, in einem Haus mit Zentralheizung zu leben. Wieviel schöner ist es aber doch, an einem kalten Winterabend vor einem großen, offenen Holzfeuer zu sitzen. Zugegeben, sich anschließend mit einer Kerze bewaffnet durch ein zugiges Treppenhaus in ein kaltes Schlafzimmer tasten zu müssen, erforderte manchmal einen eisernen Willen. Aber geschadet hat dies nie. Erkältungen waren in den Zeiten vor der Zentralheizung nicht häufiger als heutzutage. Es gibt sogar Leute, die behaupten, daß man sich heute leichter erkältet, weil die Zentralheizung die natürlichen Widerstandskräfte des Körpers schwäche.

Vor dem offenen Feuer

Das Leben in einem Haus mit nur einer einzigen Feuerstelle ist heute kaum noch vorstellbar. Jedes Familienmitglied war praktisch gezwungen, sich am Abend vor dem offenen Feuer einzufinden. Da das Feuer kein besonders gutes Licht lieferte, war selbst das Lesen mühselig. Zwangsläufig erzählten sich die Leute also Geschichten, unterhielten sich und sangen miteinander. Selbst Gedichte wurden an diesen langen Winterabenden vor dem Kaminfeuer rezitiert.
Ein guter Freund namens Vernon hat mir einmal erzählt, wie er mit Eltern und Großvater auf ihrem damaligen Hof die langen Winterabende vor dem offenen Feuer zu verbringen pflegte. Meist schauten noch ein paar Nachbarn vorbei. Man unterhielt sich miteinander und erzählte sich Geschichten. Spät in der Nacht stolperte dann meist noch der Urgroßvater herein, der sich im fünf Meilen entfernten Gasthaus aufgewärmt hatte. Wortlos pflegte er sein Messer aus der Tasche zu ziehen, sich ein kräftiges Stück von dem gesalzenen Speck, der von der Decke herunterhing, abzuschneiden und ihn auf der Messerspitze am Feuer zu rösten. Dann waren also vier Generationen – und die Nachbarn – um den Kamin versammelt.
Heutzutage würde der Urgroßvater im Altersheim leben, Großvater allein in seinem Bungalow wohnen, Vater und Mutter würden schweigend vor der Glotze hocken und der kleine Vernon würde vermutlich in seinem zentralgeheizten Zimmer in Comic-Heftchen blättern und sich langweilen. Und was die Nachbarn betrifft: Sie würden sich bestimmt nicht die Mühe machen, vorbeizuschauen, denn einen Fernseher haben sie auch zu Hause.

Kaminfeuer schüren

Gefüttert mit riesigen Holzklötzen, kann das Kaminfeuer eine ganze Woche lang brennen. Mein Vorgänger ließ diese schweren Klötze von seinem Pferd ins Haus ziehen. Eines Tages, als wieder einmal ein langer Eichenstamm auf diese Weise ins Haus gebracht werden sollte, verklemmte sich der Stamm zwischen den Türpfosten. Alle Mühe war vergeblich, nichts half. Er konnte den Stamm weder hinein noch wieder hinaus bekommen. Also mußte er ein Kind zum nächsten Hof schicken, um sich ein stärkeres Pferd zu leihen. In der Zwischenzeit hatte sein eigenes Pferd bereits einen großen Haufen dampfender Pferdeäpfel auf dem Küchenboden hinterlassen.
Ein wichtiges Hilfsmittel, um das Feuer im Kamin in Gang zu halten, waren Blasebälge. In den Gegenden Irlands, in denen Kohlestaub-Briketts (siehe Seite 105) verfeuert wurden, verwendete man dazu sogar die handbetriebenen zentrifugalen Windpumpen, die auf Seite 28 beschrieben sind.

Holzgeheizte Öfen

Offene Kamine, besonders wenn sie mit funkensprühendem harzigem Holz beheizt werden, sind sehr gefährlich, zumal, wenn das ganze Haus aus Holz gebaut ist. Es überrascht also nicht, daß ausgerechnet in Skandinavien und in den Alpenregionen, wo vornehmlich Nadelhölzer wachsen, zuerst geschlossene Öfen gebaut wurden. Verkleidet mit bemalten Kacheln, haben diese eine eigene Schönheit entwickelt.
In Rußland und speziell in Sibirien, wo es die größten zusammenhängenden Waldgebiete der Erde gibt, wurde der Bettofen erfunden. Jedermann, der sich schon über Passagen in russischen Büchern gewundert hat, in denen es heißt, „sie kletterten zum Schlafen auf den Ofen", sei darüber aufgeklärt, daß es sich dabei um den Bettofen handelt. Diese Öfen sind aus Ziegeln gebaut, die selbst dann noch Wärme spenden, wenn das Feuer längst ausgegangen ist. Kein Wunder, daß es selbst in den kältesten Winternächten noch angenehm warm auf ihnen ist.
Die ersten Siedler in Amerika bauten sich ihre Öfen aus Blech, das ohne Zweifel bald durchbrannte. Später stellten sie Öfen aus Gußeisen auf, die in Eisengießereien fabriziert wurden und die mehrere Generationen lang hielten. Der Rauch wurde durch lange Ofenpfeifen abgeleitet, die zusätzlich Wärme spendeten. In kalten

Kohleneimer

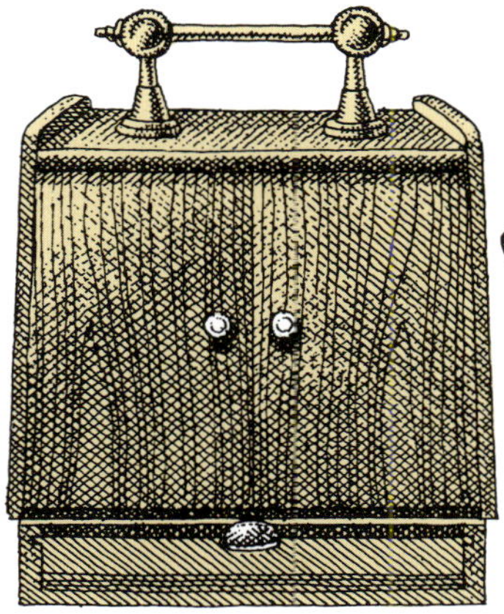

Hölzerner Kohlenkasten

Kohlenschütte aus viktorianischer Zeit

Schutzgitter aus Messing

Deckel zum Ersticken des Feuers

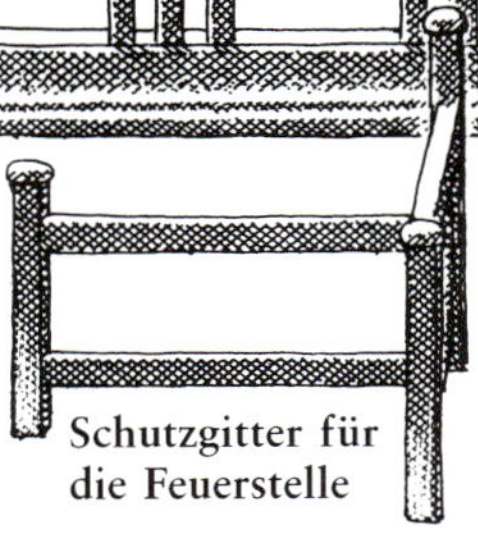

Schutzgitter für die Feuerstelle

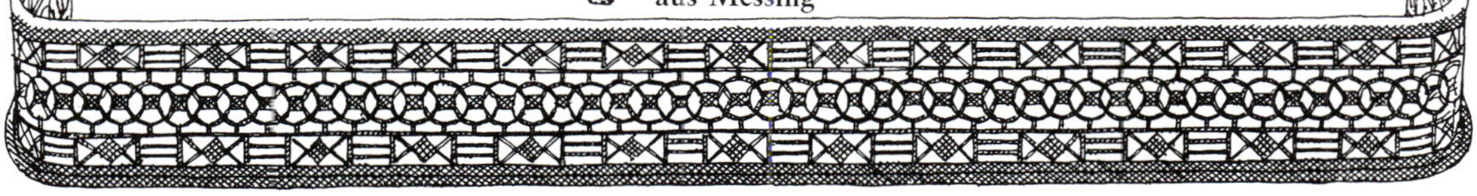

Kamingitter aus Messing

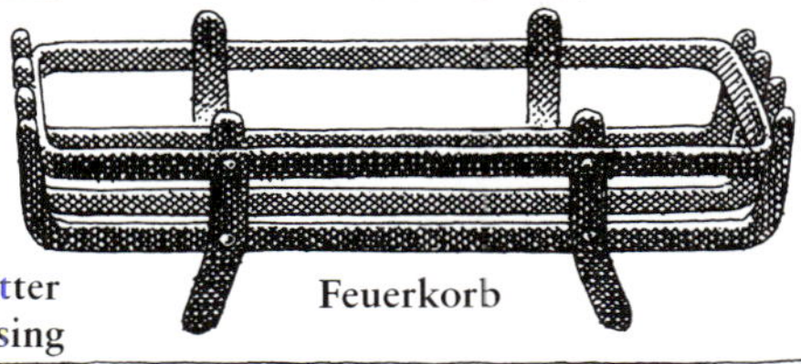

Feuerkorb

Kamin- und Ofenzubehör

Kohlen wurden neben der Feuerstelle in einem Eimer aufbewahrt, der aus Holz, Messing oder Kupfer bestand. Vor dem offenen Feuer des Kamins stand ein Kamingitter. Ein Kamineinsatz sollte die herabfallenden glühenden Kohlen und Holzscheite auffangen. In Paraffin getauchte Anzünder dienten zum Anzünden und Blasebälge zum Anfachen des Feuers. In Reichweite neben dem Kamin befanden sich Schüreisen, Kohlenzange und Kohlenschaufel sowie ein Besen zum Zusammenkehren der Asche.

Feueranzünder

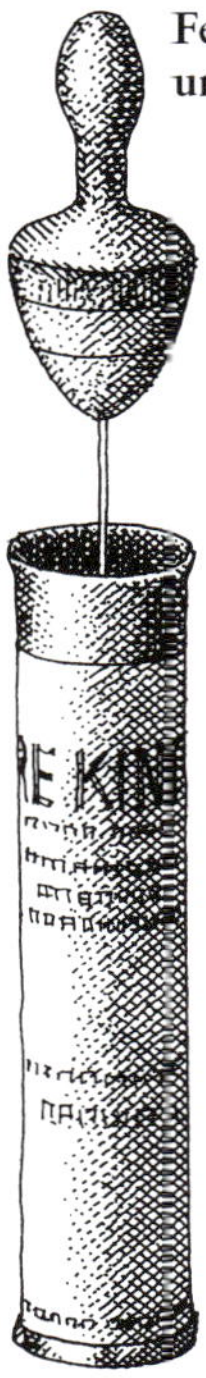

Feueranzünder und Behälter

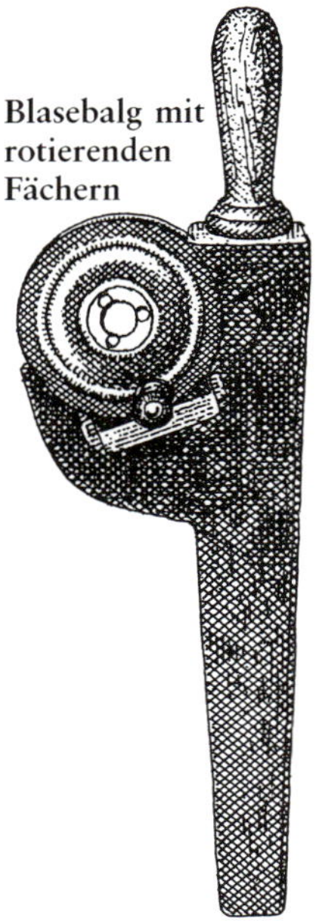

Blasebalg mit rotierenden Fächern

Blasebalg mit Handbetrieb

Feuerzange aus Messing

Kohlenzange

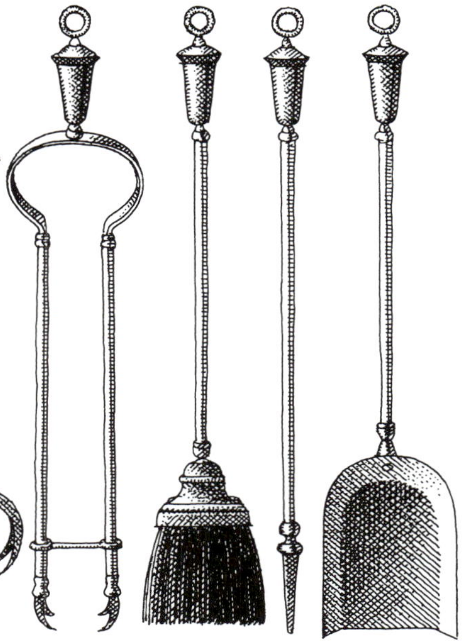

Ofengeschirr aus Messing, bestehend aus Zange, Kehrbürste, Stochereisen und Kohlenschaufel

Hitzeschutz
Für Damen mit zarter Konstitution gab es transportable, aus starker Leinwand hergestellte Ofenschirme, die sie vor zu großer Hitze schützen sollten.

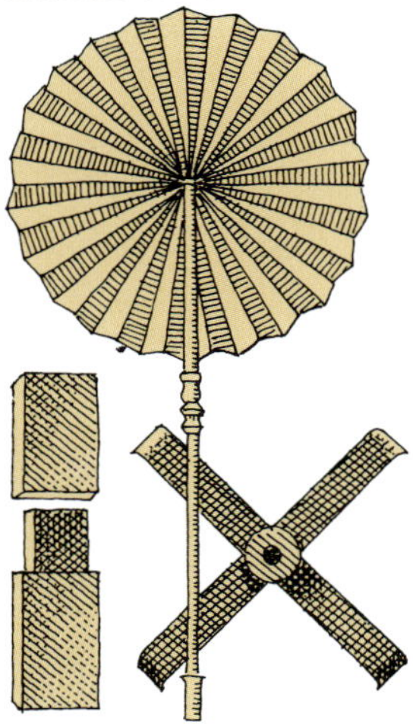

Öfen für feste Brennstoffe
In diesen Öfen ließen sich Holz, Kohlen oder Koks verheizen. Sie waren so konstruiert, daß dies mit dem größtmöglichen Wirkungsgrad geschah. Normalerweise bestanden sie aus Gußeisen und hatten eine konische oder rechteckige Form. Hin und wieder fanden sich auch sogenannte Turmöfen. Diese waren oft sehr kunstvoll verziert.

Wintern benötigte man in schlecht isolierten Häusern große Mengen Brennholz, um überleben zu können. In den waldreichen Gegenden fällte man daher im Sommer und Herbst genügend Bäume, die dann, nachdem der erste Schnee gefallen war, mit Pferden oder Schlitten zum Haus gezogen wurden.

Öfen für Kohle und Holzkohle

In Spanien, Portugal und Teilen Italiens wurde zum Kochen und Heizen sehr viel Holzkohle verwendet. Die Winter in Spanien sind durchaus kalt. Ich habe mich oft über die geringen Heizmöglichkeiten dort gewundert. Aber ein Becken mit glühenden Holzkohlen unter dem Tisch spendete immer angenehme Wärme.

Leute, die während des Zweiten Weltkrieges oder davor in der britischen Armee gedient haben, werden sich noch an den sogenannten „Schildkröt“-Ofen erinnern. Das war ein dickbäuchiges, zylindrisches Monstrum aus schwergewichtigem Gußeisen. Im Deckel hatte der Ofen ein Loch mit Eisenringen. Einmal gut eingeheizt, wurde er glühend rot. Obenauf stand fast immer ein Wasserkessel, der vor sich hin summte. Die glücklichen Menschen an dem Ende einer langen Holzbaracke, wo der Ofen stand, konnten sich nicht über Kälte beklagen.

Ölöfen

Eine ziemlich kurzlebige Errungenschaft des frühen 20. Jahrhunderts war der Ölofen. Die Ausführungen unterschieden sich deutlich voneinander.

Die Brenner der ersten Ölöfen besaßen einen oder zwei Dochte, die gelblich brannten und meist bestialisch stanken. Später kamen runde Dochte auf, durch deren Mitte Luft ziehen konnte. Vorausgesetzt, daß man ihre Dochte ständig trimmte und das Ganze sauber hielt, brannte ihre Flamme blau. Sie rochen auch viel weniger und entwickelten größere Hitze als die Dochte der ersten Ölöfen. Aber auch so war ihr Geruch noch immer penetrant. Und wenn die Hausfrau nicht aufpaßte, überhitzte sich die Flamme, verwandelte sich von Blau in Rot und dann in Gelb. Im Handumdrehen war so die Küche mit schwarzem Qualm gefüllt, alles war mit feinen, schmierigen Rußflocken übersät. Trotzdem waren diese Ölöfen in den abgelegenen Gegenden der Vereinigten Staaten und der britischen Kolonien sehr beliebt, jedenfalls so lange, bis das Flaschengas sich durchsetzte.

Der „Primus“-Ofen und seine Ableger sind in den entlegenen Gegenden dieser Welt noch immer präsent. Auch er wird mit Petroleum geheizt, aber bei ihm wird komprimierte Luft in den Tank geblasen. Der Brennstoff wird durch seine eigene Flamme erhitzt und tritt dadurch als Gas aus der Düse aus. Aus diesem Grund muß der Ofen vorgewärmt werden, und zwar durch Verbrennen von vergälltem Spiritus unter seiner Rohrleitung. Auch muß man gelegentlich die Düse mit einem feinen Draht säubern, sonst geht die Flamme aus und das Ding

Nach unten brennender Ofen

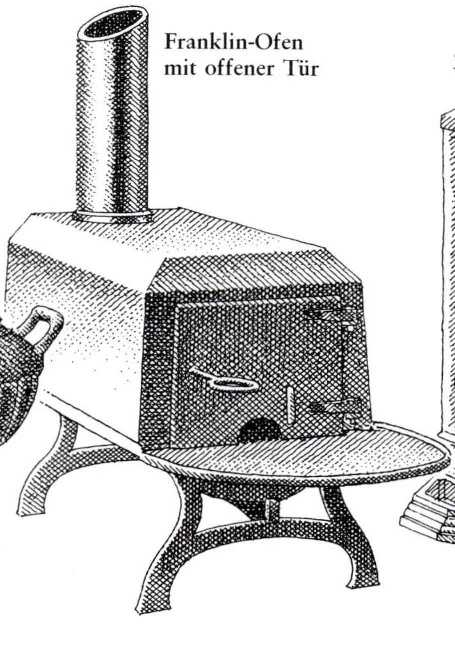

Franklin-Ofen mit offener Tür

„Schildkröten“ Werkstattofen

Freistehender Koks- und Kohleofen

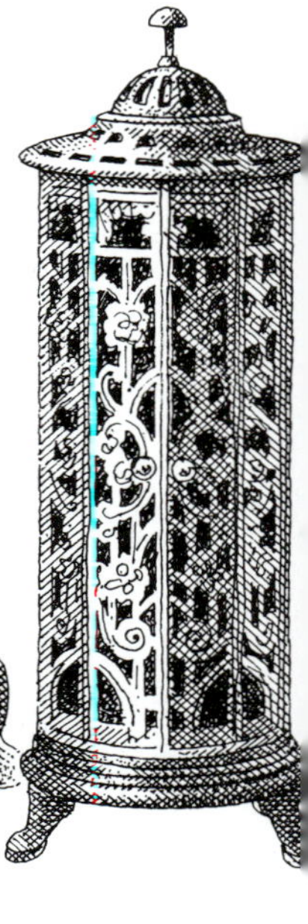

Zylindrischer Dauerbrandofen

fängt an, Petroleum durch die Gegend zu spuken.
Sehr angenehme Weggefährten sind die Primusöfen in der engen Kabine oder Kajüte eines Sportbootes. Die Bedienung des Ruders oder der Pinne fällt um etliches leichter, wenn nebenan der Ofen zischt und faucht und ein Topf mit Suppe darauf brodelt. Ich glaube, der „Primus“ entschädigte zu einem großen Teil für den Kampf mit dem Steuerrad. Leider wurde dieser gute Freund und Weggenosse heute weitgehend durch Campinggasflaschen abgelöst. Es dürfte schwierig sein, heute einen solchen Ofen zu kaufen.

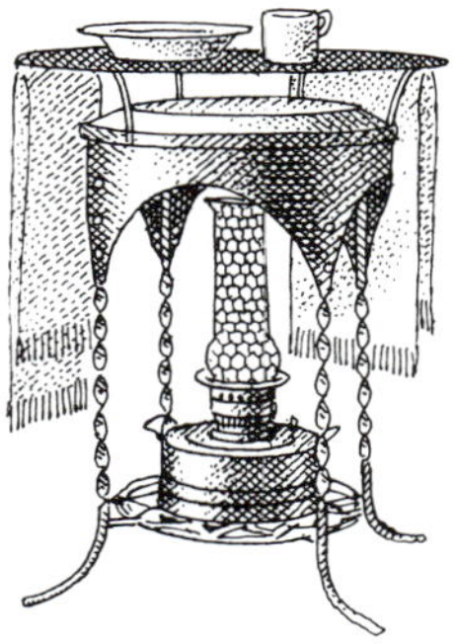

Tragbarer Tischofen

Heizöfen für Öl, Gas und Strom
Ölöfen hatten einen Tank für Petroleum, das über einen Docht verbrannt wurde. Die Flamme konnte man durch ein seitliches Fenster beobachten. Gasöfen wurden mit Gas beheizt, das sich in einer offenen Kammer im Unterteil mit Luft mischte und entbrannte. In Elektroöfen fließt der Strom durch Heizspiralen oder andere Heizelemente.

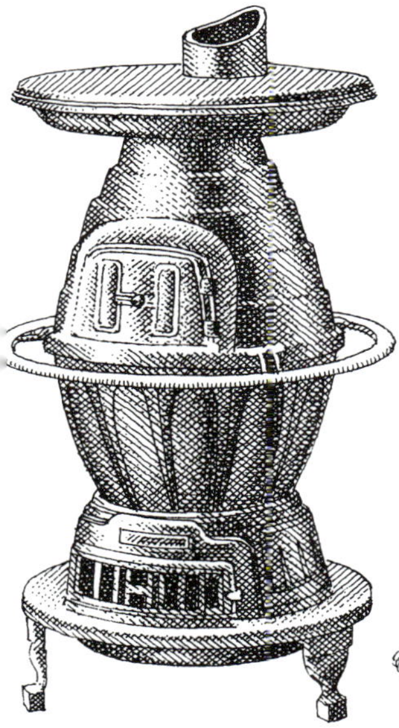

Bauchiger Werkstattofen

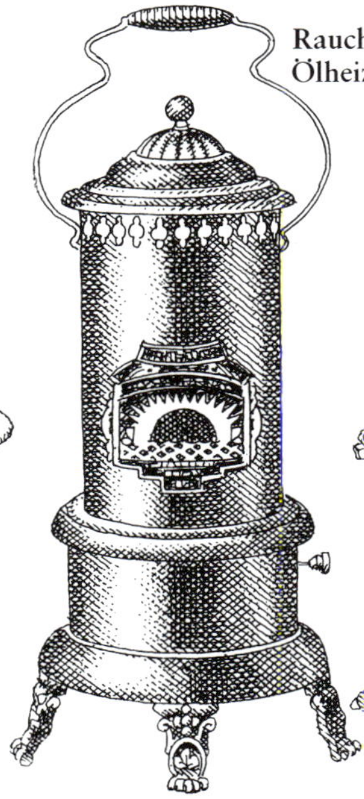

Rauchfreier Ölheizer

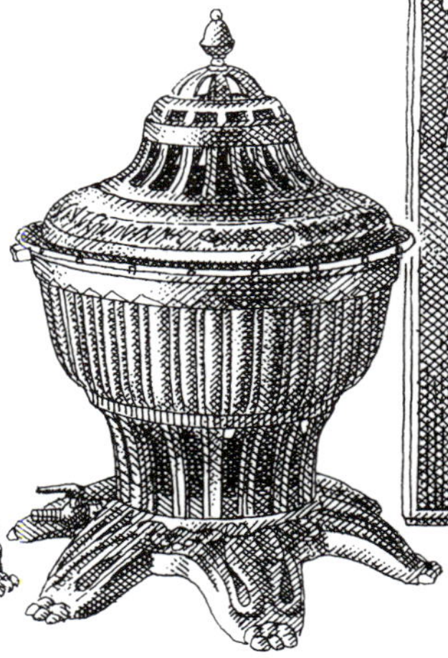

Omega Gasheizer

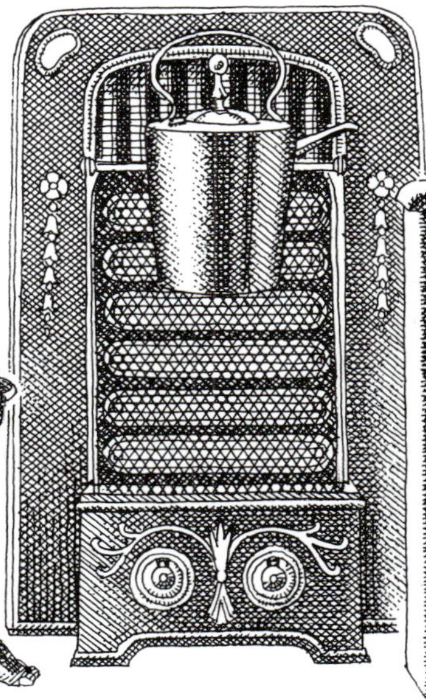

Belling-Elektroheizung

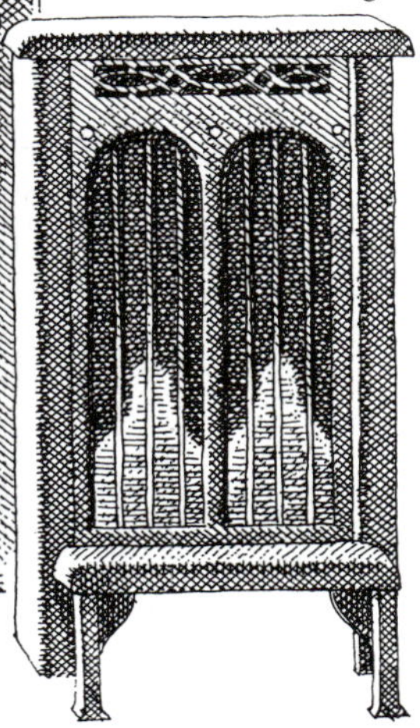

Falco-Elektroheizung

SCHLAFZIMMER UND BETTEN

Das Bett ist das Möbelstück, das in unserem Leben wohl die wichtigste Rolle spielt. Die meisten von uns werden dort gezeugt worden sein – einige allerdings wohl auch auf der Couch oder anderswo; die allermeisten von uns sind darin geboren worden und werden auch darin sterben. Wer gesund leben will, verbringt ein Drittel seines Lebens im Bett.

Klappbett
Das Klappbett ist der Vorläufer der heute so beliebten Wandbetten. Am Tag diente es als Wandbank. Abends klappte man den Sitz herunter und machte in seiner tiefen Mulde das Bett.

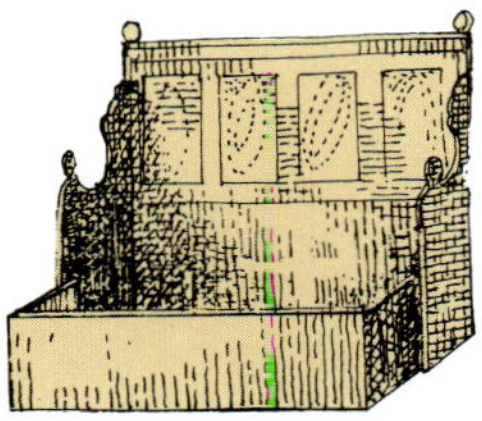

Betten der verschiedensten Art

Odysseus fertigte das Bett, das er mit Penelope teilte, mit eigenen Händen an. Er baute sein Schlafgemach um einen alten Olivenbaum herum, dessen Äste und Zweige er abschlug und dessen Stumpf er zu einem Bettpfosten zurechtschlug. Es war die Erinnerung an dieses Hochzeitsbett, die ihn standhaft bleiben ließ, als Calypso ihm anbot, ihn unsterblich zu machen, falls er bei ihr bleiben würde.

Überall in Indien findet sich das *Charpoy,* eine Liegestatt aus gespannten Tauen. Diese steht aber nicht etwa im Haus, sondern auf der Veranda oder unter einem schattigen Baum im Garten. Während der brütenden Mittagshitze hockt man darauf mit gekreuzten Beinen und ruht sich aus. Einem indischen Maharadscha gehörte auch das merkwürdigste und extra-

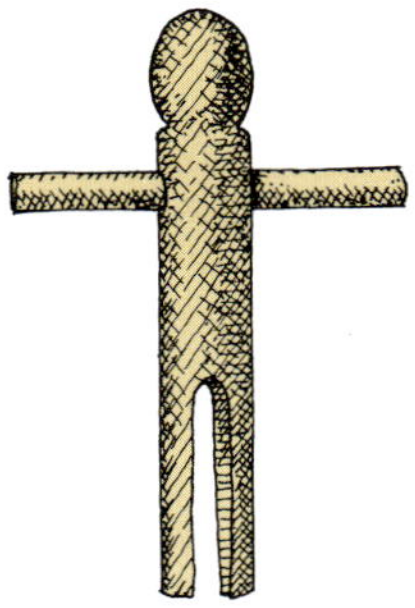

Klammer zum Befestigen des Bettrostes

Bettenböden
Bettenböden wurden entweder aus Seilen hergestellt, die am Bettrahmen befestigt und mit Knebeln gespannt wurden, oder aber aus gestreiftem Segeltuch, das zwischen Kopf- und Fußende hing und mit Hilfe einer Kurbel gestrafft werden konnte.

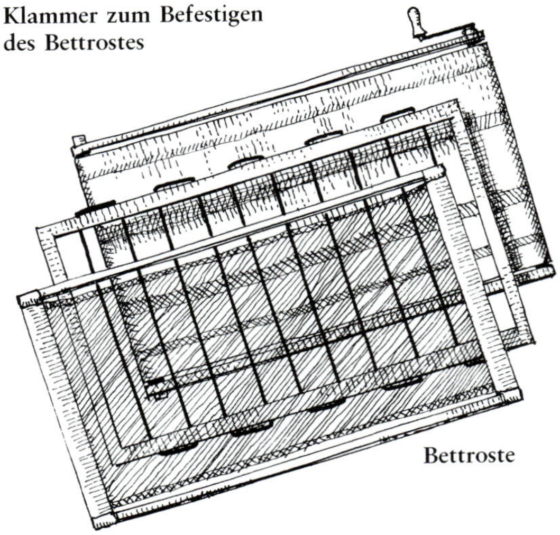

Bettroste

Hilfen gegen die Kälte

Wer früher in England in einem Landgasthaus übernachtete, dem wurde bei der Ankunft eine Wärmeflasche ins Bett gelegt, damit es nicht ganz so klamm war, wenn er sich hineinwagte. Wenn es sich um einen guten Gasthof handelte, pflegte die Wirtin auch noch ein Feuer in dem kleinen Kamin des Zimmers anzuzünden. War dies nicht der Fall, hieß es eben die Nacht zähneklappernd zu verbringen.

Auf den britischen Eisenbahnen konnten kälteempfindliche Personen vom Stationsvorsteher in Tücher gewickelte heiße Ziegelsteine bekommen, an denen sich während der Fahrt die Füße wärmen ließen. Wer sich dazu noch eine Decke um die Beine wickelte, konnte die Fahrt dann halbwegs heil überstehen. Es gab für diesen Zweck auch kleine Fußwärmöfchen.

In Kaschmir, hoch oben in den Bergen des Himalaja, kann man Frauen beobachten, die mit den Händen unter dem Rock herumlaufen. Sie erwecken den Anschein, als seien sie schwanger. Dabei tragen sie nur kleine Holzkohleöfchen vor dem Bauch.

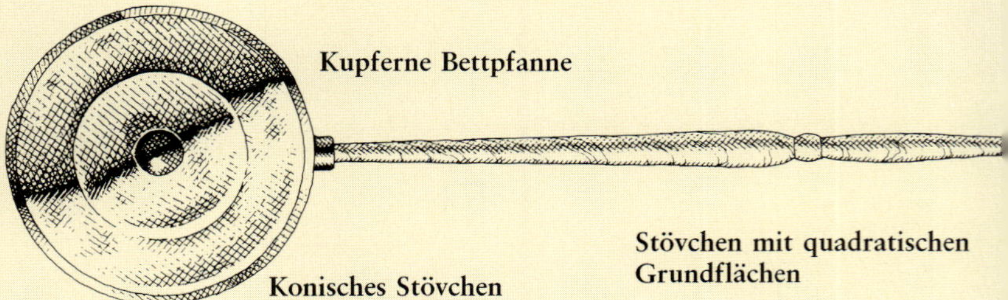

Kupferne Bettpfanne

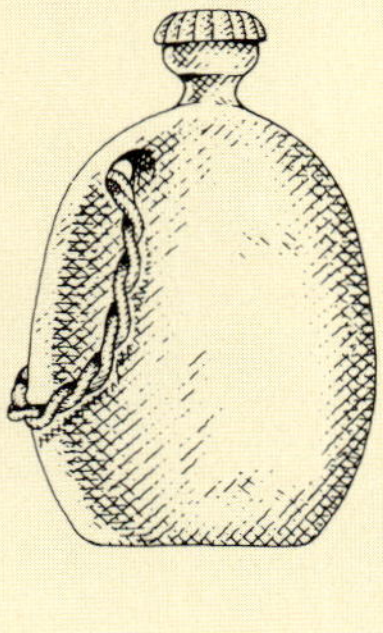

Irdene Wärmflasche

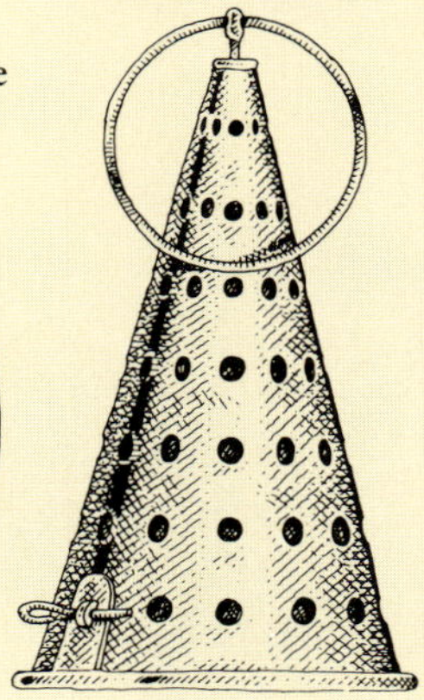

Konisches Stövchen zum Fußwärmen

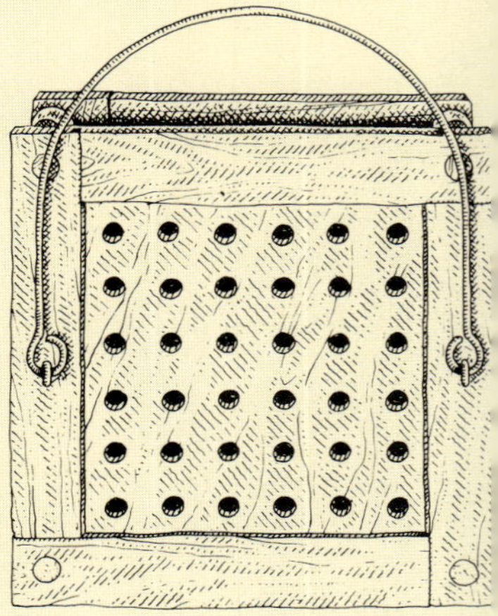

Stövchen mit quadratischen Grundflächen

vaganteste Bett aller Zeiten, das aus purem Silber gefertigt war Darauf waren in realistischen Farben vier lebensechte nackte weibliche Gestalten detailgetreu gemalt. Sie trugen Perücken aus echtem Haar und hielten Federfächer und Fliegenwedel in den Händen. Der Maharadscha mußte sich nur auf das Bett legen, und schon begannen die Figuren zu fächern.

Das Bett des Franzosenkönigs Ludwig XIV. war so heilig, daß seine Besucher sich selbst dann davor verbeugen mußten, wenn er gar nicht darin lag. So was habe ich auch im Krieg mit einem Offizier erlebt.

Die prächtigen Himmelbetten früherer Zeiten garantierten Zurückgezogenheit ebenso wie fehlende Belästigung durch Zug. In kleineren Bauernhöfen gab es früher Klappbetten, die aufgeklappt und in die Wand zurückgeschoben wie Schranktüren aussahen. Ich kenne einen alten Mann aus der englischen Grafschaft Pembrokeshire, der auf Bestellung noch bis vor kurzem solche Betten angefertigt hat. Im schottischen Hochland wurden Betten in Wandnischen hineingebaut, die durch Schiebetüren verschlossen werden konnten. Auch dahinter war man vollkommen ungestört, sofern es einem nichts ausmachte, beinahe zu ersticken. Dort oben im Hochland war eine Krankheit verbreitet und den Ärzten wohlbekannt, die nur die Männer befiel, und zwar vorzugsweise an langen Wintertagen. Die obligatorische Ankündigung „Er hat sich zu Bett begeben" bezeugte, daß die Seuche ein weiteres Opfer niedergestreckt hatte. Der arme Mann pflegte sich dann mit einer großen Flasche Whisky in solch ein Nischenbett zurückzuziehen, verschmähte sämtliche ihm gebotenen Stärkungsmittel und tauchte erst wieder auf, wenn die Tage länger wurden. Entgegen allen Erwartungen war der Krankheitsverlauf niemals tödlich.

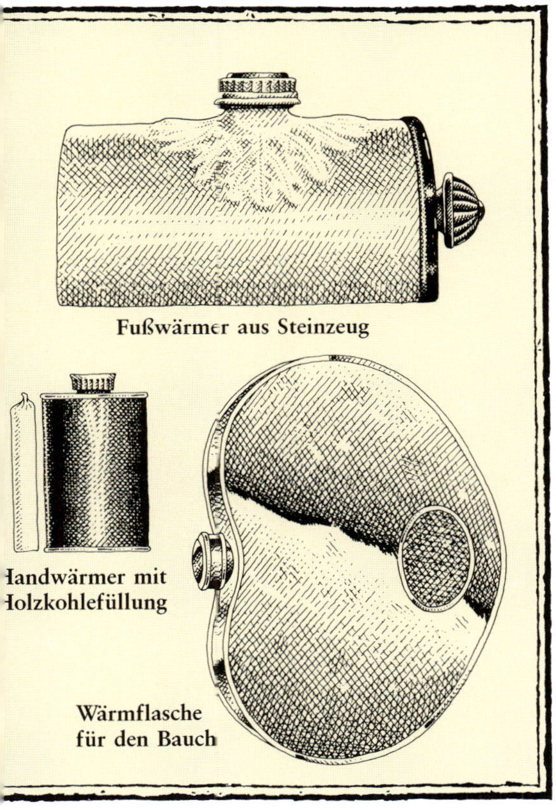

Fußwärmer aus Steinzeug

Handwärmer mit Holzkohlefüllung

Wärmflasche für den Bauch

Matratzen

Seeleute schliefen, wenn sie Glück hatten, genauso wie die Landratten auf Matratzen aus Daunendecken. Hatten sie jedoch Pech, dann mußten sie mit dem „Esels-Frühstück" vorliebnehmen. Dies war ein einfacher Rupfensack, der mit Stroh oder Heu gefüllt war. Ich habe einmal einen Matrosen von einem Küstenschiff kennengelernt, der sein Schiff nach einer Kollision mit einem Dampfer dadurch vor dem Sinken rettete, daß er seinen Strohsack in das Loch stopfte.

Daunendecken zu reinigen war eine sehr schwierige Angelegenheit. Am besten war das zu bewerkstelligen, wenn man sie auftrennte und die Daunen vorsichtig in einem leicht geheizten Backofen oder – sofern verfügbar – in einer Malzdörre in einem löchrigen Gefäß über kleiner Flamme trocknete. Man konnte auch die komplette Decke waschen, aber dann war das Trocknen eine mühselige Angelegenheit. Man mußte sie in den Wind hängen und immer wieder aufschütteln. Falls sie nicht gründlich genug und sorgfältig trockneten, wurde der Inhalt nach einiger Zeit unweigerlich zu einem faulenden Schlamassel.

Wandernde Schlafzimmer

Die Zigeuner, die aus Indien eingewandert sind, lebten über Jahrhunderte lang in „Vardos" oder in pferdegezogenen Wohnwagen – den Zigeunerwagen aus dem Bilderbuch. Der Vardo war nichts anderes als ein Schlafzimmer auf Rädern, denn gekocht wurde im Freien am offenen Feuer. War das Pferd ausgespannt, ließ sich ein solcher Wagen über eine hübsch geschmückte Treppe zwischen der Deichsel betreten. Dicht hinter der Tür stand linkerhand ein „Königinnen"- oder „Prinzessinnen"-Ofen, ein kleiner, mit vielen Verzierungen versehener gußeiserner Ofen. Auf der rechten Seite befand sich in einem Eckschrank kostbares Crown-Derby-Porzellan. Die gesamte Breite und einen Großteil der Länge nahm ein großes Bett ein, behängt mit Troddeln und von farbenprächtigen Vorhängen umschlossen, die sich aufziehen ließen. Unter diesem Bett verbarg sich noch ein weiteres, darin schliefen alle Kinder.

Bettwärmer
Der Bettwärmer diente zum Anwärmen von kalten und klammen Betten. Er wurde ebenso wie eine Wärmflasche vor dem Schlafengehen ins Bett gelegt und bestand aus einem kleinen Warmwasserbehälter, der von einem Drahtgestell umgeben war.

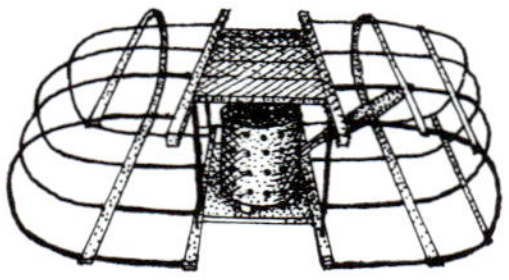

Die richtige Bettwärme
Klamme, feuchte Betten sind höchst ungesund. Reisende trugen deshalb früher einen kleinen Feuchtigkeitsmesser bei sich, den sie in die Gasthofbetten legten, um zu entscheiden, ob sie darin übernachten konnten.

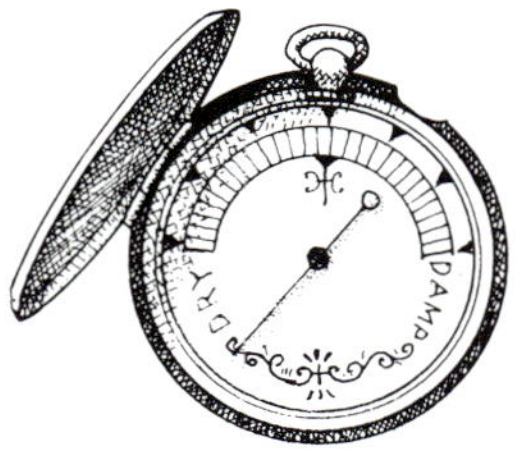

Nachttöpfe
Bevor die segensreichen Innentoiletten erfunden waren, hatte man für „Notfälle" unter dem Bett stets einen Nachttopf stehen. Diese Nachttöpfe haben manchen langen Weg durch Haus und Garten in stockdunkler, kalter Nacht überflüssig gemacht. Sie wurden nicht etwa mit unauffälligem Weiß getarnt, sondern waren oft äußerst bunt bemalt.

Bemalter Nachttopf aus Porzellan

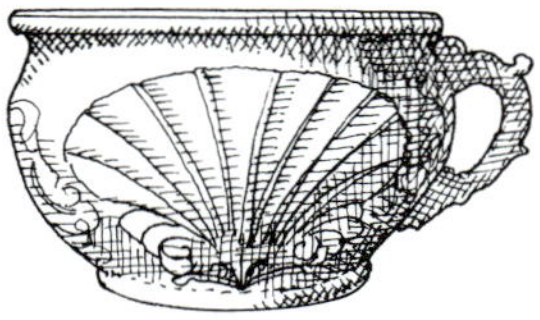

Naturfarbener Nachttopf aus Marmor

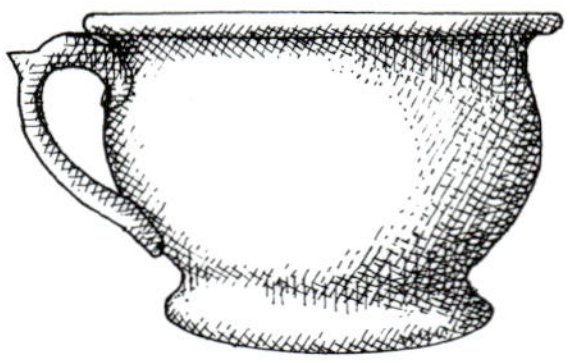

Bleiglasierter Keramik-Nachttopf

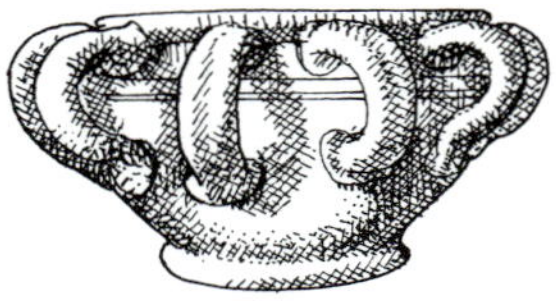

Nachttopf mit Schleifendekor

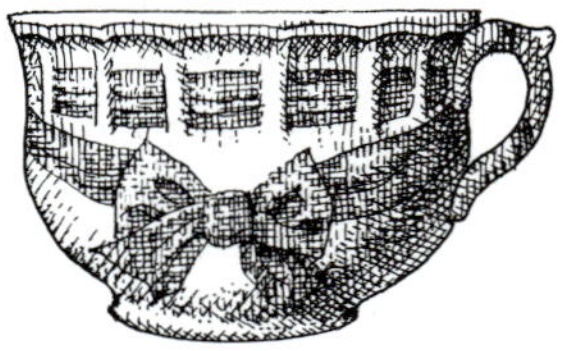

Die Schlafzimmerausstattung

Die Ausstattung der Schlafzimmer war auf dem Land früher nahezu überall gleich spartanisch. Unter dem Bett oder schamhaft verborgen in einem billigen Bettkasten wartete ein Nachttopf. In einer Ecke stand ein Gestell mit einer Wasserkanne, einem Waschbecken und einem Eimer für das schmutzige Waschwasser. Dann hingen an der Wand noch ein paar meist sehr kitschige Bilder oder einige lautere Bibelsprüche.

Man kann sich in unserem zentralgeheizten Zeitalter gar keine richtige Vorstellung mehr davon machen, wie ungemütlich es in solch einem Schlafzimmer zur Winterszeit war. Oftmals mußte, wer sich am Morgen waschen wollte, erst das Eis aus der Wasserkanne entfernen – das heißt, wer überhaupt so einfältig war, sich waschen zu wollen.

Allerdings war in wohlhabenderen Haushalten das Schlafzimmer mehr als nur ein Ort zum Schlafen. Im Boudoir einer Dame stand für gewöhnlich einer jener wundervollen Frisiertische, bestückt mit einer Unzahl von Dingen, deren Verwendungszweck für einen Mann ewig ein Geheimnis bleiben wird. Man fand darauf nicht nur Haarnadeln, Bänder und Schleifen, Make-up und Gesichtspuder sowie eine große Kollektion von Kämmen und Bürsten und Flaschen mit diversen Duftwässerchen, sondern unter Umständen auch Fotografien der Familienangehörigen und andere Andenken. Und natürlich gab es neben einem großen Wandspiegel, in dem die Dame sich aus jeder Richtung betrachten konnte, mindestens auch noch einen Handspiegel mit Schildpatt- oder Silbereinfassung.

In solch einem Boudoir befand sich möglicherweise auch ein eleganter Schreibsekretär, an dem die Dame ihr Tagebuch führen konnte, Gedichte verfaßte oder heimlich Briefe an ihren Liebhaber schrieb. Vor dem Kamin standen ein paar Sessel, vielleicht auch noch ein Tischchen für den Fall, daß die Dame einmal ein ungestörtes Tête-à-tête mit ihrem Bekannten führen wollte. In noch größeren Häusern existierte neben dem Schlafzimmer oft noch ein separates Ankleidezimmer, manchmal auch zwei, für sie und für ihn. Und natürlich befand sich neben dem Bett ein Klingelzug, ein mit Troddeln geschmückter Strang, der von der Decke herabhing. Er war über ein kompliziertes System von Seilen und Rollen („System Robinson") mit der Küche oder dem Anrichteraum verbunden oder aber mit dem Korridor zwischen beiden. Dort hingen Glöckchen an der Wand, die auf einen Klingelzug hin mit einem Hämmerchen angeschlagen wurden. Dann eilte der Butler oder das Hausmädchen herbei, stellte fest, welches Glöckchen noch nachschwang, und meldete sich dann in dem entsprechenden Raum, um die Anweisungen entgegenzunehmen.

Ein Wecker mit Tee

Der erste automatische Teekocher wurde 1902 als „die Uhr, die den Tee macht", angekündigt. Das war ein faszinierender und komplizierter Apparat mit einem Wecker, einem Kupferkessel, einer Spirituslampe und verschiedenen Federn und Hebeln. Wie dem auch sei, er funktionierte genial und erwarb sich viele Freunde: Am Abend vorher mußte der Kessel mit Wasser gefüllt werden, und im Teetopf mußten einige Löffel Teeblätter vorbereitet sein. Das Klingeln des Weckers entzündete am Morgen ein Streichholz an einem Stück Sandpapier und setzte so den Spiritus in Brand. Der Kocher erhitzte das Wasser im Kessel darüber. Hatte das Wasser den Siedepunkt erreicht, kippte die Feder den Kessel, und das Wasser ergoß sich in den Teetopf. Gleichzeitig löste der kippende Kessel einen Alarm als Signal aus, daß der Tee bereitet sei.

Automatischer Teezubereiter

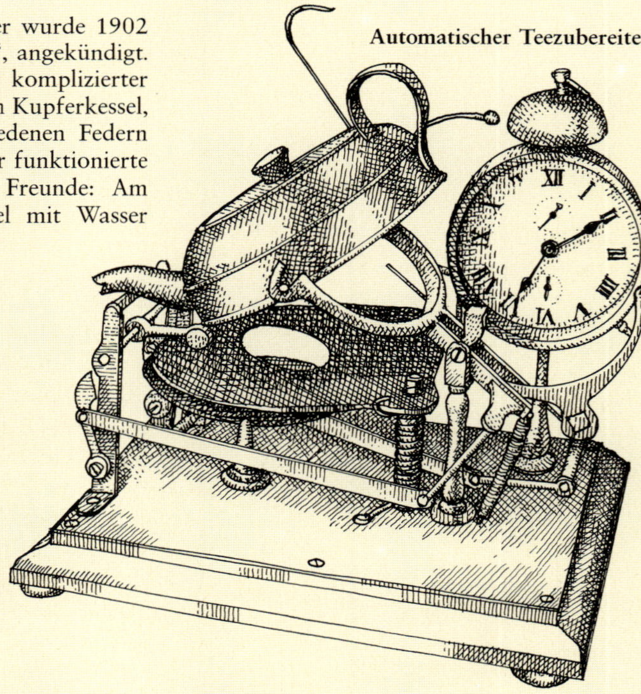

HÄUSLICHE KRANKENPFLEGE

Bis zum Anfang des 19. Jahrhunderts gab es auf jedem größeren Landgut noch einen sogenannten Destillierraum. Darin überwachte die Dame des Hauses nicht nur das Destillieren von Parfums, Schnäpsen und Kräuterlikören, sondern auch die Herstellung von Essenzen aus vielen verschiedenen Pflanzen, die als Heilmittel gegen alle möglichen Wehwehchen dienten. Das verlangte enorme Kenntnisse der Hausfrau.

Das Wissen um die Heilkraft vieler Kräuter, die noch heute in der Homöopathie eingesetzt werden, ist uralt. Viele Landbewohner verwenden nach wie vor Kräuter zum Heilen oder sprechen zumindest davon. Ich kenne einen alten Müller aus der Grafschaft Suffolk, der darauf schwört, daß jeder einzelne Bestandteil eines Holunderstrauches die Fähigkeit hat, ein bestimmtes Leiden zu heilen; und ich habe auch einen alten Zigeuner gekannt – Gott sei seiner Seele gnädig –, der davon lebte, Alraunwurzeln auszugraben. Einige dieser Alraunen, so pflegte er mir zu versichern, seien männlich, andere wiederum weiblich. Finde man eine Wurzel des einen Geschlechts, so sei sicher, daß gleich nebenan eine des anderen Geschlechts wüchse. Angeblich würde eine solche Wurzel, wenn man sie ausgräbt, „wie ein gefoltertes Wesen schreien. Alraunen, so glaubte er, wären nur dort zu finden, wo vor langen Zeiten einmal ein Mensch gehenkt worden sei.

Die Menschen in Viktorianischer Zeit waren gewöhnlich mit allen denkbaren Arzneimitteln ausgestattet, denn sie waren anfällig für zahlreiche Krankheiten. So waren die häufigen Ohnmachten, unter denen besonders junge Damen aus gehobenen Kreisen litten, vorwiegend auf die damalige Mode zurückzuführen, die jene armen Dinger fest zusammenschnürte. Und die häufigen Schwindsuchtfälle damals, die Mann und Weib befielen, resultierten aus einer heftigen Abneigung der Menschen gegen offene Fenster.

Ich bin alt genug, um mich an die Zeiten zu erinnern, als man auf der Straße vor dem Haus eines Kranken dicke Strohmatten auslegte. Dadurch sollte der Lärm der vorbeirollenden Kutschen und Pferdewagen gedämpft werden. Und ich erinnere mich noch gut an das ängstliche Gefühl, das einen beschlich, wenn man über solche Strohmatten fuhr. Sie kündeten von Krankheit und Tod.

Medizinische Ausrüstungen
In der Viktorianischen Zeit wurden Krankheiten sehr ernst genommen. Jedes Haus war deshalb gut ausgestattet mit Geräten, die medizinischen Zwecken dienten. Neben Bettpfannen fanden sich dort Mundduschen und Rachenbürsten, Inhaliergeräte, Augenbäder und Riechsalze und natürlich auch eine wohlbestückte Hausapotheke.

BAD UND TOILETTE

Wer in meiner Jugendzeit in einem gutgeführten Haushalt zu Gast war, der wurde des Morgens vom Dienstmädchen geweckt, das ins Schlafzimmer kam und die Vorhänge zurückzog, damit die Sonne ins Zimmer scheinen konnte. Auf das Tischchen neben dem Bett stellte sie ein Tablett mit einer Tasse Tee und einigen Schnitten Weißbrot, bei denen die Butter dicker war als das Brot darunter. Neben das Tischchen kam eine Kupferkanne mit heißem Wasser mit einem aufklappbaren Deckel und einem weiteren Deckel am Ausguß. Umwickelt war diese Kanne mit einem frischen Handtuch. Damit sollte das Wasser warm gehalten werden – für etwaige Langschläfer.

Ehe es Installationsleitungen gab

In solch einem Haus gab es vermutlich auch ein komfortables Badezimmer. In jenen Zeiten war es nämlich für die bessere Gesellschaft unerläßlich, jeden Morgen ein heißes Bad zu nehmen. Ich glaube, daß diese merkwürdige Idee aus Amerika zu uns herüberkam, wo die Leute von der körperlichen Sauberkeit geradezu besessen waren. Das Bad war oft eine höchst eindrucksvolle Angelegenheit. Die lange Wanne war mit Mahagoni eingefaßt. Überall waren massive Rohre aus galvanisiertem Eisen oder Kupfer und ein Gasboiler angebracht, die das Ganze wie den Maschinenraum eines neuzeitlichen U-Boots aussehen ließen.

Die Badewanne

Bei Reitern war die Sitzbadewanne sehr beliebt, weil sich darin gut das schmerzende Hinterteil pflegen ließ. Man setzte sich bequem hinein, stützte die Arme auf und ließ die Beine über den Rand baumeln, während man sich im heißem Wasser aalte. In Reichweite stand eine Kanne mit extra heißem Wasser zum Nachfüllen.

Eine längere Version der Sitzbadewanne war die Liegewanne. In ihr konnte man mit dem ganzen Körper in das warme Wasser eintauchen. Natürlich war sehr viel mehr Wasser notwendig, um sie zu füllen, und damit mehr Arbeit für das Dienstmädchen. Die Form dieser Wanne entspricht immer noch den heute üblichen Standardmaßen, obwohl sich ihr Dekor natürlich gewandelt hat. Früher trugen die Wannen oft eingearbeitete Verzierungen und standen auf Beinen, die aussahen wie Löwenpranken.

Dank der Heizöfen im Bad erübrigte es sich, daß das Dienstmädchen immer wieder mit Eimern voll heißen Wassers die Treppen hinaufsteigen mußte. Mit einem Gasöfchen ließ sich das Bad innerhalb einer knappen halben Stunde erwärmen.

Liegewanne

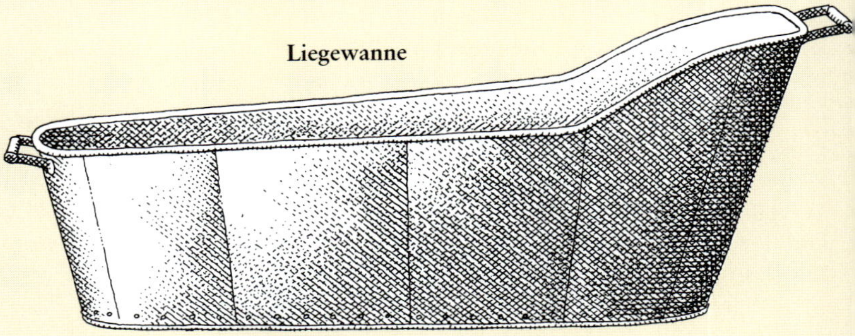

Französische Badewanne aus dem 19. Jahrhundert

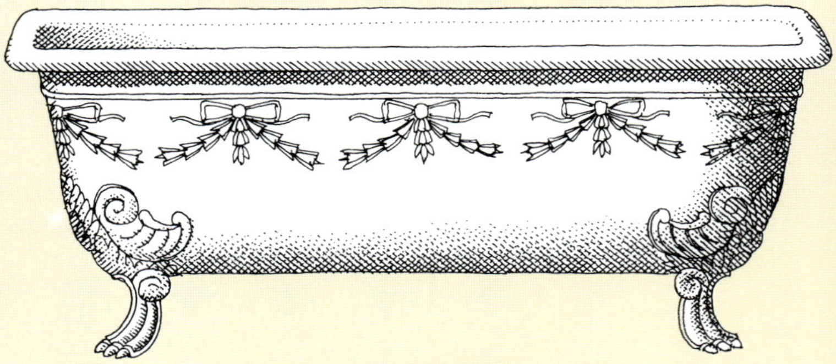

Sitzbadewanne

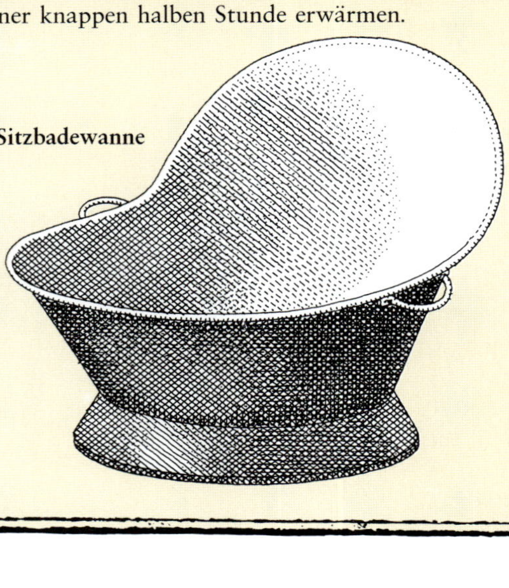

Gasbeheizte Wanne

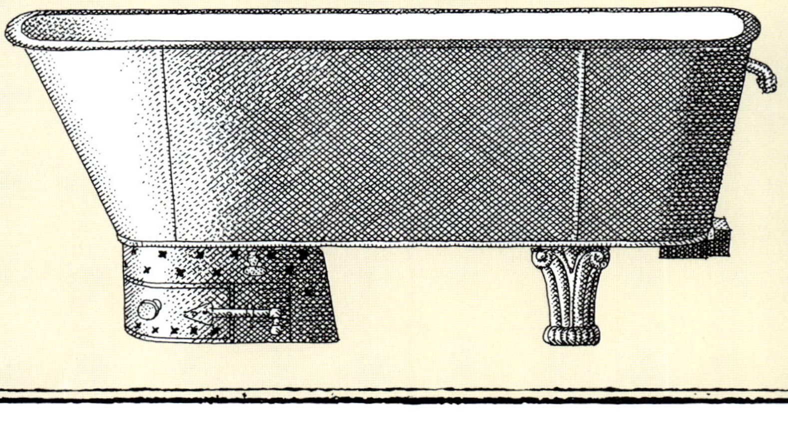

Erst um 1880 wurden auch die Badezimmer an die Hausinstallation angeschlossen. Aber auch danach stand in den meisten Landhäusern noch irgendwo eine Sitzbadewanne, die bei Bedarf aufgestellt wurde. Sie verursachte allerdings ein Problem. Wollte der Gast nämlich darin ein Bad nehmen, so bedeutete das, daß ein ohnehin schon ausgelastetes Dienstmädchen etliche Eimer mit heißem Wasser über mehrere Treppen hinauftragen mußte.

Noch länger dauerte es, bis der Anschluß an die Installationen auch Einzug in die Schlafzimmer hielt, in denen zu jener Zeit meist nur ein scheußlicher Waschtisch stand. Zumindest empfand ich persönlich die Dinger damals als häßlich. Das mag aber auch daher rühren, daß ich als Junge das Waschen überhaupt für höchst überflüssig hielt. Die meisten Waschtische bestanden einfach aus einem vierbeinigen Gestell mit einer Marmorplatte als Auflage. In diese Platte war manchmal ein Loch geschnitten, in dem eine Waschschüssel aus Porzellan hing. In der Schüssel stand eine große Kanne, meist gleichfalls aus Porzellan, manchmal aber auch aus weiß emailliertem Stahlblech. Sie war mit Wasser gefüllt. Darüber war geschmackvoll ein Handtuch drapiert. Irgendwo auf dem Waschtisch stand noch eine Glaskaraffe mit schalem Trinkwasser. Darüber war ein Trinkglas gestülpt. Und unter dem Tisch lugte ein Eimer für das Schmutzwasser hervor, der zumeist auch aus weiß emailliertem Stahlblech bestand. Dieser war mit einem gewölbten Deckel, der in der Mitte ein Loch hatte, verschlossen. Durch dieses Loch goß man das benutzte Wasser zusammen mit dem Inhalt des Nachttopfes in den Eimer.

In jenen Tagen waren auch Nachtstühle sehr populär, denn selbst in großen Häusern gab es meist nur eine Toilette, und die war sicher meilenweit von dem Zimmer entfernt, in dem man gerade übernachtete. Bei den Nachtstühlen handelte es sich zumeist um prächtige Thronsessel aus Mahagoni. Hob man den Deckel über ihrem Sitz hoch, tauchte darunter ein voluminöser Nachttopf auf, der für das große Geschäft gedacht war. Ich bin stolz darauf, bekennen zu können, daß ich niemals in meinem Leben von solch einem Nachtstuhl Gebrauch gemacht habe. Aber auch das kleine Töpfchen benutzte ich als Junge nur dann, wenn es aus dem Fenster hinaus zu ungünstig war.

s Klappbad
ı Klappbad war ideal, ·nn nur beschränkter ·um zur Verfügung nd. Geschlossen sah es · ein Bettschrank aus. Klappte man es auf, so erschienen eine verzinkte Wanne, ein Wassertank, ein Heizöfchen und ein Wasserablauf.

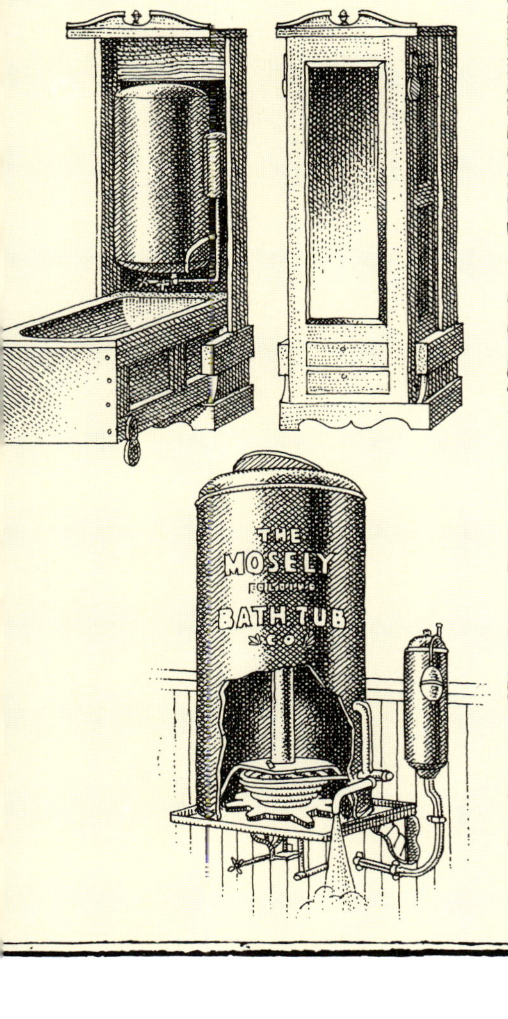

Der Duschring
Eine praktische Erfindung war der Duschring. Wer duschen wollte, stellte sich in die Wanne, stülpte die Anschlußstücke über die Wasserhähne und zog den Ring über den Kopf. Dadurch spritzte das Wasser nicht umher, und das Haar blieb trocken.

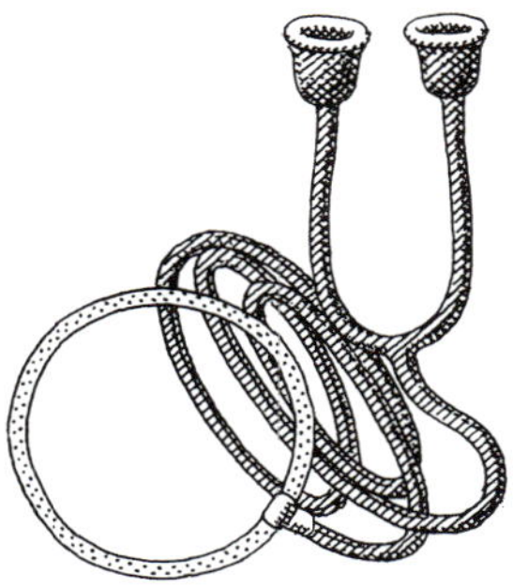

Das bewußte Häuschen

Das vielleicht meistgedruckte Buch neben der Bibel ist ein kleines Heft mit dem Titel *The Specialist.* Es handelt von einem amerikanischen Landzimmermann, der nur noch kleine Holzhütten für eine Ecke des Gartens baute. In den Seitenwänden dieser Häuschen waren Löcher in verschiedenen Formen eingeschnitten, die wohl als Ventilationslöcher dienen sollten. In den meisten Fällen waren sie gleichzeitig aber auch Gucklöcher.

In dem Häuschen befand sich eine Bank mit einem Loch und einem Eimer darunter. Neben der Bank stand eine Kiste mit Erde oder Asche. Nach getaner Arbeit sollte man etwas von dieser Erde oder Asche auf den sich langsam füllenden Eimer streuen, um die Fliegen abzuhalten. Ehe der Eimer ganz überlief, wurde erwartet, daß der Herr des Hauses sich seiner erbarmte, ihn herausholte und seinen Inhalt in eine Grube im Garten schüttete. Dieser Grubeninhalt war bei der nächstjährigen Kartoffelpflanzung von unschätzbarem Nutzen. Und

Fußbadewannen
Hatte man im Regen nasse Füße bekommen, dann sah man ein heißes Fußbad als das beste Mittel an, eine Erkältung zu verhüten. Fußbadewannen waren meist oval und wurden aus Blech hergestellt. Einige hatten einen vorstehenden Rand, auf den sich die Füße beim Abtrocknen setzen ließen.

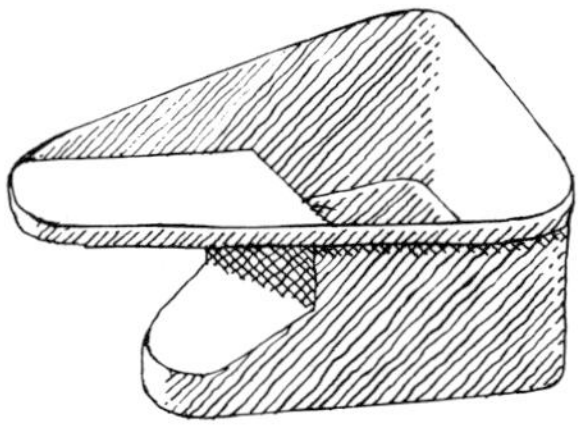

Waschtische
Waschtische bestanden zumeist aus einem einfachen Gestell, auf dem eine Waschschüssel, ein Wasserkrug und eine Seifenschale standen. Später kamen Fächer, Schubladen und Spiegel hinzu, oder man umbaute sie mit eleganten Kommoden.

dieser biologischen Abfallsammlung ist maßgeblich die Fruchtbarkeit unserer ländlichen Gärten zuzuschreiben.
Es gab sogar noch einfachere Methoden, sich der menschlichen Exkremente zu entledigen. In manchem Bauernhaus gab es zwar das bewußte Häuschen samt der Bank mit dem Loch – aber ohne Eimer. Was der Benutzer von sich gab, wurde von einer Quelle den Hang hinunter gespült und düngte dort das Gras. Die Eigentümer solcher Häuschen „möblierten" sie gerne mit mehr oder minder spaßigen Gegenständen.

Wasserklosetts
Im Jahr 1596 erfand Sir John Harrington das Wasserklosett. Eines der ersten Modelle wurde für Königin Elisabeth I. installiert. Danach ist lange nichts mehr über diese nützliche Erfindung zu erfahren, bis 1775 ein Uhrmacher namens Alexander Cummings sich ein Spülklosett patentieren ließ, dessen Abflußrohr U-förmig gebogen war. Weil in dieser Biegung das Wasser stand, wurden die unangenehmen Gerüche von unterhalb abgehalten. Joseph Bramah, ein Möbelschreiner, trug zur Höherentwicklung der verschwiegenen Örtchen ebenso bei wie ein Mann, der, kaum zu glauben, den höchst passenden Namen Crapper trug (Slangausdruck für „Scheißer", Anm. d. Ü.). Viele der damals errichteten Wasserklosetts mit ihren hoch angebrachten Wassertanks sind noch heute in Gebrauch. Das eine oder andere tut noch nach mehr als zwei Jahrhunderten seinen Dienst, während manche der modernen Wasserklos schon einige Wochen nach ihrer Installation den Geist aufgeben.

Euphemismen
Unzählige Ausdrücke wurden als Umschreibung für das so banale Örtchen erfunden. Der, den ich am meisten schätze, ist „Donnerbüchse". Er stammt vermutlich aus Britisch-Indien. W.C. ist einfach die Abkürzung für *water closet*, eine Bezeichnung, die im 19. Jahrhundert aufkam. Wasserklosetts gab es aber schon viel früher.
Schon die mittelalterlichen Mönche verfügten über Wassertoiletten. Sie entledigten sich ihrer Bedürfnisse über einem Fluß, der die Exkremente wegspülte. Aus dem gleichen Fluß bezogen die Mönche allerdings auch ihr Trink- und Waschwasser. Gleichzeitig trieb das Wasser ihre Korn- und Sägemühlen an. Der Fluß lieferte ihnen das Wasser für ihre Waschhäuser und Karpfenteiche; sie nahmen es zum Gerben und Brauen. Warum sollte der Fluß ihnen nicht auch noch als Klosett dienen?
Eine andere Umschreibung für Klo war im Mittelalter das Wort Garderobe. Das hing damit zusammen, daß die alten Rittersleute damals ihre kostbaren Pelze an dem bewußten Örtchen aufhängten. Die dort aufsteigenden Ammoniakgase waren ein wirkungsvolles Mittel gegen die Motten in den Pelzen.

Waschkommode mit Marmorauflage

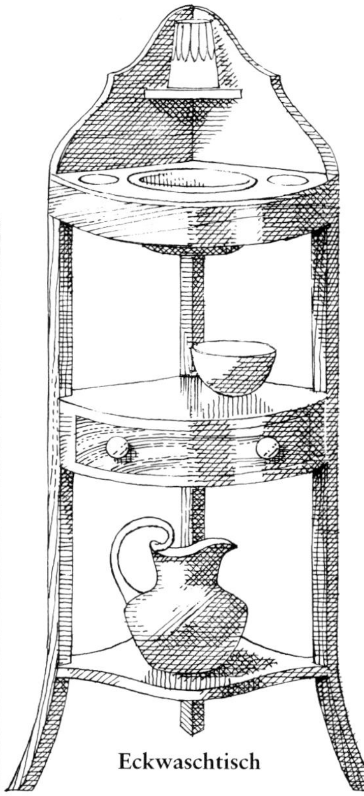

Eckwaschtisch

Waschtisch aus Holz

Das Klosett

Vorläufer des Wasserklosetts war das Trockenklosett, das jedoch nach einem ähnlichen Prinzip funktionierte. Anstelle des Wassers diente hier Erde zur Neutralisierung des Gestanks. Das Klosett bestand aus einem Sitz mit einem Loch in der Mitte, unter dem sich ein größeres Gefäß befand. Oberhalb des Sitzes war ein Kasten angebracht, von dem aus eine Rutsche zu dem Gefäß hinunterführte. Nach vollbrachtem Geschäft wurde ein Hebel betätigt, worauf sich eine begrenzte Menge Erde in das Gefäß ergoß. Der Fäkalienbehälter wurde von Hand ausgeleert. Die Erde verhinderte die Entwicklung unangenehmer Gerüche, weshalb eine wöchentliche Entleerung genügte.

Wasserklosetts sind bekanntlich heute noch in Gebrauch, allerdings in verbesserter Form. Früher wurden sie meist an eine Wand angebaut und standen in einer separaten Kammer. Die Klosettschüsseln waren in der Regel aus Porzellan und oft reich verziert. Die besseren Modelle hatten einen eingelassenen Hebel für den Sitzdeckel an der einen und eine versenkte Papierrolle an der anderen Seite. Der große Wasserbehälter war an der Wand darüber angebracht und mit dem Klosett durch eine Zuleitung verbunden. Zog jemand an der langen Kette, die von dem Wasserbehälter herunterhing, dann spülte eine abgemessene Menge Wasser das Klosett sauber. Danach füllte sich der Behälter langsam wieder mit Wasser. Die ersten Wasserklosetts waren sehr geräuschvoll. Deshalb wurde scherzhaft behauptet, wenn ein Dieb ins Haus einbreche, brauche er nur das Wasser abzuziehen, und niemand würde auf den Verdacht kommen, daß sich ein Eindringling im Haus befinde.

Querschnitt durch einen Wasserbehälter

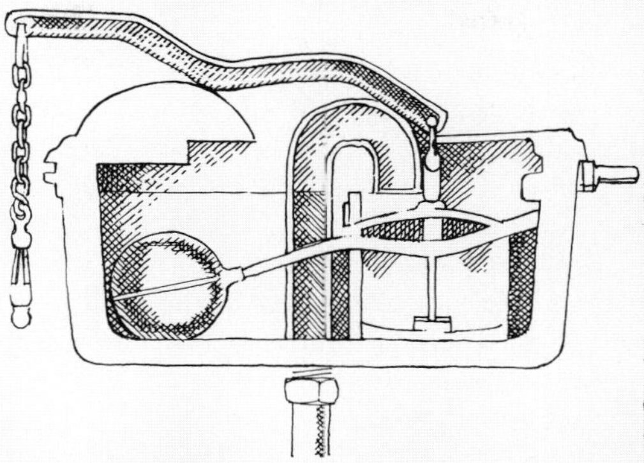

Das Trockenklosett
Öffnete der Benützer den Deckel dieses Trockenklosetts, fiel Asche aus dem Behälter auf eine Schaufel, die beim Schließen des Deckels über den Inhalt des Fäkalienbehälters verteilt wurde.

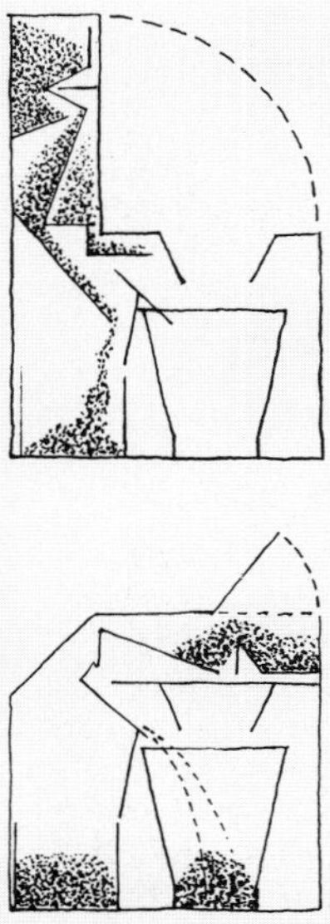

Wasserklosett

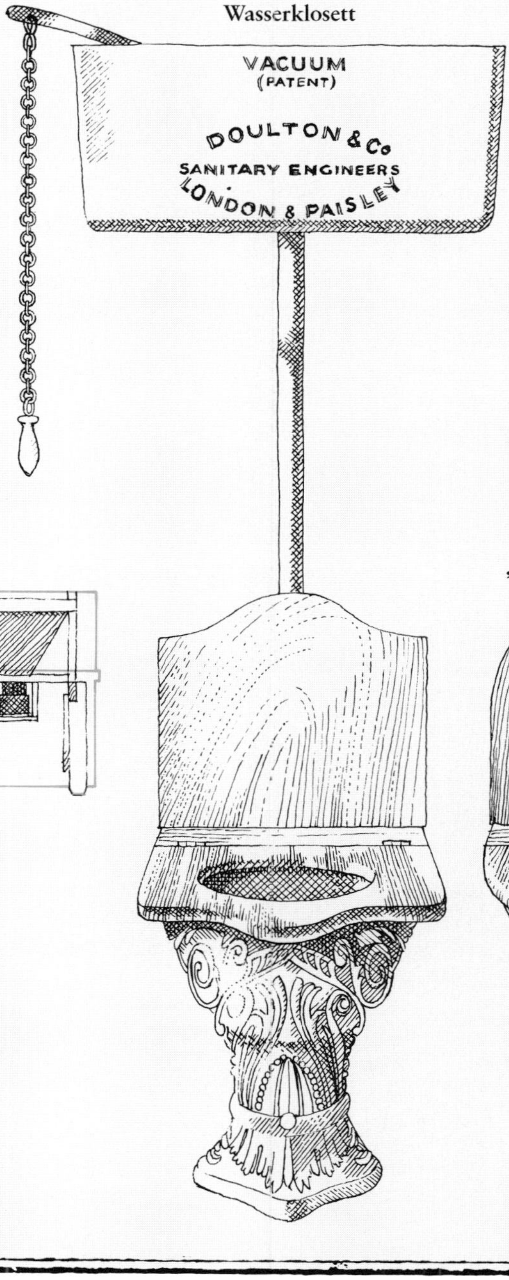

Trockenklosett

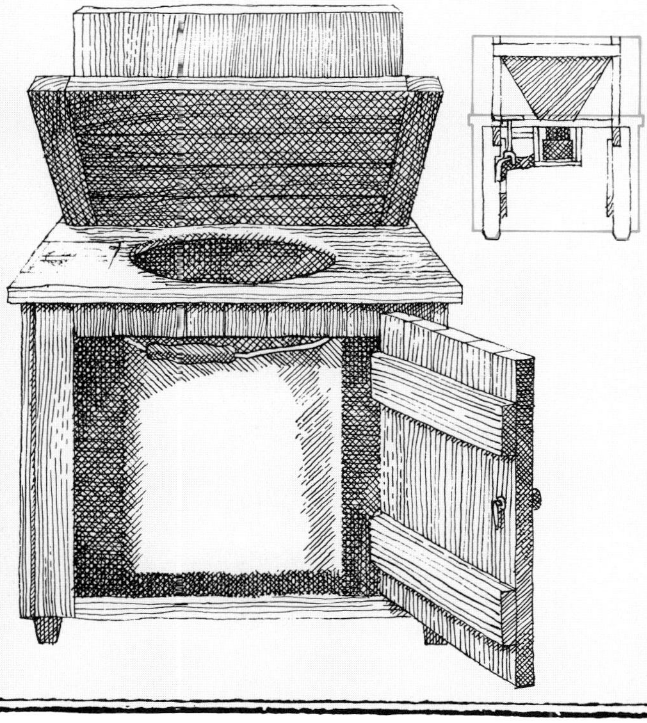

„Humber"-Wasserklosett

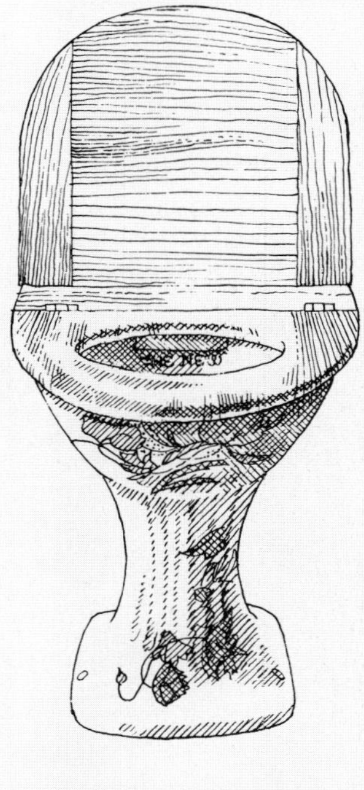

ESSEN UND SPEISEN

Bis in die sechziger Jahre hinein war ich mit einem wohlhabenden Schafzüchter in Wales befreundet, der sich zum Essen mit seiner Frau und seiner großen Kinderschar um einen riesigen Topf mit *Cawl*, einer Hammelsuppe, am großen Küchentisch niederließ. Jeder war mit einem Löffel bewaffnet, den sie dann in denselben Topf tauchten, Teller waren ihnen unbekannt. So machte das Spülen nicht viel Arbeit. Mir schien das Ganze immer ein eminent vernünftiges Arrangement zu sein, nicht zu vergleichen mit den absurd feierlichen Mahlzeiten der wohlhabenden Leute in Viktorianischer Zeit, bei denen mehr Gänge aufgetischt wurden, als ein normaler Mensch überhaupt bewältigen konnte. Dazu waren auf dem schneeweißen Tischtuch neben den Tellern die Messer und Gabeln in imposanten Reihen aufgebaut. Studiert man die Speisekarten jener Zeit, dann muß man zu dem Schluß kommen, daß sich die Leute mit all diesen Messern, Gabeln und Löffeln ihr eigenes Grab schaufelten. Es kann nicht sein, daß sie so viel gegessen haben!

In starkem Kontrast dazu standen die Mahlzeiten der armen Leute. Statt des üppigen Familienfrühstücks der Reichen, bei dem Schinken

Gläser und Pokale
Zu den Mahlzeiten stand früher stets ein Glas für frisches Wasser auf dem Tisch. Daneben je nach Bedarf leichte, zerbrechliche Weingläser und schwere Pokale.

Besteckkästen
Besteckkästen waren ein beliebtes Hochzeitsgeschenk. Sie enthielten neben den üblichen Messern und Gabeln alle möglichen Besteckteile, vom Senflöffel bis zur Zuckerzange.

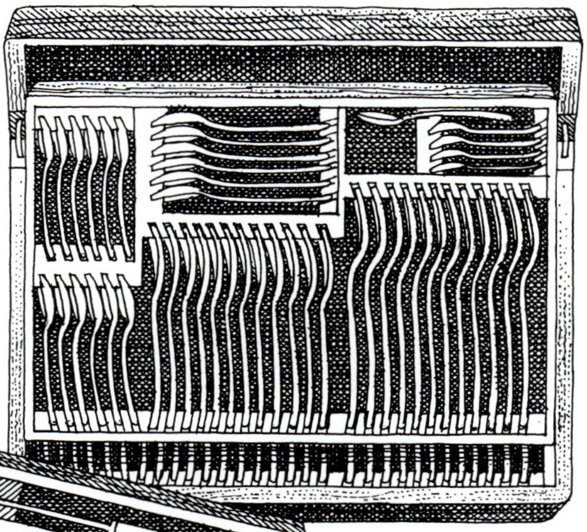

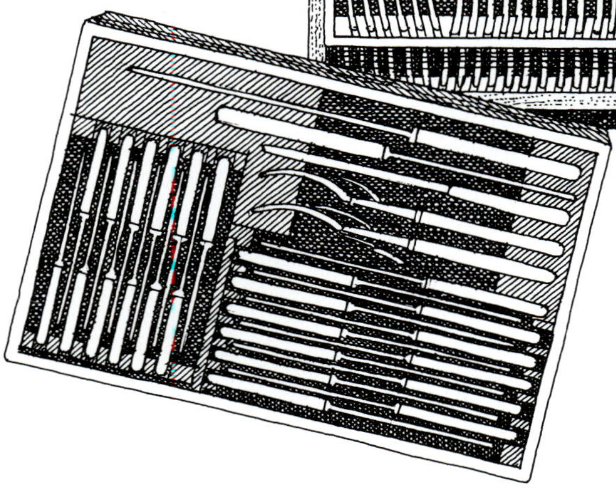

Die Entwicklung des Bestecks

Im 15. und 16. Jahrhundert waren die Messer lang und schmal und ähnelten kleinen Fleischspießen. Ihre Griffe waren aus Bernstein, Elfenbein, Achat oder Tierknochen gefertigt und mit Silberfiligran verziert. Gabeln bürgerten sich erst seit dem 17. Jahrhundert ein. Danach waren die Messer nicht mehr so spitz, und ihre Griffe wurden kompakter. Seit dem 18. Jahrhundert wurden die Bestecke zunehmend funktionaler gestaltet und waren nicht mehr so stark mit Verzierungen überladen.

Silbergriffe mit farbigem Email, 1670

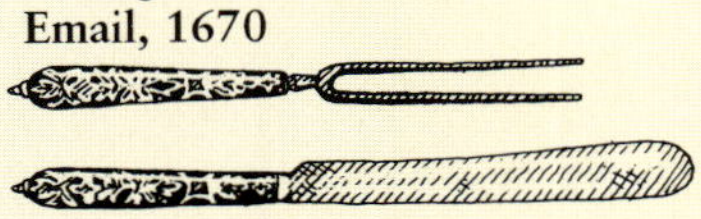

Elfenbeingriffe mit Schildpatteinlagen, 1710

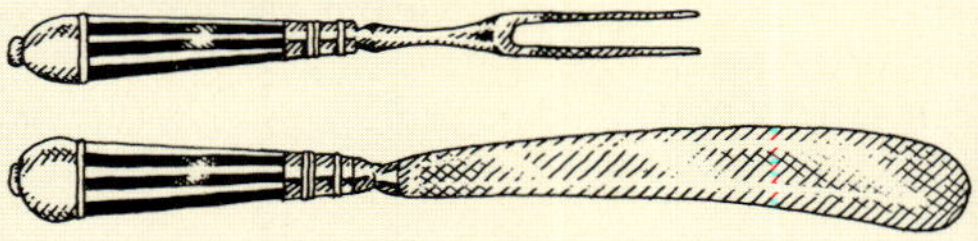

Nachgebildete Achatgriffe, 1740

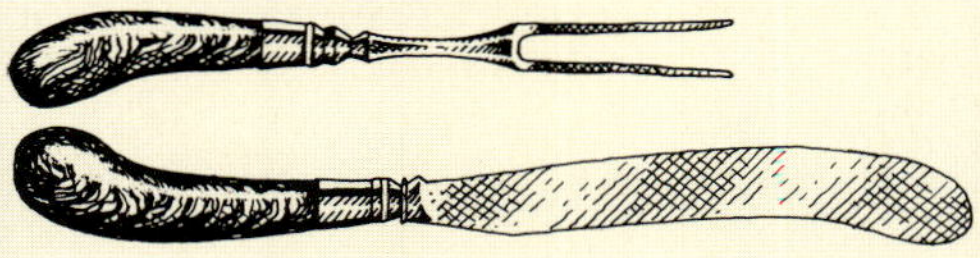

Harzgefüllte Silbergriffe, 1770

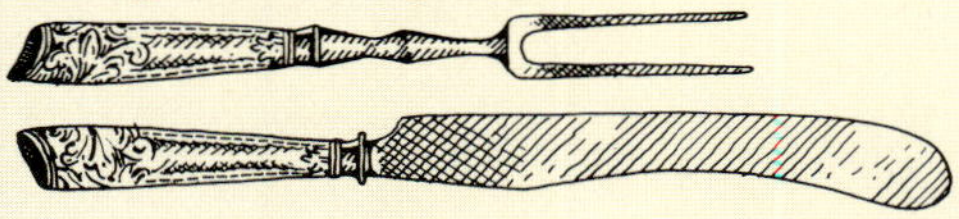

Silbergriffe, 1805

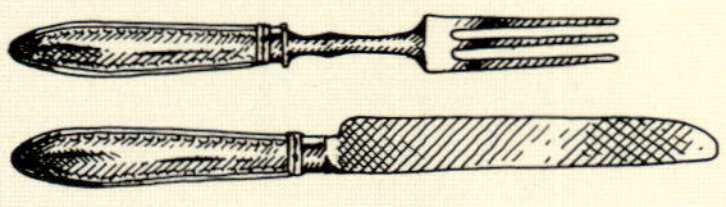

Preßhorngriffe mit Messingnieten, 1835

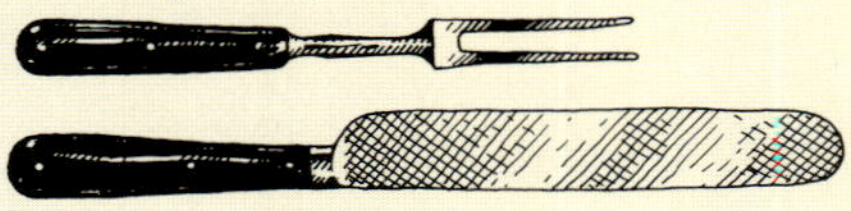

Verzierte Elfenbeingriffe, 1880

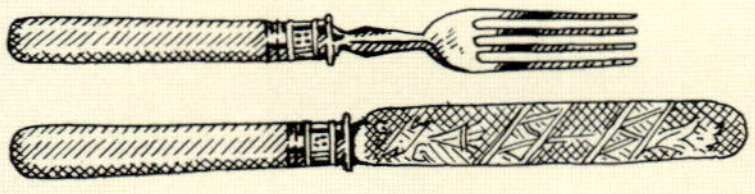

in Sülze, Hähnchenfleisch, konservierte Krabben, Dosenlachs, gekochte Eier, frische Brötchen, Toast, Teegebäck, eingemachtes Obst, Karamelpudding, Biskuitkuchen, Tee und Kaffee gereicht wurden, gab es bei den Armen nur Brot und Butter und dazu in jedem Fall Tee (siehe Seite 53). Die Hauptmahlzeit der ärmeren Leute fand zur Mittagszeit statt und stand natürlich in keiner Relation zu der der Reichen, die am Abend dinierten und sich nie mit weniger als vier oder fünf opulenten Gängen zufriedengaben. Die ärmeren Schichten dagegen mußten sich bei ihren Mittagsmahlzeiten meist mit gebratenem Hammelfleisch, Brühe und Erbsenbrei begnügen. Am Abend aßen sie Käse- oder Marmeladenbrote. Manchmal gab es etwas Fisch, sonntags zum Tee gelegentlich einen Kuchen.

Die Dinner-Zeremonie

Im Mittelalter bestand selbst bei den vornehmen Leuten in Europa die Tafel zum Speisen lediglich aus einer Platte, die auf einem Untergestell ruhte. Auf den Schlössern und Burgen waren in einer großen Halle lange Reihen dieser Tische aufgebaut. In einigen alten Schulen in Oxford und Cambridge existieren noch solch eindrucksvolle, große Hallen. Längs stehen darin zwei lange Tischreihen für das Fußvolk. Quer dazu ist ein kleinerer Tisch den Höhergestellten, in diesem Fall dem Lehrpersonal, vorbehalten. Die Mahlzeiten werden aus der abseits gelegenen Küche über einen Gang hereingetragen.

Damals wurden die Tische nicht, wie das heute der Fall ist, mit Besteck eingedeckt, denn jeder Gast brachte sein eigenes Eßbesteck mit, das aus einem Messer, einem Löffel und einem Trinkbecher bestand. Gabeln waren noch unbekannt. Die einzige dekorative Zutat der mittelalterlichen Tafel war ein großes, reichverziertes Salzfaß. Dem jeweiligen gesellschaftlichen Status entsprechend, saß man entweder vor oder hinter diesem Faß, so daß schließlich jeder wußte, wer man war. Auch Teller in der heutigen Form waren damals nicht gebräuchlich. Statt dessen gab es Teller aus Brot (siehe Seite 35). Das Brot wurde mit dem ersten Gang hereingebracht und denjenigen serviert, die am Kopfende der Tafel saßen, oder an den höheren Tischen, wenn es welche gab. Sie schnitten sich so viele Brotteller ab, wie Gänge bevorstanden. Waren sie mit dem ersten Gang fertig, der zum Beispiel aus einer Auswahl von Wildfleisch und Pudding, Hahn und Fisch bestehen konnte, dann gaben sie die Brotteller, die sich nun mit Bratensoße vollgesaugt hatten, an die weiter unten an der Tafel Sitzenden weiter, die erst dann mit dem Essen beginnen konnten.

Diener, die per Fanfare oder Trompete angekündigt wurden, trugen die einzelnen Gänge herein. In einer englischen Kirche in meiner Nachbarschaft hängt eine anschauliche Darstellung eines Festmahls anläßlich der Beerdigung eines ehemaligen Bürgermeisters der Ortschaft, der im Jahre 1364 starb. Auf der Bronzetafel sind elf Gäste abgebildet, die an einer langen Tafel sitzen. Ein zwölfter ist in solcher Eile, das gute Essen nicht zu versäumen, daß er einfach über den Tisch springt. Der Hauptgang besteht aus einem Pfau mitsamt seinem prächtigen Federkleid. Natürlich war dieser bereits gerupft und gebraten, aber anschließend hatte man ihm die Federn wieder angesteckt, um ihn so geschmückt zu servieren. Ein herrlicher Anblick! An einer Seite des Tisches sitzt zudem eine kleine Gruppe Musikanten.

Diese Szene illustriert anschaulich den hohen Stellenwert, der im Gegensatz zu heute damals dem Verzehr der guten Gaben unseres Herrn galt. Heute hocken sich viele Leute einfach vor dem Fernseher hin und schlingen irgend etwas Billiges aus dem Supermarkt hinunter. Es mag ja sein, daß wir uns nicht mehr eine ganze Kapelle als Begleitmusik zu unseren Soßen und dem Mengenfutter leisten können, zumindest sollten wir aber diese Angelegenheit ein wenig kultivierter angehen.

Demokratie im Haushalt

Im Laufe des späten Mittelalters wurde die Sitte des gemeinsamen Tafelns in der großen Halle – das die Höhergestellten mit allen Untergebenen gemeinsam einnahmen – abge-

Aufwärmen der Teller
Zum Aufwärmen der Teller vor dem Essen stapelte man sie in einem Gestell vor dem Kamin auf. Das Gestell verhinderte, daß der ganze Stapel umfallen und die Teller zerbrechen konnten.

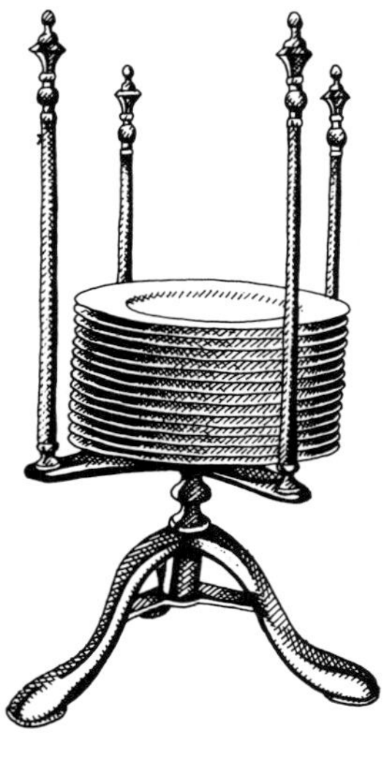

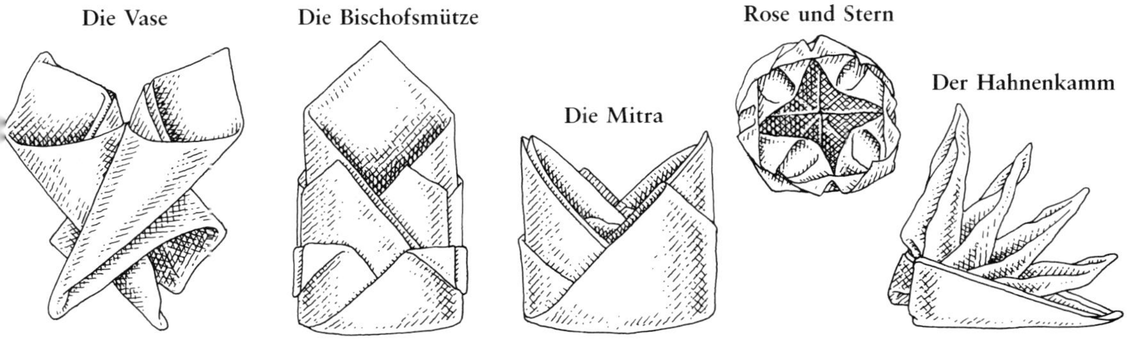

Falten von Servietten
Penibel gefaltete Servietten waren das i-Tüpfelchen auf einer festlich gedeckten Tafel. Jede Hausfrau kannte eine Anzahl verschiedener Falttechniken, die sie aus dem Effeff beherrschte.

löst von dem Brauch, daß Herr und Herrin getrennt von den Werktätigen „in der Sonne“, einem separaten Raum im Obergeschoß, speisten. Der Dichter Cobbett beklagte sich um 1800 bitter darüber, daß die wohlhabenden Bauern mit ihren Familienangehörigen nicht mehr zusammen mit dem Gesinde am großen Küchentisch zu essen pflegten. Und so erhielt bald auch das Gesinde auf dem Tisch nicht mehr das gleiche wie die Herrschaft geboten. Und es bedeutet auch, daß damit das Ende der häuslichen Demokratie und der guten alten Zeit gekommen war, von der es in einem Volkslied heißt, der Bauer habe seinem Knecht die Tochter mitsamt dem Hof überlassen.
Cobbetts Befürchtungen haben sich bewahrheitet. Das Gesinde ist schon seit langem von den Höfen in die Städte abgewandert. Der Knecht, der einmal der Nachfolger des Bauern hätte werden sollen, lebt jetzt von der Arbeitslosenunterstützung, und der Bauer und seine Frau nehmen ihre Mahlzeit jetzt allein in der winzigen „modernen“ Küche ein. Auf dem großen Mahagonitisch im Speisezimmer hat sich fingerdicker Staub angesammelt, und die ehemalige große Küche ist zum Abstellraum degradiert.

Eine Dinnergesellschaft in Viktorianischer Zeit
In einer Mittelklassen-Familie wurde erwartet, daß die Kinder – natürlich im besten Sonntagskleid – dem Mädchen beim Decken der Tafel halfen, während die Gäste vor dem Essen von den Gastgebern mit Sherry bewirtet wurden.

Die Anrichte

Im 18. Jahrhundert hatte es sich eingebürgert, daß der Hausherr und die Hausfrau sich am Kopfende des großen Eßtisches gegenübersaßen. Daneben saßen die anderen Mitglieder der Familie. Das war die Zeit, als die Anrichten aufkamen. Oft waren sie aus Mahagoni wie der Tisch. Auf dem Tisch standen prächtige Silberkannen und Silberschalen in klassischen Formen. Hundert Jahre später präsentierte sich das Silbergeschirr mit Verzierungen überladen und wirkte viel zu aufdringlich.
Noch in meiner Jugendzeit gehörte die Anrichte zu den beherrschenden Möbelstücken des Speisezimmers. Jeden Morgen wurde auf ihr das Frühstück angerichtet. Dort fanden sich Schinkenspeck, Eier, Pilze und in England oft auch *Kedgeree,* eine schmackhafte Speise aus Fisch und Reis. Unter den einzelnen Schüsseln brannten kleine Spiritusöfchen, die „Stövchen“, um die Speisen für die Spätankömmlinge warm zu halten. Und natürlich stand auf der Anrichte auch die Kaffeemaschine.
Da meine Mutter aus Amerika stammte, gab es Sonntagmorgens zum Frühstück Waffeln, die mit einem elektrischen Waffeleisen gebacken wurden. Wir aßen sie mit Ahornsirup, den uns Verwandte aus Amerika schickten. Von diesen Waffeln konnte ich niemals genug bekommen. Wir Jungs hätten sie verschlingen können.

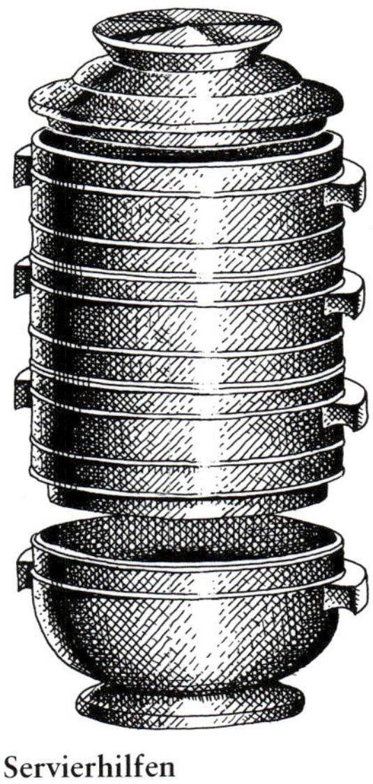

Servierhilfen
Diese Etagerie, die das Essen warm halten sollte, war besonders beliebt bei Dinnerpartys und Picknicks. Sie bestand aus vier ineinandergeschachtelten Abteilungen.

KERZEN UND ÖLLAMPEN

In den Tropen geht die Sonne stets früh um sechs auf und abends um sechs unter. Eine Dämmerung ist dort fast unbekannt. Je mehr man vom Äquator aus nördlich oder südlich reist, desto größer wird der Unterschied zwischen den Tageslängen im Sommer beziehungsweise im Winter, bis schließlich jene unglücklichen Breitengrade erreicht sind, in denen die Sonne im Sommer niemals sinkt oder im Winter niemals aufgeht. Dort einen Winter zu verbringen, ohne über eine künstliche Lichtquelle zu verfügen, würde einen Menschen bald verrückt machen.

Kochen, Essen und andere einfache Tätigkeiten lassen sich gut beim Licht des offenen Feuers verrichten. Auch kann man einen brennenden Ast aus dem Feuer nehmen und ihn als Fackel verwenden. Das habe ich unzählige Male im afrikanischen Busch getan. Ehe die Öllampen auch dort ihren Einzug hielten, haben die Einwohner nach einem Rhythmus gelebt, in dem sie die zwölf Stunden Tageslicht genossen, sich danach noch drei oder vier Stunden um das offene Feuer versammelten und den Rest der Nacht schliefen. Bei Vollmond – oder an einem Lagerfeuer – haben sie allerdings auch ganze Nächte hindurch getanzt.

Der Dochtmesser
Mit Hilfe des Dochtmessers konnten die Kerzendochte auf die exakt benötigten Längen – für gewöhnlich achtzehn Zoll (ca. 46 cm) – zugeschnitten werden. Es bestand aus einem Brett mit einem aufrecht stehenden Pflock an dem einen und einem gebogenen Draht am anderen Ende. Der Docht wurde um den Pflock gelegt und am Draht mit einer Schere abgeschnitten.

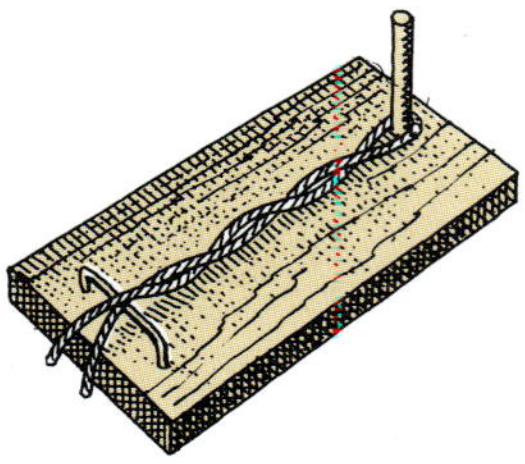

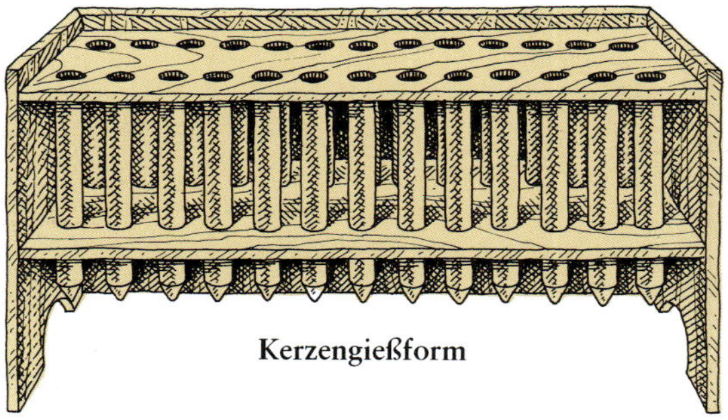

Kerzengießform

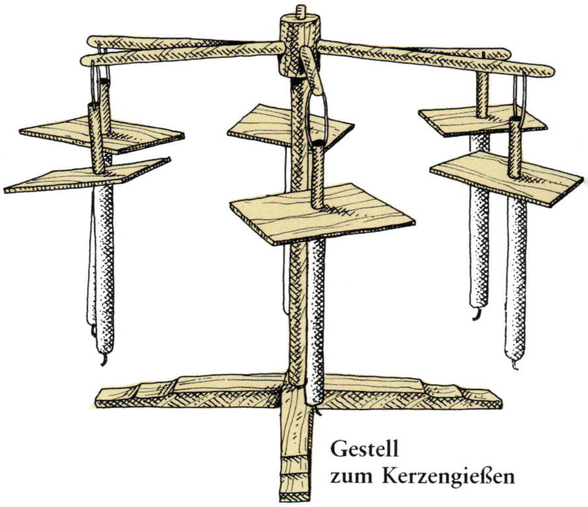

Gestell zum Kerzengießen

Die Kerzenherstellung
Die Kerzendochte wurden mit langen Stangen in flüssiges Wachs eingetaucht. Dann wurden die Rohlinge zum Trocknen an selbstgefertigten Gestellen aufgehängt. Wichtig war dabei, daß sie weder zu sehr aushärteten – dann wurden die Kerzen spröde und brachen leicht – noch zu wenig, denn dann neigten die Kerzen zum Funkensprühen. Auch die Dochtherstellung war nicht ganz unkompliziert. Gerieten die Dochte beim Flechten zu flach, dann hatten sie die Tendenz, einseitig stärker zu brennen. Dadurch fiel der Docht um und brannte auch an dem verkohlten Teil weiter.

Tauchen und Gießen der Kerzen
Meist wurden die Kerzen durch mehrmaliges Eintauchen des Dochtes in heißes Fett hergestellt, bis sie die gewünschte Stärke hatten. Danach hängte man sie zum Trocknen auf. Das Kerzengießen war weniger mühsam. Zu diesem Zweck wurde in die Kerzenformen ein Docht eingefädelt. Dann wurde heißes Wachs eingegossen und einfach gewartet, bis es ausgehärtet war.

Die Entwicklung der Binsenlichter
In der nördlichen Hemisphäre war eine Innenbeleuchtung unerläßlich, besonders wenn man lesen oder Zeichnungen an die Höhlenwände anbringen wollte Die ersten Lampen wurden vermutlich aus Steinen gefertigt, die eine natürliche Aushöhlung besaßen. Diese füllte man mit Tierfett. Als Docht diente eine Binse oder ein zerkauter Zweig. Dann lernten die Menschen, wie sich Öl aus Pflanzen herauspressen ließ oder auch das Fett aus Walen, Fischen oder sogar aus Seevögeln. Die Archäologen haben stets Öllampen aus Ton, Speckstein oder anderen weichen Steinen gefunden. Manchmal fanden sie auch Lampen, die unsere Vorfahren aus solch schönen Hartsteinen wie Quarz, Serpentin oder Lapislazuli angefertigt hatten. Alle verfügten sie über ein kleines Reservoir für das Öl oder Fett und über eine Tülle für den Docht.
Eine Weiterentwicklung dieser einfachen Lampen stellten die Binsenlichter dar. Binsen finden sich überall in großen Mengen. Schält man ihre äußere harte Schale ab, entstehen gut saugende Dochte. Meist bleibt beim Abschälen der äußeren Schale ein Längsstreifen stehen, um dem Docht die nötige Standfestigkeit zu verleihen. Dann taucht man die Binsen in heißes Tierfett und erhält nach dem Abkühlen eine primitive Kerze. Mit einer Halterung ist die gewünschte Leuchte fertig. Mehrere von ihnen zusammen spenden genügend Licht selbst zum Lesen. Ein Binsenlicht von etwa vierzig Zentimeter Länge brennt eine halbe Stunde lang. Natürlich entwickeln diese Binsenlichter viel Qualm und Gestank, aber im 17. Jahrhundert scherte sich darum niemand, zumal sie die einzige Lichtquelle waren, die nichts kostete. Jeder, der gelegentlich ein Schwein oder ein fettes Schaf schlachtete, verfügte über genügend Fett, um die Binsen zu tränken. Am besten war Hammelfett, Schweinefett stank widerlich.

Kerzenbeleuchtung setzt sich durch
Die Kerzenbeleuchtung kam im späten Mittelalter auf. Jeder Edelmann, der an einem Bankett bei Ludwig XIV. teilnehmen durfte, brachte eine Kerze mit, um sich die Gunst des französischen Königs zu erhalten. Die ersten Kerzen entstanden meist, indem ein Binsendocht in heißes Fett getaucht und wieder herausgezogen wurde, damit das Fett abkühlen konnte. Diese Prozedur wurde so lange wiederholt, bis die gewünschte Stärke erreicht war. Oder aber man hängte die Dochte auf und übergoß sie wiederholt mit heißem Fett. Gelegentlich wurden die Kerzen auch in Formen gegossen, die am geschlossenen Ende ein kleines Loch hatten. Durch dieses Loch wurde der Docht hindurchgezogen, dann goß man von der anderen Seite heißes Fett in die Form und ließ es abkühlen.
Seit Baumwolle importiert wurde, löste diese die Binsen als Dochtmaterial ab. Auch Leinenfäden wurden benutzt. Zunächst dienten hierfür gezwirnte Fäden aus gebleichtem Garn. Diese verbrannten freilich nicht und mußten deswegen laufend mit Putzscheren abgeschnitten werden. Schließlich zeigte sich, daß der Baumwolldocht, wenn er geflochten wurde, sich umlegte und in der Flamme verbrannte.
Die ersten Kerzen wurden aus reinem Bienenwachs fabriziert. Die meisten Kerzen, die heute noch in den Kirchen aufgestellt werden, bestehen nach wie vor aus Bienenwachs. Dies erklärt

Feuermachen

Ehe die Zündhölzer erfunden wurden, machte man Feuer durch wiederholtes Schlagen eines Stahlteils gegen einen Feuerstein. Deshalb verfügte früher jeder Haushalt über eine Zunderbüchse, die ein Stück Stahl, einen Feuerstein und etwas Zunder – Baumwollfäden, Stroh oder Holzspäne – enthielt. Im Durchschnitt dauerte es drei Minuten, bis Feuer geschlagen war, länger allerdings, wenn der Zunder feucht war. Mit der Einführung der Schwefellunten vereinfachte sich die Angelegenheit. Sobald ein Funke in den Zunder gefallen war, setzte man die Lunte in Brand.

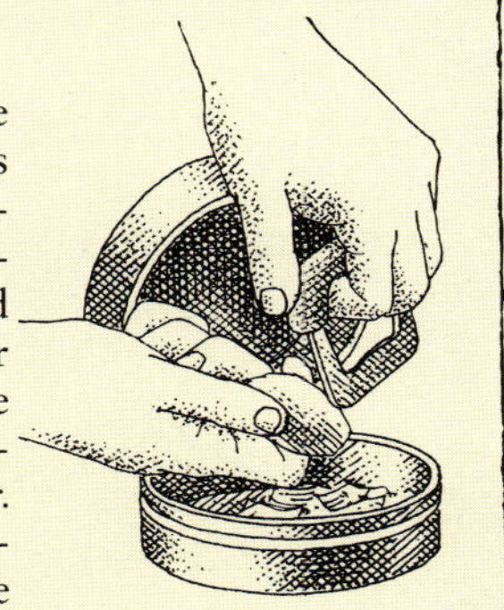
Das Schlagen des Feuersteins

Französische Zunderbüchse für Raucher
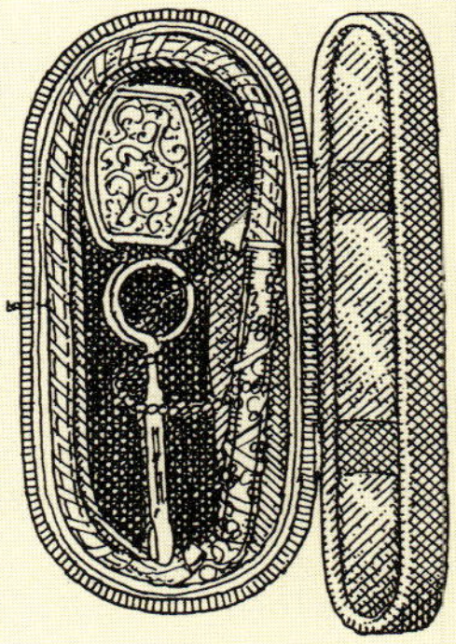

Feuerstahl
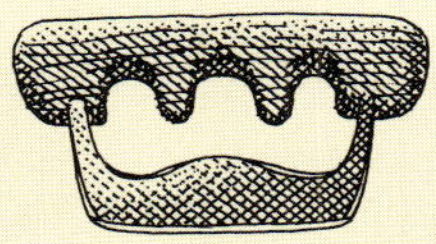

Zunderbüchse Hersteller Lovett
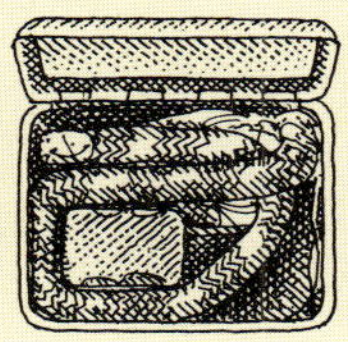

Selbstgefertigte Zunderbüchse aus Eiche
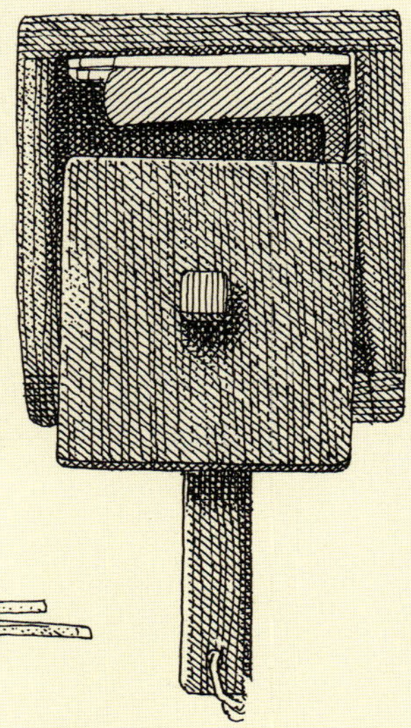

Schwefellunten aus Hanfstengeln
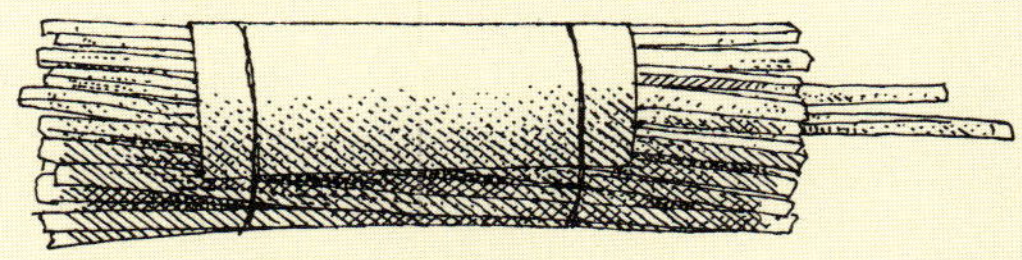

Frühe Schwefelhölzer
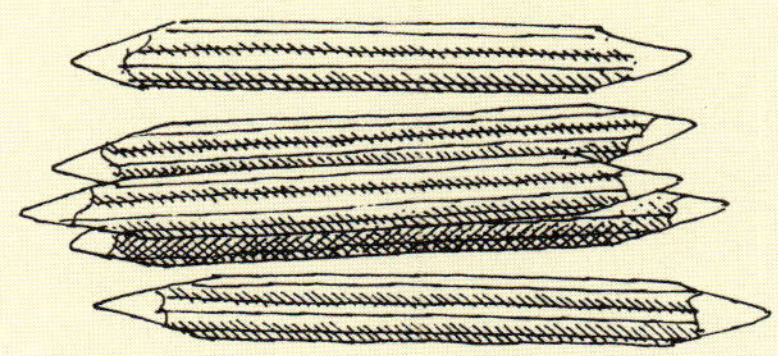

Sicherheits-Zündhölzer

Kerzenständer und Binsenlichthalter

Kerzenständer und Binsenlichthalter waren in früheren Zeiten praktisch unersetzlich. Die Binsenlichthalter wurden aus Schmiedeeisen hergestellt und hielten die Binsenlichter mit Federklammern fest. Kerzenständer hatten Fassungen, in die die Kerzen gesteckt wurden. Oft besaßen auch die Binsenlichthalter Kerzenfassungen. Da Licht besonders für den nötig war, der vor Tagesanbruch aufstehen oder nach Einbruch der Dunkelheit schlafen gehen wollte, waren sehr viele Kerzenleuchter speziell für den Gebrauch im Schlafzimmer konstruiert, das heißt, sie verfügten über Tragegriff und Auslöscher. Zum Gebrauch in der Küche gab es Kerzenständer mit besonders schwerem Fuß, damit sie nicht so leicht umgestoßen werden konnten. Für die Speisetafel dienten säulenförmige Kerzenständer aus Zinn oder Messing. Wohlhabendere Familien besaßen auch silberne Kandelaber mit mehreren Armen.

Ein nützliches Hilfsmittel
Um lange Kerzen vor dem Wackeln im Ständer zu bewahren, wurde dieses nützliche Hilfsmittel mit eingeführt.

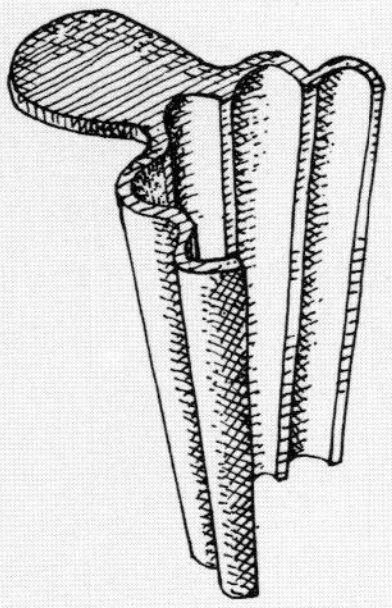

Aufrecht stehender Binsenlichthalter aus Holz

Binsenlichthalter zur Tischaufstellung

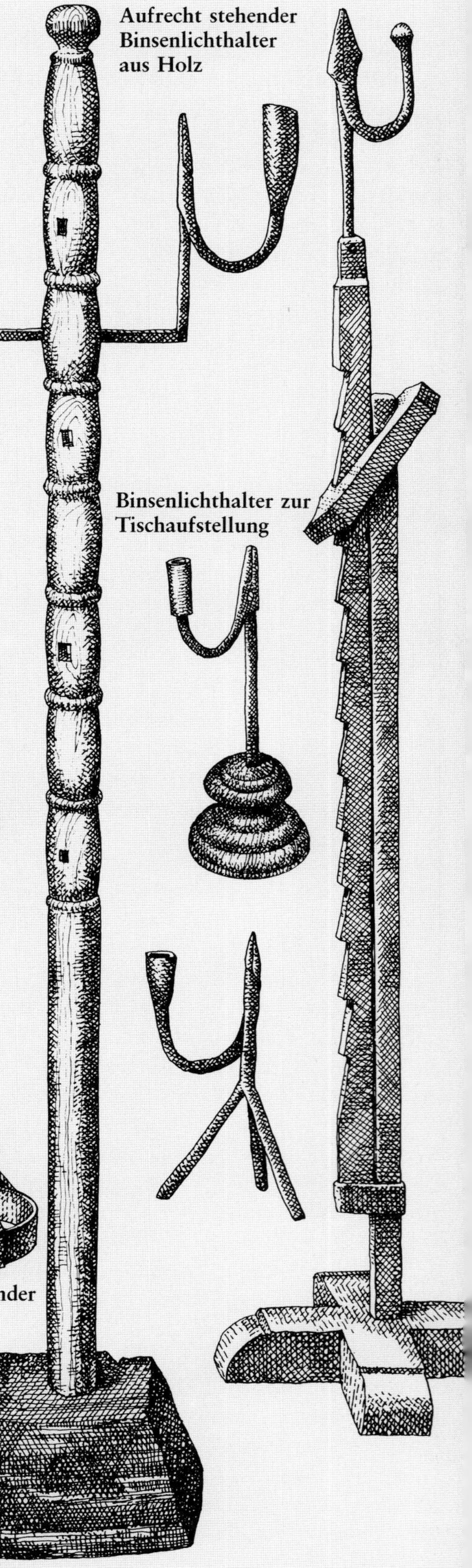

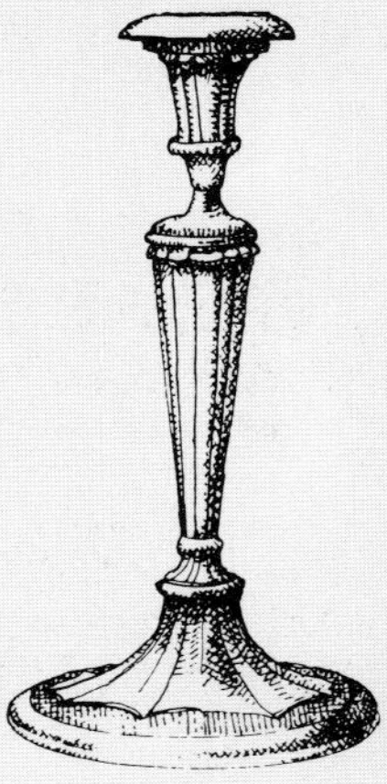

Kerzenleuchter in altägyptischem Stil

Kerzenleuchter aus Zinn

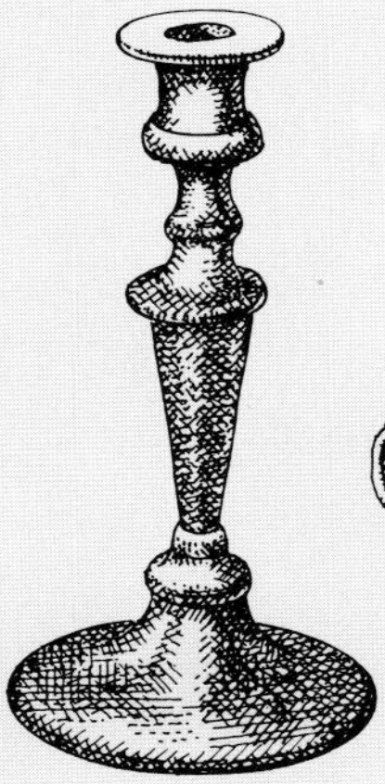

Schlafzimmer-Kerzenleuchter mit Auslöscher

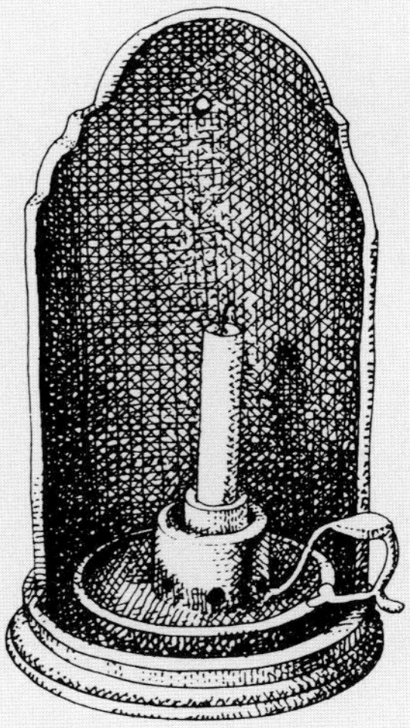

Wandhalter für Kerzenleuchter

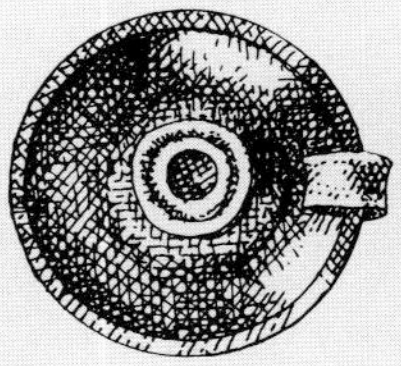

Schlafzimmer-Kerzenständer

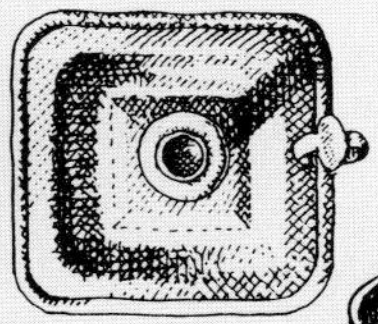

Schlafzimmer-Kerzenständer aus Messing

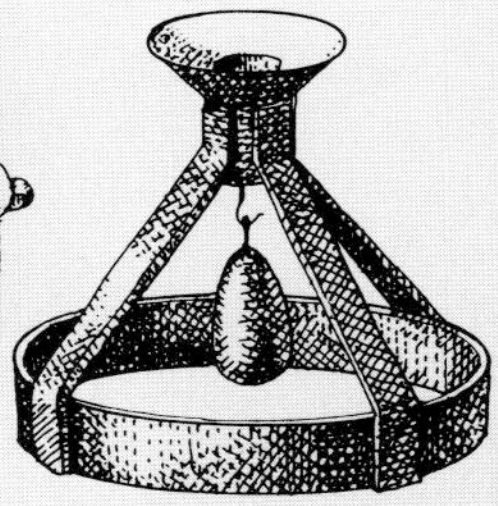

Bemalter Kerzenständer aus Zinn

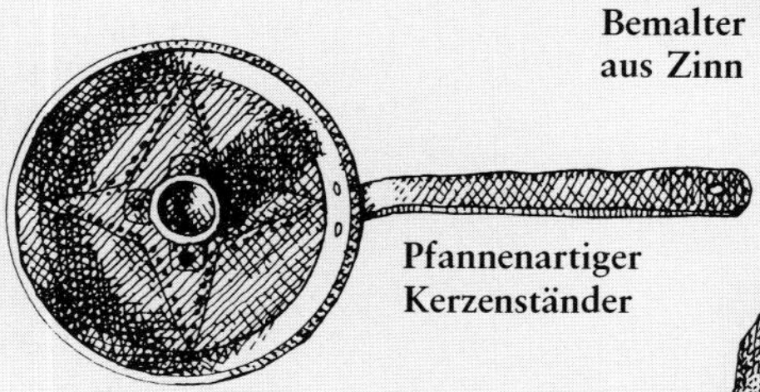

Pfannenartiger Kerzenständer

Messinglaterne mit Glasfenster

Laterne mit Bullauge

Kerzenständer mit Glaskugeln

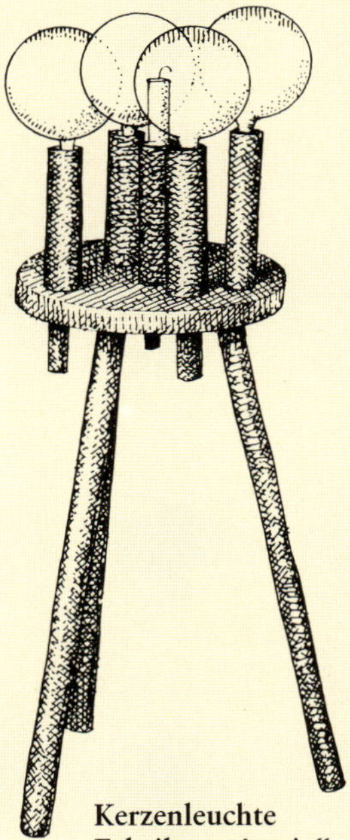

Leselampe mit Kerze

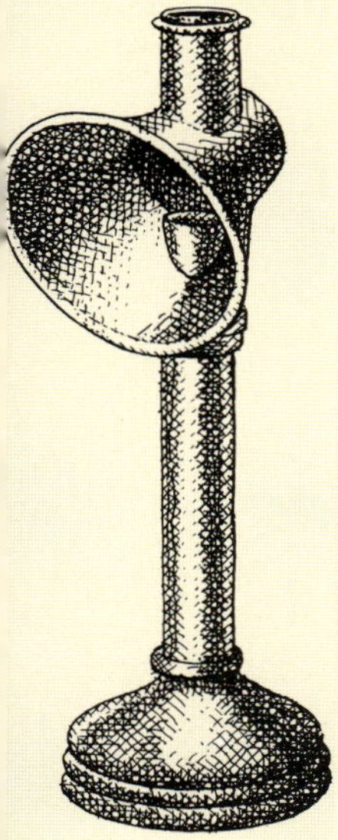

Kerzenleuchte Fabrikat „Arctic“

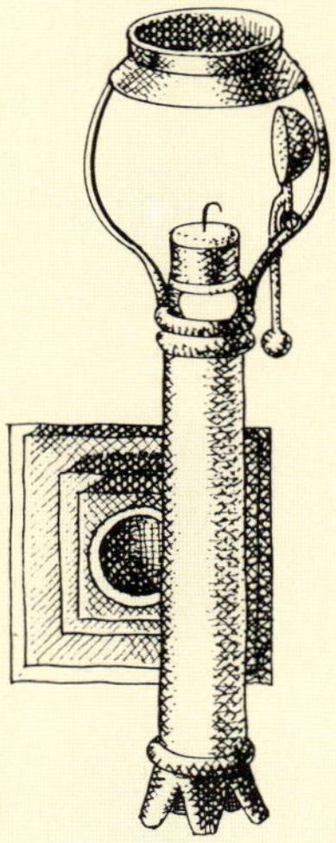

Lampen und Laternen
Lampen mit Kerzenbeleuchtung erzeugten ein gleichmäßiges Licht zum Lesen und Arbeiten im Haus. Ein beliebtes Modell war der „Arctic“-Leuchter. In einen Metallzylinder wurde eine Kerze eingesetzt, die beim Abbrennen mit Hilfe einer Springfeder immer weiter nach oben geschoben wurde.

zum Teil den Ruf der Mönche, sie seien trinksüchtig. Um Bienenwachs zu gewinnen, mußten sie Bienen halten, und um den überflüssigen Honig zu verwerten, mußten sie daraus Met herstellen ...

Beim Abbrennen werden die Kerzen, wie kann es anders sein, kürzer. Deswegen wurden bald Kerzenhalter mit Springfedern angeboten, die die Kerzen stufenweise nach oben schoben, so daß die Flamme sich immer in gleicher Höhe befand. Das Loch, durch das die Kerze geschoben wurde, war etwas enger als die Kerze selbst. Deswegen ließ sie sich erst einschieben, wenn das obere Ende verbrannt war. Ich besaß einmal eine Lampe, die nach diesem Prinzip funktionierte. Damit bin ich in vielen dunklen Nächten ausgefahren, obwohl das Licht mehr als minimal war.

Die Entwicklung der Öllampen

Durch den Bedarf an Tran für die Öllampen wurde der mächtige Grönlandwal, der den Nordatlantik und die arktischen Gewässer bevölkerte, vor nahezu zwei Jahrhunderten fast völlig ausgerottet. Allein in den Jahren zwischen 1753 und 1850 wurden in nur einem einzigen kleinen Walfängerhafen angeblich 2761 Wale an Land gebracht und dort zu Tran gekocht. Selbst die Straßenbeleuchtung einiger englischer und holländischer Städte wurde mit dem Tran dieser Wale betrieben. Als die Wale seltener wurden, kam Rapsöl in Gebrauch. Auch andere Pflanzenöle wurden ausprobiert, ehe sich 1859 das Petroleum durchsetzte.

Die ursprüngliche Öllampe bestand aus einem geschlossenen Behälter für das Öl, aus dessen Deckel ein Docht hervorragte. Dieser Docht brannte selber kaum, weil das Öl, das durch Kapillarwirkung aufstieg, ihn kühlte. Durch die Verbrennung des Öls, die unter starker Entwicklung von Qualm und Gestank erfolgte, wurde eine minimale Menge Licht erzeugt.

In den frühen achtziger Jahren des 19. Jahrhunderts erfand der Franzose Ami Argand einen Runddocht, durch dessen hohles Inneres Luft zirkulieren konnte, was eine heller leuchtende Flamme erzeugte. Doch die wesentlichste Verbesserung der Öllampen war die Erfindung des Glaszylinders durch den Grafen Rumford. Der Zylinder erzeugte einen Luftzug und ließ die Flamme hellgelb leuchten anstatt wie zuvor blaßrot. Diese Erfindung hat mehr zum Fortschritt der menschlichen Gesellschaft beigetragen als Auto oder Flugzeug, denn sie machte es erstmals möglich, daß auch die ärmeren Bevölkerungsschichten, die es sich nicht leisten konnten, bündelweise Kerzen zu kaufen, an den langen Winterabenden lesen konnten.

Kerzenaufbewahrung
Kerzen wurden in einer Blech- oder Holzdose aufbewahrt, die waagerecht an der Wand hing. In der Regel waren diese Dosen rund und hatten einen Deckel mit Scharnier.

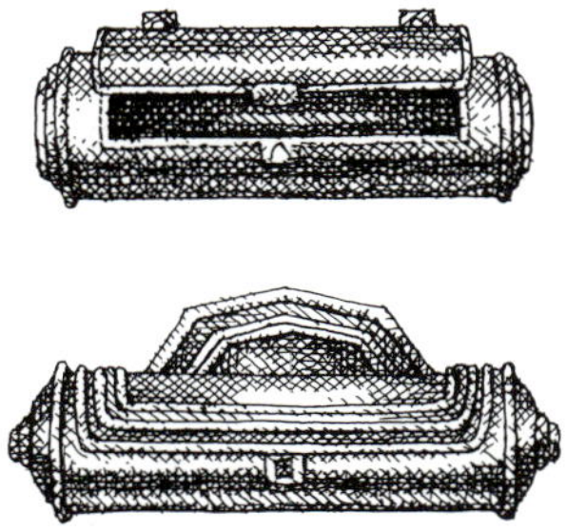

Die letzte entscheidende Entwicklung der Öllampen kam mit dem Glühstrumpf, der Erfindung des Österreichers Dr. Carl Auer (1885). Dieser bestand aus einem kleinen Stoffballon, der mit Asbest imprägniert war. Der Stoff war federleicht, so ähnlich wie Seidengewebe. Man setzte den Glühstrumpf einfach auf die Lampe und zündete ihn an. Der Stoff brannte weg und hinterließ einen Ballon aus weißem Asbest, der so zerbrechlich war, daß er von einer Motte zerstört werden konnte. Wenn er schließlich weißglühend wurde, dann strahlte er ein Licht aus, das dem einer 100-Watt-Glühbirne entsprach.

Aladin und die Tilley-Lampen

Die Lampen mit der englischen Bezeichnung Aladin waren die meistgebräuchlichen Lampen im 19. Jahrhundert. Als Hängeampeln baumelten sie an den Decken der Schiffskabinen, in prachtvollen Ausführungen waren sie auf den Speisetafeln der Bürgerhäuser zu finden – sofern der Hausherr sie sich leisten konnte. Probleme gab es mit dieser Lampe, wenn sie überhitzt wurde. War dies der Fall, dann schoß eine Stichflamme aus ihrem Zylinder, und der ganze Raum war mit Rußflöckchen übersät.

Ich muß nicht allzu tief in meinen Erinnerungen kramen, um mir zu vergegenwärtigen, wie die Öllampen versorgt werden mußten, denn in unserem Haus wurde erst vor einigen Jahren Elektrizität installiert. Zunächst hieß es die Lampen zu füllen, wobei unweigerlich etwas Öl danebenging, dann mußte der Docht gestutzt werden (wurde das versäumt, qualmte er stark und stank zum Himmel), und dann mußten die Glaszylinder geputzt werden. Dabei gingen bestimmt einige zu Bruch. Gelegentlich wurde es auch nötig, die Lampen gründlich zu säubern, was viel Zeit in Anspruch nahm. Dazu mußte man sie ganz auseinandernehmen und sie in einer Lösung von Soda in Wasser waschen.

Ich besitze noch ein Paar Tilley-Leuchten; das sind jene Öllampen, die man aufpumpte und die leise zischten, wenn sie brannten. Gelegentlich versagte ihr System. Dann vergaste das Öl nicht, statt dessen schoß eine große rote Stichflamme hervor und verbreitete Unmengen von Qualm und Ruß. Wenn diese Lampen jedoch einwandfrei funktionierten, dann spendeten sie ein strahlend helles Licht und gingen selbst im Sturm nicht aus. In ihrem Licht habe ich an Bord eines kleinen Fischerbootes sogar während eines Sturmes im Südatlantik Fische ausgenommen. Trotzdem: ich gebe es zu, nichts Besseres, als einfach ein elektrisches Licht anknipsen zu können!

Drahtspulenlampe

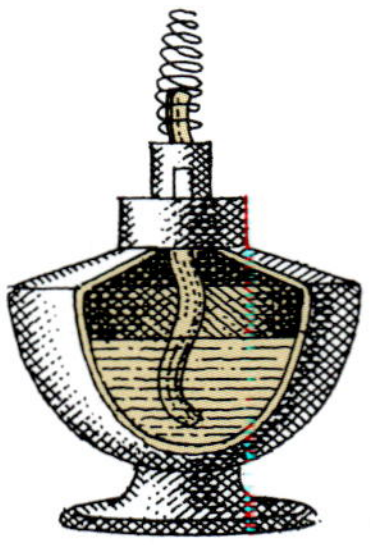

Eine Öllampe ohne Flamme

Dieses Nachtlämpchen erzeugte ein schwach glühendes Licht, und zwar nicht mit einer Flamme, sondern durch eine rotglühende Drahtspule, die um den Docht gewickelt war. Der Docht wurde für ein paar Minuten angezündet, um die Drahtspule zu erhitzen, und anschließend wieder ausgelöscht. Die Spule glühte dank der Spiritusdämpfe, die aus der Lampe aufstiegen, weiter.

Öllampen

Die ersten Öllampen bestanden aus flachen Tonschalen, in deren Tülle ein Docht aus verzwirntem Flachs lag. Die späteren Bettlampen funktionierten nach demselben Prinzip, nur waren sie meist aus Eisen und hatten eine Auffangschale für das heruntertropfende Öl. Sie hingen an einer Öse an der Wand und verbrannten Fischtran. Als der Tran der Wale für diesen Zweck zu teuer wurde, zeigte sich, daß auch Schmalz gut dazu taugte. Ein halbes Pfund Schmalz spendete sechzehn Stunden lang Licht. Mit zunehmender Beliebtheit wurden die Öllampen immer mehr verfeinert. Es gab sie als reichverzierte Hängelampen, als kleine Tragelampen, als Tisch- und Standlampen aus Zinn, Eisen, Kupfer, Steinzeug und Messing.

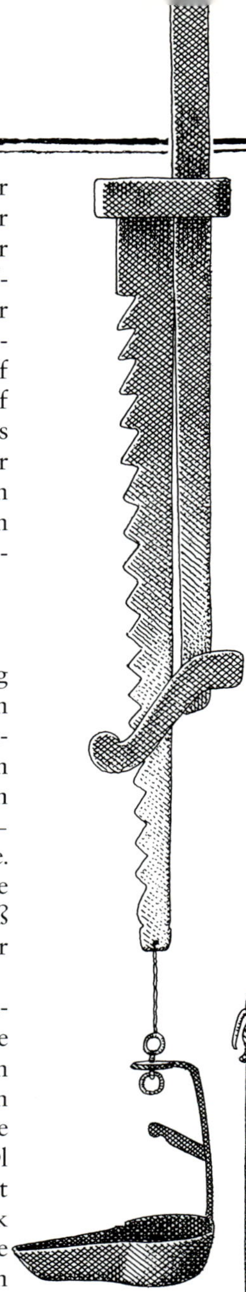

Öllampe an Zahnstange

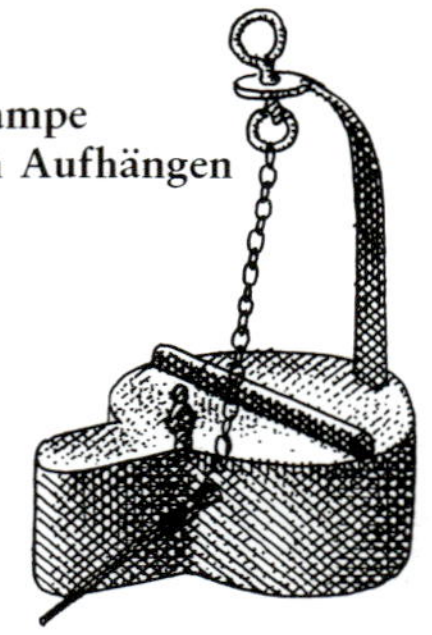

Öllampe zum Aufhängen

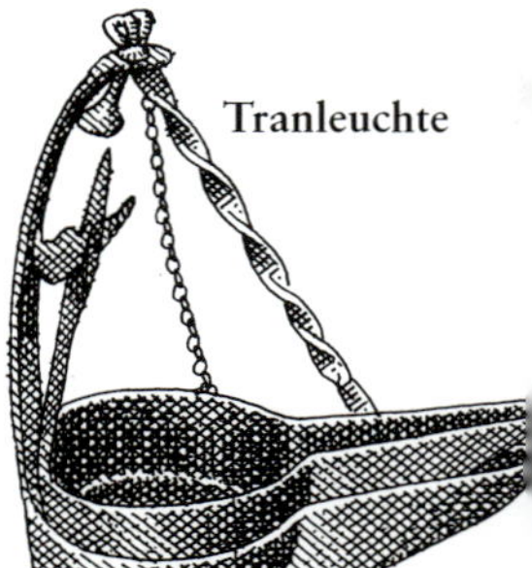

Tranleuchte

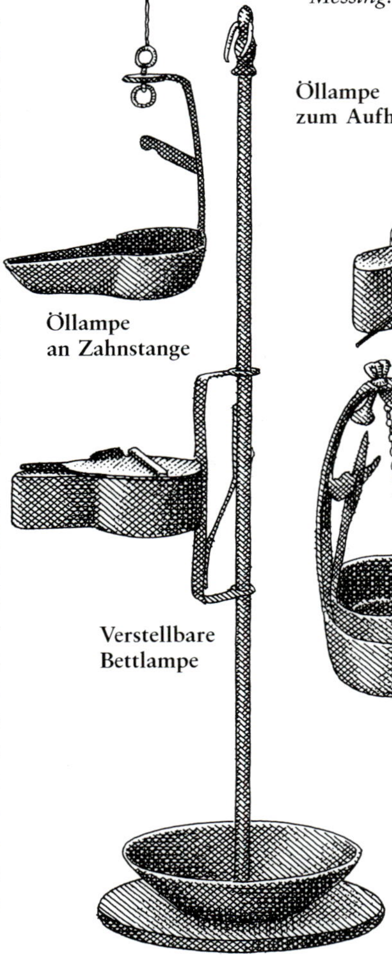

Verstellbare Bettlampe

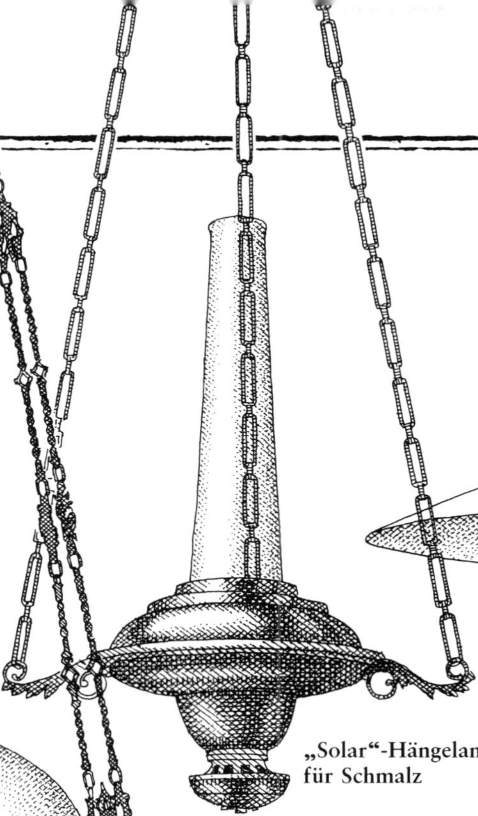

„Solar“-Hängelampe
für Schmalz

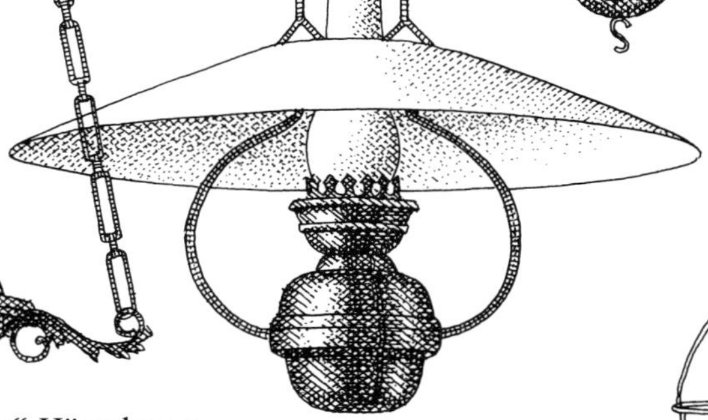

Hängelampe
mit Bronzeauflage

Kugelleuchte
aus Messing

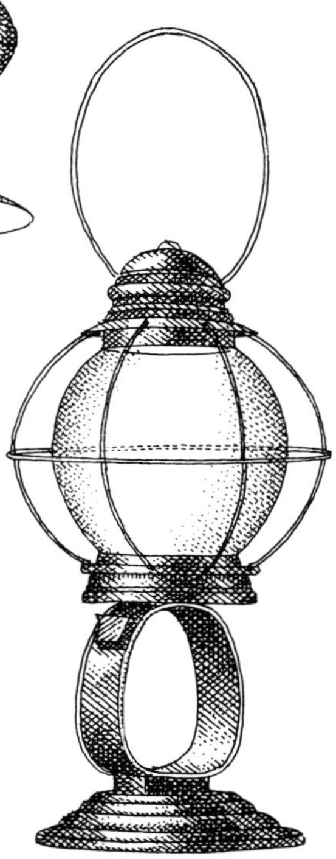

Tranleuchte

Hängelampe aus Messing

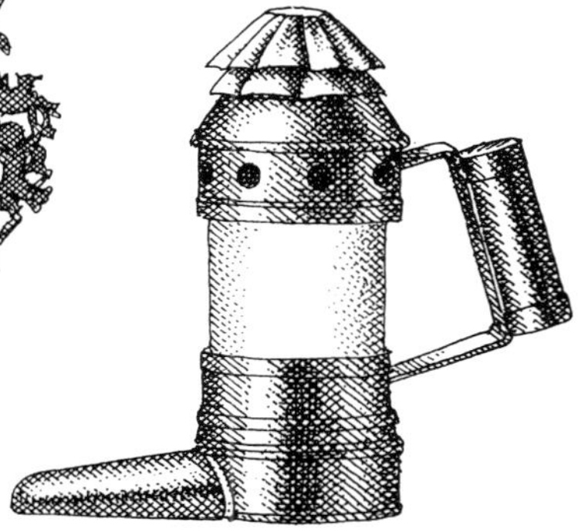

Laterne mit schuhförmigem Fuß

Zinnleuchte
für Schmalz

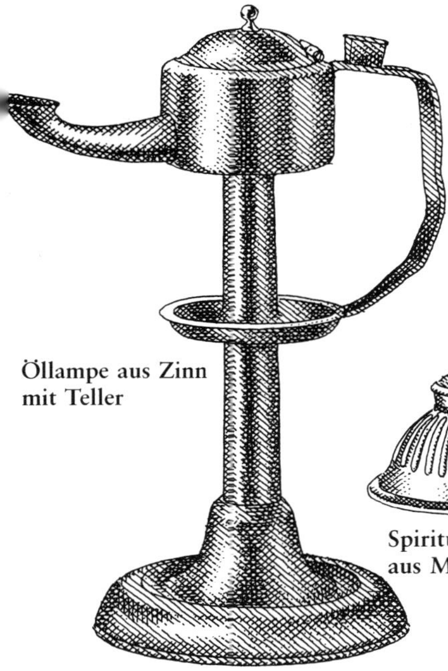

Öllampe aus Zinn
mit Teller

Spiritusleuchte
aus Messing

Zinnleuchte mit Bullauge

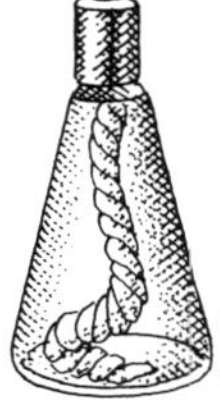

Spiritusleuchte
aus Silber und Glas

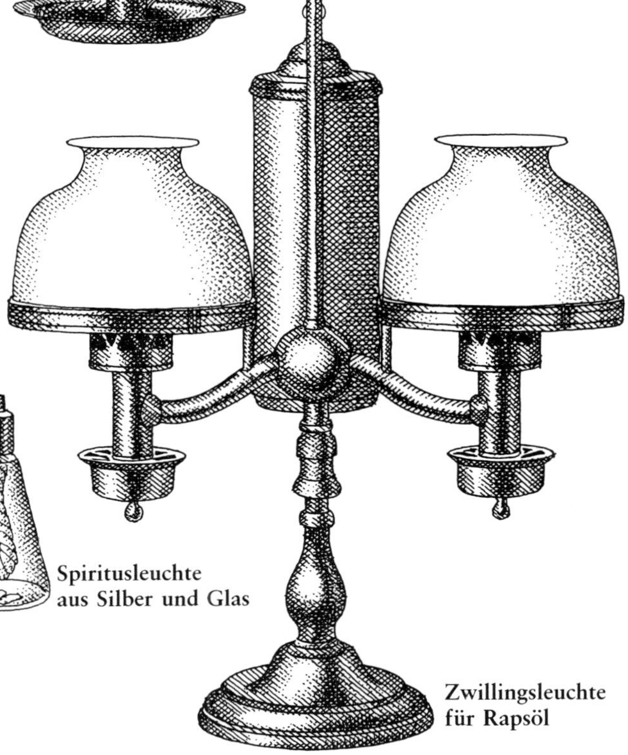

Zwillingsleuchte
für Rapsöl

LICHT MIT GAS UND ELEKTRIZITÄT

Der Glühlicht-Gasbrenner
Bei dem ersten Gasbrenner handelte es sich um einen sogenannten Flachbrenner, der aus wenig Gas die Lichtstärke von bis zu drei Kerzen erzielte. Dann erfand Freiherr Auer von Welsbach den Glühstrumpf, der die Leuchtkraft verstärkte und weniger Ruß abgab.

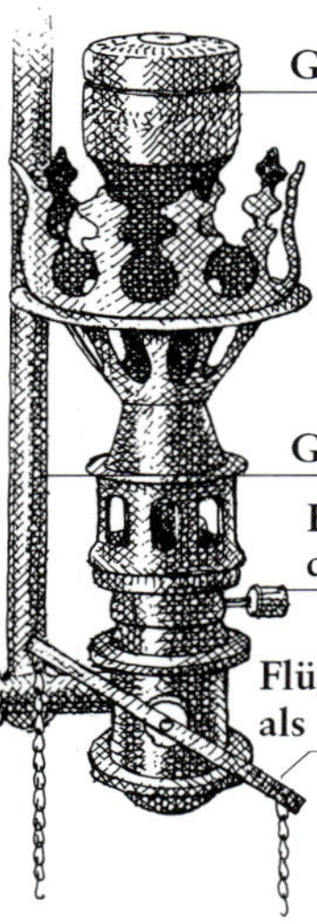

Die Glühbirnenfassung
Elektrizität zur Beleuchtung des Hauses war nicht nur viel sicherer, sondern auch viel sauberer. Mit Hilfe eines Kabels konnten die Lampen praktisch an jeder Stelle des Hauses angebracht werden.

Im Jahr 1698 reiste die Schriftstellerin Celia Fiennes von Wigan nach Warrington. In ihrem Tagebuch beschreibt sie, wie ihr Reiseführer „das Wasser in einem Brunnen anzündete“ und wie es „eine lange Weile wie Spiritus brannte“. Dreißig Jahre vor ihr hatte bereits ein Mann namens Thomas Shirley beschrieben, wie ein Brunnen Feuer fing, wenn man sich ihm mit einer brennenden Kerze näherte. Das sind die ersten Hinweise auf Erdgas in England.

Beleuchtung mit Stadtgas

Knapp hundert Jahre später, im Jahr 1782, wurde entdeckt, daß sich durch das Erhitzen von Kohle ein brennbares Gas erzeugen ließ. Aber es dauerte weitere zehn Jahre, ehe praktischer Nutzen aus dieser Entdeckung gezogen wurde. Aus dieser Zeit wird berichtet, wie ein gewisser William Murdoch sein Haus in Redruth in der Grafschaft Cornwall mit einem Gas beleuchtete, das er aus Kohle gewann. Um 1807 schuf ein Deutscher namens Winsor die erste Gasbeleuchtung in einem Teil der Pall Mall in London. Bereits 1812 erhielt die erste Gas- und Koksgesellschaft in London eine Konzession. In der Folge dehnte sich die Gasbeleuchtung sehr rasch über die Städte aus. Allerdings konnte sich auf dem Land das Stadtgas niemals durchsetzen. Das große Landhaus, in dem ich aufwuchs, verfügte über eine eigene Acetylengas-Anlage. Sie befand sich in einem Anbau und stank gewaltig. Die Anlage bestand aus einem großen Kessel mit Karbid, in das Wasser hineintröpfelte. Das so freigesetzte Gas wurde mit einer langen Rohrleitung im ganzen Haus verteilt.

Transportable Gaslampen

Mit Karbid und Wasser wurde auch jahrzehntelang das Gas für die Beleuchtung von Fahrrädern, Motorrädern und Autos erzeugt. In meiner Jugend hatten wir uns allerdings zu gern den Spaß erlaubt, ohne Licht an den Rädern an einem Schutzmann vorbeizufahren. Wenn er uns dann zubrüllte: „Licht an!“ lachten wir ihn nur höhnisch aus.
Mein altes „Triumph“-Motorrad hatte auch noch einen mit Acetylen betriebenen Scheinwerfer. Auf glatten Straßen warf dieser ein nur schwaches Licht. Fuhr man aber über unebene Stellen oder durch Schlaglöcher, dann leuchtete er plötzlich viel heller auf. Durch die Stöße träufelte mehr Wasser in das Karbid, und dadurch wurde mehr Gas freigesetzt.

Erneut zu tun hatte ich mit Karbidlampen, als ich vor dem Zweiten Weltkrieg in einem Kupferbergwerk in Nord-Rhodesien arbeitete. Jeder von uns „Weißlingen“ trug eine solche. Bei diesen Lampen flackerte in der Mitte eines konkav geformten, versilberten Metallspiegels eine kleine offene Flamme. Aber wie gesagt, nur Weiße genossen das Privileg, diese Lampe tragen zu dürfen. Die schwarzen Minenarbeiter mußten sich mit Kerzen behelfen. Die berühmte Davey-Leuchte, die in den britischen Kohlebergwerken verwendet wurde, funktionierte nach demselben Prinzip, jedoch war bei ihr die Flamme durch einen Maschendraht gesichert, damit sie nicht die in den Stollen lagernden Schlagwetter zur Explosion brachte.

Allgemeine Gasbeleuchtung

Es dauerte fast hundert Jahre, ehe das Gaslicht, obwohl es in Mühlen und in den Fabriken und zur Straßenbeleuchtung schon weithin verwendet wurde, auch in den Privathäusern mit dem Glühstrumpf (siehe Seite 126) seinen Einzug hielt. Vor der Erfindung Dr. Auers verbreiteten die Gasleuchten nämlich mindestens ebensoviel Qualm und Gestank wie Licht.
Bald jedoch wurde die Gasbeleuchtung von ihrem größten Rivalen abgelöst, denn mit Beginn unseres Jahrhunderts trat die Elektrizität ihren Siegeszug an. Heutzutage werden höchstens noch einige Boote, Wohnwagen oder abgelegene Höfe mit Propangas beleuchtet.

Die langsame Verbreitung der Elektrizität

Obwohl es elektrische Lampen schon seit der Mitte des 19. Jahrhunderts gab, setzte sich die elektrische Beleuchtung erst nach der Erfindung des ersten brauchbaren Kohledrahtes für Glühbirnen durch Sir Joseph Swan und Thomas Edison im Jahr 1879 langsam durch. Ende der neunziger Jahre wurden die meisten Stadtstraßen und großen Gebäude mit elektrischem Licht beleuchtet. Dieses war aber noch so teuer, daß die meisten Privatleute es sich nicht leisten konnten. Erst nach der Erfindung des Wolframdrahtes im Jahr 1911 wurde es allmählich billiger. Noch war aber das Verlegen der Leitungen eine kostspielige Angelegenheit und die Elektrizität weiterhin begrenzt auf die Leute mit dickem Geldbeutel. Als auch dieses Problem gelöst war, trat das elektrische Licht endgültig seinen Siegeszug an, zumal es sauberer und geräuschloser als die Gasbeleuchtung war und keine lästigen Gerüche verbreitete.

Lampenmodelle

Gegen Ende des 19. Jahrhunderts existierten die unterschiedlichsten Modelle von Gaslampen. In größeren Räumen wurden für gewöhnlich Kandelaber mit zwei, drei oder gar vier Brennern aufgehängt. In kleineren Räumen genügten meist Wandlampen, die in sehr großen Räumen ansonsten zusätzliches Licht spendeten. Meist waren diese Lampen aus Kupfer oder Messing, und ihre Schirme bestanden aus durchsichtigem oder durchscheinendem Glas. Die elektrischen Lampen folgten zunächst in den gleichen Mustern. Später wurden einfachere Modelle entwickelt, und es gesellten sich noch Tischlampen hinzu.

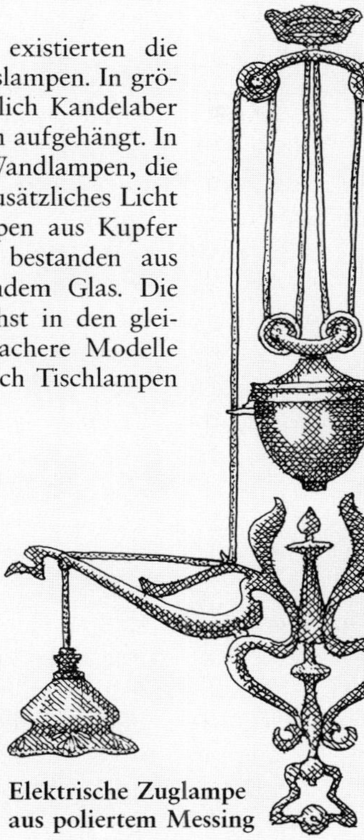
Elektrische Zuglampe aus poliertem Messing

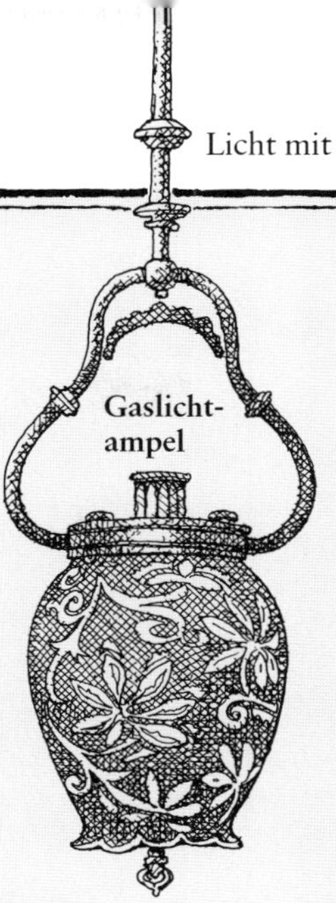
Gaslicht-ampel

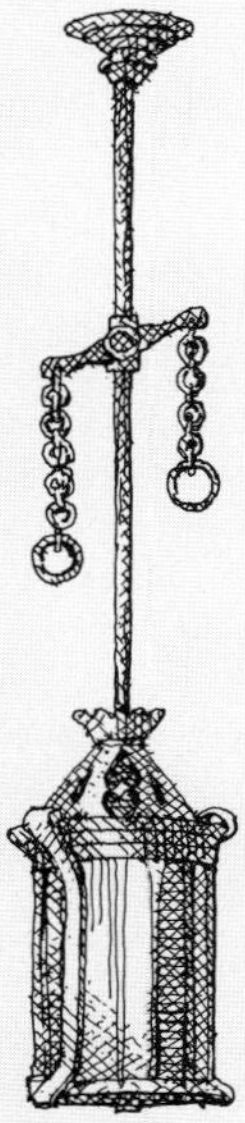
Gaslichtampel aus Kupfer und Glas

Elektrische Wandlampe, Modell Ormolu

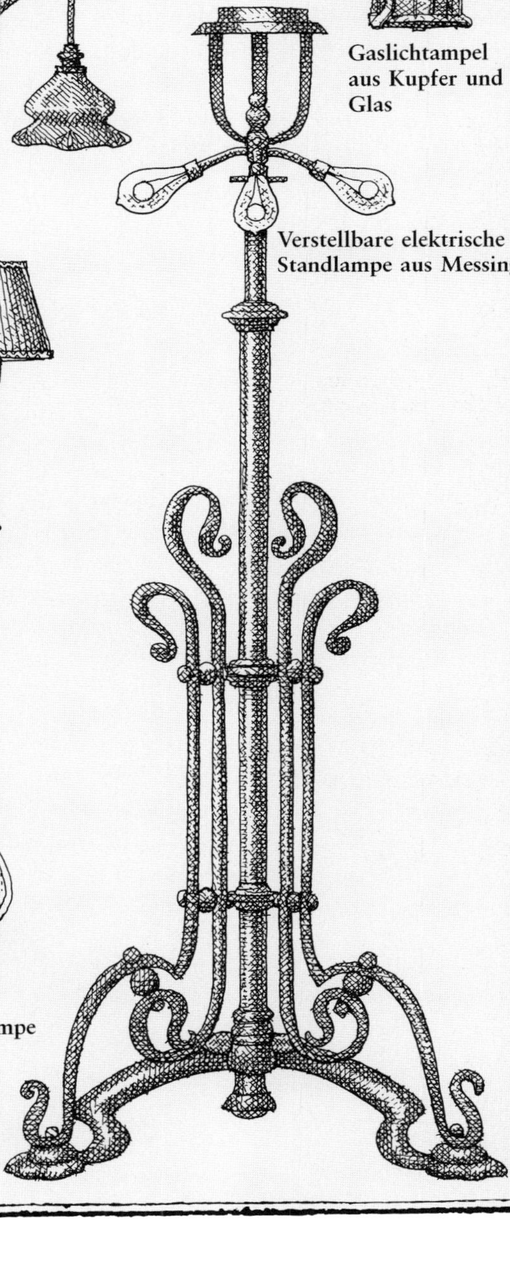
Verstellbare elektrische Standlampe aus Messing

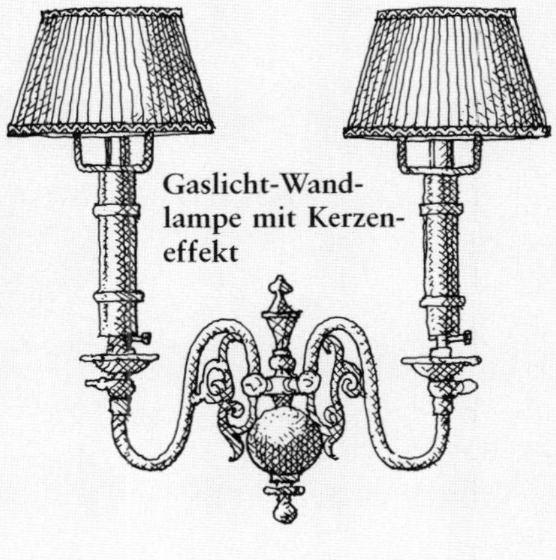
Gaslicht-Wandlampe mit Kerzeneffekt

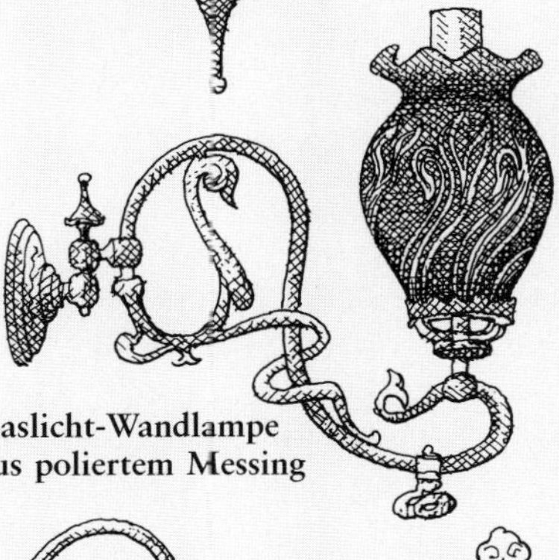
Gaslicht-Wandlampe aus poliertem Messing

Gaslicht-Tischlampe aus Messing

Elektrische Tischlampe aus Messing

Rasierspiegel-Lampe aus Messing

DER HAUSPUTZ

Bürsten und Besen
Ein sauberes Haus galt vielen Hausfrauen als ernste sittliche Pflicht. Für die verschiedenen Reinemacharbeiten standen ihnen unterschiedliche Hilfswerkzeuge zur Verfügung. So gab es für das Scheuern der Böden und das Säubern der Teppiche Bürsten mit harten Borsten, während sie zum Putzen von Möbeln, Herden, Treppengeländern und zum Abstauben weichborstige Bürsten nahmen. Je nachdem, wie staubig die Fußböden waren, hatten sie auch hierfür die verschiedensten Besentypen parat.

In Irland finden sich auf dem Land noch Hütten, deren Fußböden lediglich aus gestampfter Erde bestehen. Diese werden täglich mit einem Reisigbesen gefegt, wodurch sie so hart wie Zement werden. Feucht wischen lassen sie sich nicht, denn dann würden sie sich bald in Schlamm auflösen; also bleibt nichts anderes übrig, als sie zu fegen. Noch bessere natürliche Fußböden gibt es in Indien. Sie bestehen aus einer Mischung von Kuhdung und Schlamm und werden gleichfalls durch das tägliche Fegen noch härter.

Fegen der Böden

Der Reisigbesen aus Birken- und anderen Zweigen oder Heidekraut hat bis auf den heutigen Tag überlebt. In England finden wir noch immer Besenbinder, die sich ihren Lebensunterhalt mit dem Anfertigen von Reisigbesen verdienen. Solche Besen eignen sich vorzüglich für das Fegen gestampfter Böden in Scheunen und auf Höfen. Darüber hinaus sind sie auch gut für das Einebnen der Gänge geeignet, die die fleißigen Würmer in unserem Rasen graben. Jedenfalls ist diese Methode besser, als Gift auszustreuen, um die Würmer – die doch die besten Verbündeten der Gärtner sind – zu vernichten, zumal wir damit auch die Vögel töten, die die Würmer fressen.

Als allmählich künstliche Fußböden die natürlichen ablösten, gerieten auch die Besen immer komplizierter. Je härter und glatter der Fußboden ist, der zu fegen ist, desto weicher muß der Besen sein. Dadurch wurden Schweinsborsten populär (die Bürstenbinderzunft hatte in ihren Schildern Wildschweine als Wappentiere), die hauptsächlich aus Osteuropa und Rußland importiert wurden.

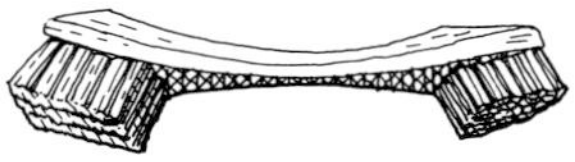
Doppelseitige Möbelbürste

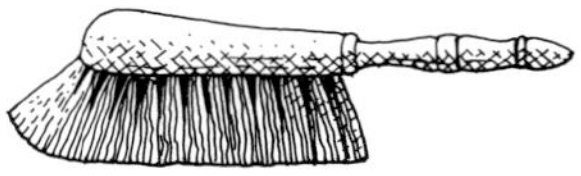
Geländerbürste

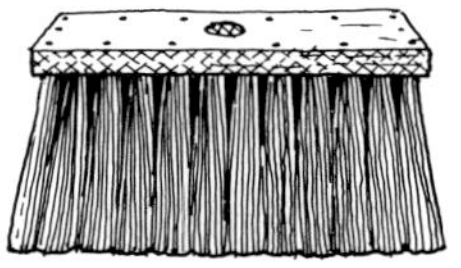
Reiserbesen mit Borsten

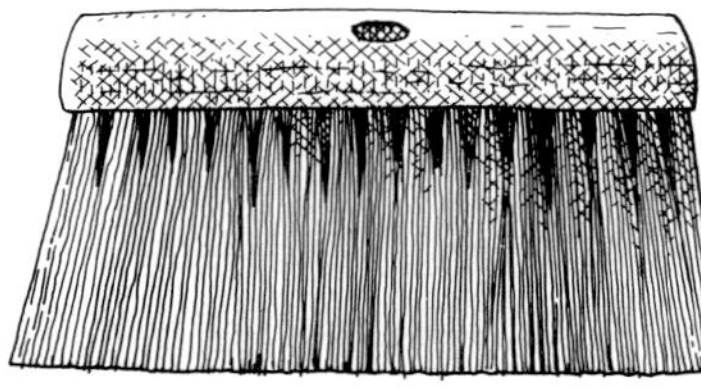
Reiserbesen mit eingesetzten Borsten

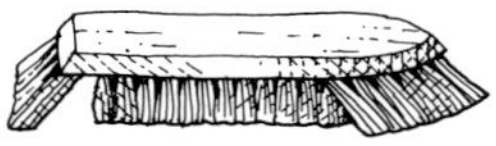
Spülbeckenbürste mit überstehenden Borsten

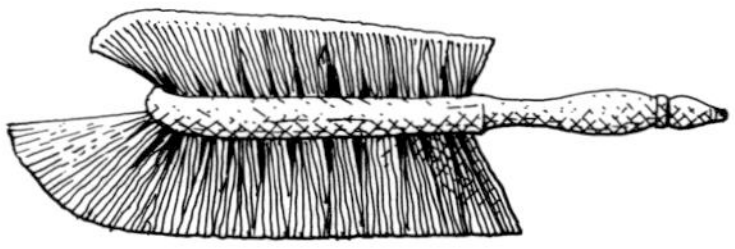
Doppelseitige Geländerbürste

Rotlackierter Bürstenkopf

Möbelbürste mit harten Borsten

Staubbürste für Geländer

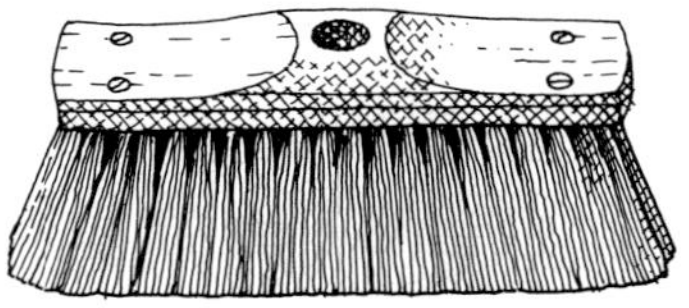
Besen mit rundem Rücken

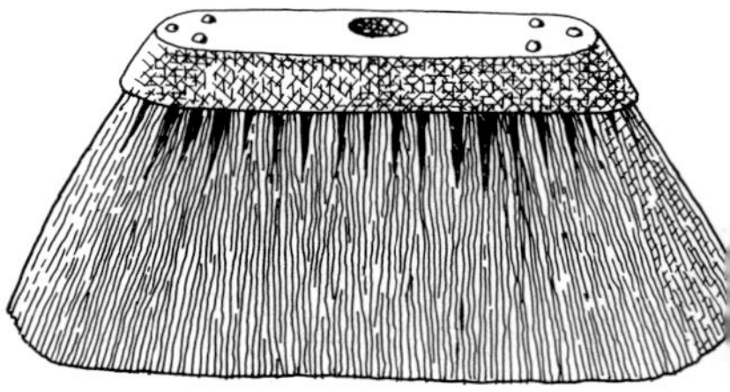
Staubbürste für Teppiche

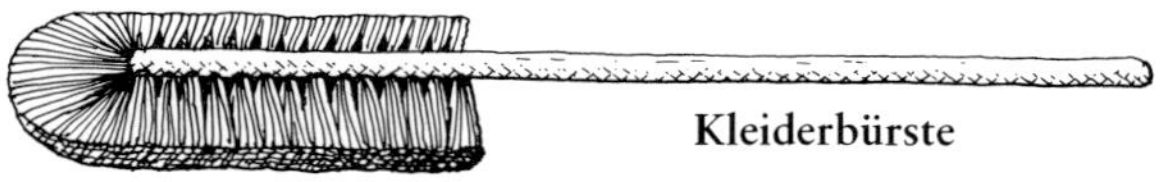
Kleiderbürste

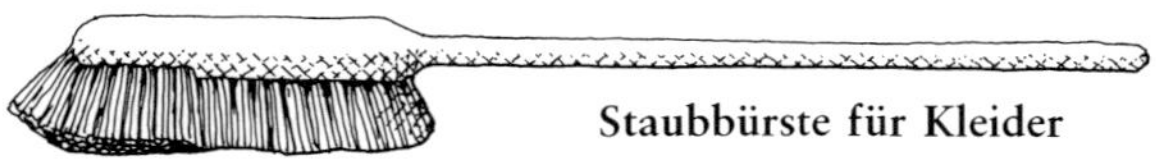
Staubbürste für Kleider

Haarbesen

Staubwedel

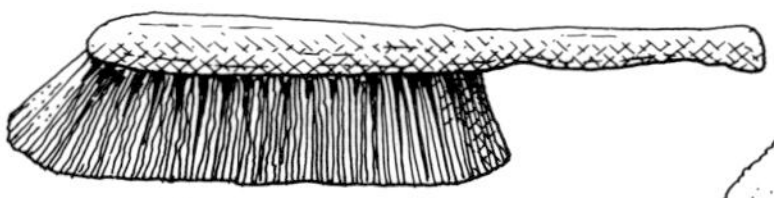
Staubbürste für Matratzen

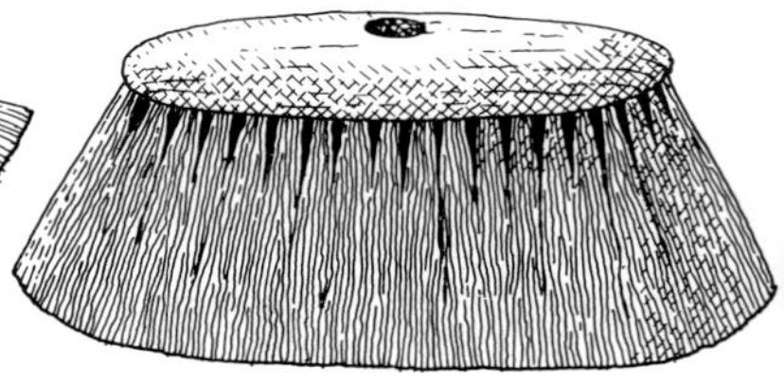
Teppichbesen

Gebogene Staubbürste für Bücher

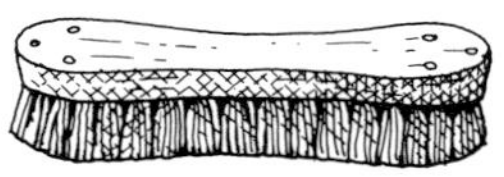
Wurzelbürste

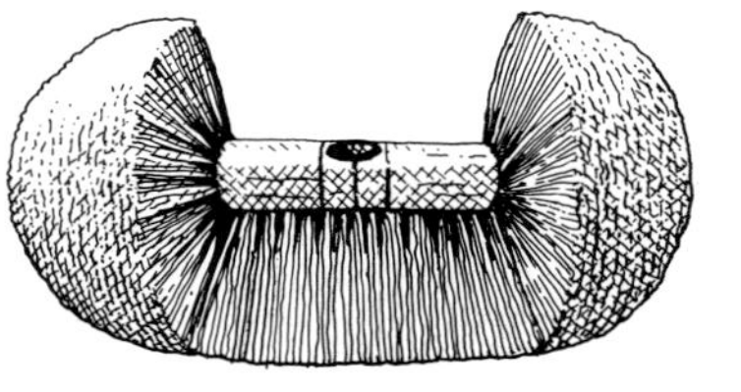
Wandbesen

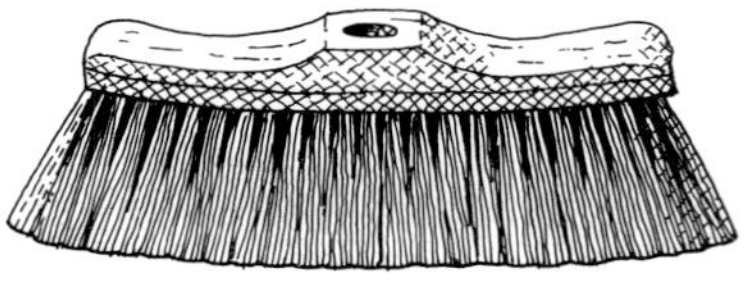
Teppichbesen

Besenbinden
Reisigbesen wurden produziert aus Birkenreisern, die man mit Hasel- oder Weidenruten zu Bündeln zusammenband. Der Besenstiel – oft ein starker Eschenast – wurde in das Bündel hineingerammt, das auf diese Weise noch fester wurde. Um den Stiel festzuhalten, wurde ein Pflock hineingetrieben.

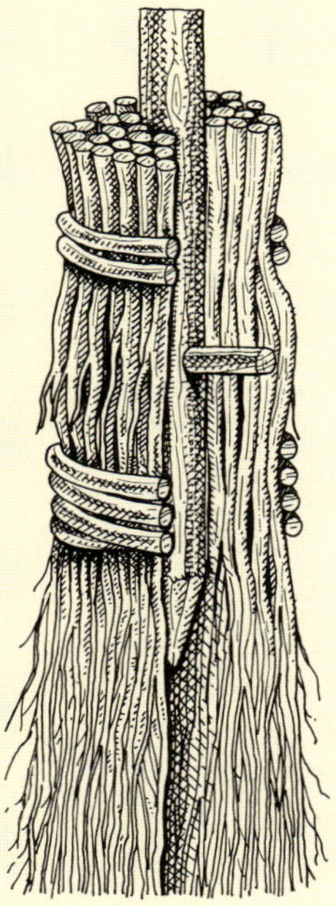

Die weitverbreitete Ansicht, daß die Menschen früher ihre Behausungen nicht sehr sauber hielten, ist – wie so manches andere Vorurteil – absolut falsch. Was zutrifft, ist die Tatsache, daß unterschiedliche Haustypen auch unterschiedliche Arten der Reinigung erfordern. Ich lebte acht Jahre lang in einem Häuschen mit Ziegelböden. Ziegel sind porös. Wenn man diese Böden zu oft schrubbt, bleiben sie ständig feucht. Um das Haus sauber zu halten, reichte es aus, sie jeden Tag mit dem Besen auszukehren. Geflieste Böden kann natürlich jeder so oft naß aufwischen, wie er oder sie Lust hat.

Im Mittelalter wurden die Fußböden mit Binsen oder süß duftenden Kräutern und Gräsern bestreut. Dies war nicht etwa eine Verschwendung anderweitig viel dringender benötigter Naturgaben, wie es auf den ersten Blick erscheinen mag. Vielmehr wurden die Gräser von Zeit zu Zeit zusammengerecht und dem Vieh zum Futter vorgeworfen, das ihn in guten Mist verwandelte, der wiederum zum Düngen der Äcker diente.

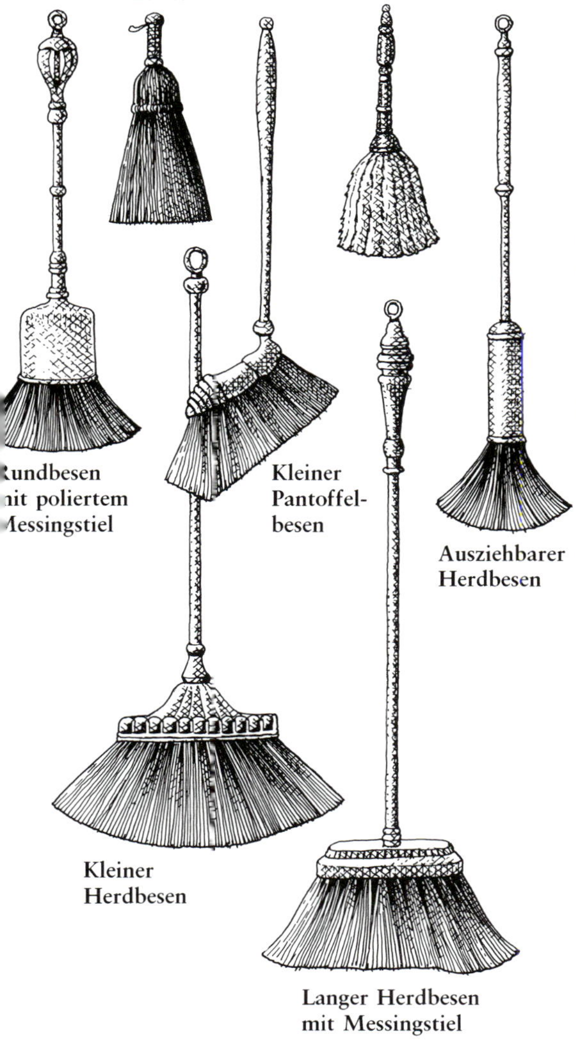

Eine tägliche Pflicht
Jeden Morgen kehrten die Hausfrauen den Hinterhof sauber und scheuerten die Türstufen mit Scheuersteinen. Hausfrauen, die besonders fleißig waren, schrubbten auch noch die Fensterbänke ab sowie den Bürgersteig vor ihrem Haus.

Auch Sägemehl war ein sehr hygienisches Streumittel für die Fußböden. Noch heute benutzen es viele Metzger und Gastwirte. Früher wurden Küchen- und andere Böden auch mit Sand bestreut (siehe Seite 47). Und so zog noch der Sandmann mit seinem beladenen Esel durch die Straßen und verkaufte den Köchinnen und Hausfrauen Streusand. Nach alter Gewohnheit wurde der Sand einmal in der Woche zusammen mit dem Schmutz ausgekehrt und dann frischer Sand eingestreut.

Die ersten Staubsauger

Der elektrische Staubsauger hatte ein mechanisches Gerät als Vorgänger. Dieses wurde im Jahr 1876 von einem Mr. Bissell aus Grand Rapids in Michigan (USA) erfunden. Sein englisches Gegenstück wurde Ewbank genannt und war bald gleichfalls nahezu allgegenwärtig.

Der erste wirksam arbeitende elektrische Staubsauger wurde 1907 von J. Murray Spengler aus Ohio (USA) auf den Markt gebracht. Sein Prototyp bestand aus einem Blechkasten, einem Besenstiel, einem Mehlsack und einem Elektromotor. Spengler verkaufte die Rechte an seinem Patent kurze Zeit später an William Hoover, der 1912 die ersten Staubsauger nach England lieferte. Bereits 1927 wurden mehr als tausend Stück pro Woche davon abgesetzt. Die Engländer haben das Staubsaugen nach diesem Fabrikat *to hoover* getauft.

Ich erinnere mich, wie ich als kleines Kind kurze Zeit mit meinen Eltern in einem gemieteten Haus in London lebte. Eines Tages klopfte ein Mann an die Tür, der ein merkwürdiges Gerät mit sich führte.

Ziemlich ängstlich sah ich zu, wie der Mann ohne Hemmungen aus einem Sack an diesem Gerät eine Menge Staub und Schmutz auf unseren guten Teppich schüttete. Dann, ehe noch jemand Zeit gefunden hatte, die Polizei zu alarmieren, hatte er den Sack wieder an dem Gerät befestigt und stöpselte ein Kabel in eine Steckdose an der Wand ein. Das Gerät begann sofort zu brummen, und in Null Komma nichts war der Staub wieder verschwunden! Noch nicht zufriedengestellt, hob der Mann eine Ecke des Teppichs auf und schob etwas Dreck darunter. Keine Sorge! Das Gerät saugte ihn durch den Teppich hindurch wieder auf. Meine Mutter brauchte keine weiteren Demonstrationen. Sofort kaufte sie ein solches Gerät. Von diesem Tag an gehörten auch wir zur Klasse der Staubsaugerbesitzer.

Dies geschah in den frühen zwanziger Jahren. Zur gleichen Zeit etwa erwarben wir auch das erste Radiogerät, eine andere Wundermaschine. Dieses Gerät besaß einen Kristall, den man mit

Frühjahrsputz

Im vergangenen Jahrhundert bedeutete der Frühjahrsputz (und das Großreinemachen im Herbst), das Haus vom Keller bis zum Speicher gründlich zu säubern. Die Teppiche wurden hinausgetragen, ausgeklopft und mit Seifenschaum gesäubert, Gardinen und Vorhänge wurden gewaschen, die Zimmerdecke neu geweißt, Fensterscheiben und Möbel wurden poliert ... alles in allem eine gewaltige Aufgabe.

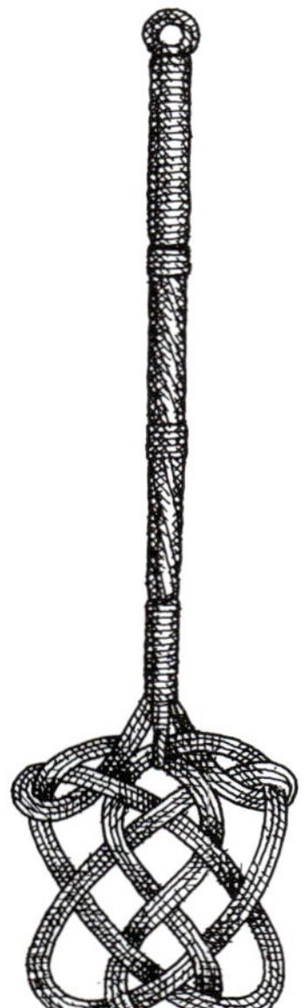

Der perfekte Teppichklopfer

Vor der Erfindung des Staubsaugers wurden Teppiche und Läufer mindestens einmal im Jahr gründlich ausgeklopft. Dieser Teppichklopfer aus geflochtenem Rohr erfüllte seine Aufgabe so perfekt, daß seine Ausführung mehr als hundert Jahre lang nicht geändert wurde!

Nachteile der Kohleheizung
Die Verwendung von Kohle als Heizmaterial brachte einige Nachteile für die Hausfrau mit sich. Nicht nur, daß die Kohle beim Verbrennen viel Staub und Ruß absonderte, sondern hinzu kam, daß der Kohlenstaub, der sich bei der Anlieferung überall ausbreitete, beseitigt werden mußte.

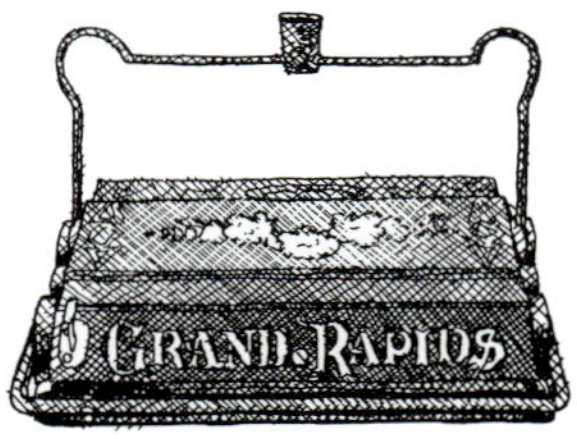

Teppichkehrer
Der motorlose Teppichkehrer bestand aus einer in einem Gehäuse angebrachten Bürste, die rotierte, wenn man den Teppichkehrer auf dem Teppich hin und her schob. Dabei nahm er den Schmutz auf. Einige Modelle verfügten auch über zusätzliche, seitlich angebrachte Bürsten zum Säubern der Fußleisten.

einem feinen Draht „kitzeln“ mußte. Dann setzte man sich einen Kopfhörer auf. Wer den Kristall richtig „gekitzelt“ hatte, vernahm ferne Stimmen. Mit etwas Glück war sogar eine Geistermusik durch den Äther zu empfangen!

Scheuern und Polieren

Außer dem Sandmann waren damals noch Männer unterwegs, die Scheuersteine, Sandsteine, „Heilige Steine“ (so genannt, weil sie angeblich aus alten Kirchenmauern stammten) oder „Eselssteine“ (als Markenzeichen war ein Esel eingeprägt) verkauften. Alle diese Steine wurden zum Scheuern und zum Verschönern des Hauses in jeglicher Form eingesetzt. Die Steintreppen vor den Haustüren in den Städten mußten zum Beispiel jeden Morgen in der Frühe gründlich geschrubbt werden. Anschließend wurden sie weiß gescheuert. In erster Linie diente dies dazu, der Nachbarschaft zu beweisen, daß es sich bei der Hausfrau (oder ihrem Dienstpersonal) um hart arbeitende Menschen von hoher moralischer Qualität handelte. Diese ganze Putzteufelei trug zweifelsohne fast religiöse Züge, hatte aber auch einen realen Hintergrund. In jenen Tagen, als der Staubsauger noch nicht erfunden war, beherrschten die Flöhe die Welt. Auch Läuse und Wanzen tummelten sich in Scharen im Haus – da half nur größte Reinlichkeit.

Anfertigen von Polituren

Ehe es in der Fabrik hergestellte Polituren gab, mixte sich die Hausfrau ihre eigenen zusammen. Eine Metallpolitur wurde zum Beispiel aus zwei Unzen Bimsstein, einer Unze Schmirgel, einem halben Pfund Schmierseife, einem Teelöffel Essig, einem Teelöffel Olivenöl und einem Viertelliter Wasser hergestellt. Diese Mixtur mußte drei Stunden gekocht werden.

In den mittelalterlichen Behausungen wird es noch nicht sehr viel Putzenswertes gegeben haben, sehen wir einmal von den Waffen und Rüstungen ab. Die einfachen Tische mußten wohl kaum poliert werden, auf die Fußböden wurden vermutlich Binsen gestreut, andere Möbelstücke gab es kaum. Mit mehr Möbeln kam Bienenwachs zum Polieren auf. Dies ist das beste Poliermittel geblieben, und es ist bedauerlich, daß es heute kaum noch erhältlich ist, denn das Wachs kann in den modernen Bienenstöcken mehrfach verwendet werden. Bei den früher benutzten Bienenkörben (siehe Seite 67) wurden die Honigzellen der Bienen, die aus Wachs sind, beim Ausziehen des Honigs zerstört, und die Bienen mußten sich im nächsten Jahr neue Zellen bauen. Das Wachs, das beim Schleudern übrigblieb, wurde dann zur Herstellung von Kerzen und Polituren verwendet. Bienenwachs ist eine ganz besondere, herrlich duftende Substanz. Alte Kenner empfehlen zur Herstellung von Möbelpolitur eine Unze (20–30 g) gewöhnlichen Bienenwachses mit einer Unze Paraffin, einer Unze Kernseife, einem halben Liter Terpentin und einem halben Liter kochendem Wasser zu versetzen. Ein anderes Rezept empfiehlt, gleiche Teile an Terpentin, Essig, Weingeist und Leinöl zu mischen. Der Schweiß, den das Polieren produziert, fehlt freilich in den Anleitungen.

Alle englischen Schuljungen kommen spätestens dann in Kontakt mit Leinöl, wenn sie dazu angehalten werden, ihre Kricketschläger damit einzureiben. Früher glaubten wir, daß das Leinöl magische Kräfte besitze. Deshalb rieb auch ich meine Schläger immer eifrig damit ein, ohne jedoch jemals ein besserer Kricketspieler zu werden. Leinöl ist ein Produkt aus den Samenkörnern des Flachses. Der Flachs wird geerntet, ehe er ausgereift ist, um daraus Leinen herzustellen. Läßt man jedoch seine Samenkörner reifen, kann man daraus das Leinöl pressen. Früher wurde viel Flachs nur dafür angebaut. Das Leinöl wurde für die Herstellung von Polituren, Firnissen und Konservierungsmitteln für Holz verwendet. Die Rückstände wurden zu Rapskuchen gepreßt, jenem hervorragenden Viehfutter, das insbesondere die Rinder so gut gedeihen läßt.

Auch Schellack wird häufig als Bestandteil von Polituren und Firnissen verwendet. Es ist ein dunkles, transparentes Harz, das von der indischen Blattschildlaus produziert wird. Die Endsilbe *lack* kommt aus der Hindisprache, in der *lakh* Hunderttausend bedeutet. Die kleinen Insekten schwärmen in Indien zu Hunderttausenden aus, so daß dort niemals Knappheit an Schellack besteht. Die Tatsache, daß ein Harz, das im fernen Indien von winzigen Insekten erzeugt wird, von den englischen Hausfrauen als Bestandteil ihrer Möbelpolituren benutzt wurde, demonstriert, wie die Menschheit inzwischen diesen Planeten nach allen nur irgendwie nützlichen Rohstoffen abgrast.

Möbel wurden im Viktorianischen Zeitalter mit Begeisterung poliert. Die meist verwendete Politur, *French polish* genannt, bestand aus einer Lösung von Schellack in vergälltem Spiritus. Das Polieren selbst war recht mühsam und erforderte großes Geschick. Die Mühe wurde dadurch belohnt, daß die polierten Tischplatten todschick aussahen – allerdings nur so lange, wie keine heißen Sachen darauf zu stehen kamen.

Eine Polierbürste
Eine solche Bürste war ein nützliches Hilfsmittel zum Polieren von Fensterscheiben und Möbeln. Sie kombinierte die leichte Handhabung einer Handbürste mit den gewünschten Eigenschaften des weichen Chamoisleders.

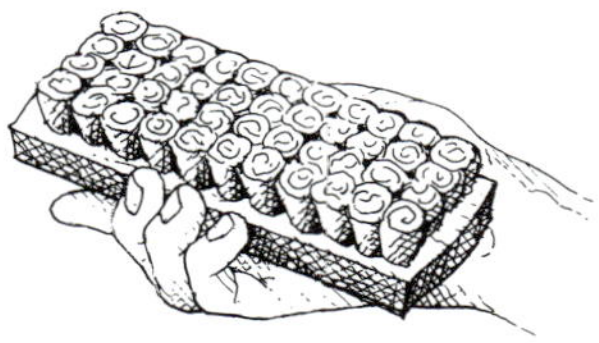

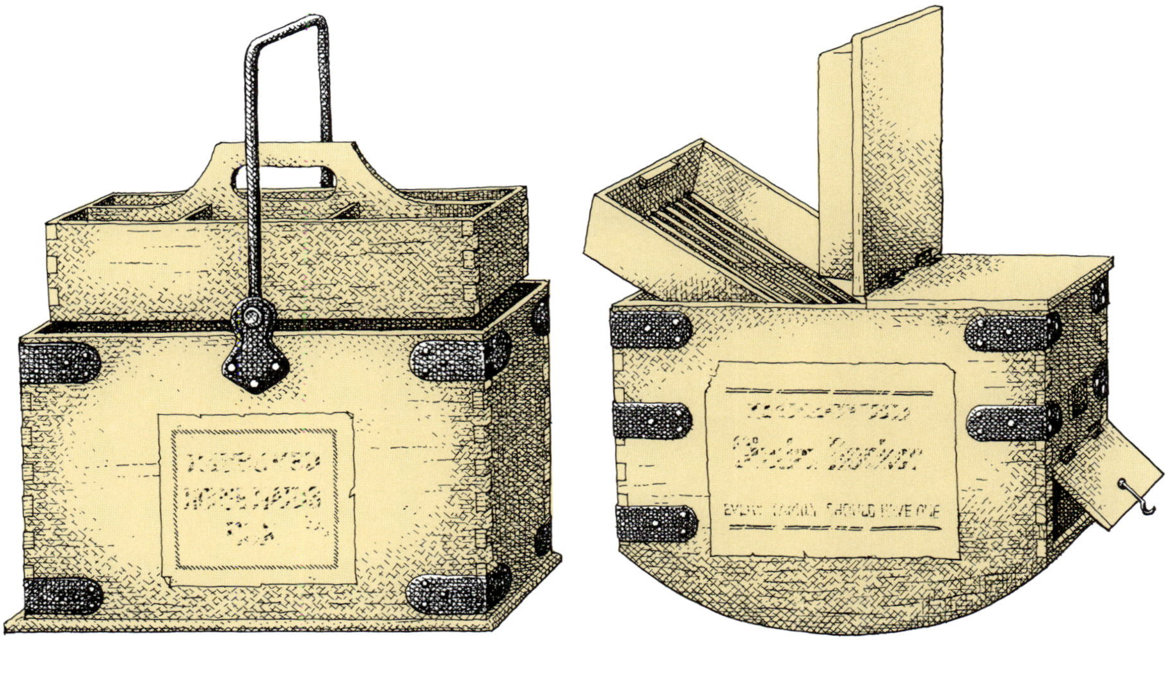

Hausputzkästen
Ein unentbehrliches Requisit eines jeden Dienstmädchens war ein Kasten, der alle zum Hausputz benötigten Hilfsmittel enthielt, vom Fensterleder bis zur Ofenschwärze, von allen möglichen Bürsten bis zum Schmirgelpapier. Wenn das Mädchen den Herd oder Kamin säuberte, schüttete es die Verbrennungsrückstände in einen Ascheneimer. Manchmal gab es hierfür auch ein separates Fach in ihrem Putzkasten. Mit einem im Kasten enthaltenen Sieb konnten die unverbrannten Rückstände zur erneuten Verwendung aus der Asche ausgesiebt werden.

Der staubfreie Hausputz

Der erste Schritt hin zur staubfreien Säuberung des Hauses geschah mit der Erfindung des Teppichkehrers im Jahr 1876 durch Melville Bissell. Bereits die ersten Modelle des Teppichkehrers verfügten neben der großen Bürste über seitlich angebrachte, kleine rotierende Bürsten, mit denen sich Fußleisten und Möbel säubern ließen. Außerdem war per Knopfdruck die Bürste auf verschiedene Höhen einzustellen und mittels eines Hebels der Staubkasten zu öffnen. Dieser Teppichkehrer war sehr wirkungsvoll und wurde schnell populär.

Natürlich wurden seine Reinigungskräfte noch wesentlich vom modernen Staubsauger übertroffen, dessen erstes Modell 1901 von Hubert Booth auf den Markt gebracht wurde. Booth taufte seine Erfindung Vakuumsauger. Sie war noch sehr unförmig und wurde von einem Benzinmotor angetrieben. Da dieses Gerät für jede Tür zu eng war, wurde es draußen vor dem Haus aufgebaut. Die einzelnen Zimmer erreichte die Hausfrau durch die Fenster mit Hilfe langer Schläuche (siehe unten). Die englische Königin Alexandra war von dieser Erfindung so sehr beeindruckt, daß sie gleich zwei dieser Wundermaschinen kaufte. Es war aber klar, daß für den Privatgebrauch ein viel kompakteres und billigeres Gerät nötig war. So brachte Booth 1906 seinen *Trolley Vac* heraus, der von einem allerdings immer noch ziemlich großen Elektromotor angetrieben wurde. Dieses Gerät hatte ein Glasfenster, durch das der angesaugte Staub zu kontrollieren war. Darüber hinaus wurden eine Menge Zusatzgeräte und Schläuche geliefert. Der *Trolley Vac* war ein sehr wirkungsvoller Staubsauger, aber immer noch zu unförmig. Er wog fast einen Zentner.

Daneben gab es die Sauger, die mit Luftbälgen arbeiteten, wie den *Harvey Cleaner,* der bereits vor der Jahrhundertwende patentiert wurde. Diese Sauger waren zwar leichter und kompakter, benötigten aber zu ihrer Bedienung noch zwei Personen; eine, die die Luftbälge betätigte, und eine weitere, die mit dem Schlauch den Staub aufsaugte. Auch der fußbediente Sauger – wie der von Griffith, der 1905 auf den Markt kam – benötigte zwei Personen zu seiner Bedienung, und selbst der Sauger mit Kolbensaugpumpe, der zur gleichen Zeit auftauchte, war nur mit Schwierigkeiten von einer Person allein zu bedienen. Erst Murray Spangler erfand 1907 einen kompakten, leichten Staubsauger mit einem kleinen Elektromotor, der allen Anforderungen genügte. Murray verkaufte seine Patentrechte bald an J. Edgar Hoover, der damit groß ins Geschäft kam. Das Zeitalter des Staubsaugers hatte begonnen.

Transportable Staubsauger
Im Wettrennen um die Konstruktion eines leicht beweglichen Staubsaugers wurden verschiedene Modelle herausgebracht. Der Trolley Vacuum Cleaner arbeitete mit einem großen Elektromotor, das Fabrikat Griffith wurde durch ein Fußpedal angetrieben und das Modell Baby Daisy besaß hebelgetriebene Luftbälge.

Vakuumsauger
Er wurde 1901 von Booth erfunden. Angetrieben von einem Benzinmotor, war es eine höchst unförmige Maschine, etwa anderthalb Meter lang und breit und über einen Meter hoch. Sie wurde auf einem Pferdewagen transportiert und von mehreren Männern bedient.

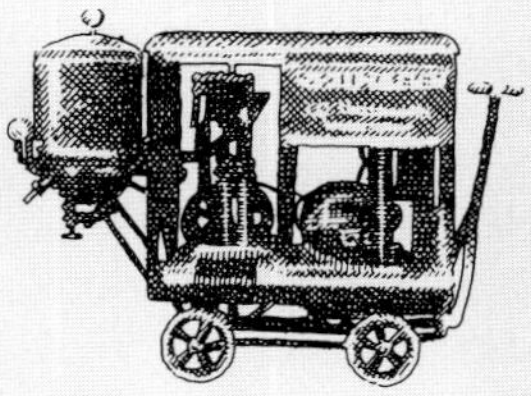

Ein Vakuumsauger bei der Arbeit
Die leuchtend rot angestrichene Maschine wurde auf einem Pferdewagen vor das Haus gebracht. Meist versammelte sich eine staunende Menge und sah interessiert zu, wie eine Gruppe uniformierter Männer das Haus stürmte und überall Schläuche durch die Fenster zog. Dann wurde der Staub aus den Teppichen, Vorhängen und Polstermöbeln in den Zimmern abgesaugt. Die Saugkraft der Maschine war so groß, daß manche Teppiche nach dem ersten Saugen die Hälfte ihres Gewichtes eingebüßt hatten.

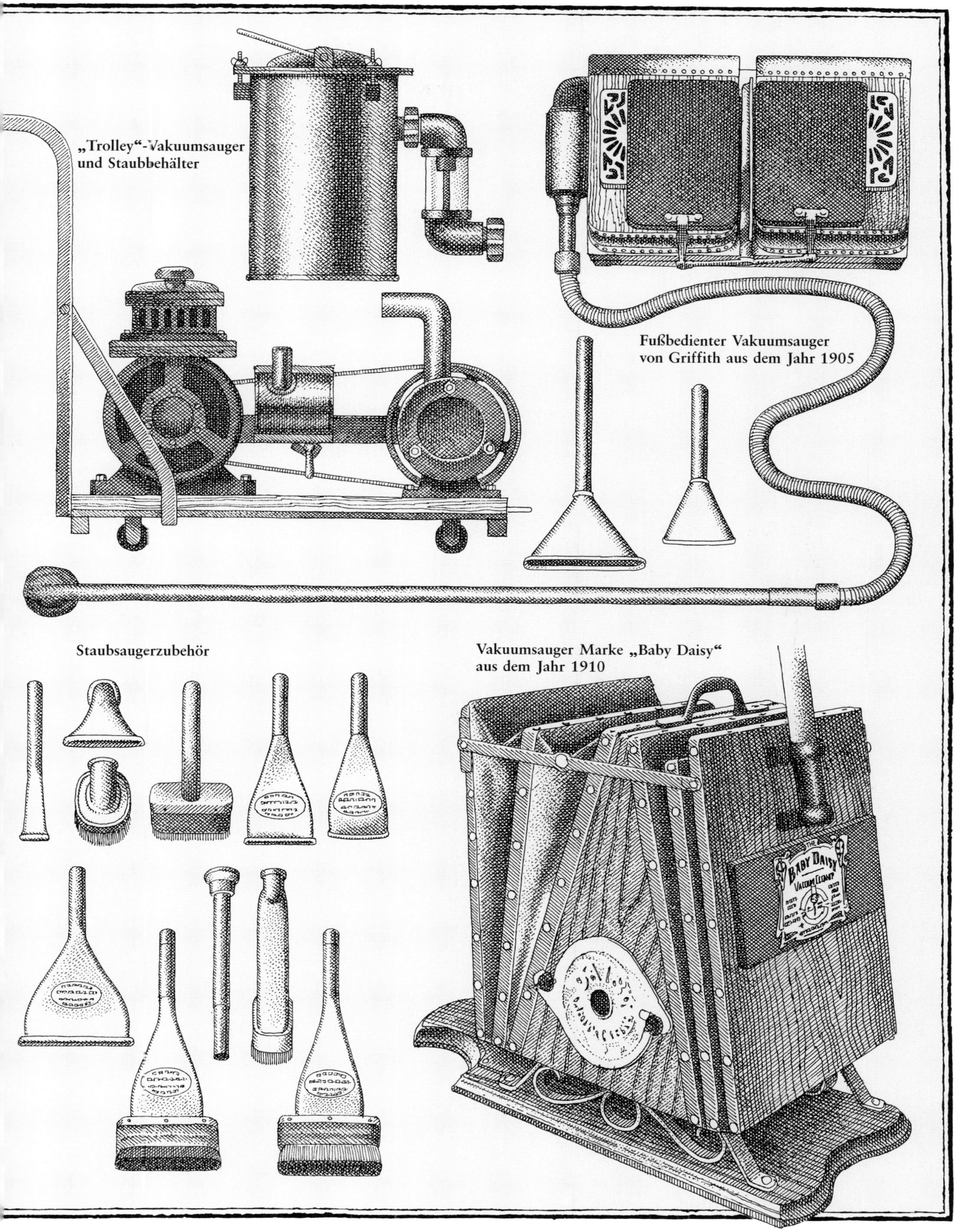

„Trolley“-Vakuumsauger und Staubbehälter

Fußbedienter Vakuumsauger von Griffith aus dem Jahr 1905

Staubsaugerzubehör

Vakuumsauger Marke „Baby Daisy“ aus dem Jahr 1910

KAMINKEHREN

Ein erschöpfter Schornsteinfeger
Die Arbeit des Kaminkehrers oder Schornsteinfegers war nicht nur mühselig und schmutzig, sondern auch gefährlich. Oft erlitt er Verbrennungen oder fiel vom Dach herunter. Manch ein Schornsteinfeger starb auch an chronischer Lungenentzündung, hervorgerufen durch das Einatmen von Staub und Ruß.

Der Schornsteinfeger ist auch heute noch das Objekt eines weitverbreiteten Aberglaubens. Trifft man ihn auf der Straße, so soll dies Glück bedeuten. In Deutschland und in den angrenzenden Ländern ist er eine wahrlich würdevolle Erscheinung, trägt einen schwarzen Anzug und eine Art Zylinder. Natürlich ist auch sein Gesicht geschwärzt. So fährt er stolz auf seinem Fahrrad an uns vorüber. Auf dem Rücken transportiert er sein Handwerkszeug.

Wer unter den Lesern mit Öl- oder Elektroheizungen aufgewachsen ist, kann sich kaum noch vorstellen, was für eine schmutzerzeugende Angelegenheit Kohlefeuer waren und wieviel Staub und Ruß sie produzierten. Die Schornsteine in größeren Häusern, in denen es viele Feuerstellen gab, mußten mindestens alle drei Monate gekehrt werden, sonst machte sich der Ruß selbständig und fiel herunter. Selbst in den Häusern weniger wohlhabender Leute mußte der Kamin mindestens zweimal jährlich gefegt werden. Auch wenn dabei ein geübter Schornsteinfeger am Werk war und die Hausfrau entsprechende Vorbereitungen getroffen hatte, ließ es sich nicht vermeiden, daß Ruß austrat und die Hausfrau gründlich putzen mußte. Bis 1900 war es auch üblich, daß ein kleiner Junge gezwungen wurde, den Kamin hinaufzuklettern, um ihn zu säubern. Manchmal blieb einer dabei stecken und starb einen elenden Tod.

Merkwürdige Bräuche

Vor Jahren gab es in abgelegenen Gegenden von Wales noch eine merkwürdige Sitte. Dort glaubten die Leute, es bringe Unglück, wenn eine Leiche durch die Tür hinausgetragen werde. Da die Fenster meist zu schmal waren, um den Sarg hindurchzubekommen, wurde er samt Insassen durch den Schornstein hochgezogen. Wenn Sie also im Urlaub in Wales einen besonders großen und breiten *Simnai fawr* entdecken sollten, wissen Sie jetzt Bescheid, zu welchem Zweck er diente. Das Bauernhaus in

Das Handwerkszeug des Schornsteinfegers
Der Schornsteinfeger trug sein Handwerkszeug, wenn er unterwegs war, meist auf dem Rücken. Da es recht sperrig war, konnte er es zusammenklappen. Bei einem solchen Kaminbesen falteten sich auch die Bürsten nach innen.

Wales, in dem ich einige Jahre lebte, war mit solch einem großen Schornstein bestückt.
Eines der wichtigsten Feste in Wales ist *Hen Nos Galan,* die Neujahrsnacht, die nach dem alten Kalender auf den 12. Januar fällt. Eines Neujahrsmorgens hatte ich einen schrecklichen Kater, denn natürlich hatte ich die Nacht hindurch kräftig gefeiert. Zu allem Unglück begann auch noch der Aga-Ofen zu qualmen, dessen Schornstein verstopft war.
Also blieb mir nichts anderes übrig, als aufs Dach zu klettern und mit meiner Schrotflinte mehrere Salven durch den Schornstein zu feuern, um ihn wieder freizubekommen – mit dem einzigen Erfolg, daß die ganze Küche sich schwarz vor Ruß färbte. Bezüglich der Verstopfung selbst zeitigte mein ideenreicher Einsatz dagegen nicht die geringste Wirkung. Auf das Echo der Schüsse hin kam ein Nachbar herbeigeeilt. Als er sah, in welcher Verlegenheit ich mich befand, holte er einen Stechpalmenbusch. Ich kletterte wieder aufs Dach und ließ ein Seil durch den Schornstein hinunter. Mein Nachbar, dem es nicht besser zumute war wie mir, band unten den Busch an das Seil, aber nicht fest genug. Auf halbem Weg löste sich das Seil, und der Busch blieb im Schornstein hängen. Der hilfreiche Freund eilte wieder fort und kehrte mit einer langen Stange zurück, an die er einen Kaminbesen band. Damit versuchte er, den hängengebliebenen Busch durch den Schornstein nach oben zu stoßen. Ich rief ihm von oben zu: „Drehen!" Er drehte den Besen auch, aber dummerweise – eine Folge der langen Neujahrsnacht – links statt rechts herum. Dadurch klappte der Besen zusammen, verhedderte sich in dem Busch und blieb gleichfalls stecken.
Verzweifelte Situationen erfordern verzweifelte Rettungsaktionen. Nachdem wir uns mit selbstgebrautem Bier erst einmal gestärkt hatten, kletterten wir nun gemeinsam aufs Dach. Mit uns führten wir einen großen Kanister voll Benzin, mit dem wir ein Loch in das Hindernis brennen wollten. Dabei hatten wir aber nicht bedacht, daß der Ofen unten noch brannte und demzufolge auch der Schornstein noch heiß war. Ohne zu zögern gossen wir das Benzin in den Schornstein Gerade als wir hindurchspähten, ob alles in Ordnung war, ehe wir ein brennendes Stück Papier hinunterwerfen wollten, gab es einen gewaltigen Knall. Das ganze Haus wackelte von der Explosion, und unsere Augenbrauen waren futsch. Wir haben nie herausgefunden, was mit dem Busch und dem Besen geschehen ist. Vermutlich wurden sie durch die Explosion atomisiert. Der Schornstein funktionierte wieder einwandfrei.

Selbst ist der Mann
Hausbesitzer, die sich keinen Schornsteinfeger leisten konnten, griffen zur Selbsthilfe – manchmal mit sehr unorthodoxen Methoden. Eine davon war, ein Huhn oder eine Gans durch den Schornstein hinunterzuwerfen. Die armen Tiere flatterten dabei verzweifelt mit den Flügeln und lösten so den Ruß. Leute, die mehr Mitgefühl gegenüber dem Geflügel besaßen, ließen lieber ein Seil hinab. Daran wurde in der Mitte ein Bündel Stechpalmenzweige festgebunden. Dann zogen Mann und Frau – wenigstens bei dieser Gelegenheit – gemeinsam an einem Strick.

Ein Bündel Stechpalmenzweige

ABFALLBESEITIGUNG

Organische Abfälle
Organische Abfälle, wie Kartoffelschalen, Gemüseabfälle, Essensreste oder aufgebrühte Teeblätter, werden in einem Metalleimer mit einem Sieb gesammelt. Am Abend bringt man diese Abfälle entweder auf den Komposthaufen oder wirft sie dem Schwein zum Fraß vor.

Manche Stadtleute, die an eine regelmäßige Müllabfuhr gewohnt sind, mokieren sich manchmal darüber, daß es diese segensreiche Einrichtung in „unterentwickelten" Gegenden auf dem Land noch immer nicht gibt. Ich lebe selbst in solch einer unzivilisierten Gegend und bedaure das nicht. Ich mache mit meinen Abfällen, was auf dem Land seit eh und je damit gemacht wird: Ich sortiere sie je nach Art und weiterer Verwendung.

Meine organischen Abfälle sammle ich in einem Eimer mit Deckel. Ist er voll, dann kommen sie auf den Komposthaufen. Besäße ich ein Schwein, würde ich dieses mit den Abfällen mästen. Das ist aber leider nicht immer der Fall. Die brennbaren Abfälle werden in einer Kiste gesammelt. Wenn diese voll ist, wird sie in eine durchlöcherte Stahltonne in einer Ecke meines Gartens ausgeleert, und die Abfälle werden verbrannt. Die nichtorganischen und nicht brennbaren Abfälle sammle ich in Plastiksäkken, die ich einmal im Monat zur örtlichen Müllkippe schaffe.

Heutzutage kommen ja fast überall große Müllwagen vorbei, die mit Wonne alle Abfälle zerkleinern, ehe sie alles in ihrem Bauch verschlingen. Bevor die Müllsäcke sich verbreiteten, mußten die Abfälle zu diesem Zweck in Tonnen aus galvanisiertem Stahl gesammelt werden, die von Müllmännern geleert wurden. In meiner Jugend waren das meist sehr fröhliche Männer, die, während sie geräuschvoll mit den Mülltonnen hantierten, lachten und scherzten und manchmal sogar sangen. Damals habe ich mir immer gesagt, daß ich, sollte ich einmal in der Stadt landen, am liebsten zu dieser lustigen Schar gehören wollte. Dies schien mir besser als irgendwo in einem stickigen Büro meine Zeit zu vertrödeln. Bei dieser Meinung bin ich zeitlebens geblieben.

Ehe es die Müllabfuhr gab

Was geschah eigentlich mit dem Müll in der Zeit, als es noch keine Müllwagen und Plastiksäcke gab? Nun, Tatsache ist, daß damals praktisch auch noch kein Müll existierte, keine Berge leerer Konservendosen und Plastikverpackungen; kaum leere Glasbehälter. Niemand warf irgend etwas weg, nur weil es leicht beschädigt war. Statt dessen kamen die fahrenden Kesselflicker vorbei und reparierten nicht nur die leckenden Kessel und Pfannen, sondern setzten selbst zerbrochenes Geschirr wieder zusammen.

Außerdem muß man wissen, daß in den Jahren bis etwa zum Zweiten Weltkrieg auch überall Lumpensammler umherzogen, die alles aufkauften, was irgendwie noch zu verwenden war. Lumpen, Eisen, Knochen und Papier, wie es in einem Lied heißt, das wir als Kinder sangen. Ein alter Zigeuner hat mir einmal erzählt, daß er sich am meisten freute, wenn er irgendwo ein altes Federbett fand. Das konnte er für fünf Shillinge verkaufen, und das war damals ein Vermögen für ihn.

Die Knochen, die die Altwarenhändler sammelten, wanderten in Fabriken, in denen sie in schwefliger Säure aufgelöst und zu Phosphatdünger verarbeitet wurden. Lumpen wurden meist für die Papierherstellung verwendet. Eisenschrott ging in die Eisengießereien, wo er wieder dem Gußstahl zugesetzt wurde. Und dann gab es noch die Altmaterialien, die das Völkchen der Lumpensammler am meisten schätzte: die Bunt- oder Nichteisenmetalle. Abfälle von Messing, Kupfer, Bronze und Blei konnten mit gutem Gewinn weiterverkauft werden.

Alle nicht verrottenden und nicht zu verfütternden Abfälle wurden auf die Müllkippe gebracht oder einfach irgendwo auf dem Grundstück vergraben. Ich hatte zweimal Gele-

genheit, solch eine private Müllgrube „aufzudecken", als ich mir auf dem entsprechenden Stück einen Garten anlegte. Was kam da nicht alles ans Tageslicht: unbrauchbar gewordene Werkzeuge; Sichelblätter, die man immer und immer wieder geschliffen hatte, bis praktisch nichts mehr von ihnen übrigblieb; rostige Pfannen und durchlöcherte Töpfe; eiserne Stiefelabsätze, die vollkommen abgelaufen waren; und, bereits weiter oben, Flaschen, die einmal mit einem alles kurierenden Lebenselixier gefüllt waren, sowie jede Menge leerer Konservendosen. Letztere waren die ersten Vorboten unseres Wegwerfzeitalters, das dann einige Jahre später anbrach.

Einer der eifrigsten Abfallverwerter auf dem Land war aber das Schwein. Es bekam alles zu fressen, was nur einigermaßen verdaubar war, und produzierte daraus nahrhaften Speck und Schinken. Das Schwein war darüber hinaus aber auch der beste Komposthaufen, den man besitzen konnte. Alles, was es zu fressen bekam und was es nicht in Fleisch oder Fett umsetzte, verwandelte es in ausgezeichneten Dünger für den Garten.

Abwässer und der „Nachtkarren"

Vor dem Beginn dieses Jahrhunderts und vor der Einführung der „Nachtkarren" war die Abwasser- und Fäkalienbeseitigung ein ungelöstes, schwerwiegendes Problem. Besonders in den Städten herrschten extrem unhygienische Zustände. In London starben noch Mitte des vergangenen Jahrhunderts zahlreiche Menschen an der Cholera, die sich ausbreitete, weil das Trinkwasser durch ungeklärte Abwässer verunreinigt wurde. Die Hausfrauen wußten zwar, daß das Wasser, das sie zum Kochen und Waschen benutzten, stark, stellenweise sogar ekelerregend verschmutzt war, aber sie hatten ja gar keine Wahl. Andererseits trugen sie zwangsläufig selbst zu seiner Verschmutzung bei. Wasserleitungen gab es in den ärmeren Stadtbezirken noch nicht. Die Wasserwerke, die aufs Profitmachen ausgerichtet waren, legten ihre Leitungen nur in die Häuser der wohlhabenderen Schichten. Selbst dieses Wasser war aber nicht immer ausreichend gefiltert (siehe Seite 52). Allgemeine Trinkwasserversorgung und Kanalisation setzte sich erst nach 1850 durch, in den Städten eher als auf dem Land. Aber dort existierten wenigstens Quellen und auch genügend Platz für Senkgruben (siehe Seite 115). Anfang dieses Jahrhunderts tauchten dann die „Nachtkarren" auf.

Der „Nachtkarren" war eine Einrichtung, die sich in den englischen Dörfern und kleineren Städten teilweise bis in den Zweiten Weltkrieg hinein hielt. Die Wagen wurden meist von einem alten Klepper gezogen und von einem älteren Mann kutschiert. Manchmal stand auf dem Wagen ein einziger großer Tank, meist war es aber eine Reihe von Stahlfässern. Spät am Abend polterte der Wagen auf seinen eisenbeschlagenen Rädern heran.

Die Müll- und Abwasserbeseitigung
Abwässer wurden jeden Abend von dem sogenannten „Nachtkarren" abgeholt. Das war ein Pferdewagen, auf dem ein großer Tank stand (oben). Die ersten Müllwagen waren viel kleiner als die heutigen und wurden von einem einzigen Mann bedient (darunter).

KAMPF GEGEN DAS UNGEZIEFER

Ratten und Mäuse
Diese Nagetiere waren in jenen Tagen, als es noch keine befriedigenden sanitären Einrichtungen gab, eine ständige Plage, und die Leute dachten sich viele Mittel aus, um ihrer Herr zu werden. Die meisten Mause- und Rattenfallen enthielten einen Köder, um die Tiere anzulocken. Damit wurden sie entweder lebendig gefangen oder durch eine Vorrichtung direkt getötet.

In alten Zeiten, als noch der Rattenfänger aktiv war, existierten auch viele Methoden, Ratten und Mäuse zu fangen. Eine war es natürlich, sich eine Katze zu halten, obwohl es keine absolute Garantie gab, daß diese mit den gerissenen Tierchen wirklich fertig werden konnte. Ich kannte einen Müller aus der Grafschaft Suffolk, der sich sage und schreibe vierzig Katzen hielt. Zu beobachten, wie sie einträchtig im Hof der Mühle hockten und die Milch aus ihren Schälchen schleckten, war ein faszinierender Anblick. Einmal sprach ich den Müller darauf an, daß diese vielen Katzen ihn doch mehr kosten müßten, als die Ratten ihm andernfalls wegfressen könnten. Seine verblüffende Antwort war, er könne einfach die Katzen nicht daran hindern, sich fleißig zu vermehren.
Natürlich gab es auch jede Menge verschiedener Rattenfallen. Am beliebtesten waren die einfachen Schnappfallen, die Gott sei Dank jetzt verboten sind. Sie schlugen bei der geringsten Berührung mit einem Klappbügel zu. Deshalb wurden sie für gewöhnlich in ein Abflußrohr eingesetzt, um zu verhüten, daß Hunde oder Katzen darauf traten und am Bein verletzt wurden.

Mausefallen
Mäuse wurden meist in Kastenfallen gefangen, die noch heute in vielen Dorfläden zu kaufen sind. Früher wurde ihre Grundplatte aus Holz gefertigt, heute besteht die ganze Falle zumeist aus Stahldraht. Von diesen Fallen leitet sich der Ausdruck „Mausefallen-Käse" ab, mit dem die Qualität des in britischen Fabriken produzierten Käses beschrieben wird. Allerdings frage ich mich immer wieder, wie eine Maus mit einiger Selbstachtung sich von einem solchen Käse überhaupt ködern läßt. Französische Mäuse würden ihn bestimmt verachten.
Ich besaß einmal eine höchst raffiniert konstruierte Mausefalle aus Holz, die ich einem alten Dänen abgekauft hatte. In ihr lief die Maus eine kleine Rampe hinauf, um an den Köder zu gelangen. Durch das Gewicht der Maus kippte die Rampe nach unten. Sobald die Maus die Rampe verließ, kippte sie wieder nach oben, und die Maus war gefangen. Die Falle war sehr wirksam, aber für mich eigentlich ziemlich nutzlos. Ich fing zwar in ihr Dutzende von Mäusen, war aber nicht blutrünstig genug, um sie anschließend auch zu töten. Also ließ ich die Mäuse wieder laufen – beim Nachbarn.

Gläserne Wespenfalle

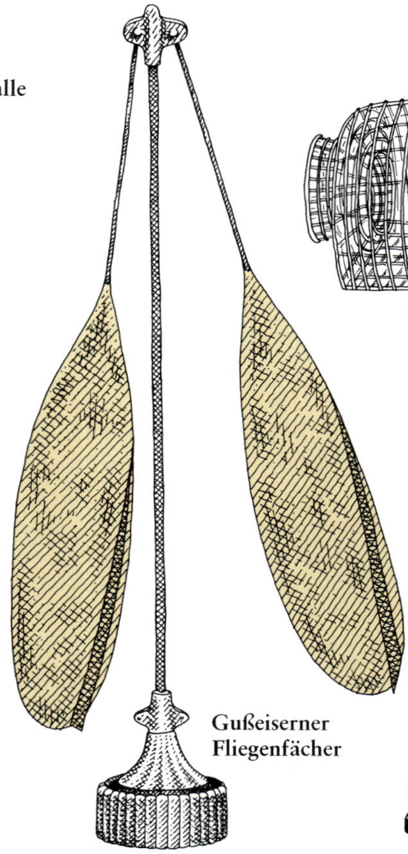
Gußeiserner Fliegenfächer

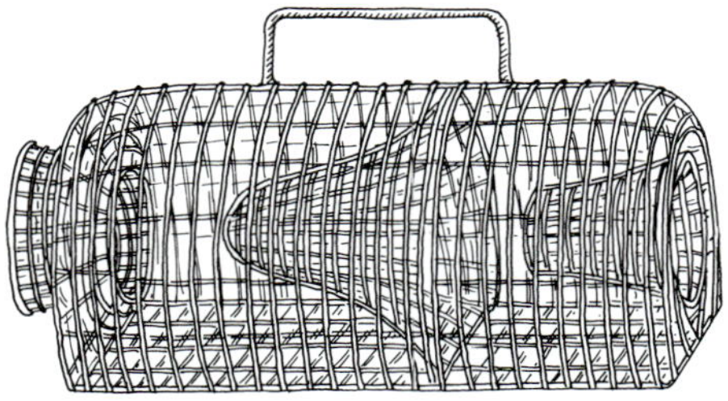
Ratten- und Mausefalle

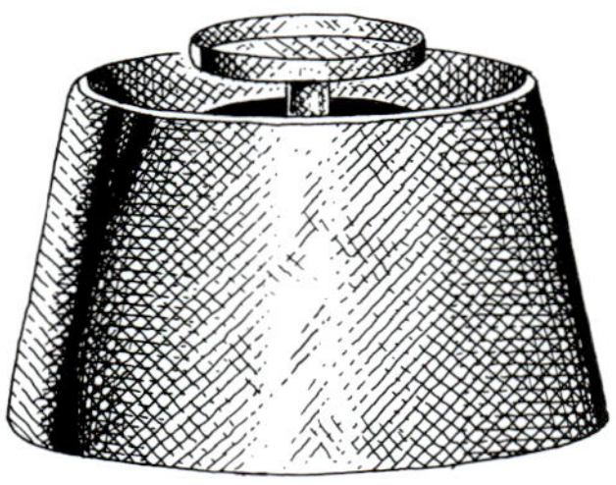
Küchenschabenfalle

Fliegenfallen aus Draht

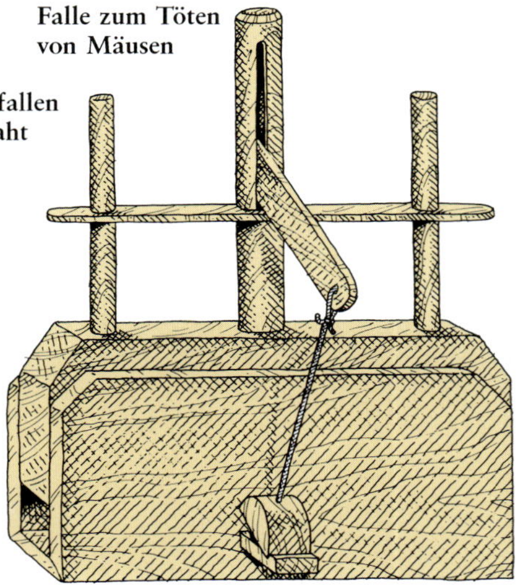
Falle zum Töten von Mäusen

Anderes Ungeziefer
Wespen, Fliegen und Küchenschaben waren ein weiteres, weitverbreitetes Ungeziefer. Auch zu dessen Vernichtung dachte man sich viele Methoden aus. Zur Vertreibung von Wespen und Fliegen dienten gußeiserne Fliegenfächer, während Küchenschaben in Fallen mit schrägen Seitenwänden gefangen wurden, aus denen ein Entkommen unmöglich war.

SPINNEN, WEBEN UND HANDARBEITEN

Die Kunst des Spinnens und Webens ist schon so uralt, daß ich nicht einmal Vermutungen darüber anstellen möchte, wann die Menschen wohl damit begonnen haben. Vermutlich werden sie schon sehr früh in ihrer Geschichte entdeckt haben, wie sich Pflanzenfasern zu Fäden zusammendrehen lassen. Kurz darauf wird vermutlich dann eine Frau herausgefunden haben, wie aus diesem Garn ein Tuch zu weben war. Leider sind ja nicht sehr viele Textilteile aus der Frühgeschichte der Menschheit auf uns überkommen. Ich war aber einmal mit dem großen Schriftsteller und Philosophen Lanza del Vasta befreundet, der nun auch schon von uns gegangen ist. Er trug nur Kleidungsstücke, die er sich selbst aus den hängengebliebenen Wollflocken hergestellt hatte, die er an Büschen und Zäunen fand. Zur Anfertigung dieser vorzüglichen Kleidung benötigte er, wie er immer ganz stolz erzählte, nur sechs Stöcke. Aus einem dieser Stöcke schnitzte er sich seine Spindel, aus vier weiteren baute er sich einen einfachen Webrahmen und den sechsten nahm er zur Anfertigung seines Weberschiffchens. Es war eine sehr einfache Methode, sich seine Kleidung herzustellen. Man hätte sie selbst einem Kind in kürzester Zeit beibringen können. Allerdings war es auch eine sehr zeitraubende Technik. Lanza hätte sich die ausgezeichneten Erfindungen des Spinnrades und des Webstuhls zunutze machen sollen, dann hätte er viel Zeit gespart.

SPINNEN

Die Spinnmethoden
Es gibt zwei Methoden, wie sich Wolle zu Garn verspinnen läßt. Für ein lockeres Garn, das ein flauschiges Wolltuch ergibt, werden die Wollfasern spiralförmig zusammengedreht. Soll es einen glatteren, festeren Stoff ergeben, werden die Fasern zuvor kardätscht oder gekämmt.

Um mich mit der Zeit zu beschäftigen, in der das Spinnen auch in den Industrieländern noch handwerklich geschah, muß ich einen Schritt zurück vor meine Geburt machen. In den entlegenen Gebieten Europas, wie in Griechenland und auf dem Balkan, sind allerdings auch heute noch Frauen anzutreffen, die im Gehen spinnen. Dabei tragen sie den Spinnrocken unter dem linken Arm und drehen die Spindel gegen die Hüfte gestemmt mit der rechten Hand – fürwahr eine Tätigkeit, die Geschick erfordert!

Die Heimspinnerei

Nichts kann einen mehr aufmuntern, wenn man nach harter Tagesarbeit nach Hause kommt, als das sanfte Surren eines Spinnrades vor dem offenen Kamin. Und für die Spinnerin ist es wohl auch angenehmer, schön zu Hause zu sitzen anstatt in einer Maschinenspinnerei mit teuflisch lärmenden Maschinen. Deshalb ist es für mich eine äußerst gute Nachricht, daß die Heimspinnerei in Europa und Nordamerika gerade eine lebhafte Wiedergeburt erfährt.

Der Grund, weshalb die Heimspinnerei einst so schnell und umfassend ausstarb, liegt auf der Hand, denn sie ist sehr zeitaufwendig. Zwölf Spinnerinnen sind nötig, um einen einzigen Weber mit Garn für seine Arbeit zu versorgen, und dann müssen sie auch noch recht fleißig sein. Außerdem ist die Vorbereitung der Spinnfasern, sowohl bei Wolle wie bei Flachs, nicht einfach und gleichfalls zeitraubend.

Auch Mahatma Gandhi mußte dies erfahren, als er sein Land von der Industrialisierung und damit von den Kolonialherren unabhängig machen wollte. Zwar arbeiteten die Weber in den indischen Dörfern schnell genug, um mit den mechanischen Webereien Schritt halten zu können, aber das Spinnen der Garne erwies sich als Problem. Deshalb hielt Gandhi seine Landsleute an, zu spinnen, wo und wann sie nur konnten. Er konstruierte dafür eine kleine tragbare Spinnmaschine, die sie in die öffentlichen Verkehrsmittel und sogar in die Büros mitnehmen konnten. Ich habe selbst Abgeordnete des Parlaments in Neu-Delhi dabei beobachtet, wie sie spinnend die Parlamentsdebatten verfolgten. Vielleicht würden auch die Parlamente unserer westlichen Demokratien davon profitieren und weisere Entscheidungen treffen, wenn sie diesem Vorbild folgten. Aber können Sie sich den Präsidenten der Vereinigten Staaten oder die englische Premierministerin mit einem Spinnrad bei der Arbeit vorstellen?

Vorbereiten der Wolle

Wolle kann praktisch in dem Zustand versponnen werden, in dem sie sich nach dem Scheren befindet. Ich habe schon sehr gut versponnene Wolle gesehen, die nicht vorher gekämmt war. Wer jedoch feineres Garn erhalten will, muß die Wolle des Vlieses zunächst mischen und sie anschließend waschen, um Fett und Schmutz herauszukriegen. Danach fettet man sie wieder ein, wozu alle Fette taugen, von Gänsefett (am besten geeignet) über Butter und Pflanzenöle bis zum Paraffin (ist am schlechtesten).

Anschließend muß die Wolle kardätscht werden. Das ist ein sehr zeitaufwendiger Vorgang. Die dafür verwendeten Handkrempler bestehen

Kardätschen der Wolle

Zum Kardätschen oder Kämmen der Wolle wird diese zunächst leicht mit der Hand auseinandergezogen. Dann legt man sie zwischen zwei sogenannte Handkrempler, das sind mit Griffen versehene Holzbrettchen, die einseitig viele feine Drahthäkchen besitzen. Diese Krempler zieht man übereinander weg, wobei sich die Wollfasern entwirren. Anschließend wird die Wolle erneut auf einen der Krempler gelegt und diese Prozedur mehrere Male hintereinander wiederholt. Das gekämmte Garn wird wurstförmig aufgerollt und ist fertig zum Spinnen.

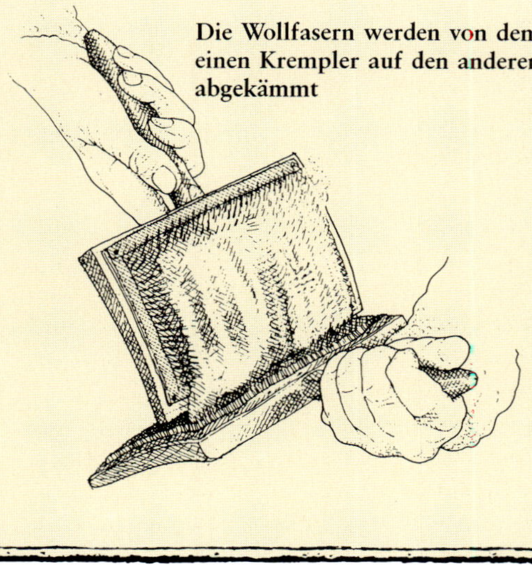

Die Wollfasern werden von dem einen Krempler auf den anderen abgekämmt

Die Technik des Spinnens
Ursprünglich wurde mit der Handspindel gesponnen. Dabei befestigte man den Faden der Rohwolle am Ende der Spindel. Während die Spindel sich drehte, wurden die Wollfasern zu einem langen Faden zusammengezwirnt. In Drehung gehalten wurde die Spindel durch ein Gewicht am unteren Ende. Eine sinnreiche Weiterentwicklung der Handspindel ist das Spinnrad. Darauf gesponnene Wolle ist von gleichmäßigerer Stärke.

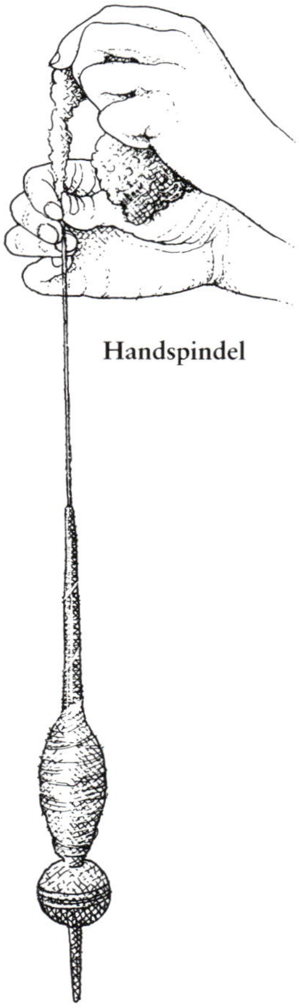

Handspindel

aus kleinen, mit Griffen versehenen Holzbrettern, auf denen Hunderte feiner Drahthäkchen sitzen, zwischen denen die Wolle gründlich gekämmt wird. Danach wird sie zu dünnen flauschigen Ballen zusammengerollt und kann dann versponnen werden.

Spinnen der Wolle
Die uralte Methode, Wolle im Gehen mit Spinnrocken und Spindel zu spinnen, ist fast vergessen. Heute wird meist das Spinnrad benutzt. Dabei hält man den Wolleflausch in der Hand und befestigt einen Faden an Rad und Spindel. Dann wird das Rad gedreht und der Faden zu beachtlicher Länge ausgezogen. Ist die Spindel voll, wird das Garn auf eine Haspel aufgewickelt und als Strang abgenommen. Zwei Stränge geben einen Faden.

Vorbereiten des Flachses
Flachs zum Verspinnen vorzubereiten ist noch umständlicher als das Präparieren der Schafwolle.
Zunächst müssen die Flachsfasern von allem anhaftenden Zellgewebe befreit werden. Dazu heißt es den Flachs zunächst zu riffeln, um die Samenkapseln abzustreifen. Dann muß er einige Wochen lang gewässert und anschließend gebrochen werden. Dann folgt das Hecheln, das heißt, er wird durch ein Nagelbrett gezogen, um den Werg zu entfernen, der zu kurz zum Verspinnen ist. Schließlich muß der Flachs gebündelt werden, damit er sich auf den Spinnrocken aufsetzen läßt, und jetzt endlich kann das Spinnen beginnen.

Das Spinnrad

Das bekannte Spinnrad ist die natürliche Weiterentwicklung der Handspindel. Irgendwann wurde entdeckt, daß die Spindel auch horizontal an einem Rahmen zu befestigen war und sie nicht mit der Hand gedreht werden mußte, sondern mit Hilfe eines von einem Rad angetriebenen Riemens.

Die ersten Spinnräder bestanden aus einer niedrigen Bank, auf der am einen Ende das Rad und am anderen Ende die Spindel angebracht war. Das Rad wurde mit der Hand gedreht und trieb mit einem Riemen die Spindel an. Zusätzlich befand sich an vielen Spinnrädern noch ein Spinnrocken, auf dem die Wolle zum Verspinnen steckte.

Die Erfindung der U-förmigen Flügelspindel ermöglichte es, daß das Garn in einem Arbeitsgang gesponnen und aufgewickelt wurde. Die Spule und der sogenannte „Flyer" drehten sich mit unterschiedlichen Geschwindigkeiten. Wenn sich die Spule allmählich füllte, veränderte sich ihr Umdrehungstempo. Um einen Faden mit gleichbleibender Stärke zu erhalten, war es dann notwendig, die Spannung des Treibriemens zu verändern oder die Geschwindigkeit von Flyer oder Spule abzubremsen.

Angetrieben wurden die ersten Spinnräder mit der Hand. Erst im 17. Jahrhundert wurde der Pedalantrieb erfunden. Manche Leute schätzten ihn nicht, weil die Spinnerin mit ihrem Fuß einen Rhythmus einhalten mußte, der mit den Erfordernissen des Garns nicht übereinstimmte. Den Spinnerinnen selbst war der Fußantrieb jedoch willkommen, da sie dadurch beide Hände für das Garn frei hatten.

Amerikanische Spinnräder

Die Spinnräder aus Amerika glichen im wesentlichen ihren europäischen Vorbildern, wiesen aber ein paar Unterschiede auf. Sie standen oft auf drei anstatt auf vier Beinen, weil sie dadurch auf unebenen Böden nicht so leicht wackelten. Außerdem ließ sich bei ihnen der Spinnmechanismus auswechseln, so daß es eine große Modellvielfalt von Spinnrädern mit gleichen Spinnköpfen gab.

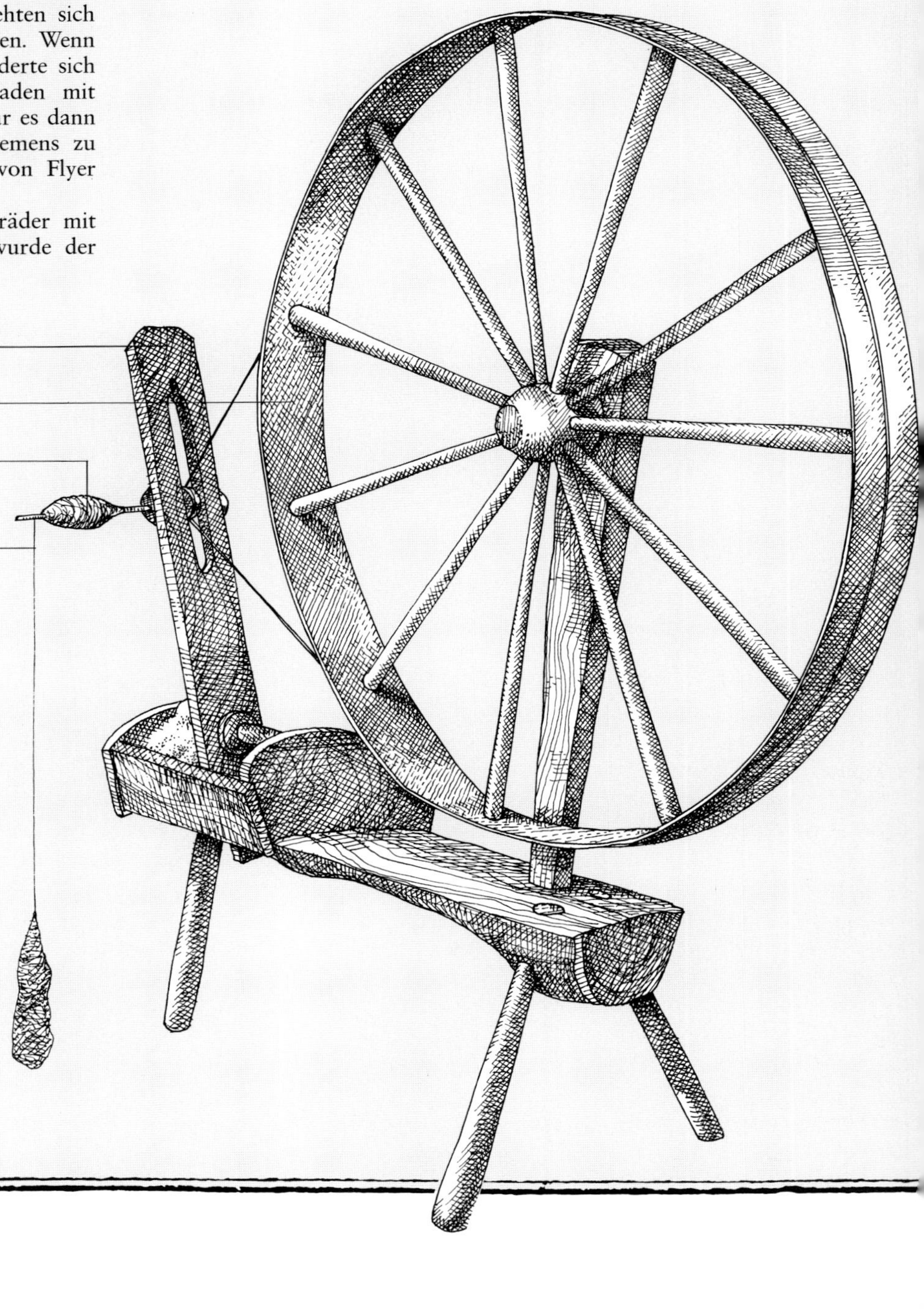

Das große Spinnrad

Dieses Spinnrad hatte ein großes Antriebsrad mit flacher Felge. Der Spinnmechanismus wurde mit einem Riemen oder einem starken Seil aus Leinen oder Baumwolle angetrieben. Das Antriebsrad hing an einem Brett, das in einem niedrigen Balken steckte. Der Pfosten, an dem der Spinnmechanismus befestigt war, hatte einen Schlitz für die Transmissionsscheibe. An einigen Spinnradtypen war außerdem noch ein Spinnrocken für die unversponnene Wolle angebracht.

Die Flügelspindel

Mit ihr wurden zwei Arbeitsgänge kombiniert: Spinnen und Aufspulen des Garns. Das gesponnene Garn lief durch eine Öffnung am Ende der Spindel auf die Arme des U-förmigen Flügels (Flyer) und wurde durch eine Anzahl Haken gleichmäßig auf die Spule geleitet. Spule und Flügel wurden durch Transmissionsscheiben angetrieben. Da die Spule schneller rotierte, wickelte sich das gesponnene Garn auf die Spule auf. Die zweierlei Geschwindigkeiten konnten durch eine Veränderung der Treibriemen-Spannung kontrolliert werden.

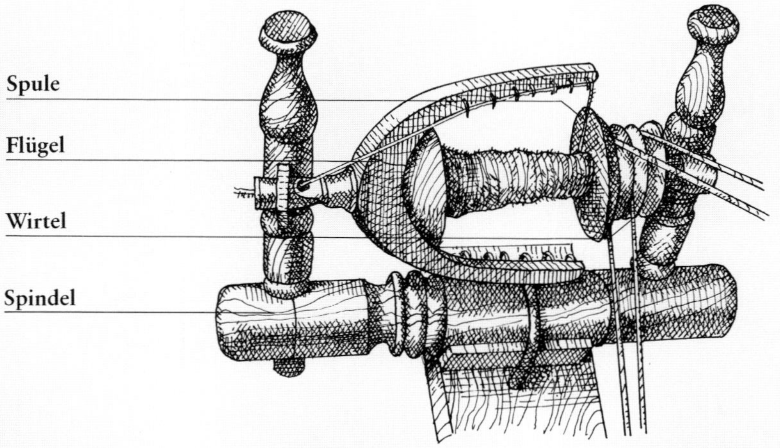

Verschiedene Spinnrad-Modelle

Spinnräder gab es in vielen verschiedenen Ausführungen, meist als frei stehende oder zur Aufstellung auf einem Tisch. Die ersten Spinnräder waren gewöhnlich aus Eiche, Buche oder Ahorn gedrechselt und hatten schwere Räder mit breiten Felgen. Im 18. Jahrhundert, als sich das Spinnen zu einer beliebten Freizeitbeschäftigung im Wohnzimmer entwickelt hatte, wurden die Spinnräder immer zierlicher und eleganter. Zu ihrer Herstellung diente jetzt Mahagoni, Rosenholz oder Seidenholz.

Spinnrocken

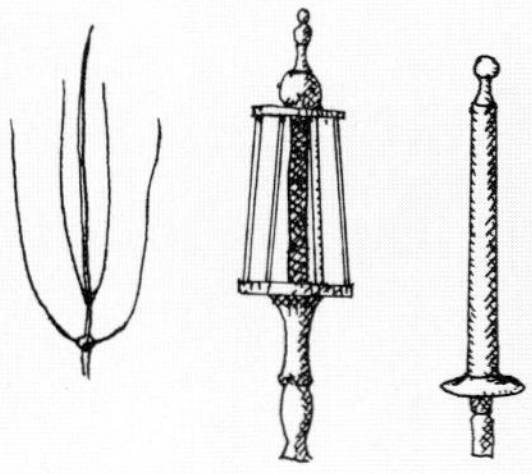

Spinnrad mit Kunkel

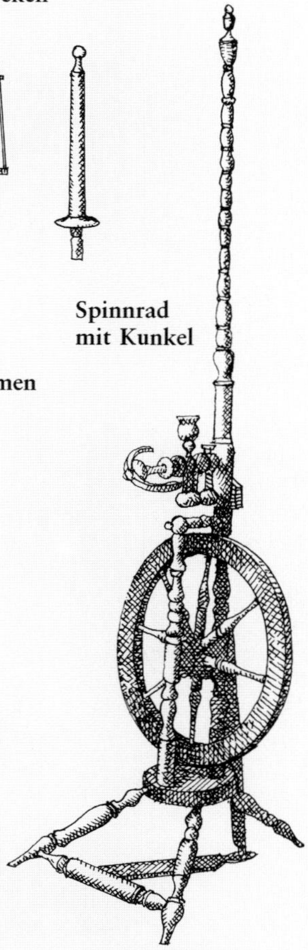

Spinnrad mit Rahmen

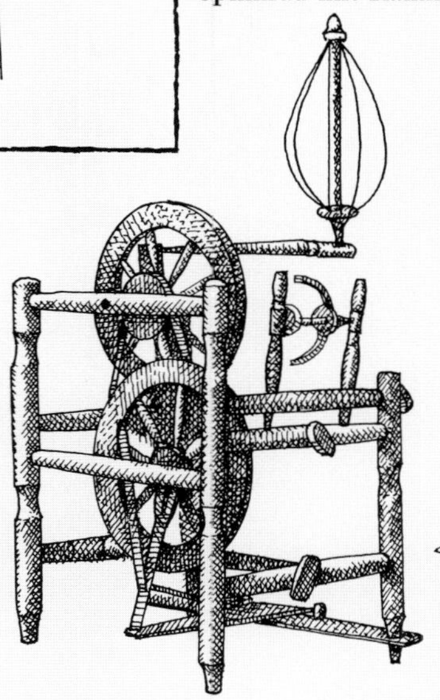

Tischspinnrad

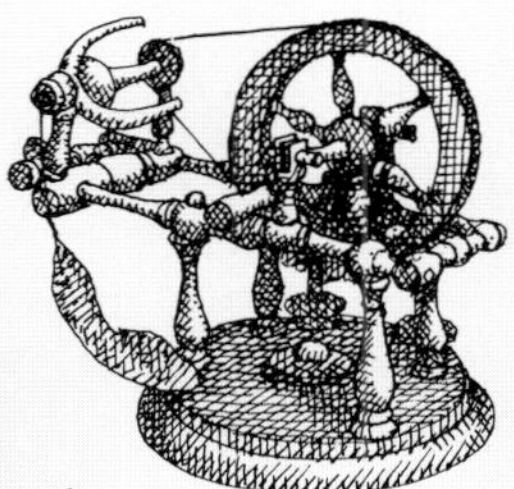

Doppelrad mit Fußantrieb

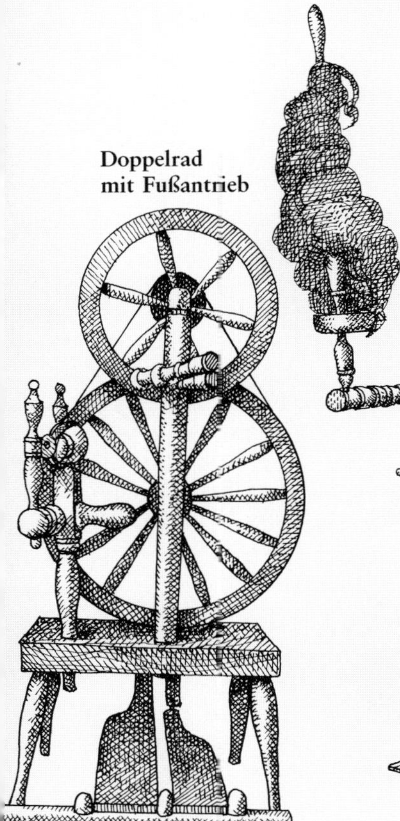

Horizontales Spinnrad

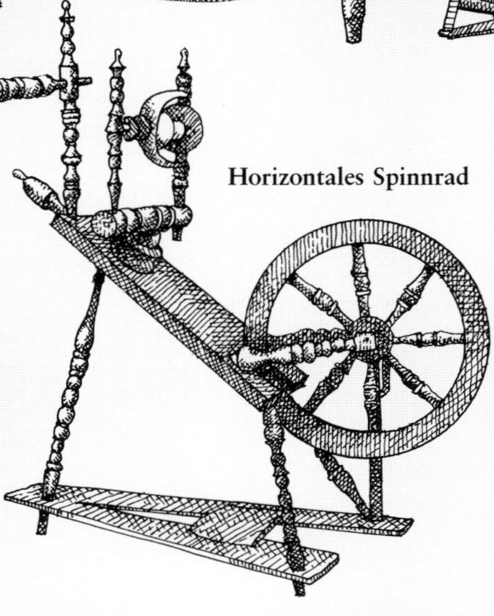

Finnisches Flachsspinnrad

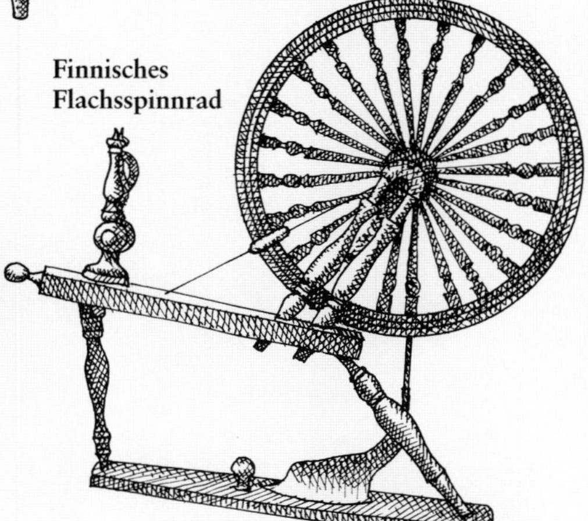

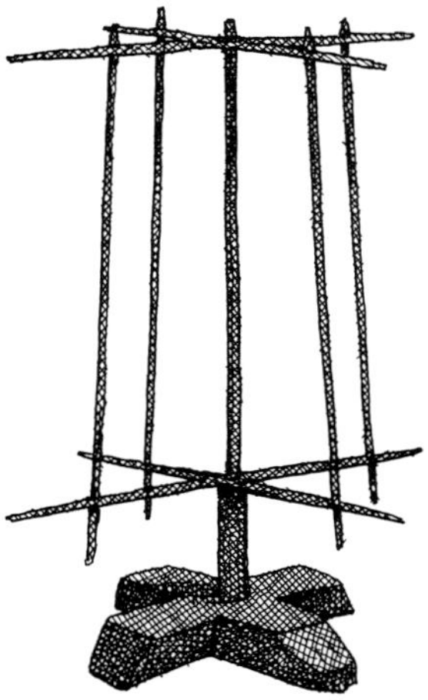

Einfache Garnwinde bzw. -haspel

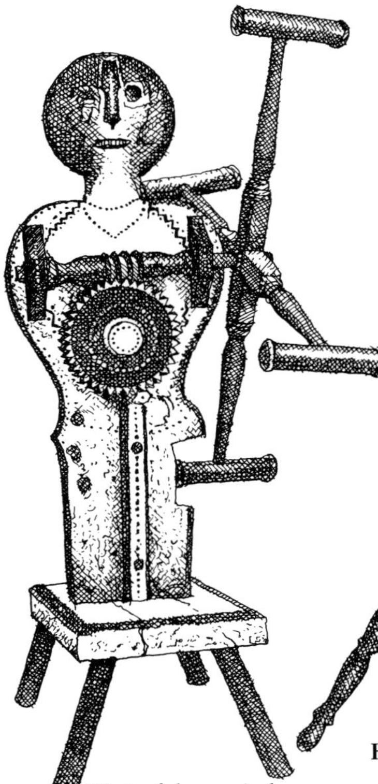

Wetterfahnenwinde

Haspel mit Uhrwerk

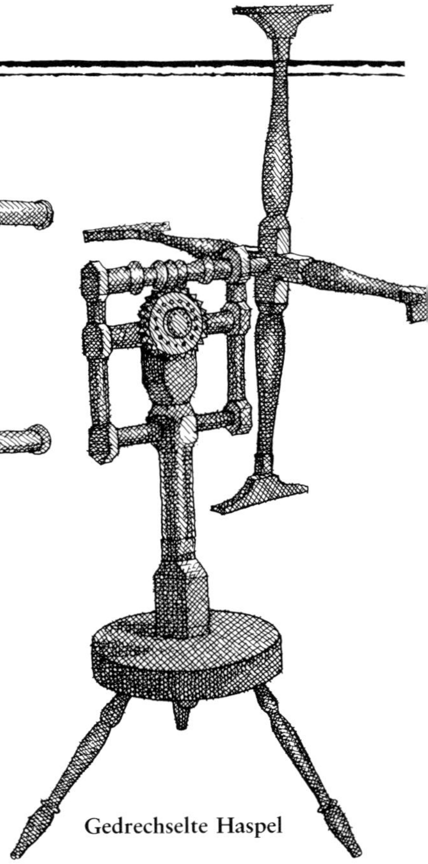

Gedrechselte Haspel

Garnwinden oder Haspeln

War das Garn gesponnen, wurde es von der Spule abgewickelt, um abgemessen und auf einen Strang gebracht zu werden. Dies war eine umständliche Tätigkeit, die man sich dadurch erleichterte, daß man das Garn um die Arme einer Winde, auch Haspel genannt, aufwikkelte. Manche Haspeln verfügten über ein Zahnradwerk, das bei jeder zehnten Umdrehung klickte, andere wiederum hatten ein Uhrwerk, das die Anzahl der Windungen anzeigte. Der Umfang der Garnstränge war je nach Region verschieden groß.

Gewobenes Leingarn ergibt die besten und haltbarsten Tuche, sei es für die Großsegel eines Segelschiffs oder für ein feines Oberhemd. Leintücher, die in den Pyramiden gefunden wurden, waren noch immer in bestem Zustand.

Verspinnen des Flachses

Die einfachste Methode zum Verspinnen von Flachs ist die Verwendung von Spinnrocken und Spindel. Der Flachs wird um den Stab des Spinnrockens gewunden, und die Spinnerin zieht mit Daumen und Zeigefinger mehrere Fasern ab. Diese Fasern befestigt sie an der runden Spindel, die an einem Ende zugespitzt ist, und dreht diese dann mit einer Hand, wodurch die Fasern zu einem Faden gezwirnt werden. Flämische Spinnerinnen waren darin sehr geübt. Sie zwirnten den Faden, indem sie die Spindel gegen ein Knie oder gegen einen Ledergurt drehten. Der Gurt war speziell für diesen Zweck gefertigt und hing von einem um die Taille der Spinnerin geschlungenen Gürtel herunter. Zwar ergibt diese einfache Methode einen erstaunlich feinen Faden, doch dauert es sehr lange Zeit, bis damit genügend Garn für, sagen wir, ein Bettlaken oder ein Oberhemd zusammenkommt.

Das Flachsspinnrad sorgte für eine Beschleunigung dieser Prozedur. Gleichzeitig wurde damit der gesponnene Faden gleichmäßiger. Es ist ein recht unkompliziertes Gerät. Die Spindel, auf welche der Faden gesponnen wird, wird von einem fußbetriebenen Rad angetrieben. Mit Hilfe des Flügels wird das Garn gleichmäßig auf die Spule aufgewickelt. Ist die Spule voll, wirft man sie in einen Korb für den Weber und setzt eine neue auf.

Es ist wirklich schade, daß der Anbau von Flachs, sei es für Leinen oder Leinöl, fast ausgestorben ist. Selbst die berühmte Leinenindustrie in Ulster, dem heutigen Nordirland, lebt inzwischen ausschließlich von importiertem Flachs. David Shaw-Smith beschreibt in *Irish Traditional Crafts*, wie sich früher Scharen junger Mädchen jeden Abend reihum zusammensetzten und Flachs spannen. Dabei wurden Geschichten erzählt, und es wurde gemeinsam gesungen. Spät am Abend stürmten dann die jungen Männer und es wurde getanzt. Auch Goethe schildert dies in seinen Schweizer Impressionen. In jüngster Zeit scheint sich aber der Flachs wieder auszubreiten.

Das englische Wort *Spinster* für unverheiratete Mädchen hat seinen Ursprung darin, daß diese Mädchen früher in ihrer Freizeit fast ununterbrochen spannen. Sie mußten genügend Garn für ihre Aussteuerwäsche zusammenbekommen. Damit hatten sie alle Hände voll zu tun, aber sie taten es auch gern. Das Weben der Tuche erfolgte entweder durch nahebei ansässige Weber oder auch durch reisende Weber, die von Dorf zu Dorf zogen.

WEBEN

Auf der Insel Kreta gibt es keine treusorgende Mutter, die nicht Stoffe für ihre Tochter webt. Oft sind darin kunstvolle Muster eingearbeitet, oder es werden nachträglich hübsche Stickereien aufgebracht. Bei einem Besuch auf Kreta durfte ich Truhen voller wunderschöner gewebter Sachen betrachten, die für den Tag aufbewahrt werden, an dem die Tochter heiratet. Jedes Mädchen bekommt außerdem einen Webrahmen mit in die Aussteuer, der von Generation zu Generation weitervererbt wird. Sollte es einen solchen Webrahmen in der Familie noch nicht geben, dann läßt man ihn von einem auf der Insel ansässigen Handwerker anfertigen. Wir haben einen solchen Mann im Dorf Margherita besucht. Seine Webrahmen waren so schön, daß wir uns sofort einen kauften.

Scheren der Webkette

Ehe der Weber mit dem Weben beginnt, muß er die Webkette, das sind die Längsfäden, so am Webrahmen anbringen, daß sie sich nicht untereinander verwirren können. Für diesen Zweck baut er sich einen Scherrahmen, der oben und unten drei Pflöcke hat, und zwar in einer Länge, die der Länge des zu webenden Tuches plus einem Meter entspricht. Dann wikkelt er das Garn in einer Achterfigur um die Pflöcke (Scherbaum), bis er auf die benötigte Anzahl Fäden gekommen ist. Danach bindet er die Fäden dort, wo sie sich kreuzen, zusammen und zieht sie wieder von den Pflöcken ab. Das Garn wird zu einer Kette zusammengelegt, ehe man die einzelnen Fäden durch Helfen und Riet des Webstuhls zieht.

Für längere Ketten taugt am besten eine sogenannte Scherwinde, bei der man die Kette um die überstehenden Pflöcke windet.

Die ersten Webrahmen bestanden sehr wahrscheinlich einfach aus vier Stöcken. Oben und unten wurden die Kettfäden angebunden, durch die man dann quer, abwechselnd drüber und drunter, die Schußfäden zog; von einer Seite zur anderen und wieder zurück. Dies konnte mit den Fingern geschehen oder mit Hilfe einer primitiven Webschütze.

Diese Webschütze wird wohl aus einem Stab mit einer Kerbe an beiden Enden bestanden haben. Darum wickelte man das gesponnene Garn von einer Spule auf. Die später aufkommenden Weberschiffchen bedeuteten eine große Arbeitserleichterung, denn in sie konnte man die Spulen mit dem Garn einfach einsetzen.

Einfacher Webrahmen

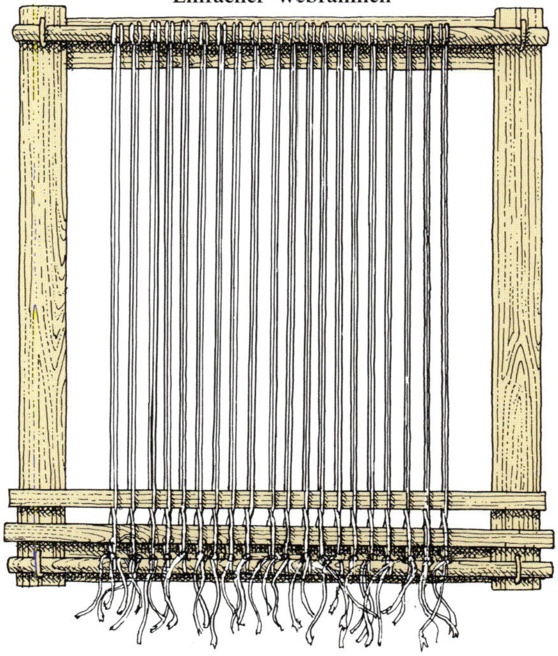

Erste Webrahmen
Die ersten Webrahmen bestanden aus einem Gestell, das einfach aus vier Stöcken zusammengesetzt war. Daran wurde die Webkette festgebunden, dann fuhr man mit dem Schußfaden über und unter den Kettfäden durch, wobei bereits ein primitiver Webschütze helfen konnte. Eine Weiterentwicklung dieses Webrahmens war der Webstuhl mit sogenannten Helfen für die Trennung der Kettfäden.

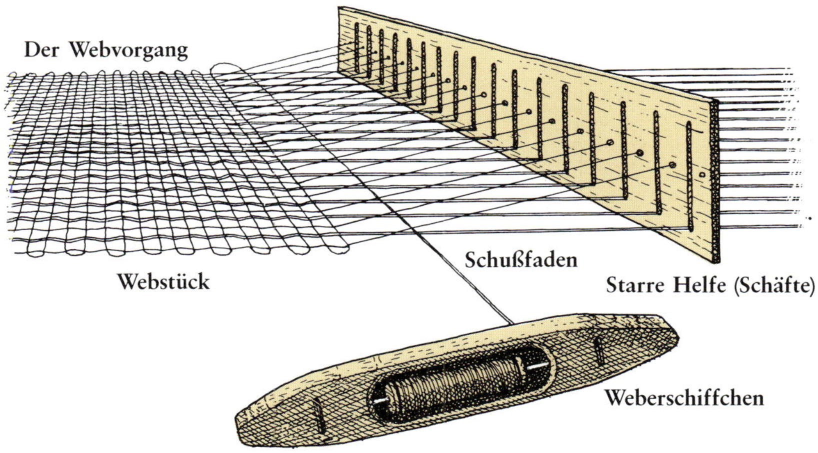

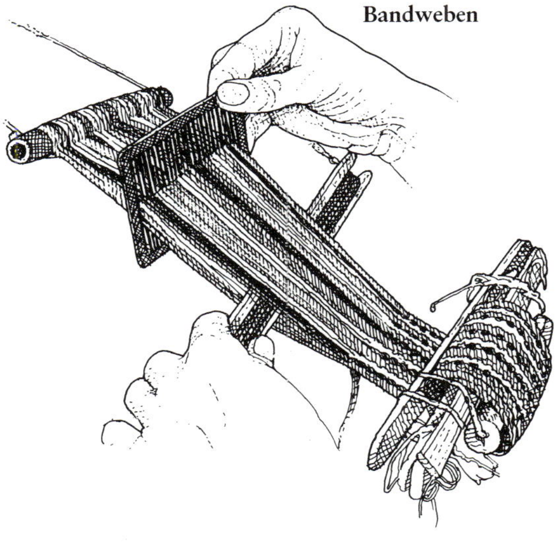

Weberschiffchen und Helfen
Das Weberschiffchen wurde aus der ursprünglichen Webschütze entwikkelt. Es trägt zusätzlich eine Garnspule. Damit entfiel die mühselige Prozedur, das Garn immer wieder auf die Schütze aufwickeln zu müssen. Ein solcher Schaft (Helfe) ist ein wundervoll einfaches Hilfsgerät, die Kettfäden voneinander zu separieren, so daß das Schiffchen schnell und unkompliziert hindurchfahren kann.

Der Webstuhl

Vorläufer des Webstuhls war der simple Webrahmen aus vier Holzstäben, an denen die Kettfäden befestigt waren, durch die der Weber in mühsamer Arbeit die Schußfäden hin und her wob. Die freistehenden Webstühle waren mit bis zu zehn Helfen zur Trennung der Kettfäden ausgerüstet, wodurch der Webvorgang beschleunigt wurde. Der Webstuhl wurde folgendermaßen bedient: Zunächst wurde die Kette am Kettbaum befestigt und mit einem Gewicht beschwert. Dann wurde die Kette über den Stoffbaum gezogen, auf dem sich das fertige Tuch aufwickelte. Die Kettfäden wurden einzeln durch die Löcher und Einschnitte der Helfe gezogen, die mit den Pedalen durch Gelenke verbunden war. Wenn der Weber die Pedale betätigte, wurde jeder einzelne Kettfaden hintereinander hochgehoben oder gesenkt, wodurch ein Zwischenraum entstand, durch den das Weberschiffchen mit dem Schußfaden hindurchlaufen konnte. War das Schiffchen an der gegenüberliegenden Seite der Kette angelangt, dann wurde der durchgezogene Schußfaden mit dem Schlagbaum fest an den vorhergehenden Schußfaden angeschoben.

Familientradition
Die Familie Dougherty aus Russellville in Tennessee hat schon ausgezeichnete Tuche gesponnen und gewebt, „als die ersten Siedler über die Blauen Berge nach Westen zogen". Ihre Stoffe zeichnen sich durch gute handwerkliche Verarbeitung und geschmackvolle Muster aus.

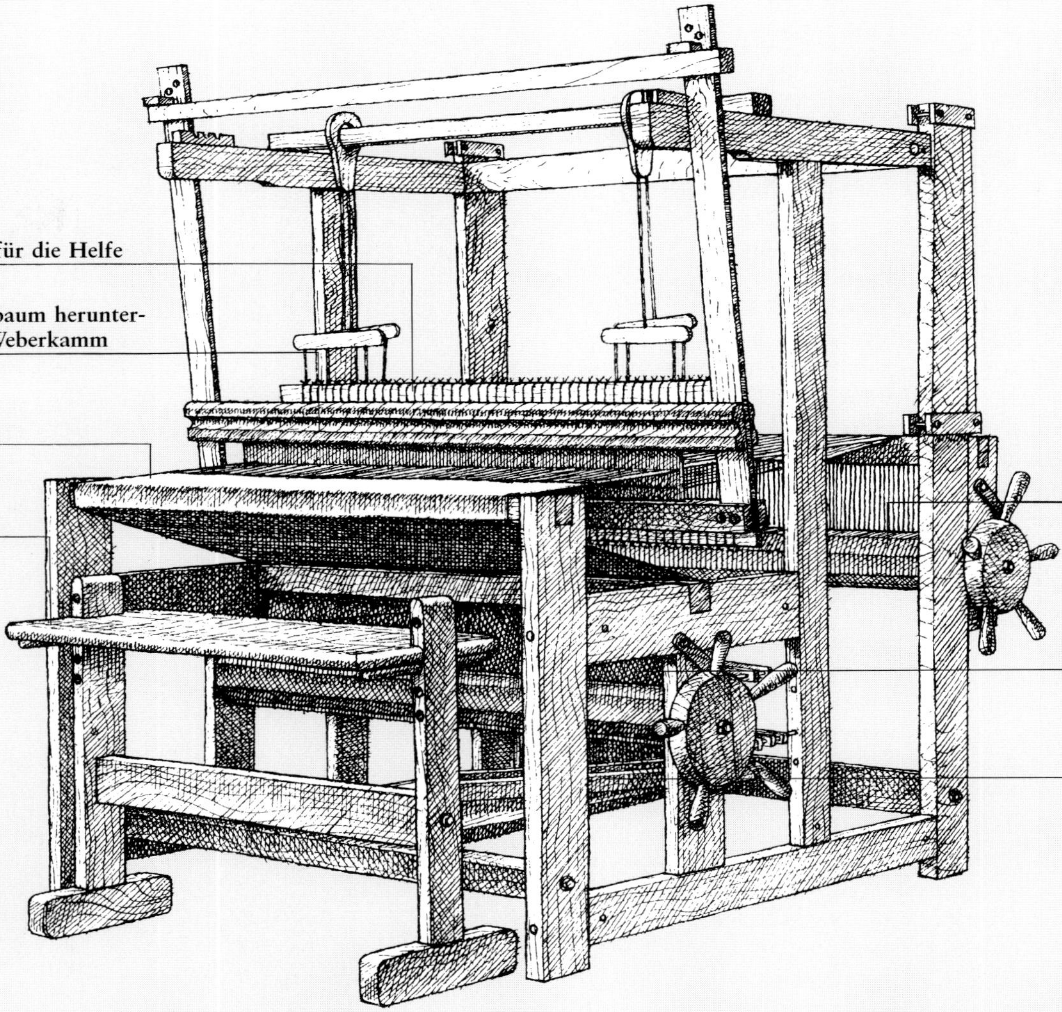

Bis zur Erfindung der Helfen war das Weben eine sehr mühselige Tätigkeit. Dieses klug erdachte Gerät hob jeden zweiten Kettfaden an, so daß das Weberschiffchen mit einem einzigen Schwung – die ewige Auf-und-ab-Bewegung nach jedem Faden erübrigte sich jetzt – in kürzester Zeit durch die gesamte Kettbreite hindurchfahren konnte. Die von den Helfen gebildete Lücke, durch die das Schiffchen sauste, ist uns als „Fach" bekannt.
Damit die Schußfäden dicht nebeneinanderlagen, zog der Weber einen Stock oder einen Weberkamm, auch Riet genannt, über und unter die Kettfäden hinweg zu sich heran. Die späteren Webstühle verfügten über einen fest eingebauten Weberkamm. Die Schäfte wurden durch Fußhebel betätigt, dadurch entstand das „Fach", wodurch der Weber beide Hände frei hatte, um das Schiffchen zu bedienen. Die Breite des gewebten Tuches wurde durch die Distanz begrenzt, über die der Weber das Schiffchen einfahren und abfangen konnte. Das hatte zur Folge, daß bis zur Einführung des sogenannten fliegenden Schiffchens die maximale Tuchbreite bei 70 Zentimetern lag.

Berufs-Weber
In den angelsächsischen Ländern bildete sich schon vor langer Zeit eine Arbeitsteilung heraus: Die Frauen spannen, die Männer woben. Auf dem Land gab es Lohnweber, zu denen die Hausfrauen das Garn bringen konnten, das sie das Jahr über versponnen hatten.
Darüber hinaus gab es auch reisende Weber. Schenken wir den Romanschreibern des frühen 19. Jahrhunderts Glauben, wie zum Beispiel George Elliot, dann verfügten in jener Zeit viele Bauernhöfe und Landsitze über einen eigenen Webstuhl. Von Zeit zu Zeit kam ein reisender Weber vorbei und blieb so lange, bis er alles Garn verwoben hatte, das die weiblichen Angehörigen der Familie in der Zwischenzeit gesponnen hatten. Bis zur Einführung der Spinnmaschinen waren nämlich die Frauen fast ununterbrochen mit dem Spinnen beschäftigt. Das Weben nahm viel weniger Zeit in Anspruch als das Spinnen. Dies ist auch der Grund dafür, daß die Handweberei überlebt hat, während das Handspinnen fast vollständig ausgestorben ist. Das Handweben konnte mit den Maschinen konkurrieren, das Handspinnen nicht. In Gegenden wie der Grafschaft Donegal in Irland oder den westlich vor Schottland gelegenen Inseln floriert die Handweberei noch heute. Allerdings verwenden die Weber jetzt Garn, das sie aus den großen Spinnereien beziehen. Mit selbstgesponnenem Garn könnten sie nicht mit der Industrie konkurrieren.

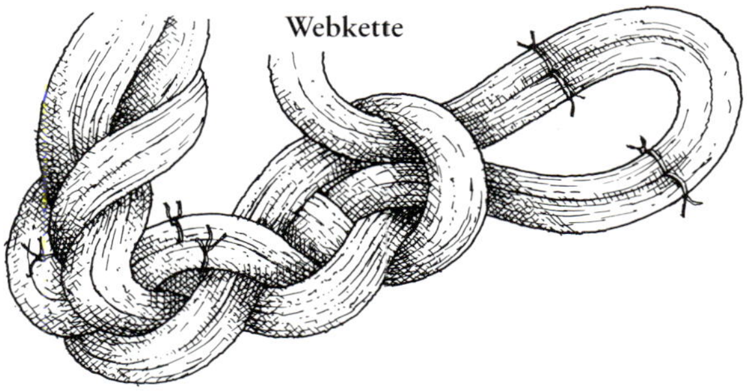

Kettscheren
Vor dem Weben müssen die Ketten geschert werden. Dazu werden die Fäden in Achterfiguren um Pflöcke (Scherbock) herumgewunden und dann zu Ketten ausgezogen, die auf Kettbaum und Stoffbaum des Webstuhls befestigt werden.

Winden in Achterfiguren

Scherrahmen

Webergenossenschaften
Das Überleben etwa der schottischen und irischen Handweberei wurde durch die Erfindung des Webstuhls mit fliegendem Weberschiffchen ermöglicht. Dadurch konnten die Handweber ihre Produktion beträchtlich vergrößern, ohne viel zusätzliches Geld investieren zu müssen. Bei diesen Webstühlen fängt der Weber das Schiffchen mit einer Schlinge auf, wenn es den Kettfaden passiert hat, und wirft es unter den nächsten Faden.
Die irischen und schottischen Handweber schlossen sich zumeist zu Genossenschaften zusammen. Sie weben zu Hause, oft in einem Anbau mit Dachfenstern, dem Shed. Dabei benutzen sie Ketten, die in einem von der Genossenschaft errichteten größeren Shed geschert wurden. Viele Handweber üben das Weben als Teilzeitarbeit neben ihrem regulären Beruf aus. Und wieviel schöner war diese ruhige Tätigkeit als die Fron in Fabriken.
Handweben erlebt momentan auch eine Wiedergeburt als Freizeitbeschäftigung vieler Menschen. Die Nachfrage nach Webstühlen kann zur Zeit kaum befriedigt werden. Bis jetzt haben die Freizeitweber aber noch nicht die Vorteile des fliegenden Weberschiffchens entdeckt. Es kann aber auch sein, daß sie die Arbeit mit ihm nicht schätzen, denn das Handweben nach alter Art ist natürlich viel geruhsamer. Vielleicht gibt es, wenn die mechanischen Webstühle in den Fabriken einmal ausgeklappert haben, wieder genügend tüchtige und erfahrene Handweber, die einen nicht zu übermäßigen Bedarf der Menschheit an gewobenen Tuchen befriedigen können. Ich würde mir dies wünschen, denn es besteht ein himmelweiter Unterschied zwischen der Qualität handgewebter Stoffe und den seelenlosen Erzeugnissen der Fabriken.

Die Scherwinde
Scherwinde stellt eine Alternative zum Scherrahmen dar und ist besser für das Scheren langer Ketten geeignet. Sie trägt oben und unten Pflöcke, um die die Kette herumgewunden wird.

TEPPICHE UND MATTEN

Teppiche wurden schon zweitausend Jahre vor unserer Zeitrechnung geflochten. Dies geschah zunächst in der Form, daß an die Kettfäden auf einem Webrahmen kurze Garnlängen angeknüpft wurden. Unter Verwendung des „Ghiordes“-Knotens entstanden dadurch flauschige Gewebe. Später erfanden die Skandinavier den „Rya“-Knoten sowie ein Kanvas oder Gitterleinen als Trägermaterial. Heutzutage werden grobe Teppiche meist auf dieser Unterlage mit einem endlosen Faden und einer stumpfen Teppichnadel geknüpft. In Nordamerika entwickelten sich daraus im vergangenen Jahrhundert die beliebten Bettüberwürfe. Auch sogenannte Nadeltufts werden mit endlosem Faden und stumpfer Nadel gefertigt. Dabei empfiehlt es sich, das Gitterleinen auf einen Rahmen aufzuspannen, damit das Muster nicht verschoben und die Erwartungen nicht sehr enttäuscht werden.

Binsen- und Strohmatten

Bis zum 18. Jahrhundert wurden die Fußböden oft mit Stroh- oder Binsenmatten belegt. Zum Flechten solcher Matten verwendete man auch andere Naturstoffe, wie Riedgras, Rohrkolbenblätter, Jute und Kokosfasern. Später deckte die Hausfrau im Sommer, wenn die Teppiche gereinigt wurden, die Böden mit Strohmatten ab. Oft legte sie solche Strohmatten auch zum Schutz über ihre „guten“ Teppiche.

Schlingenteppiche

Obwohl die Technik der Anfertigung von Schlingenteppichen schon jahrhundertelang in Skandinavien bekannt war, waren es die Amerikaner, besonders die Bewohner Neu-Englands, die sie im 19. Jahrhundert zu einer großen Kunst entwickelten. Ein Schlingenteppich wird hergestellt, indem man einen Garnfaden oder einen Gewebestreifen unter ein Gitterleinen oder eine Jute-Unterlage hält und sie mit einem Knüpfhaken zu einer Schlinge durchzieht.

Matten aus Binsen
Geflochtene Binsen wurden zunächst getrocknet. Anschließend legte man jeweils drei Binsenstränge über einen Haken und verflocht sie zu einem langen, dicken Zopf. Mehrere Zöpfe wurden zu einer Rolle aufgewikkelt und zusammengenäht. So wurden viele Muster möglich.

Flechten der Binsen

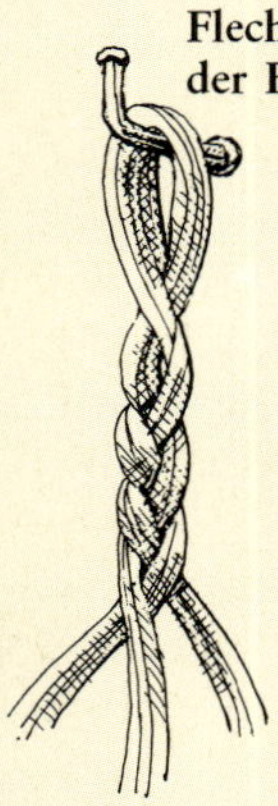

Binsenmatte

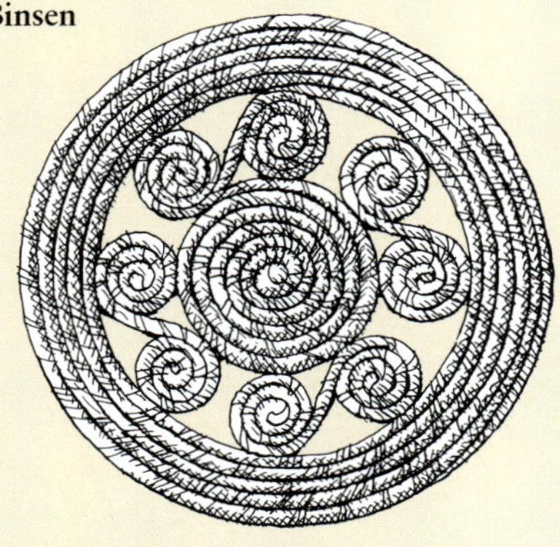

Teppicharten
Die meistgebräuchliche Art des Schlingenteppichs entsteht, indem man Garn mit einem Knüpfhaken in Schlingen durch die Unterlage zieht. Noch einfacher geschieht dies mit einer Spezialpunze, wobei man die Unterlage auf einen Rahmen spannt und die Schlinge mit der Punze durchstößt. Ein dichterer Flickenteppich ergibt das Verknoten von Stoffetzen auf einer weitmaschigen Unterlage. Die dichteste Auflage haben sogenannte Nadeltufts, bei denen ein endloser, starker Faden durch das Netz der Unterlage geflochten wird.

Einfacher Schlingenteppich

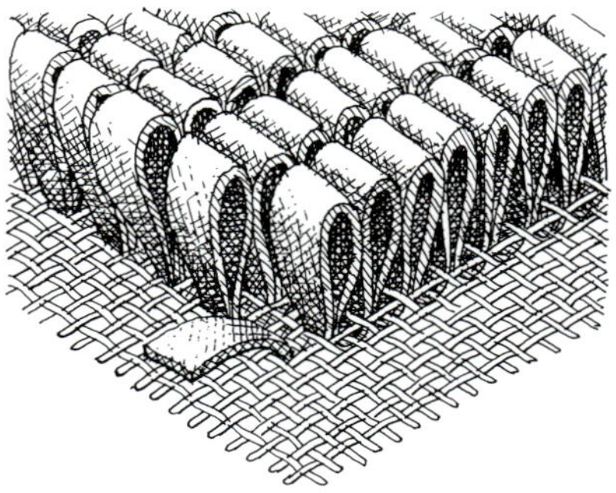

Gepunzter Schlingenteppich

Flickenteppich

Nadeltuft

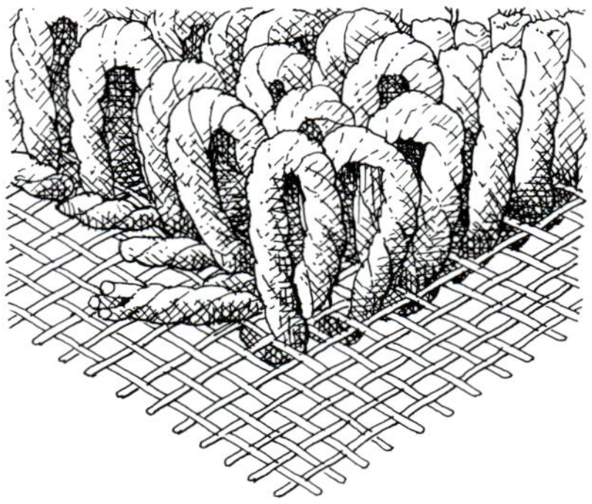

Ein „Saumvogel“
Dies war ein Hilfsgerät zum Straffhalten des Stoffs bei der Bearbeitung. Der Vogel wurde an die Tischkante angeschraubt und hielt den Stoff mit dem Schnabel fest, der sich durch Druck auf den Schwanz öffnete.

Schneller lassen sich Schlingenteppiche mit Hilfe einer Spezialpunze herstellen. Dazu wird das Garn in den Schlitz an der Spitze eingefädelt und durch die Unterlage hindurchgestoßen. Der Kragen an der Punze sorgt dafür, daß die Schlingen alle eine gleichmäßige Höhe haben. In beiden Fällen ist ein Rahmen vorteilhaft, damit sich die Muster nicht verschieben.

Der Schlingenteppich ist die üblichste Art der selbst hergestellten Teppiche. Eine amerikanische Hausfrau konnte auf diese Art in einem Winter leicht zwei Teppiche mit einfachen, sich wiederholenden Mustern anfertigen. Neben den üblichen geometrischen Mustern wurden speziell zur Verschönerung der Wohnräume auch komplizierte Blumenmuster geknüpft.

Flickenteppiche

Es gab eine Zeit, wo vor fast jedem englischen Kamin ein Flickenteppich lag. Und darauf lagen die Katze oder der Hund des Hauses.

Ich selbst schloß meine erste Bekanntschaft mit einem solchen Teppich, als ich als Kind Ferien im elterlichen Landhäuschen unseres Dienstmädchens Annie machte. Dies war in der Grafschaft Essex, wo Annies Vater als Pferdeknecht auf einem nahegelegenen Hof diente. Ich denke noch mit dem größten Vergnügen an die mehrfachen Aufenthalte in dieser Familie zurück. An den Wänden ihrer kleinen Wohnküche hingen zahlreiche Öldrucke mit religiösen Motiven und gedruckte Bibelsprüche. In einer Ausbuchtung des Raumes stand ein gewaltiger eiserner Herd, auf dem gekocht wurde. Sommer wie Winter glühte darin ständig ein Kohlenfeuer. Vor diesem Herd wurde ich in einer verzinkten Wanne gebadet. Nach dem Baden stellte ich mich auf den Flickenteppich, der vor dem Herd lag, und trocknete mich ab. Dies ging sehr rasch, und die Wärme des Herdes trug dazu ebensoviel bei wie das grobe Handtuch.

Einmal konnte ich Annies Mutter dabei zusehen, wie sie einen Flickenteppich machte. Als Grundlage dafür nahm sie einen Jutesack, wie es ihn zu Dutzenden in ländlichen Haushalten gab. Die fürchterlichen Plastiksäcke waren noch nicht erfunden worden. Damals wußte ich noch nicht, daß die Jute aus dem fernen Bengalen kam. Jahre später, als ich als Soldat auf einem Raddampfer den Brahmaputra hinauffuhr, entdeckte ich am Ufer eine riesige Juteplantage.

Der Sack wurde aufgeschnitten, dann flocht Annies Mutter Stoffetzen, die auf die gleiche Länge geschnitten waren, hindurch. Dies geschah mit Hilfe einer kleinen Stahlnadel mit Holzgriff, die an der Spitze eine Schließe trug, damit man die Nadel wieder herausziehen konnte, ohne daß sie sich im Sack verfing. Schnell war alles verknotet, nur die beiden Enden der Stoffetzen ragten steil empor.

Der Flickenteppich wurde jeden Morgen an der Hauswand ausgeschlagen. Hatte er schließlich seine Dienste getan, warf man ihn einfach auf den Komposthaufen und machte sich einen neuen. Er kostete praktisch nichts, denn Säcke und Stoffreste standen zur Verfügung.

Wie gesagt, denke ich an die glücklichen Ferientage dort in Essex noch immer gern zurück. Im Herbst wurden wir Kinder zum Beeren- und Pilzesammeln in den Wald geschickt. Den größten Spaß bereitete es mir jedoch, wenn ich zum Krabbenfischen mitdurfte. Dann konnte ich stundenlang mit einer Leine, an der kleine Fleischstückchen hingen, am Ufer des bei Flut ansteigenden Flusses sitzen und auf einen guten Fang warten. Immer wenn ich das Wort „Heim“ höre, muß ich an Essex zurückdenken, wo ich die kleinen Freuden zufriedener Menschen genoß.

Knüpfhaken
Damit wird das Garn in Schlingen durch die Unterlage gezogen. Bei der Spezialpunze wird das Garn zunächst in den Schlitz an der Spitze eingefädelt und damit zu einer Schlinge durch die Unterlage hindurchgestoßen.

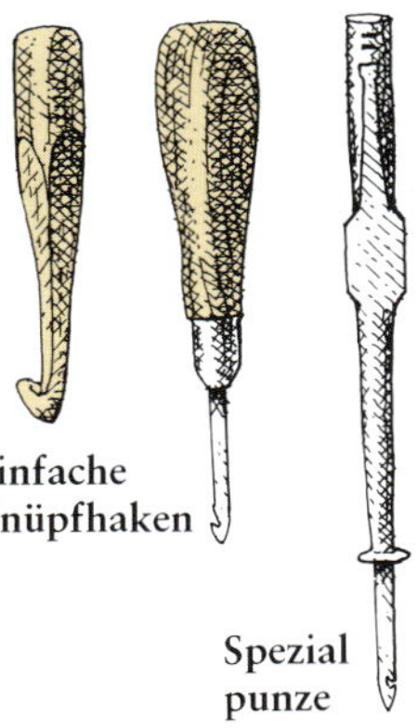

DIE SPITZENHERSTELLUNG

Als ich kurz nach dem Zweiten Weltkrieg einmal einen Spaziergang an der Küste von Devonshire machte, kam ich durch das Dorf Beer, das sich dort befindet, wo die Kreidefelsen der Küste enden. Auf der Suche nach einem Pub, wo ich mir ein Gläschen genehmigen wollte, traf ich auf zwei alte Damen, die vor ihrem Häuschen saßen und eifrig klöppelten.
Jede hatte im Schoß ein Klöppelkissen liegen, auf dem sie mit Hilfe von großen Nadeln und kleinen Klöppeln ein kompliziertes Spitzenmuster klöppelten, die sogenannte Honiton-Spitze. Beer, so erzählten sie mir, war eine der letzten Ortschaften in England, in denen das Spitzenklöppeln noch ausgeübt wurde. Die Spitzen an den Hochzeitskleidern der Königin Viktoria, der Königin Alexandra und der Prinzessin Alice waren in Beer geklöppelt worden.

Von der Filigran- zur Klöppelspitze
Filigranspitzen entstanden aus den Hohlsaumverzierungen, die sich bereits an den Tüchern befanden, mit denen die ägyptischen Mumien eingewickelt wurden. Nach und nach wurden die Muster immer komplizierter. Ihren Höhepunkt erlebte diese Handarbeitstechnik in der Renaissance mit der venezianischen Kreuzstickerei. Diese wurde vorwiegend für die Verzierung von Meßgewändern und ähnlichem verwendet, setzte sich allmählich aber auch bei anderen Kleidungsstücken durch.
Mit der Ausbreitung der Renaissance breitete sich auch die Filigranstickerei in Europa aus. Zu der Zeit, als sie die Niederlande erreichte, wurden bereits dünnere Garnfäden als zuvor gesponnen. Dies hatte zur Folge, daß von diesem Zeitpunkt ab die Stege zwischen den Blumenmustern mit Garn gemacht wurden, das man direkt von den Garnspulen abwickelte. Bald schon fertigte man auch das Blumen- und Blattwerk selbst direkt aus diesen Fäden. Das war die Geburtsstunde des Klöppelns.

Verschiedene Spitzentypen
Die Techniken der Spitzenherstellung entwickelten sich in den einzelnen Ländern unterschiedlich. Die daraus entstehenden verschiedenen Spitzentypen wurden nach ihren Entstehungsorten benannt.
In dem meiner Ansicht nach besten aller Handarbeitsbücher, der „Encyklopaedie der weiblichen Handarbeiten“ gibt Thérèse de Dillmont

Anfertigen von Vorlagen
Welche Art von Spitzen die Hausfrau auch immer machen wollte, einfache oder komplizierte, zunächst mußte sie sich das Muster auf einem Stück Pergamentpapier vorstechen. Der unten abgebildete Stecher besteht aus einer Nadel, die man in einen abgebrochenen Klöppel gesteckt hat. Die Klöppelnadeln, um welche die Fäden gelegt wurden, bestanden immer aus Messing, da dieses nicht rostet. Oft steckten diese nicht in einem Nadelkissen, sondern wurden in einem Stück Ölpapier aufbewahrt, damit sie nicht so leicht verlorengingen.

Stecher

Ölpapier mit Klöppelnadeln

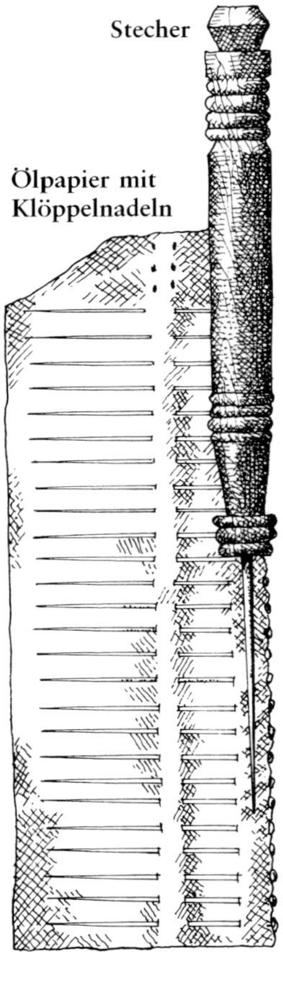

Pergamentpapier-Vorlage für eine Malteser Spitze

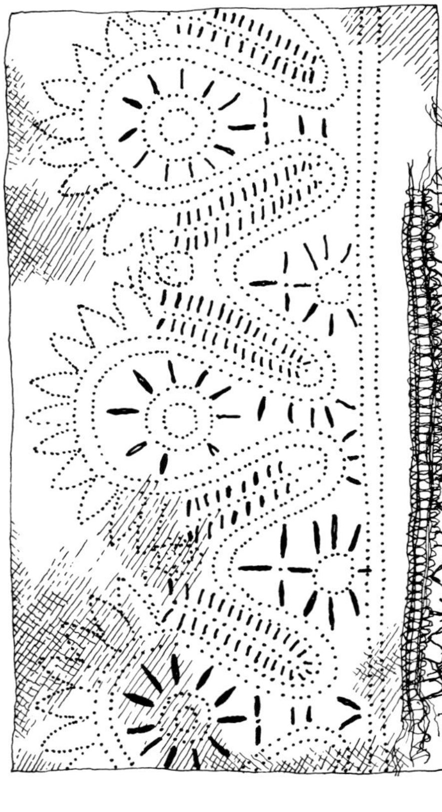

Cluny-Wäschespitze

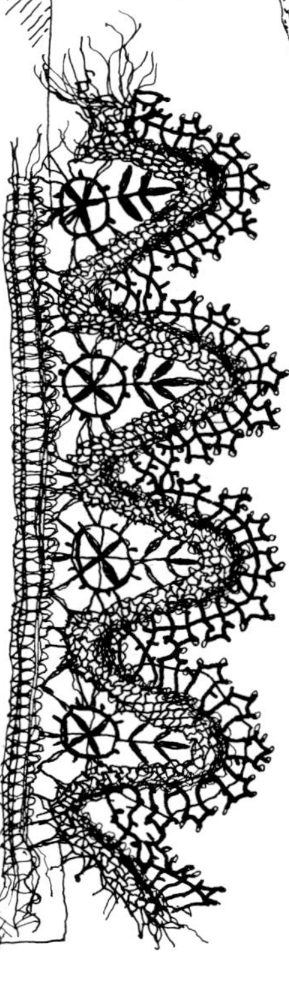

Cluny-Spitze

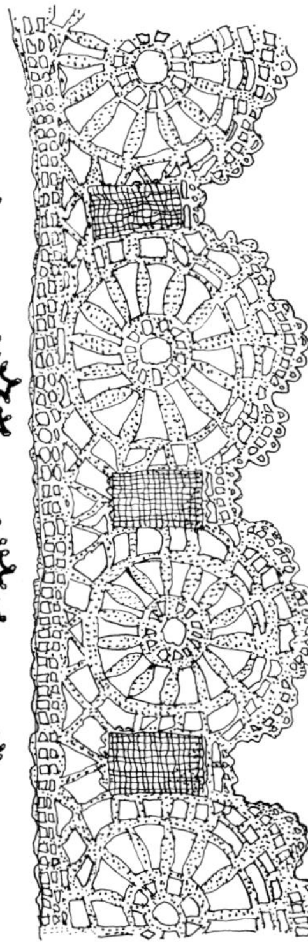

Klöppelspitze mit Muschelornament

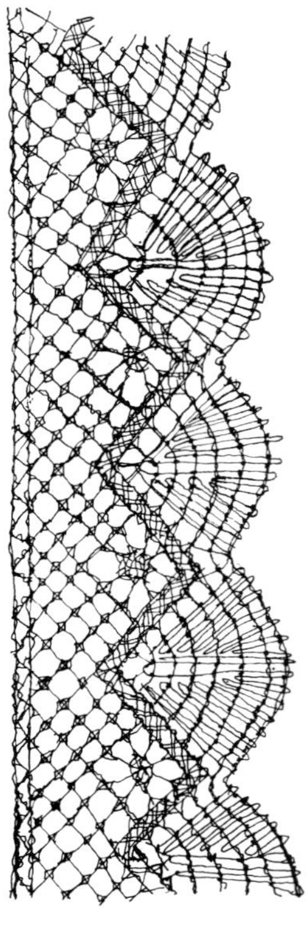

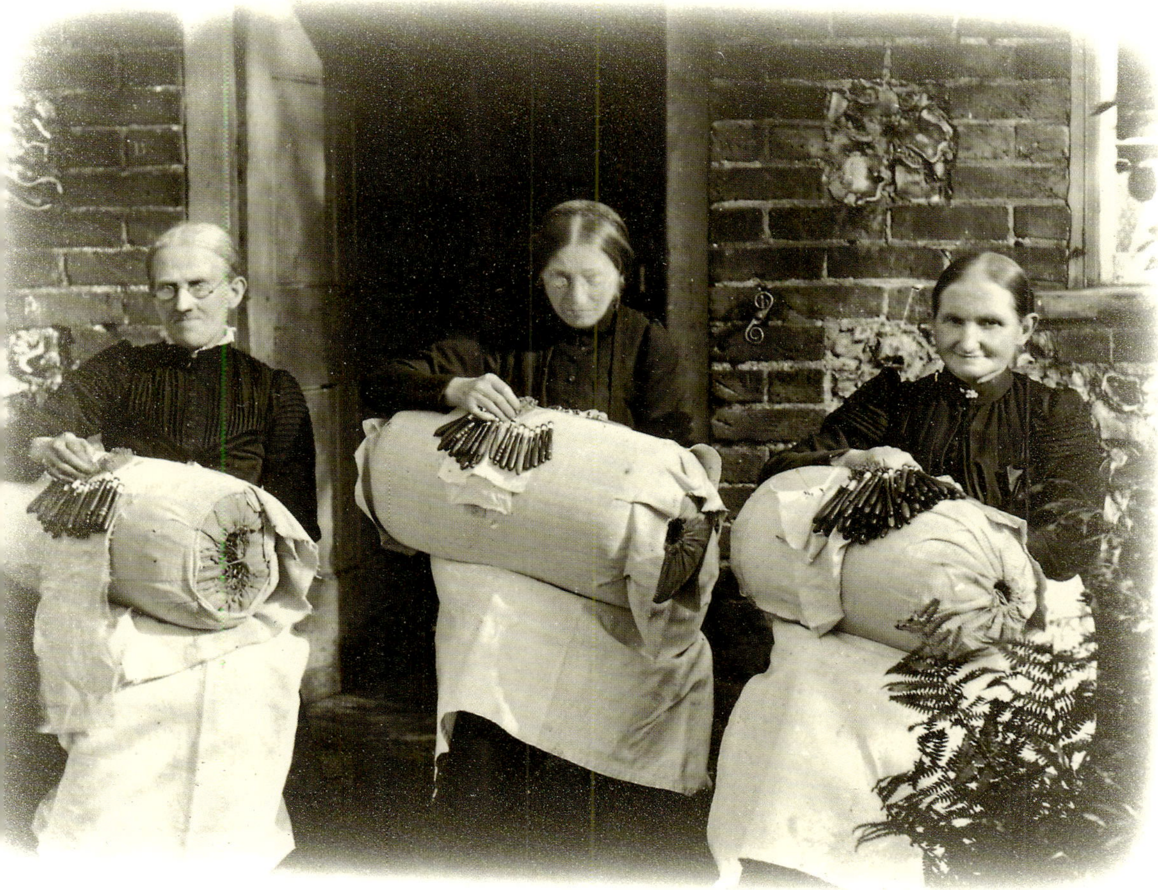

Gemeinsames Spitzenklöppeln
Ehe das Spitzenklöppeln nach 1850 ebenfalls mechanisiert wurde, konnte man sehr oft den Anblick genießen, wie Spitzenklöppler – Frauen wie auch Männer – gemeinsam bei der Arbeit saßen, weil dies unterhaltsamer war. Die Klöpplerinnen auf dem nebenstehenden Bild arbeiten mit Klöppelkissen, die fest mit Stroh ausgestopft sind, damit die Nadeln darin gut steckenbleiben. Wenn diese Festigkeit allmählich nachließ, wurden die Mittelstreifen umgesteckt.

eine leicht verständliche Beschreibung, wie die verschiedenartigsten Spitzentypen hergestellt werden, darunter die Venezianische, Niederländische, Französische, Englische und Irische Spitze sowie die Chantilly-, Sedan- und Brüsseler Spitzen.

Brüsseler Spitzen fanden im 16. Jahrhundert ihren Weg nach Südwest-England. Von dort aus kamen sie auch nach London, natürlich mit der bekannten Honiton-Kutsche. Seitdem heißen sie überall in England Honiton-Spitzen. Sie sind noch immer mit den Brüsseler Spitzen weitgehend identisch.

Französische Spitzen aus Lille, Chantilly und Mechlin kamen mit den flüchtenden Hugenotten in andere Länder. Wäschespitzen unterschieden sich von den Honiton-Spitzen durch einen festen Rand, mit dem sie an die Wäsche angenäht wurden.

Im vergangenen Jahrhundert entwickelte sich dann auch Bedarf an einer groben, billigeren Spitze. Diese wurde vorwiegend in der Grafschaft Bedfordshire hergestellt, nach der sie auch ihren Namen bekam. Ihre Vorbilder waren die Malteser, Torchon- und Cluny-Spitzen. Alle diese Spitzen werden mit der gleichen Technik hergestellt, nämlich auf Klöppelkissen geklöppelt.

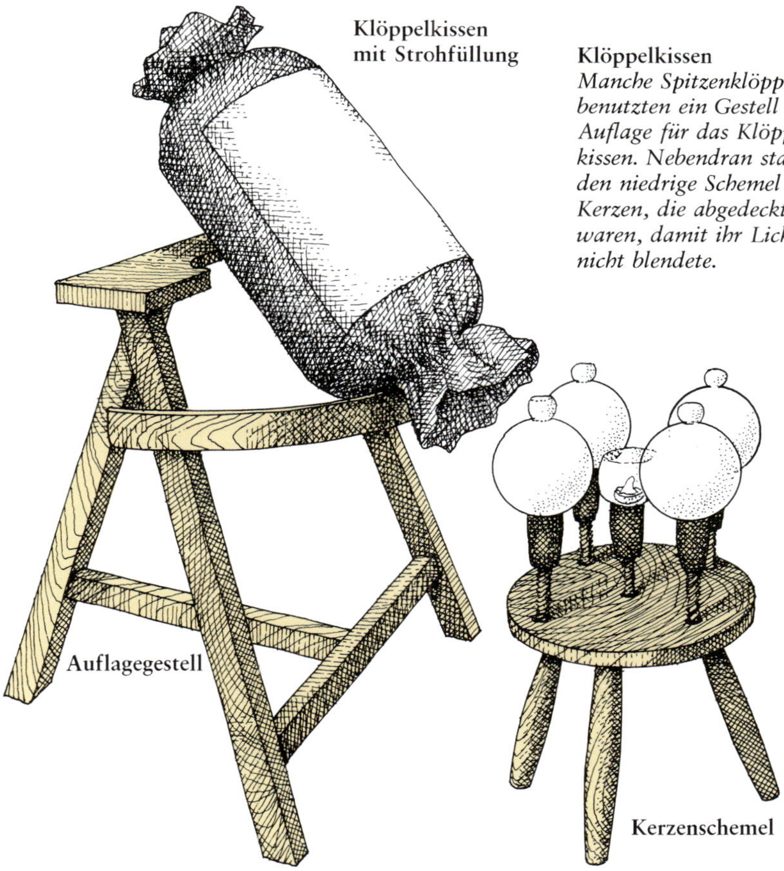

Klöppelkissen
Manche Spitzenklöppler benutzten ein Gestell als Auflage für das Klöppelkissen. Nebendran standen niedrige Schemel mit Kerzen, die abgedeckt waren, damit ihr Licht nicht blendete.

Klöppel und ihre Anhängsel

Die meisten Klöppel bestanden aus Hartholz oder Knochen. Hölzerne Klöppel waren gebräuchlicher, da sie billiger waren, jedoch hielten Klöppel aus Knochen länger. Gelegentlich finden sich beim Antiquar auch noch dünne Klöppel aus Messing, Eisen oder Hartzinn. Klöppel aus Glas oder Silber dienten als Geschenke. Zur Beschwerung wurden an die Enden der Klöppel oft Drahtschlaufen mit bunten Holzkugeln oder ähnlichem angebracht. Meist waren einige dieser Kugeln rund, andere eckig und in der Mitte hing eine größere Kugel. Gelegentlich hängte die Klöpplerin auch Amulette oder persönliche Andenken an die Schlaufen. Klöppel für Honiton-Spitzen waren angespitzt und sehr leicht, damit sie bequem durch die sehr feinen Fäden hindurchgezogen werden konnten. Bei den auf dem europäischen Kontinent verwendeten Klöppeln fehlten die Anhängsel meist. Dafür hatten sie am unteren Ende eine Art Schutzhülle für den Faden.

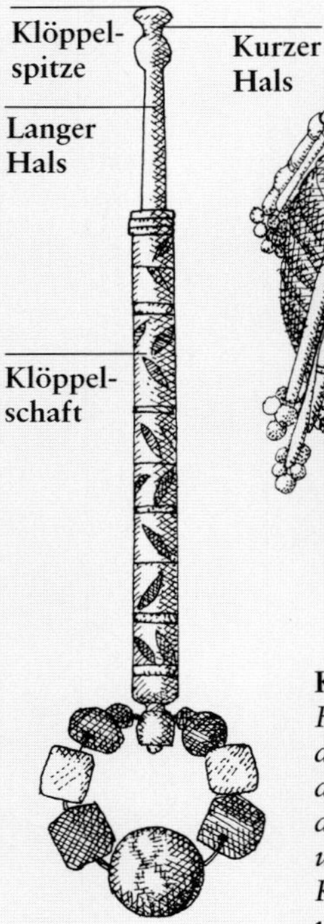

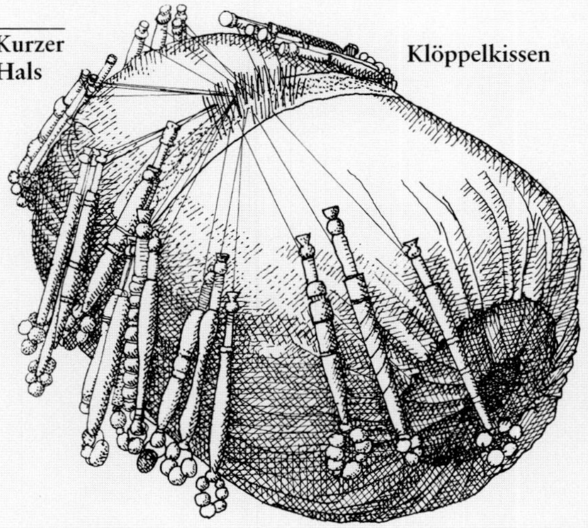

Klöppeln
Hatte die Klöpplerin auf dem Pergamentpapier das Muster vorgestochen, dann befestigte sie es unverrutschbar auf dem Klöppelkissen. Danach wurde das Garn auf die Klöppel aufgewickelt und diese wurden an die Klöppelnadeln gehängt. Hatte die Klöpplerin etwa fünf Zentimeter Spitze fertig, stach sie die Nadeln weiter unten ein und begann mit dem nächsten Abschnitt.

„Old Maid"-Klöppel

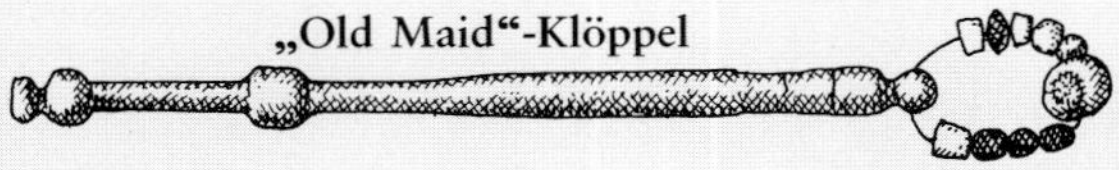

Schwerer gedrechselter Klöppel

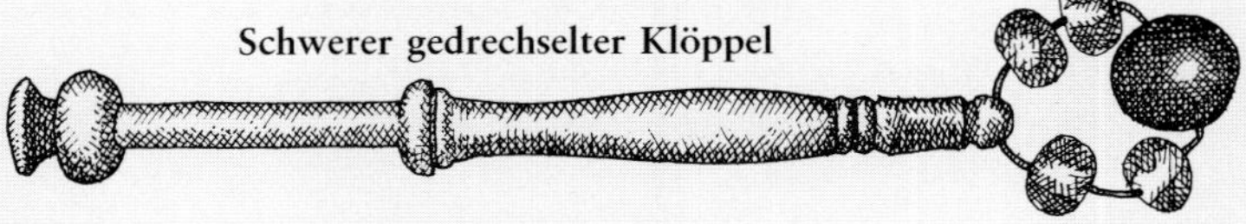

Gedrechselter Klöppel

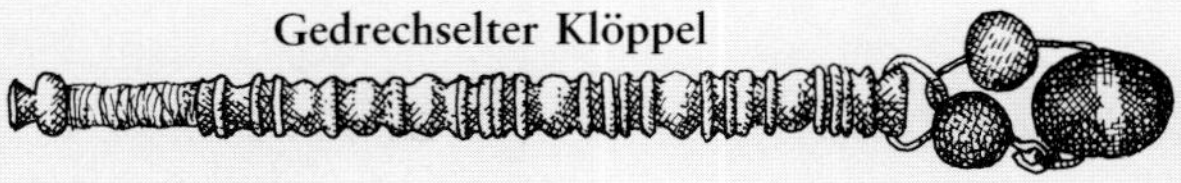

Kirchenfenster-Klöppel

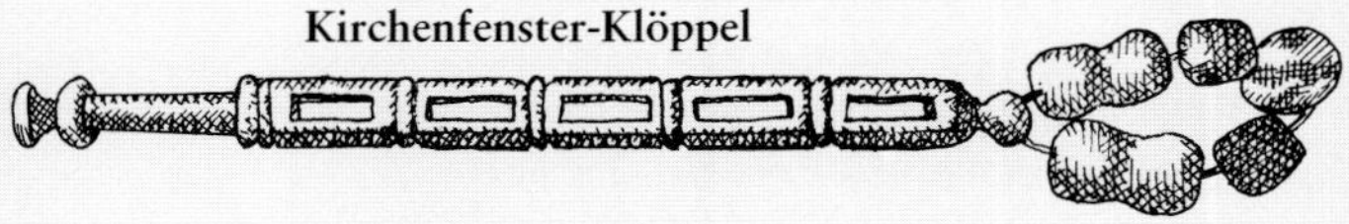

Farbiger Klöppel aus Knochen

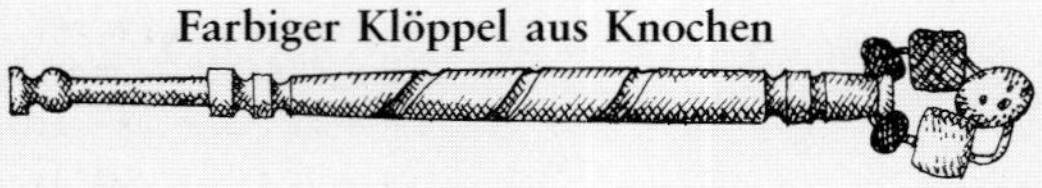

Handgeschnitzter Klöppel

Gerändelter Klöppel

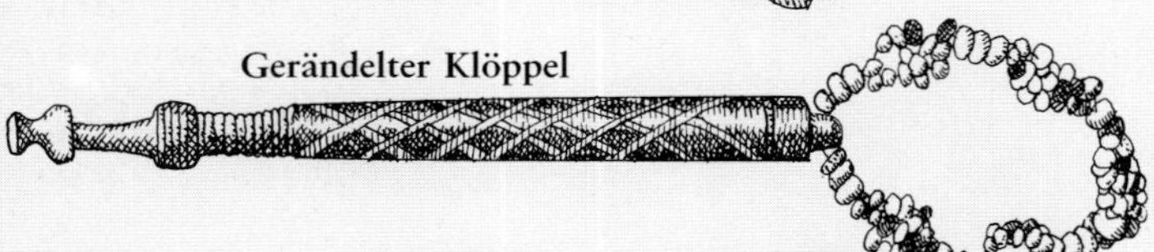

Klöppel aus schwarzem und rosa Glas

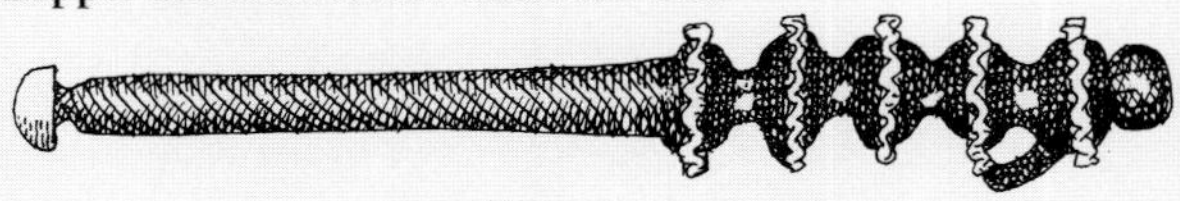

Beschrifteter Klöppel

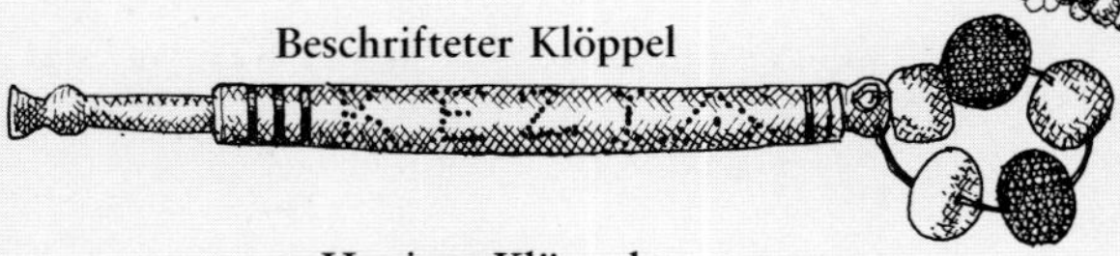

Drahtumrandeter Klöppel aus Knochen

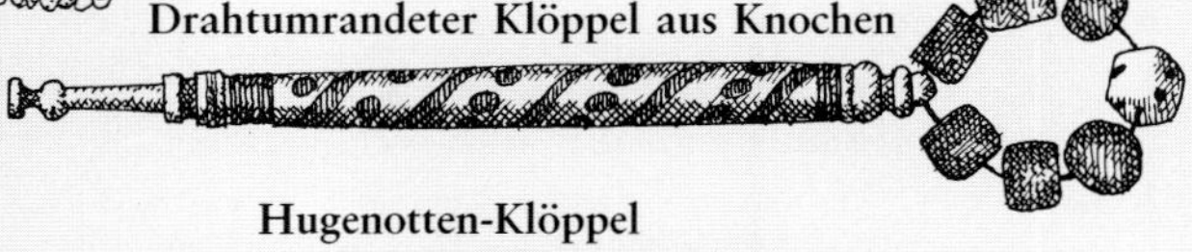

Honiton-Klöppel

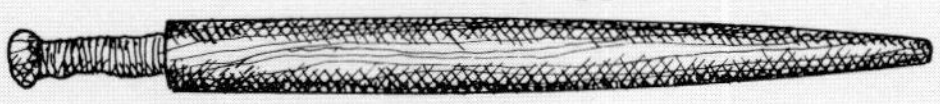

Hugenotten-Klöppel

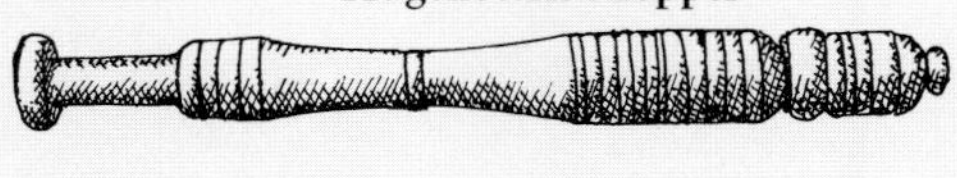

Malteser Klöppel

Klöppel aus Österreich

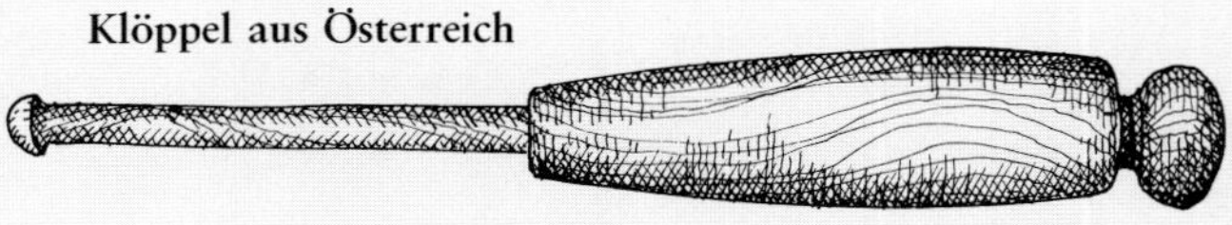

Klöppel aus der Normandie

Handgeschnitzter französischer Klöppel

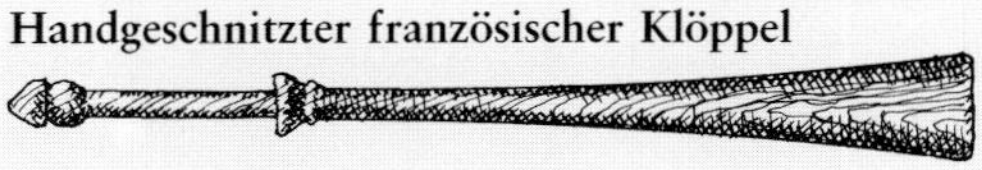

Klöppeln

Das Klöppeln auf Klöppelkissen wurde Mitte des 16. Jahrhunderts von der Deutschen Barbara Uttmann erfunden.

Die Technik sieht so aus: Baumwoll- oder Seidenfäden werden auf kleine Spulen – Klöppel genannt – aufgewickelt. Zunächst bestanden diese Klöppel aus Knochen oder Elfenbein. Dann zeichnet man sich das gewünschte Muster auf und überträgt es mit einem sogenannten Stecher auf Pergamentpapier. Die Vorlage wird fest auf das Klöppelkissen aufgesteckt, das im Schoß der Klöpplerin oder auf einem Gestell ruht. Danach bindet die Klöpplerin die Enden des Fadens zusammen, sticht Klöppelnadeln in die Vorlage ein und windet die Fäden der Vorlage entsprechend über- und untereinander und um die Nadeln herum.

Sobald das erste Teilstück fertig ist, werden die Nadeln umgesteckt, und die Prozedur beginnt von vorn, bis die gesamte Spitze fertig ist.

Klöppeln als Broterwerb

Spitzenklöppeln erfordert sehr viel größere Konzentration als zum Beispiel Stricken, bringt aber auch größeren Gewinn. Im letzten Jarhundert gab es Schulen, an denen Kinder vom Beginn des vierten Lebensjahres an neben Lesen, Schreiben und Rechnen auch das Klöppeln erlernen konnten. Sie hatten dabei ein Klöppelkissen vor sich, von dem an der Seite ein herzförmiges Nadelkissen herunterhing. Pro Minute mußten sie zehn Nadeln klöppeln, während sie endlose Liedverse herunterleierten, um im Takt zu bleiben. Wenn die Kinder mit sieben Jahren nicht schnell und akkurat genug klöppelten, mußten oder durften sie einen anderen Beruf erlernen.

Für Frauen aus ärmeren Ländern ist das Spitzenklöppeln ein willkommener Broterwerb. Ich habe in entlegenen Gegenden Ceylons schon Gruppen singhalesischer Frauen beim Klöppeln beobachtet. Das Handwerk war ihnen von einer wohltätigen englischen Dame beigebracht worden.

Imitierte Spitzen

Gestickte Spitzen erlebten im Viktorianischen Zeitalter eine Art Wiedergeburt. Die vornehmen Damen verzierten damit ihre Kissen, Hauben, Schirmhüllen, Taschentücher und Kleidungsstücke. Die Vorlagen dazu wurden aus satiniertem Kaliko ausgeschnitten und auf ein Stück Karton aufgezogen. Vorzugsweise diente dazu rosa Kaliko, da die darauf gezogenen Linien bei Gaslicht besser zu erkennen sind. Mit einer großen Nadel und einem feinen Leinenfaden wurde die Litze entlang der Umrisse der Vorlage fest angenäht. Danach folgte ein Säumstich zur Außenkante, und zum Schluß wurde der offene Raum mit Phantasiestichen ausgefüllt. Natürlich gingen nur die Säumstiche durch Kaliko und Karton hindurch. Die Phantasiestiche blieben auf der Oberfläche. Nebenstehend wird illustriert, wie das Brüsseler Punkt-Muster von links nach rechts beziehungsweise von rechts nach links gestickt wird. Dabei werden Knopflochstiche in einer Reihe nach der anderen angebracht, bis die umsäumte Fläche ganz gefüllt ist.

Brüsseler Punkt

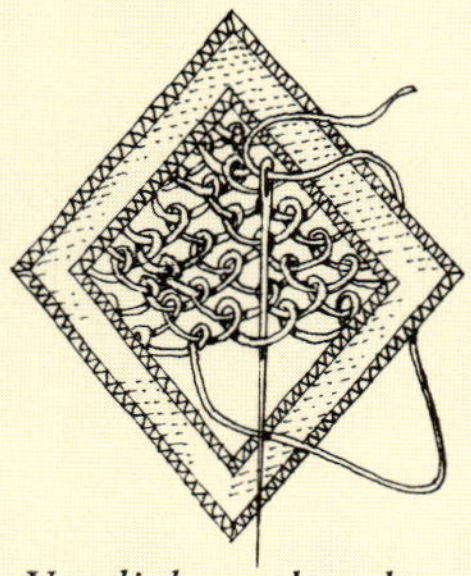

Von links nach rechts

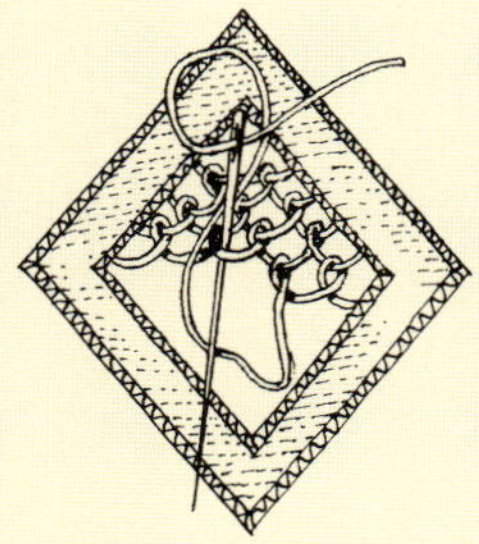

Von rechts nach links

Maschinengefertigte Spitzen

Leider zeigte sich irgendwann, daß sich auch Spitzen maschinell fertigen lassen. Und mit dem Verfall des Geschmacks gibt es heutzutage kaum noch irgendwo handgefertigte Spitzen zu kaufen.

Die „Spitzen“, die jetzt noch in England von Zigeunerinnen beim Hausieren angeboten werden, wurden nicht etwa von ihnen selbst angefertigt, sondern gekauft. Ich möchte meinen Hut darauf verwetten, daß keine Zigeunerin, die etwas auf sich hält, je auch nur einen Zentimeter Spitzen geklöppelt hat. Das paßt nicht zu ihrer fahrenden Lebensweise.

Ein Fadenaufspuler
Mit solch einem Aufspuler konnte die Prozedur des Fadenaufspulens auf den Klöppel wesentlich verkürzt werden. Der Garnstrang wurde über die Pflöcke auf den Flügeln des Aufspulers gelegt. Danach band man das Ende des Fadens mehrfach um den Klöppel, setzte den Klöppel auf die Welle auf und betätigte das Handrad.

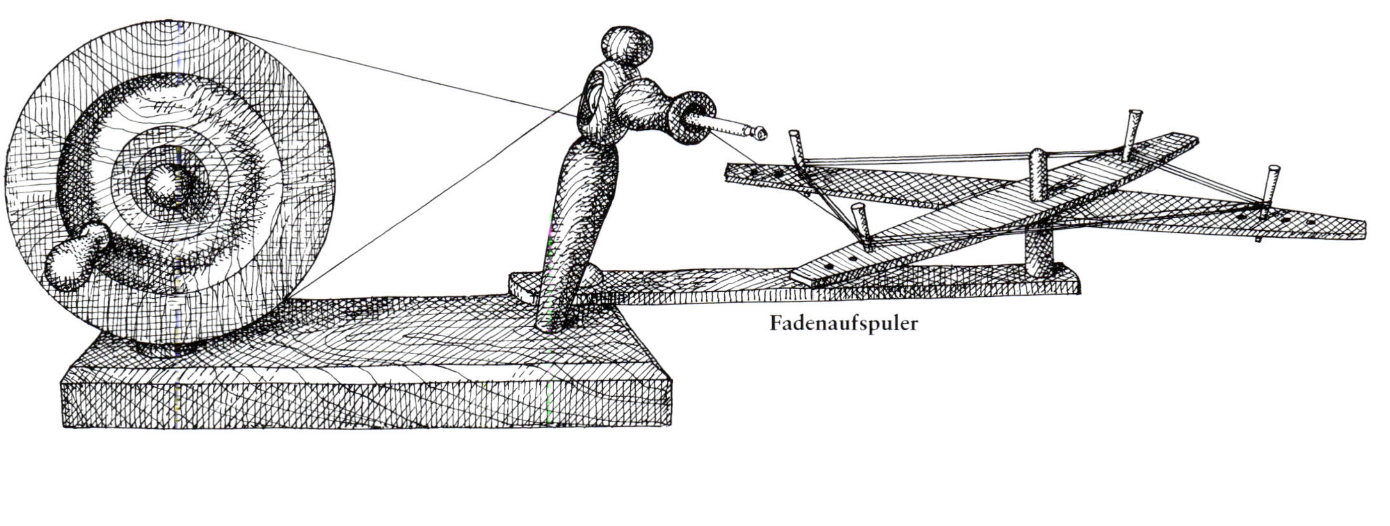

Fadenaufspuler

HÄKELN

Als Kind haben Sie bestimmt auch einmal eine Schnur zusammengeflochten, und zwar machten Sie vermutlich zwei Schlaufen, führten die zweite durch die erste hindurch und zogen dann letztere fest zusammen. Hatten Sie so die ganze Schnur zusammen, dann kam der Zaubertrick: An beiden Enden gezogen, und der Flechtzopf löste sich wieder in Luft auf.

Auf die gleiche beschriebene Weise wird gehäkelt. Hätten Sie am Ende der Schnur einen Knoten gemacht, daß der Zopf sich nicht wieder auflösen konnte, und hätten Sie dann rückwärtsgehend weitere Schlingen geknüpft, so wäre zum Schluß eine Art gehäkeltes Teil entstanden. Und wenn Sie sich dazu noch einer Nadel mit einem Haken am einen Ende bedient hätten, dann wären die Schlaufen gar noch schneller und fester zu knüpfen gewesen.

Häkelmaschen
Es gibt mehr als ein halbes Dutzend verschiedener Grundmaschen – hier die sogenannte lange doppelte Masche. Mit diesen Grundmaschen ließen sich viele verschiedene Muster häkeln, für Deckchen, Spitzen oder modische Kleidungsstücke wie Schals.

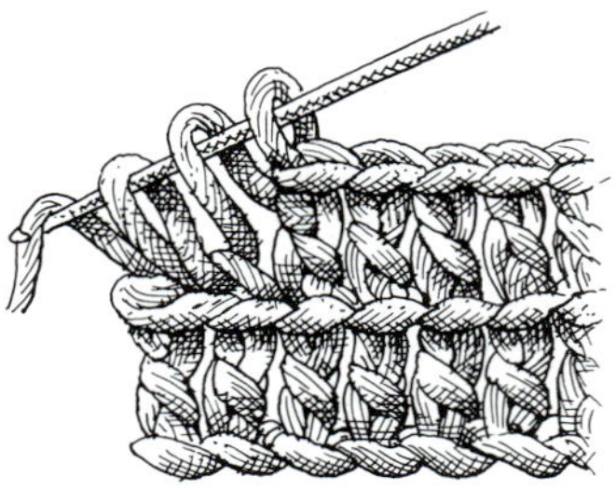

Vielfalt an Häkelmaschen

Beim Häkeln heißen die Schlaufen, die man zusammenknüpft, Maschen. Es muß wohl kaum betont werden, daß die Hausfrauen im Laufe der Zeit eine Vielzahl verschiedener Häkelmaschen ersannen. Dazu gehören, mit den deutschen Bezeichnungen, die Luftmasche, die Kettmasche, das Stäbchen, die Muschel, die Büschelmasche, Salomons Knoten, Wickelmaschen und noch einige andere. Alle diese Maschenarten kann man zu teilweise recht komplizierten Mustern zusammenhäkeln.

Die Siedlerfrauen in Amerika häkelten zum Beispiel aus allen möglichen farbigen Garnresten Quadrate und Rechtecke, die sie zu bunten Bettüberwürfen zusammennähten – eine wirklich nützliche Resteverwertung, wie mir scheint. Beim sogenannten tunesischen Häkeln werden die Maschen zunächst auf einer langen Häkelnadel zusammengehalten, ähnlich wie beim Stricken, ehe sie übernommen werden. Damit will ich aber keinesfalls behaupten, daß das Häkeln eine geringere Kunst als das Stricken sei. Im Viktorianischen Zeitalter erreichte das Häkeln einen seiner Gipfelpunkte. Damals häkelten die vornehmen Damen besonders gern Decken mit spitzenähnlichen Säumen aus Troddeln oder Quasten. Mit diesen Decken wurden speziell die Untergestelle von Flügeln oder Tischen verhüllt, denn nackte Beine, ob bei Menschen oder Möbelstücken, wurden in dieser prüden Zeit als höchst unzüchtig angesehen.

Häkelsäume
Häkelteile, Stricksachen und andere Stoffe können mit einer Vielzahl von Mustern umsäumt werden. Aus dünnem Baumwollgarn mit kleinen Häkelnadeln gehäkelt, sehen solche Säume sehr gut aus. Teilweise gleichen sie geklöppelten Spitzen. Entweder werden die Säume direkt an das Teil angehäkelt oder man häkelt ein Band, das man dann annäht.

Häkelsaum

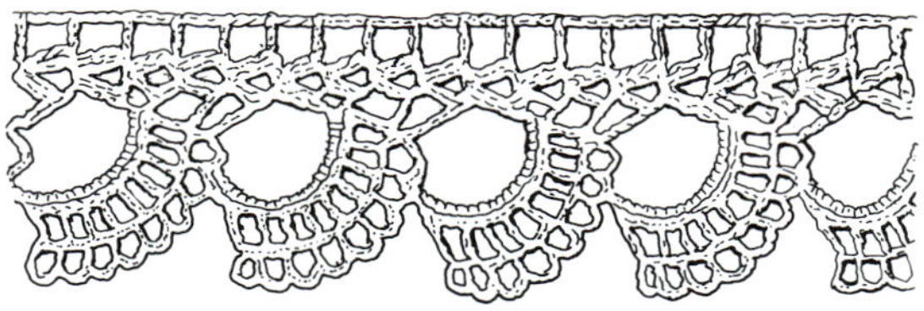

Muschelsaum

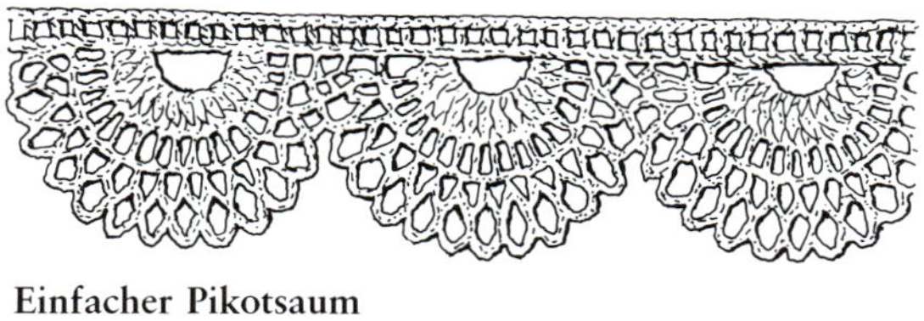

Einfacher Pikotsaum

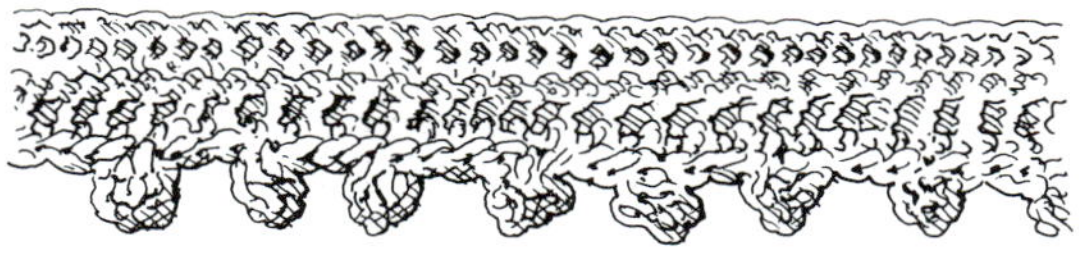

Bogensaum

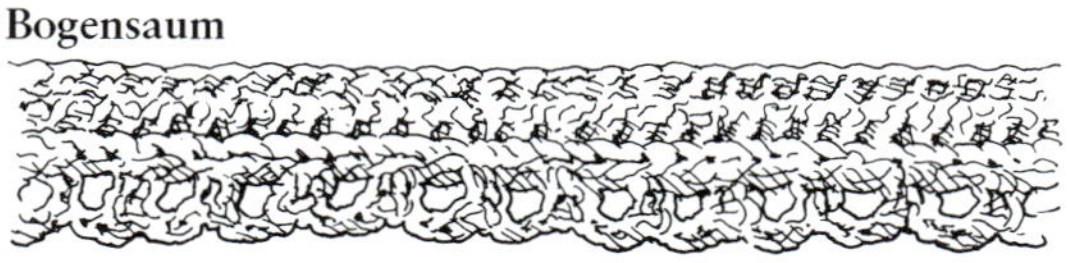

Pikotbogensaum

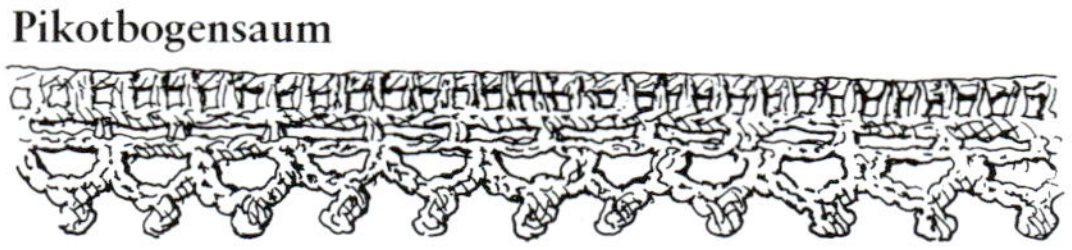

SCHIFFCHENARBEIT UND MAKRAMEE

Schiffchenarbeiten werden mit einem sogenannten Occhischiffchen ausgeführt. Dazu wikkelt man einfach einen Zwirnsfaden um die Spule, die sich zwischen den beiden Hälften des Schiffchens befindet. Dann führt man das Schiffchen hin und her und webt ein Gespinst, ähnlich wie eine Spinne ihr Netz webt. Das Ergebnis sind sehr feine Spitzengewebe.

Der Ursprung der Schiffchentechnik
Die Technik des Schiffchenwebens kam, wie so viele andere Künste, aus dem Orient zu uns. Schiffchenarbeiten werden noch sehr häufig in den arabischen Ländern gemacht, wo sie Makut heißen. In Frankreich nennt man sie *frivolités*, was in den Augen von Philistern eine recht zutreffende Bezeichnung sein wird, denn mit Sicherheit ist es keine sehr nutzbringende Kunst. Ein Schiffstau kann man damit nicht flechten. Aber als Verzierung an den Blusen junger Mädchen bieten sie dem Auge jedenfalls einen wohlgefälligen Anblick. Auch die Bauern auf dem Land verzieren sehr gern ihre Trachten damit, denn trotz ihres praktischen Sinns lieben sie Schmuck und Verzierungen sehr. Ihren Höhepunkt erlebte die Schiffchenarbeit im 18. Jahrhundert. Sie wäre wohl ausgestorben, hätte es nicht die Nonnen gegeben, die damit gern Altartücher und Meßgewänder schmückten.

Makramee
Das sogenannte Makramee besteht aus Knoten, die man in Fäden knüpft, die von einer Schnur herunterhängen. Diese Technik ist sehr leicht zu erlernen. Sie ist auch sehr nützlich, denn mit ihrer Hilfe lassen sich nicht nur Gardinen und Vorhänge anfertigen, sondern auch dekorative Borten und Einfassungen. Selbst mit den einfachsten Makramee-Knoten sind komplizierte und sehr hübsche Muster zu knüpfen. Oft verwendete Knoten bei dieser Technik sind der Halbstek und der Schifferknoten.
Der Altweiberknoten schließlich – Alptraum eines jeden Pfadfinderführers – ist dekorativer als der Reffknoten, mit dem er oft verwechselt wird. Allerdings ist der Altweiberknoten nicht so fest. Das ist auch der Grund, weshalb die Zigeuner ihn meist zum Knüpfen ihrer Halstücher benutzen. Wird man nämlich bei einem Kampf am Halstuch gepackt, so würde der Reffknoten sich nicht lösen, und es bestünde die Gefahr, stranguliert zu werden. Der Altweiberknoten dagegen löst sich.

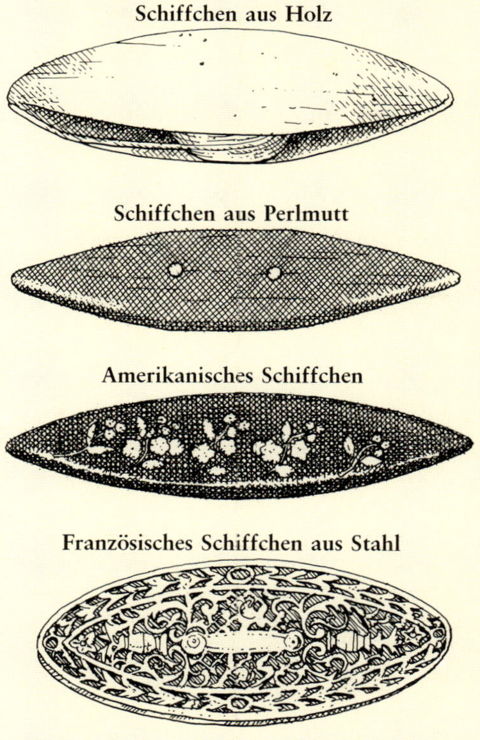

Schiffchen und Zubehör
Das wichtigste Hilfsmittel für Schiffchenarbeiten ist das Schiffchen selbst. Es wurde herkömmlicherweise aus Holz oder Stahl gefertigt, schöne Stücke auch aus Elfenbein oder Perlmutt, und es besteht aus zwei bootsförmigen Hälften, zwischen denen sich die Garnspule befindet. Dann bedarf es lediglich noch einer Häkelnadel und eines kräftigen Zwirnsfadens.

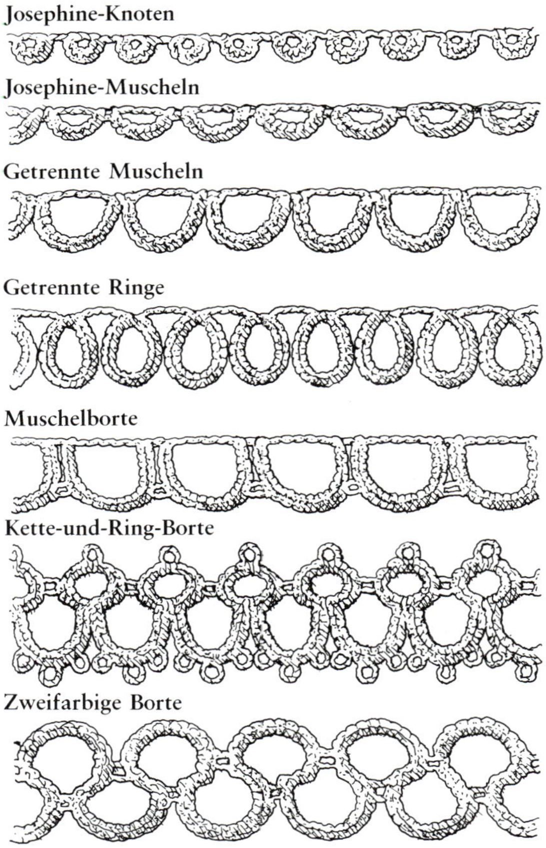

Schiffchenarbeiten
Sie bestehen, obwohl sie kompliziert aussehen, praktisch nur aus einer einzigen Knotentype. Damit lassen sich die verschiedenartigsten Muster herstellen, je nachdem, wie die Knoten kombiniert werden. Das Pikot besteht aus einer Schlaufe zwischen zwei doppelten Fadenstichen.

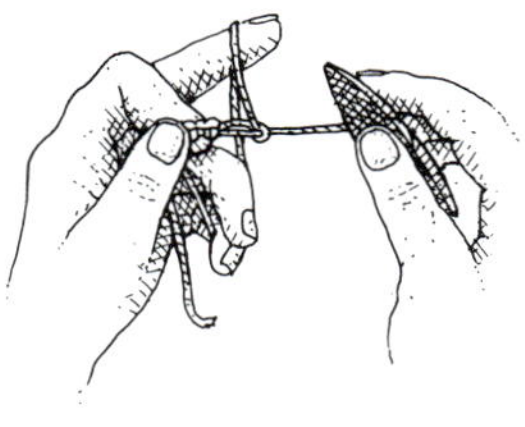

Einen Knoten machen

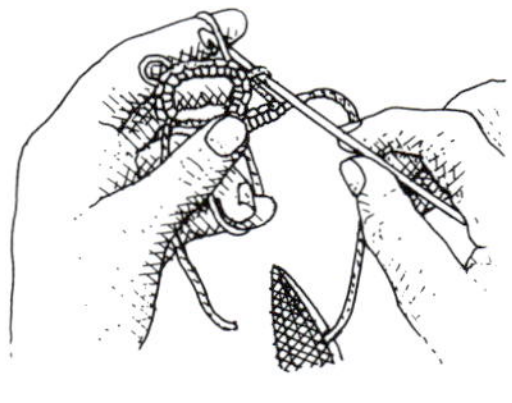

STRICKEN

Während die Männer unserer Gesellschaft stolz wie die Pfaue herumstelzen, miteinander kämpfen und gelegentlich sogar bis zum Mond fliegen, führen die Frauen unterdessen eine Tätigkeit aus, die absolut harmlos und friedlich, nicht umweltverschmutzend und darüber hinaus auch noch äußerst nützlich ist. Mit Hilfe zweier Nadeln verwandeln sie Garn in sehr praktische und meist auch noch sehr hübsch aussehende Kleidungsstücke.
Ich möchte mit dieser Feststellung allerdings nicht den Eindruck vermitteln, als sei das Stricken immer eine unbedingt erholsame Tätigkeit, obwohl es das zweifellos ist, solange es eine reine Freizeitbeschäftigung bleibt. In der Vergangenheit mußten die Frauen oftmals stricken, um ihr Scherflein zum Einkommen der Familie beizutragen. Ich besitze eine Fotografie,

Ein vertrauter Anblick
Das einst so vertraute Bild, wie die weiblichen Angehörigen eines Haushaltes beisammensaßen und eifrig strickten, ist selten geworden. Zwar wird auch heute noch viel handgestrickt, obwohl es massenweise maschinell gefertigte Strickwaren zu kaufen gibt, aber kaum noch in der familiären Gemeinschaft.

Stricknadel-Futterale
Der Gebrauch von Stricknadel-Futteralen kam gegen Ende des 18. Jahrhunderts auf, als die Frauen herausfanden, daß sie durch die Unterstützung der Stricknadeln mit einem Holzstab ihre Finger zur Handhabung der Wolle freibekamen. Aus den Stäben entwickelten sich Futterale, die gleichzeitig zur Aufbewahrung einer Stricknadel dienen. Sie werden im Gürtel der Strickerin eingehängt. Je mehr Nadeln verwendet wurden, desto mehr Futterale wurden auch benötigt, so daß manchmal bis zu sechs Futterale am Gürtel hingen. Die Futterale waren etwa zwanzig Zentimeter lang und oft kunstvoll geschnitzt. Junge Männer schenkten sie ihren Liebsten als Zeichen der Zuneigung.

Geschnitzte Stricknadel-Futterale

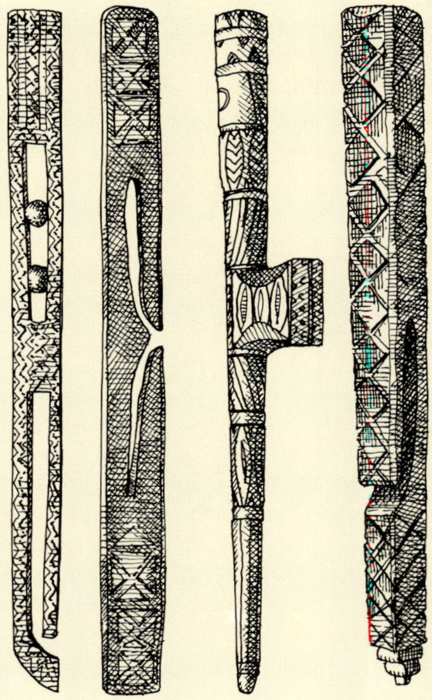

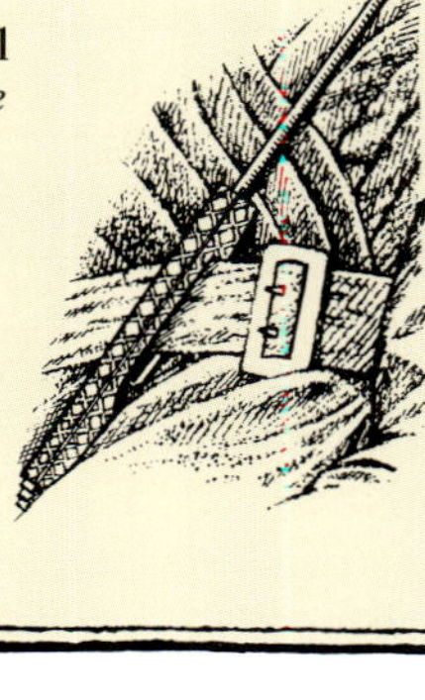

Ein griffbereites Futteral
Die Stricknadel-Futterale wurden im Gürtel eingehängt, wo sie immer griffbereit waren.

die einige arme, geplagte Bewohner der Insel St. Kilda zeigt, wie sie neben einem enormen Berg Strickwaren stehen, die aufs Festland gebracht werden sollen, damit mit ihrem Erlös die Pacht an die Grundherren bezahlt werden konnte. Meiner Meinung nach hätte es weder Grundherren noch Pacht geben dürfen.

Die Zunft der Stricker
Im Mittelalter gab es in England sogar eine Zunft der Stricker. Ihr gehörten nur Männer an, denn die Frauen waren damals ausschließlich mit dem Spinnen beschäftigt. Im späten 16. Jahrhundert rotteten sich die Mitglieder dieser Zunft gegen den Erfinder der Strickmaschine zusammen. Er mußte nach Frankreich fliehen. Vermutlich war es die Erfindung der Strumpfwirkmaschine im Jahr 1589, die das Handstricken zu einer von Frauen beherrschten Domäne werden ließ. Heutzutage stricken allenfalls noch leicht exzentrische Männer.

Jerseys
Britische Fischer tragen auf See für gewöhnlich enganliegende wollene Strickjacken, Jerseys genannt, während die Fischer selbst die Bezeichnung *„Ganseys"* benutzen. Sollten Sie jemals versucht haben, ein Netz voller Fische an Bord eines Fischerbootes zu hieven und dabei eine Jacke mit Knöpfen angehabt haben, dann werden Sie verstehen, weshalb die Fischer diese Jerseys bevorzugen. Sie mußten dann nämlich das Netz wieder aus diesen Knöpfen befreien, wobei der Kampf gewöhnlich mit dem Verlust aller Knöpfe endete. Darüber hinaus muß man auf See natürlich auch warm angezogen sein und Wolle wärmt. Deshalb stricken die Ehefrauen und Bräute der Fischer ihnen solche Jerseys.
Herkömmlicherweise sind diese Jerseys rundgestrickt, das heißt, sie werden als saumloser Schlauch gestrickt und nicht in Einzelteilen.

Lokale Stricktraditionen
An allen Küsten Nordeuropas gibt es lokale Traditionen des Strickens und eine Menge verschiedener Strickmuster, wie Fischgrät- oder Elchgeweihmuster. Eine Reihe dieser Muster hat eine besondere Bedeutung, wie geheime Zuneigung oder treue Liebe. Eine alte Norwegerin erzählte mir einmal, daß, wenn ein junges Mädchen beginnt, einen Jersey mit einem bestimmten Muster zu stricken, die Eltern sich zublinzeln und wissend lächeln: sie ist verliebt. Die Frauen und Bräute der Fischer pflegten bestimmte Muster in die Jerseys ihrer Männer zu stricken, woran diese, falls sie ertranken, identifiziert werden konnten.

Ausgebeutete Strickerinnen
Als ich zum erstenmal 1960 in die irische Grafschaft Donegal kam, traf ich den Pfarrer, der gerade aus New York zurückgekommen war. Er hatte dort mit mehreren großen Läden einen Vertrag geschlossen, sie künftig mit den sogenannten Aran-Pullovern zu beliefern, der den Frauen, die diese Pullover strickten, ein Einkommen von 5 Pfund pro Stück garantierte. Bis dahin hatten sie von profitsüchtigen Händlern gerade ein Zehntel dieser Summe bezahlt bekommen. Dabei benötigten die Frauen bei einer vierstündigen täglichen Arbeitszeit zwei bis drei Wochen, um einen einzigen dieser wunderschönen Pullover zu stricken. Das Strickhandwerk ist auch jetzt noch an der ganzen Westküste Irlands verbreitet, wobei die Strickerinnen erfolgreich mit den Strickmaschinen konkurrieren können, da die Qualität ihrer Erzeugnisse definitiv besser ist.

Ein Strickkreuz
Dieses Strickkreuz, auch „Fleißiges Ännchen" genannt, war ein hölzernes Gerät mit kleinen Pflöcken oder Stiften, die entweder rundherum oder nur auf den Enden der vier Arme steckten. Damit ließen sich lange, schlauchförmige Gebilde stricken.

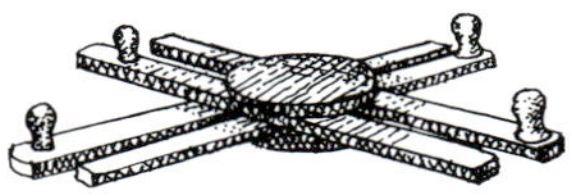

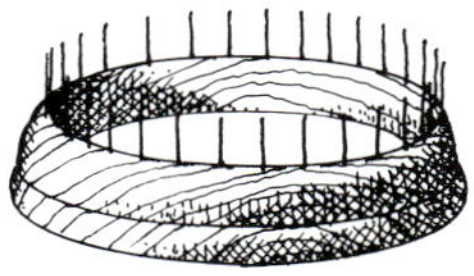

Trockengestell der Shetlandinseln

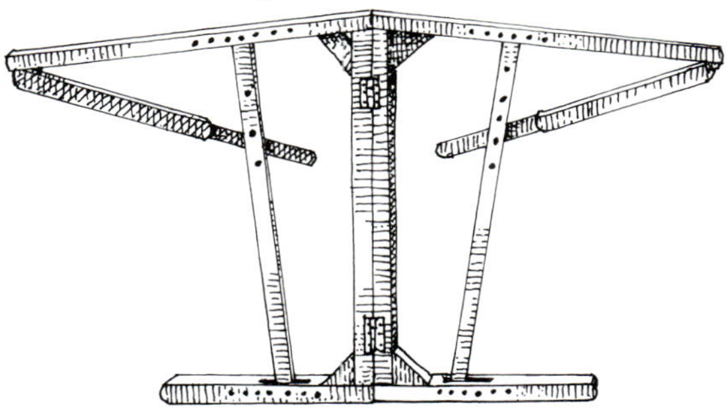

Das Filzen der Wolle
War das Strickteil für einen Shetlandpullover fertiggestellt, mußte es sich gründlich mit Wasser vollsaugen. Dann wurde es in einem Handtuch wieder ausgepreßt und auf ein Trockengestell gespannt. Da bei dieser Prozedur die Wolle leicht schrumpfte, verschwanden alle eventuellen Unebenheiten.

NÄHEN UND KLEIDER REPARIEREN

Fingerhüte
Fingerhüte wurden auf den Zeigefinger der Arbeitshand gesteckt. Sie schützten den Finger beim Einstechen der Nadel in den Stoff. Alte Fingerhüte stellen heute begehrte Sammelobjekte dar. Es gab unter ihnen manch ausgefallene Ausführung, wie zum Beispiel den sogenannten Fingernagel-Fingerhut.

Fingerhut aus Hartzinn

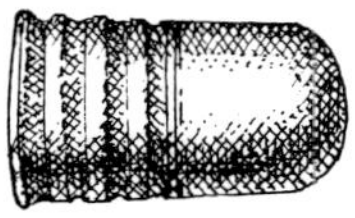

Fingerhut aus Viktorianischer Zeit

Silberner Fingerhut aus Wien

Silberner Fingerhut aus Viktorianischer Zeit

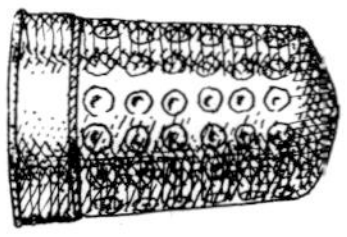

Vernickelter Fingernagel-Fingerhut

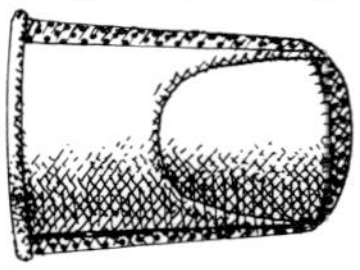

Silberner Fingerschutz

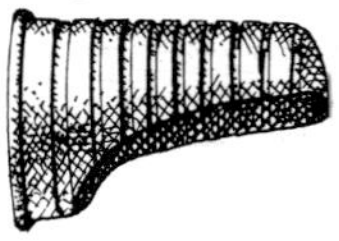

Fingerschutz aus Zelluloid

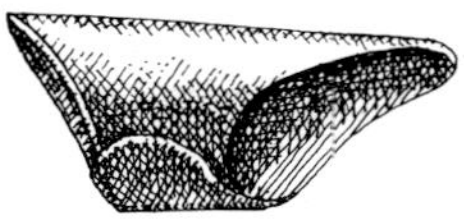

Als die altsteinzeitliche Frau einen Dorn nahm und damit eine Tiersehne durch das Fell zog, mit dem sie bekleidet war, wußte sie kaum, was sie damit begonnen hatte. Es gibt heute noch Eingeborene in Afrika, die sich ausschließlich mit Fellen bekleiden. Das kann sehr gut aussehen, obwohl dieses Bekleidungsmaterial ziemlich steif und damit etwas unbequem ist.
Bekleidungsstücke, die sich besser an den Körper anschmiegen, gibt es, seitdem die Menschen das Weben erfanden. Damit wurden die geraden Linien und rechten Winkel eingeführt, denn bei einem Webstück handelt es sich immer um ein Rechteck.

Die Herstellung des Tuches

Ehe die synthetischen Fasern erfunden wurden, wob man die Stoffe für die menschliche Bekleidung entweder aus Pflanzen- oder aus tierischen Fasern wie Wolle oder Ziegenhaaren.
In den gemäßigten Klimazonen war es der Hanf, aus dem man nicht nur festes Tauwerk, sondern auch strapazierfähige Stoffe herstellte. Ein Ersatz waren Nesseln.
Flachs, dieses gütige Geschenk Gottes oder der Natur an den Menschen, liefert uns nicht nur Leinöl, sondern auch Fasern, aus denen die feinsten Lein- und die besten Segeltücher hergestellt werden. Da die Herstellung des Leinengarns aber viel Handarbeit erfordert, wird Flachs heutzutage kaum noch angebaut.
Seide kam ursprünglich aus China mit Kamelkarawanen über die Große Seidenstraße zu uns und war so teuer, daß nur die Reichen es sich leisten konnten, ihre Gewänder daraus anfertigen zu lassen, bis sie auch in Frankreich erzeugt wurde und ihr Preis fiel. Heute wird sie glücklicherweise dort wieder erzeugt.
Schafwolle, die vorzüglichste aller Fasern, diente zur Bekleidung des größten Teils der Bevölkerung Europas während des längsten Zeitraums seiner Geschichte. Baumwolle kam ursprünglich aus dem Orient und wurde seit dem 17. Jahrhundert auch in steigendem Maß in Nord- und Mittelamerika angebaut. Seit dem 18. Jahrhundert überflutete sehr billige Baumwolle, die mit Hilfe von Sklavenarbeit erzeugt wurde, die europäischen Märkte und diente zur Herstellung billiger Stoffe. Baumwolltuch oder Kattun läßt sich sehr preiswert von Hand bedrucken. Damit wurden zum ersten Mal farbenfrohe Stoffe für jedermann erschwinglich.

Erste Hosen und Tuniken

Ohne Zweifel hätte sich ein Bewohner von Südindien, der es gewohnt ist, einen Überwurf zu tragen, im antiken Athen oder Rom, als die Männer noch Tuniken trugen, weitaus wohler gefühlt als in einer modernen Weltstadt wie London. Hosen wurden erfunden, als die Menschen begannen, sich zum Reiten auf Pferde zu schwingen. Herodot berichtete, daß die Skythen, die praktisch auf dem Rücken ihrer Pferde lebten – und die über so wenig Stoffe verfügten, daß sie sich aus den Kopfhäuten ihrer Feinde Schnupftücher machten –, reich bestickte Hosen und wattierte Jacken trugen.
Die Erfindung von Tuniken oder Überwürfen durch Menschen, die körperliche Arbeiten erledigten, war eine logische Entwicklung, denn solche Arbeit läßt sich in wallenden Gewändern nur schwer ausführen. Singhalesische Bau-

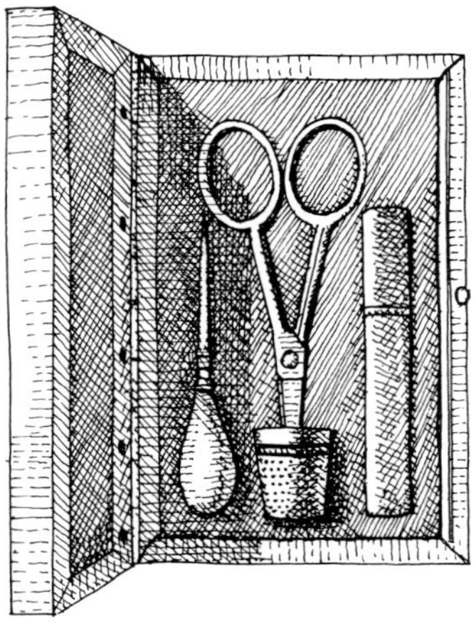

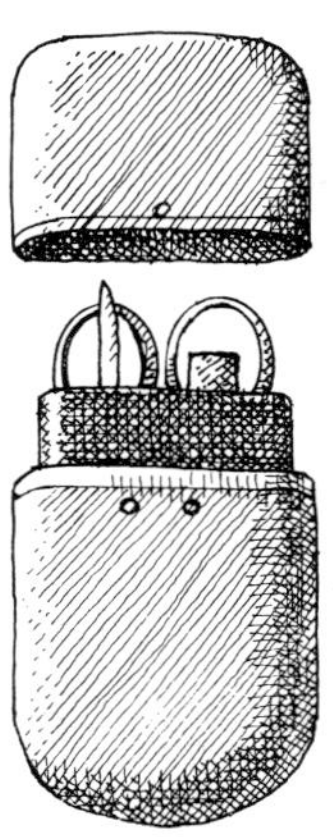

Aufbewahren der Nähutensilien
Nähutensilien wie Scheren, Nadeln und Fingerhüte wurden in Nähetuis aufbewahrt, die oft reich verziert waren und als Geschenk dienten. Beim Nähen hatte die Hausfrau einen kleinen Drehständer mit Garnrollen und anderen Nähutensilien neben sich stehen. Daneben gab es Ablagen für Nähutensilien, die am Tisch angeklammert werden konnten.

Garnkärtchen
Das Garn gab es früher in Strängen zu kaufen, die umständlich zu handhaben waren und sich leicht verwickelten. Deshalb wurden sie gern auf stern- oder mondförmige Garnkärtchen aus starker Pappe aufgewickelt.

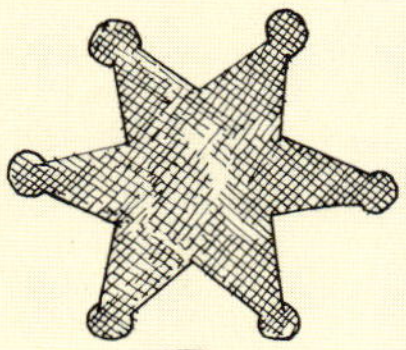

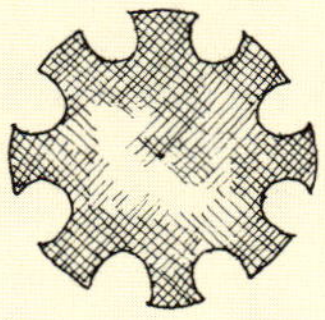

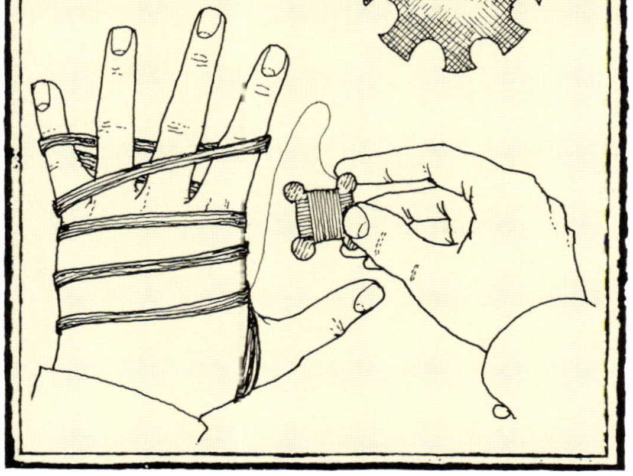

Silberne Nadelbüchse

Hölzerne Nadelbüchse in Form einer Erbsenschote

Nadelbüchse aus Holz

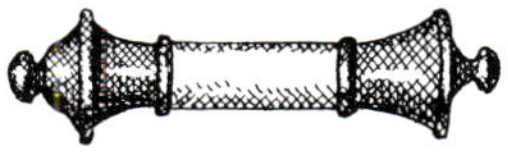

Flache karierte Nadelbüchse

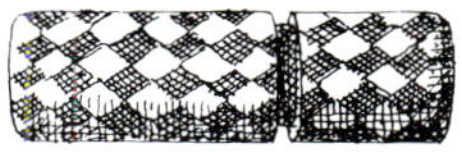

Nadelkissen auf Metall

Bandmaß mit Nadelkissen

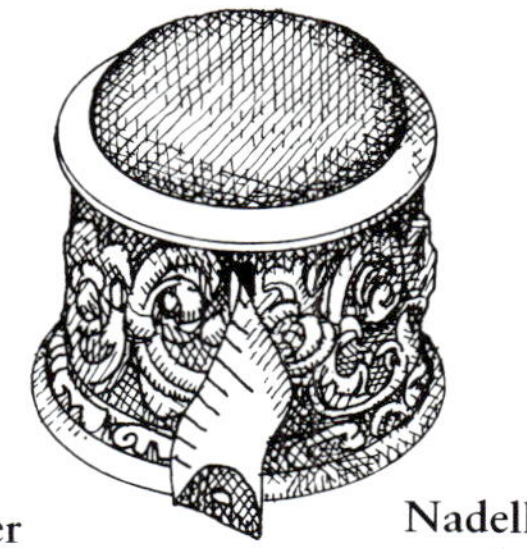

Steck- und Nähnadeln
Um schmerzhafte Zwischenfälle zu verhindern, wurden die Nähnadeln zumeist in Nadelbüchsen aufbewahrt. Diese waren aus Holz, Leder oder Silber und in vielen ansprechenden Formen und Ausführungen erhältlich. Andererseits steckte man die Nadeln auch auf Nadelkissen auf, die mit Schafwolle ausgestopft waren, damit die Nadeln nicht rosteten.

Nadeletui aus Leder

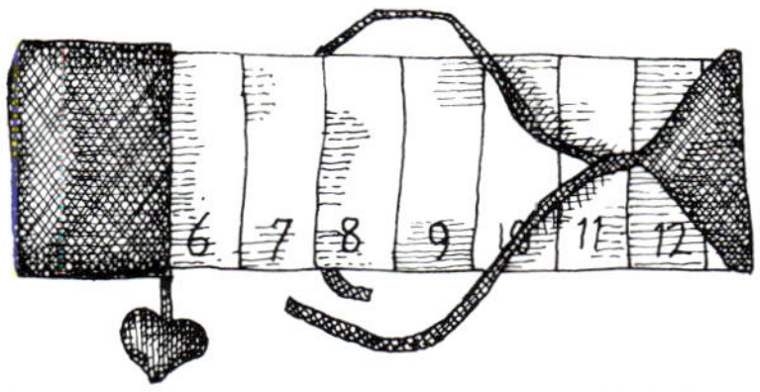

Nadelkissen aus Seide

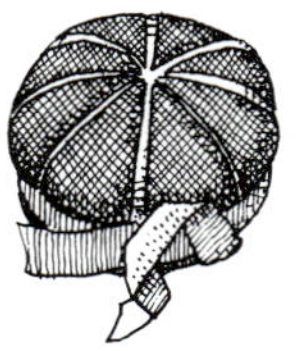

Stecknadeldöschen

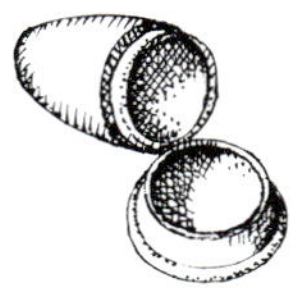

Scheren
Die meisten Scheren drehen sich um einen Mittelzapfen. Es gab aber auch Federscheren, die aus einer starken Stahlfeder geschmiedet waren. Scheren für das Schneiden von Knopflöchern konnten mit einer Schraube auf die verschiedenen Knopflochgrößen eingestellt werden. Auch Klappscherchen waren sehr beliebt.

Federschere mit Etui

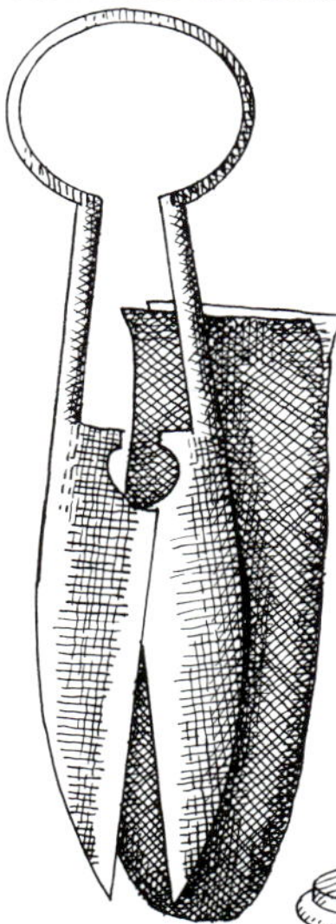

Knopflochschere

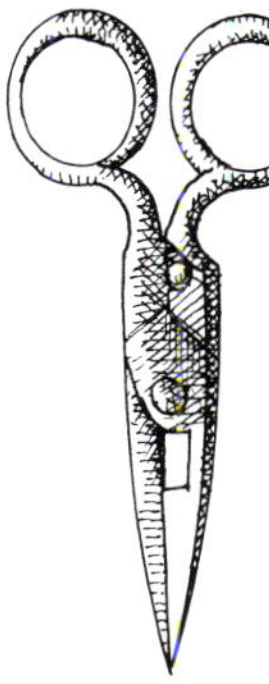

Klappscherchen aus Messing

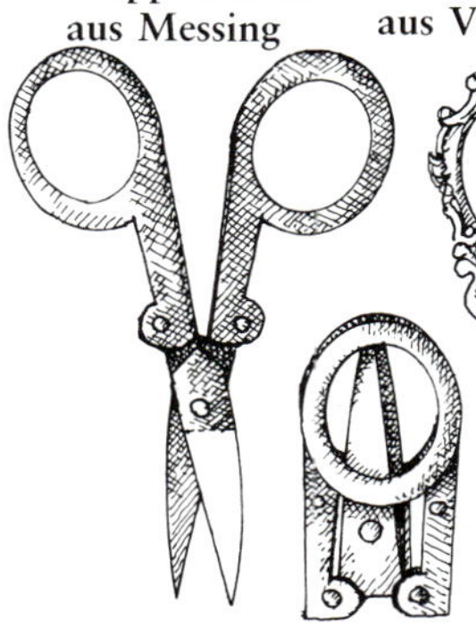

Reich verzierte Schere aus Viktorianischer Zeit

Spanische Stahlschere

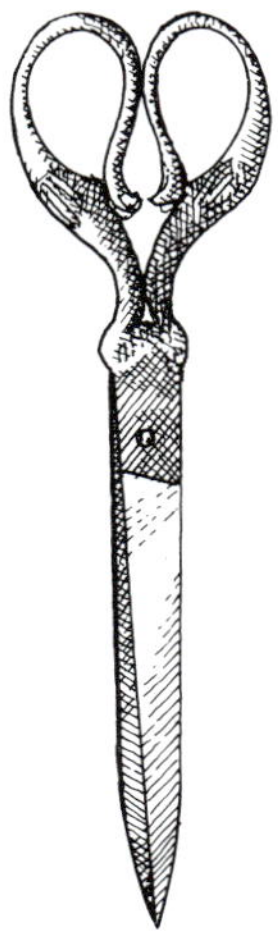

Storchschnabelschere

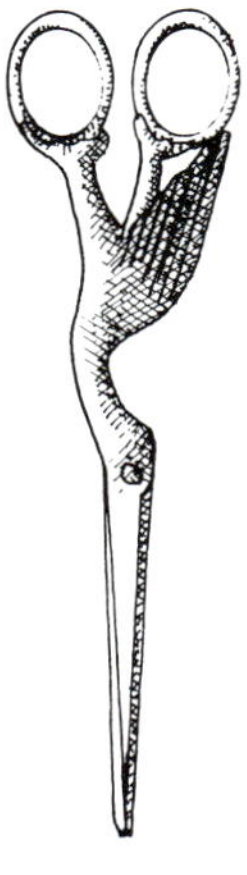

Zwinge mit seidenem Nadelkissen

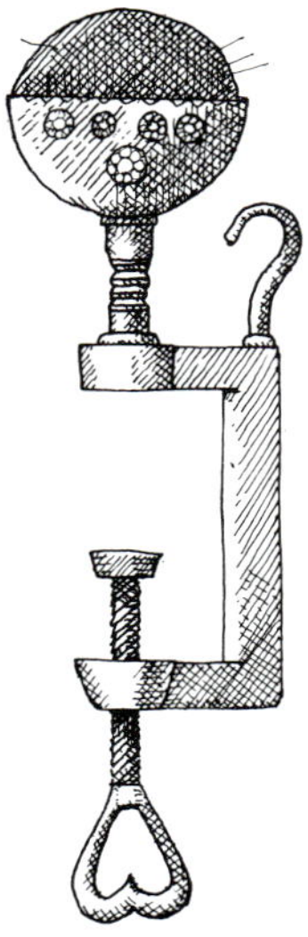

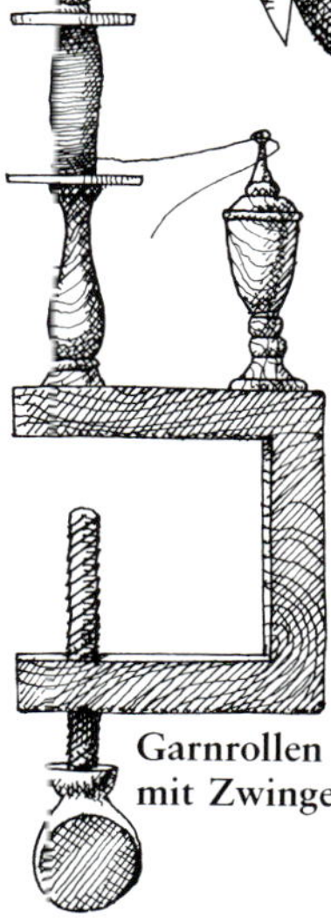

Garnrollen mit Zwinge

Garnstranghalter mit Zwinge

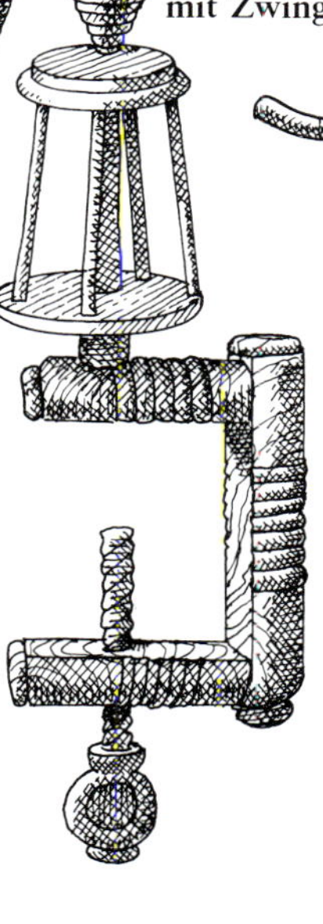

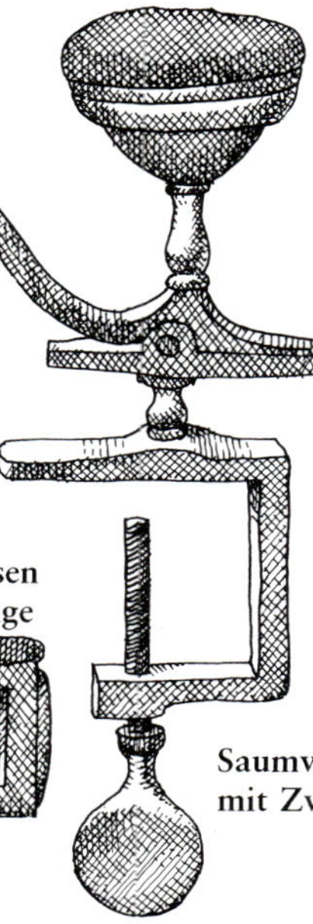

Nadelkissen mit Zwinge

Saumvogel mit Zwinge

Vorrichtung für Zickzacksäume

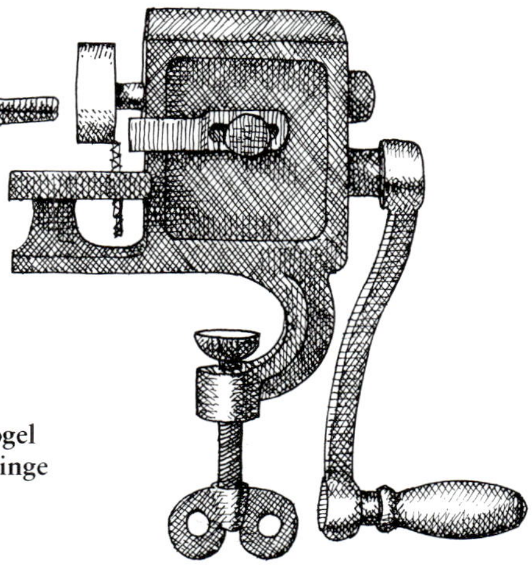

Ausgestopfte Knöpfe
Selbstgefertigte Knöpfe wurden aus zwei Leinensäckchen hergestellt, die man mit Garnresten ausstopfte und zusammennähte.

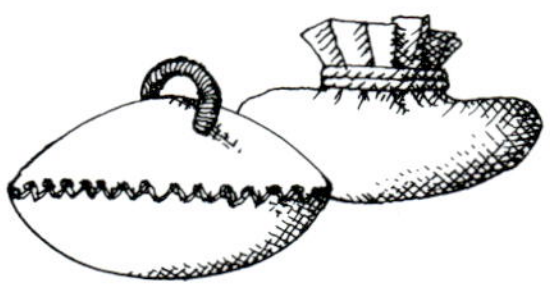

Radförmige Knöpfe aus Dorset
Diese Knöpfe wurden aus Gardinenringen gefertigt, die man mit Garn umwickelte und dann zwölf „Speichen“ aus Garnfäden zog, zwischen die man weitere Fäden flocht, bis der Innenraum ganz ausgefüllt war.

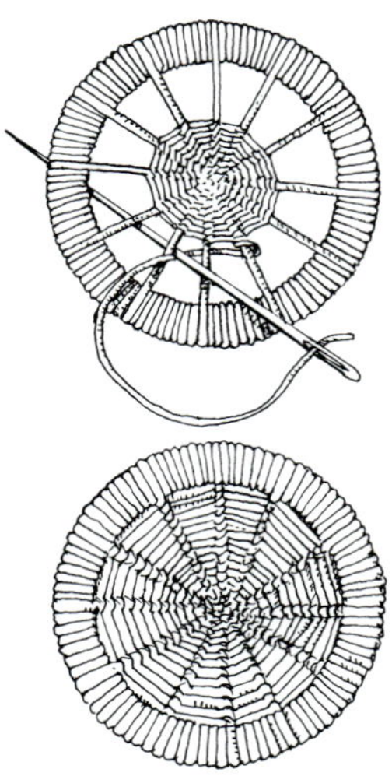

ern stecken noch heute ihre malerischen Sarongs in die Gürtelbänder, damit sie besser auf den Reisfeldern arbeiten können. Dasselbe tun die Burmesen mit ihren *Lunghis.* Diese Menschen können sehr viel besser die biblische Aufforderung „Gürte deine Lenden“ verstehen als gestiefelte und gespornte Westmänner. Der Überwurf ist eine sehr praktische Arbeitskleidung. Er behindert nicht die Arme, so wie Hosen nicht die Beine behindern. Tuniken werden noch heute, wie in klassischen Zeiten, aus sechs rechteckigen Tüchern zusammengenäht.

Mode für arm und reich

Bis ins 19. Jahrhundert hinein trugen die Männer meist Kniehosen, die unterhalb des Knies mit Knöpfen oder Riemen zugebunden waren. Die Beine waren mit langen Strümpfen bedeckt. Hosen mit langen Beinen wurden meist nur von Seeleuten und armen Schäfern getragen, bis der Prinz von Wales im Jahr 1807 bei einem Aufenthalt im Seebad Brighton weiße Seemannshosen anzog. Damit war eine neue Mode kreiert. Bis spätestens Mitte des vergangenen Jahrhunderts hatten sich die langen Hosen bei den Männern aller Schichten durchgesetzt. Dabei konnte die Vorderseite von Arbeitshosen ganz heruntergeklappt werden, während vornehme Herren eine verdeckte Knopfleiste trugen. Bis Anfang dieses Jahrhunderts trugen die Arbeiter zur langen Hose weitgeschnittene Hemden, eine ärmellose Weste, ein Halstuch und einen weichen Filzhut.

Die werktätigen Frauen, besonders in ländlichen Gebieten, besaßen bis zur Mitte des vergangenen Jahrhunderts alle die gleiche Kleidung. Sie bestand aus einem Unterhemd oder Leibchen, einem knöchellangen Unterrock, *Petticoat* genannt, einem hochgeschlossenen Kleid, einer latzlosen Schürze und einem langen Schultertuch. Seit den zwanziger Jahren des vergangenen Jahrhunderts wurden die langen Kleider mit hoher Taille zunehmend durch Röcke und Mieder ersetzt, die die Frauen aus zweiter oder gar dritter Hand bezogen, wenn sie unmodern geworden waren. Die Röcke der Landfrauen waren kürzer als die der Stadtbewohnerinnen. Darunter trugen sie Stiefel oder feste Schuhe.

Bis ins 19. Jahrhundert hinein war die Kleidung allgemein recht farbenfroh und mit Zierat besetzt. Dann gingen die Männer allmählich dazu über, immer gedecktere und tristere Kleidung zu tragen. Friedhofsschwarz wurde die vorherrschende Farbe. Wie G. K. Chesterton einmal bemerkte, trugen die geistlichen Würdenträger im Mittelalter auf der Haut Sackleinwand und außen, wo es zu sehen war, Gold, während die Reichen im Viktorianischen Zeitalter außen Schwarz trugen und das Gold – unsichtbar – innen.

Die Kleidung der vornehmen Damen wurde dagegen immer verhüllender und unpraktischer. Dies änderte sich erst im Ersten Weltkrieg, als sie zumindest wieder Bein zeigten und ihre Taillen wieder einen normalen Umfang annahmen, obwohl sie noch immer nicht dort saßen, wo sie eigentlich hingehörten. Nach dem Krieg kreierte man in der westlichen Welt dann eine Mode, durch die der weibliche Busen seltsamerweise ganz verschwand.

Feine Nadelarbeiten

Meine erste Bekanntschaft mit Nadel und Faden war rein platonischer Art. Ich bin alt genug, um mich an jene französischen Fräulein zu erinnern, denen nachgesagt wurde, daß sie sich besonders gut auf feine Nadelarbeiten verstanden. Blättert man in alten Handarbeitsbüchern, so kann man nur darüber staunen, zu welcher Vollkommenheit diese noble Kunst einmal gelangt war.

Der Schnittmusterbogen

Es war Ebenezer Butterick, ein Schneider aus Massachusetts, der zuerst die Idee hatte, Papierschablonen auszuschneiden, nach denen seine Frau seine Oberhemden nähen konnte. Bald verkaufte er seine Schnittmuster auch in seiner näheren Umgebung. Weithin bekannt wurde er durch die Schnittmuster, die er im Jahr 1862 für die Hemden lieferte, die Garibaldis Freischärler trugen. Danach begann er, auch Schnittmusterbögen für Unterwäsche, Oberhemden, Damenklei-

Kopierrädchen

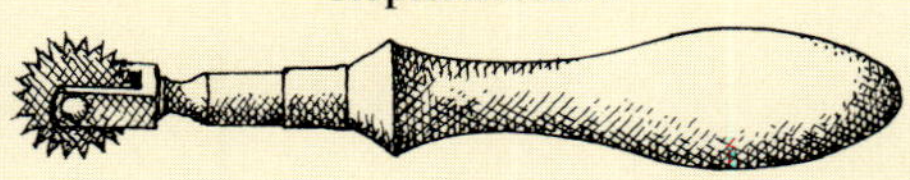

der und Kinderbekleidung zu liefern. Damit verdiente er so viel Geld, daß er 1865 ein New Yorker Modejournal kaufen konnte und mit der Post Schnittmusterbögen in alle Welt lieferte. Selbst Queen Viktoria bezog verschiedene Vorlagen von ihm. Es blieb nicht aus, daß es ihm andere bald nachmachten. In England war es die von Mrs. Beeton herausgegebene Zeitschrift *The Englishwoman's Domestic Magazine,* die solche Bögen offerierte. Durch sie wurde es möglich, daß die englischen Hausfrauen sich gut sitzende, modische Kleidungsstücke selber schneidern.

Männerkleidung
Im 19. Jahrhundert trugen fast alle Männer kragenlose Hemden und ärmellose Westen. Bei den Arbeitern war das Hemd meist sehr weit geschnitten und diente oft zugleich als Nachthemd. Die Landarbeiter trugen Arbeitsblusen in der Art von Russenkitteln.

Frauenkleidung
Praktisch veranlagte Frauen nähten sich oft die Kleider selbst, wobei sie modische Kleidungsstücke kopierten, allerdings ohne die Extravaganzen, die nur die Arbeit behinderten, wie lange Schleppen oder große Turnüren. Sie trugen einfache, lange, reifenlose Röcke, in denen sie sich gut bewegen konnten, und zum Wärmen gesäumte Leibchen. Da alle Leute damals darauf bedacht waren, nicht gebräunt herumzulaufen, trugen die Frauen außerhalb des Hauses ständig eine Haube.

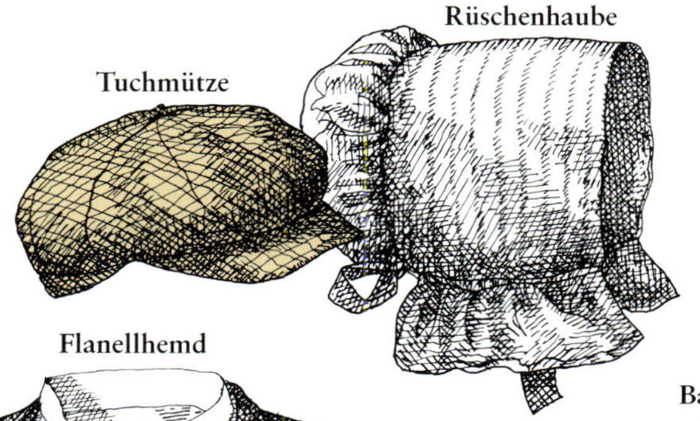

Ein „Vatermörder"
Die vornehmen Amerikaner begannen in den vierziger Jahren des vergangenen Jahrhunderts damit, die Ecken ihrer Kragen über ihre ausladenden Halsschleifen herunterzuziehen. Nach und nach wurden es dann schmale Bänder.

Das Selbstschneidern
Viele Hausfrauen konnten es sich früher nicht leisten, eine Schneiderin zu bezahlen, und nähten deshalb die Bekleidungsstücke für die Familie selbst. Ihre Arbeit wurde entscheidend erleichtert durch das Aufkommen von Haushalts-Nähmaschinen und der Schnittmusterbögen, die käuflich zu erwerben oder als Beilage in Hausfrauen-Magazinen erhältlich waren.

In Frankreich ist die Kunst der feinen Nadelarbeiten noch nicht ausgestorben, wie es leider in England der Fall ist. Die Französinnen waren auf diesem Gebiet immer führend. Das beste Buch, das hierüber verfaßt wurde, stammt von der Elsässerin Thérèse de Dillmont.

Der „Hussif"
Meine nächste persönliche Begegnung mit Nadel und Faden geschah dann im Zweiten Weltkrieg. Damals verfügten alle englischen Soldaten über einen kleinen Beutel, „Hussif" genannt, den wir in einer Tasche des Kampfanzuges zusammen mit einem Erste-Hilfe-Päckchen und einer Morphiumspritze bei uns trugen.
Ich diente bei den King's Africa Rifles. Es war schon ein sehr merkwürdiger Anblick, wenn tausend harte Männer – von denen einige von sich selbst behaupteten, wie wilde Kannibalen zu sein – im Etappenlager irgendwo in der Wildnis in geordneter Formation auf dem Boden hockten und mit Nadel und Faden hantierten. Welche Technik der einzelne dabei bevorzugte – den französischen Doppelsaum, die antike oder die altdeutsche Naht, den Steppstich, den Zickzackstich oder was auch immer –, gelang mir nie herauszufinden. Wichtig war auch nur, daß wir es irgendwie schafften, unsere Kampfanzüge zusammenzuhalten; bis wir dann in den Dschungel Burmas verlegt wurden, wo der Monsun dafür sorgte, daß sie uns am Leib verrotteten. Die Stiefel gingen nebenbei denselben Weg. Hin und wieder tauchten Flugzeuge auf, die uns an Fallschirmen neue Kampfanzüge und Stiefel abwarfen.

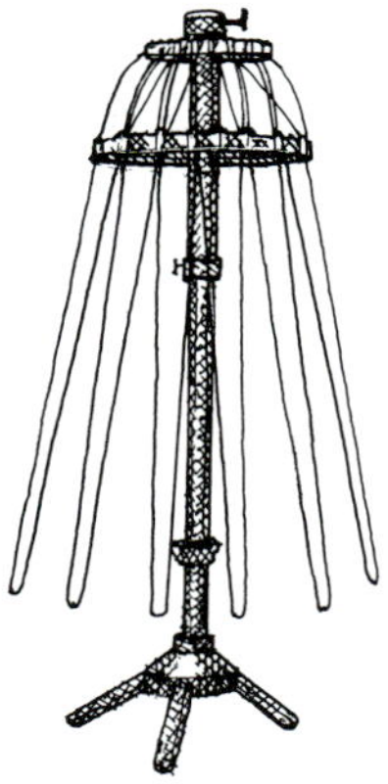

Ein verstellbarer Rockständer
Dieser Vorläufer der Schneiderpuppe war eine nützliche Hilfe für die Hausfrau. Er ließ sich auseinanderziehen und zusammenschieben, so daß er für jede Rockgröße paßte. Um festzustellen, ob der selbstgenähte Rock gut saß, wurde er auf dem Ständer kontrolliert.

Lange haltbare Kleidungsstücke
Im 19. Jahrhundert wurden den Töchtern – und manchmal auch den Söhnen – aus guten Familien zumindest die Grundzüge des Nähens und Flickens beigebracht. Dazu gehörten der Oberstich, der Unterstich, der Stielstich, der Knopflochstich, der Kettenstich, der Kreuzstich, der Überwendlingsstich sowie das Stopfen, Saumnähen und Kräuseln. Den Hausfrauen der unteren Stände fiel gewöhnlich die Aufgabe zu, die Kleidungsstücke für die ganze Familie zu nähen. Das war eine sehr zeitraubende Angelegenheit, da sie manchmal auch noch die Stoffe dazu selbst anfertigen mußten. Die Folge davon war, daß die Frauen sich bemühten, die Kleidungsstücke möglichst haltbar zu machen. Darüber hinaus wurden sie so lange geflickt und gestopft, bis sie auseinanderfielen.
Solche Kleidungsstücke hatten natürlich wenig Ähnlichkeit mit den eleganten Seidenkleidern der reichen Leute, die sich einen Schneider oder

Nähen mit der Nähmaschine

Maschinennähen hat einige Vorteile gegenüber dem Handnähen. Der wichtigste ist, daß es schneller geht. Im Jahr 1845 wollte der Engländer Hawn seine Nähmaschine, die er erfunden hatte und die 250 Stiche pro Minute schaffte, bekanntmachen. So forderte er fünf der schnellsten Säumnäherinnen, die gefunden werden konnten, zu einer Wette heraus. Er behauptete, mit seiner Maschine fünf Nähte in der Zeit nähen zu können, die eine Saumnäherin für einen einzigen Saum benötigte. Natürlich gewann er die Wette. Darüber hinaus zeigte sich, daß die von der Maschine genähten Säume auch noch sauberer und haltbarer waren als die handgenähten – ein weiterer Vorteil der Nähmaschine.

Die ersten Nähmaschinen wurden vorwiegend in Schneiderwerkstätten und Fabriken aufgestellt und waren sehr teuer, bis 1856 Isaac Singer seine erste Familien-Nähmaschine herausbrachte, die er *Turtleback* nannte. Sie war kleiner und leichter als die Industriemodelle und wurde in einem Holzkasten geliefert, auf dem sich die Maschine gleichzeitig aufstellen ließ. Zunächst konnte Singer nicht sehr viele von seinen Maschinen verkaufen, da die meisten Männer nicht bereit waren, Geld für etwas auszugeben, das bisher von ihren Frauen und Müttern zur vollsten Zufriedenheit erledigt worden war, ohne daß es etwas gekostet hatte. Und was sollten ihre Frauen denn mit der Zeit anfangen, die sie mit solch einer Maschine sparten? Die Zeitungen veröffentlichten massenweise Zuschriften, die angeblich von Frauen kamen, die behaupteten, sie bedauerten den Tag, an dem sie ihren Mann überredet hätten, ihnen eine solche Maschine zu kaufen, denn sie kämen mit ihr absolut nicht zurecht. Aber allmählich gewannen die Frauen und die Nähmaschinenhersteller doch diese psychologische Schlacht, mit klugen Argumenten, Mietkaufverträgen und Preisnachlässen, so daß heute praktisch in jedem Haushalt eine Nähmaschine zu finden ist.

Die Arbeit mit der Nähmaschine
Die wenigsten Frauen hatten Schwierigkeiten, mit der Maschine zu nähen. Wenn sie den Stoff behutsam mit der einen Hand unter dem Nähfuß weiterschoben, während sie mit der anderen Hand die Kurbel mit nicht zu großer Geschwindigkeit bedienten, dann ging ihnen die Arbeit flott von der Hand.

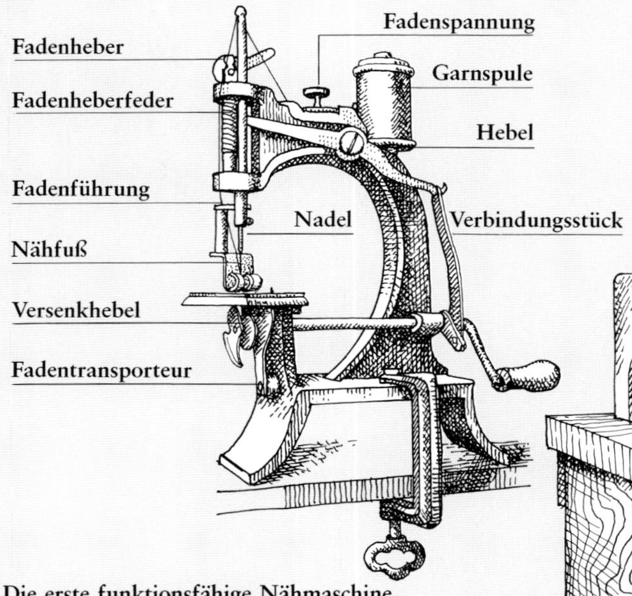

Die erste funktionsfähige Nähmaschine
Im Jahre 1845 erhielt Elias Howe ein Patent auf die erste funktionsfähige Nähmaschine, die über eine Nähnadel für den einen und ein Schiffchen für einen zweiten Faden verfügte. Damit konnte man einen Kettstich nähen. Nähte, die auf dieser Maschine hergestellt wurden, gingen auch dann nicht auseinander, wenn man einen Faden herauszog, wie das bei früheren Nähmaschinen der Fall war, die mit nur einem Faden arbeiteten. Alle späteren Nähmaschinen funktionierten deswegen nach dem gleichen Kettstich-Prinzip, einschließlich der Nähmaschine von Isaac Singer. Singers Maschine, die 1851 patentiert wurde, wies jedoch eine wesentliche Verbesserung auf. Mit ihr ließ sich eine kontinuierliche gerade oder gekrümmte Naht nähen.

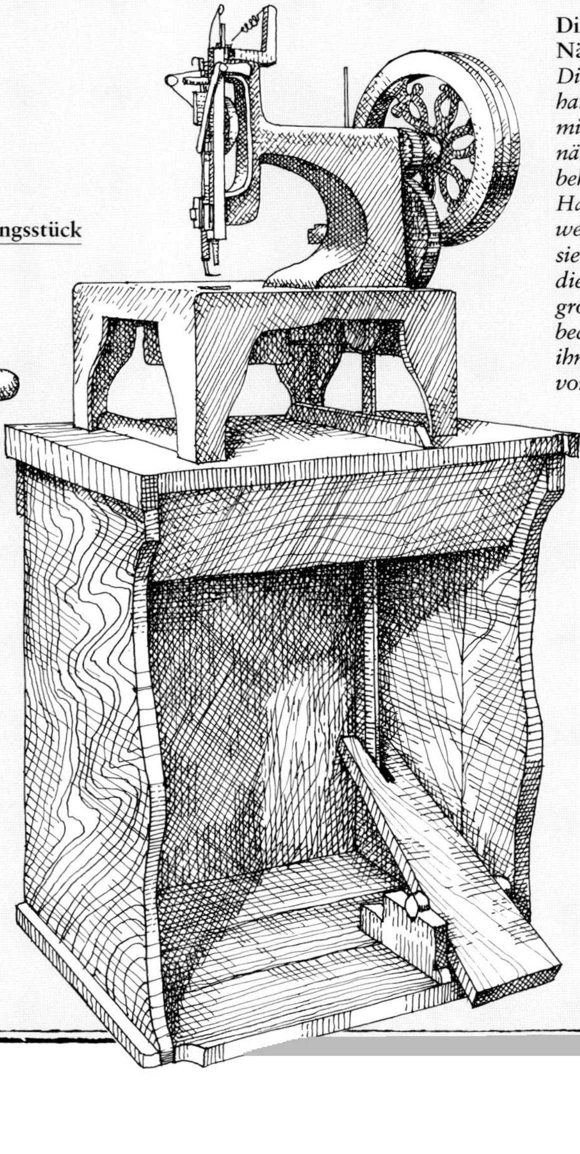

Singer-Nähmaschine „New Family“

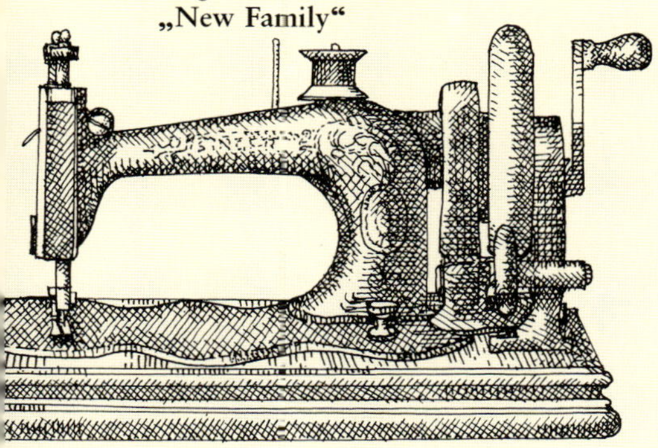

Kettenstich-Nähmaschine Fabrikat Weir

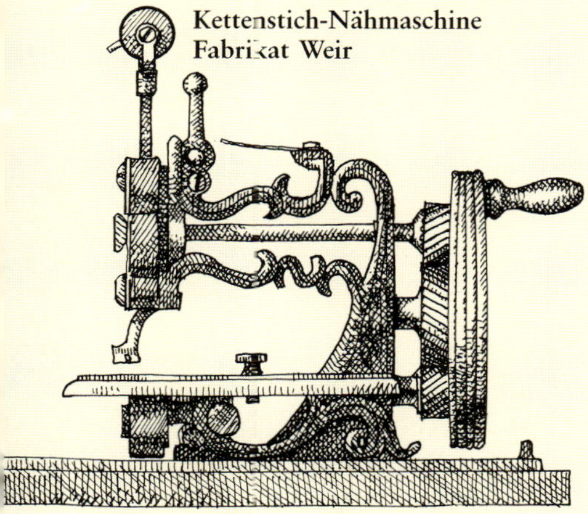

Nähmaschine Fabrikat Collier

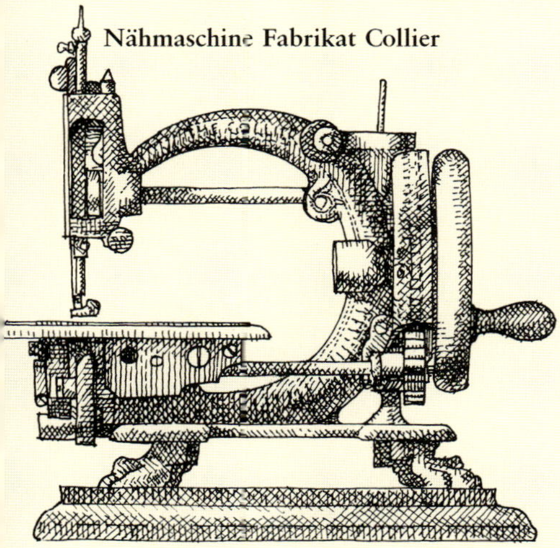

Nähmaschine Fabrikat Jones

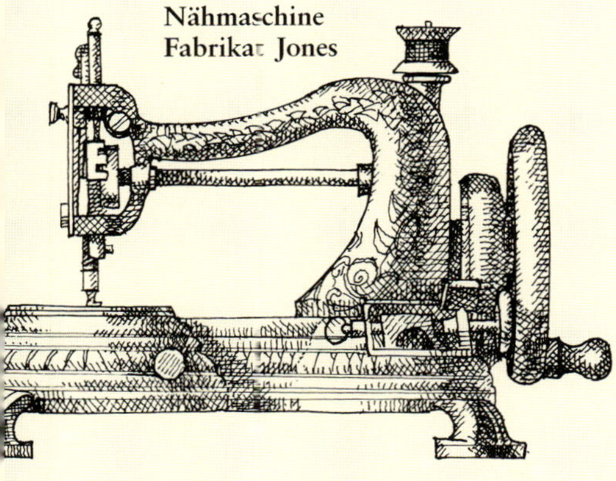

eine Schneiderin leisten konnten. Jedoch wurden auch die strapazierfähigen Kleidungsstücke sehr sauber und ordentlich genäht. Sie bekamen breite Säume, damit bei Bedarf ein Stück herausgelassen werden konnte. Trotzdem brachten die Hausfrauen es fertig, wird berichtet, aus einem kaum einen Meter breiten Leinenstoff sechs Hemden zu schneidern. Allerdings wird dabei nicht gesagt, wie lang der Stoff war.
Die meisten Hausfrauen konnten sich damals den Luxus von Schnittmusterbögen nicht leisten. Deswegen schneiderten sie den neuen Rock oder das neue Hemd ihres Familienmitgliedes nach dem Muster des alten Teils unter Berücksichtigung inzwischen eingetretener Veränderungen. Erfahrene Näherinnen hatten damit keine Schwierigkeiten. Anfängerinnen wurde empfohlen, das erste Kleidungsstück, das sie für jemanden anfertigten, bei einem Schneider anmessen zu lassen – sofern sie es sich leisten konnten. Dann konnten sie, wenn es sich zum Beispiel um eine Jacke handelte, von dem einen Ärmel, dem halben Vorder- und dem halben Rückenteil und so weiter sich selbst ein Schnittmuster als Vorlage anfertigen.

Nähutensilien

Fast alle Hausfrauen verfügten über ein wohlausgestattetes Nähkörbchen. Darin befanden sich Nähnadeln der verschiedensten Größen, große und kleine Stopfnadeln, eine Büchse mit Stecknadeln, Bänder in allen Breiten und Farben, Spulen mit weißem und farbigem Garn, ein Beutel mit Knöpfen und ein weiterer Beutel mit Litzen und Borten. Ferner enthielt das Körbchen mindestens zwei Fingerhüte für den Fall, daß einer verlorenging. Zudem, falls das Körbchen groß genug war, auch noch ein großes Nadelkissen, das mit einem stoffumspannten Stein beschwert war.
Stopfen und Flicken gehörten so lange zu unserem täglichen Leben, bis das Zeitalter der maschinengefertigten Wegwerfkleidung über uns hereinbrach. Auf den Fersenteilen von Strümpfen und Socken, die allmählich verschlissen, setzte man sogenannte Hackenschoner auf, damit man sie nicht zu stopfen brauchte. Die Sitzflächen von Hosen bekamen eine neue Auflage, wenn sie „durchgesessen“ waren, und wenn Jacken- und Hemdenärmel „fadenscheinig“ wurden, riß man sie heraus und setzte neue ein. In jedem Fall warf man ein abgetragenes Kleidungsstück nicht einfach weg, sondern reparierte es so sorgfältig, daß oft die eingesetzten Flicken kaum zu erkennen waren. Selbst abgetragene Kleidungsstücke kamen in den Lumpensack, aus dessen Inhalt sich noch vollkommen neue Gewänder zaubern ließen.

Das Stopfen
Löcher in Strümpfen und Socken wurden mit Hilfe eines Stopfballs oder -eis gestopft. Diese wurden später durch den Stopfpilz abgelöst, dessen Stiel besser in der Hand lag. Beim Stopfen von Löchern in Handschuhfingern half ein Stopfstab.

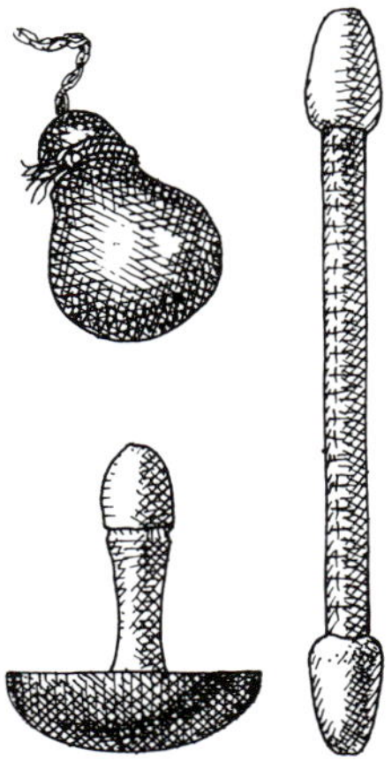

Stopf-Utensilien

QUILTEN UND PATCHWORK

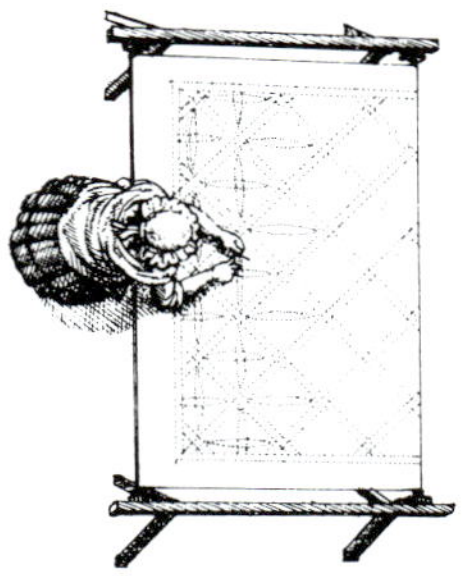

Der Quiltrahmen
Quiltrahmen wurden aus Holzleisten von etwa 1,20 Meter Länge zusammengebaut. Zwischen ihnen wurden mit groben Nähstichen die zu steppenden Stofflagen befestigt. Damit wurde verhindert, daß sie sich beim Steppen verschoben oder aufbauschten.

Stepparbeiten wurden aus dem Wunsch nach schützender Wärme geboren. Dabei wird eine wärmeisolierende Wattierung mit zwei Deckschichten zusammengesteppt. Die obere Lage wird für gewöhnlich mit Stickereien oder mit Patchwork verziert. Zu den Stepparbeiten gehören zum Beispiel auch wärmende Kleidungsstücke wie Wettermäntel oder Skianoraks. Vorzugsweise produziert man auf diese Art aber Steppdecken für Betten, die deshalb allgemein als *Quilts* bezeichnet werden.

Stepparbeiten als Geschenk
Die verschiedenen Lagen einer Steppdecke werden für das Zusammennähen auf einen Quiltrahmen gespannt. Dadurch bleiben sie straff, die Nähte tiefer versenkt und die einzelnen gesteppten Felder heben sich besser ab.
Früher setzten sich die Frauen eines Dorfes, besonders in Nordamerika, oft zusammen, um gemeinsam solche Quiltarbeiten zu machen. Sie hießen dann die *quilting bees.* Das Produkt ihres Fleißes war zum Beispiel als Hochzeitsgeschenk für ein junges Mädchen bestimmt. Oder man setzte in die Mitte der zum Geschenk bestimmten Decke Felder aus Baumwollstoff mit Motiven ein, die sich auf ein bestimmtes Jubiläum bezogen. Solche „Freundschafts"-Steppdecken waren Mitte des vergangenen Jahrhunderts sehr beliebt.

Stepparbeiten als Dekoration
Daraus entwickelten sich dann Stepparbeiten, die keinem praktischen Zweck mehr dienten. Bei ihnen wurden dann nur noch die zwei Decklagen ohne die Zwischenlage zusammengesteppt, und zwar mit engen Nähten zu dekorativen Mustern. Durch die Nähte wurde anschließend noch Zwirn durchgezogen, um sie zu betonen. Die Bezeichnung hierfür ist italienischer oder Zwirn-Quilt.
Eine andere dekorative Stepparbeit, *Trapunta* genannt, besteht darin, daß man zwei Stofflagen zusammensteppt.
Die Muster attraktiver Quiltarbeiten wurden durch die Jahrhunderte von den Müttern auf die Töchter überliefert.

Neues aus Altem

Selbst in unserer modernen Wegwerfgesellschaft werfen wir nicht alle gebrauchten Stoffe einfach weg, sondern bewahren sie oft auf und nutzen die guten Teile etwa als Rohmaterial für Patchwork. Weit mehr noch war das natürlich in der Vergangenheit der Fall. Zunächst wurden früher ziemlich wahllos Stoffreste aller Größen und Formen zusammengenäht, bis die gewünschte Größe erreicht war. Nach und nach entwickelten sich daraus jedoch bestimmte, teilweise äußerst künstlerische Muster und Motive.

Die benötigten Schablonen waren für gewöhnlich aus Holz, Blech oder Pappe, gelegentlich aber auch aus teureren Materialien, wie Hartzinn, Kupfer, Messing oder gar Silber. Diese Schablonen legte die Hausfrau auf einen Bogen Papier, umriß sie mit Bleistift und schnitt danach so viele Papierschablonen aus, wie sie insgesamt an Teilstücken für das Patchwork benötigte. Diese Papierschablonen wurden mit Stecknadeln auf die Stoffe geheftet und die einzelnen Stoffabschnitte ausgeschnitten. Oft blieben die Papierschablonen als Zwischenlage zwischen der Unterlage und dem Patchwork.

Entwicklung zur großen Kunst

Es war im Nordamerika der Siedlerzeit, als sich Patchwork-Arbeiten zur großen Kunst entwickelten. Damals befand sich die amerikanische Textilindustrie noch in ihren Anfängen. Stoffe mußten meist von England eingeführt werden und waren entsprechend teuer, was zur Folge hatte, daß die Siedlerfrauen keinen Fetzen Stoff wegwarfen, sondern ihn stets weiterverwendeten. Mein Bruder besitzt einen wunderschönen Bettüberwurf, dessen Patchwork aus Rauten in zwei verschiedenen Blautönen besteht. Er wurde von meiner Urgroßmutter vor ihrer Hochzeit angefertigt, und zwar aus den Resten von Livreen der Sklaven im Haus meines Urgroßvaters und ihres eigenen Elternhauses. Sie lebte in den Südstaaten, in denen bekanntlich damals die Sklavenhaltung noch nicht abgeschafft war.

Patchwork dient nicht nur zum Schmücken von Steppdecken, sondern auch von Teewärmern, Badetaschen und ähnlichem. Dazu wurden meist hellfarbige bunte Stoffreste in allen möglichen Formen genommen und scheinbar wahllos zusammengenäht. Leute, die Laden voller abgetragener Kleidungsstücke und gebrauchter Stoffe besaßen, verfügten über einen schier unerschöpflichen Vorrat, um daraus nicht nur die üblichen Patchwork-Artikel, sondern zum Beispiel auch Sesselbezüge oder Fenstervorhänge anzufertigen.

Patchwork-Motive

Patchworkarbeiten wurden mit Hilfe von Schablonen hergestellt. Die einzelnen Abschnitte fügte man zu symmetrischen Motiven zusammen, die ein dominierendes Zentrum sowie korrespondierende Muster in den Ecken besaßen. Eines der beliebtesten Motive war die Tulpe, da ihre einfachen Umrisse auch von Anfängern gut nachgebildet werden konnten. Sich wiederholende Quadrate, wie beim „Neunfleck", ergaben sehr ins Auge springende Motive. Der Neunfleck wurde aus neun kleinen Würfeln zusammengesetzt, daher sein Name. Durch die Zusammensetzung von Quadraten, Drei- oder Sechsecken entstanden Muster in der Form eines Mosaiks, der „Sonnendurchbruch" etwa aus Rauten in Braun- und Orangetönen. Auch das Blockmuster bestand aus Rauten, wobei der dreidimensionale Effekt durch die Verwendung verschiedener Farbtöne erzielt wurde. Der „Gefiederte Stern" war eines der klassischen Patchwork-Motive. Er war aus kleinen Dreiecken und daher nicht einfach herzustellen. Manche Effekte wurden nicht durch unterschiedliche Farbtöne, sondern durch unterschiedliche Strukturen erzielt. Dazu versah man zwei Stofflagen mit einer Füllung und nähte ein Motiv hindurch, wie Blumen, Blätter oder Herzen. Je nach Fütterung entwickelten sich dabei sogar dreidimensionale Effekte.

Rose von Sharon

Lebensbaum

Freundschaft

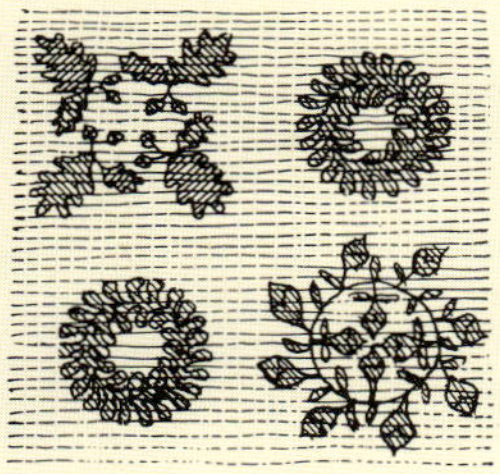

Prinzessinnen-Feder

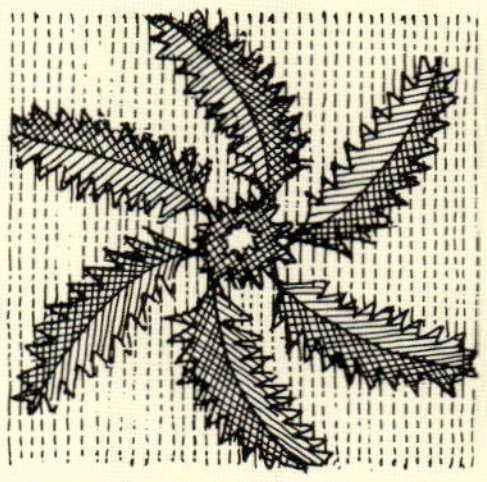

Pennsylvanische Ananas

Tulpen und Bänder

Sturm auf See

Sonnendurchbruch

Blockmuster

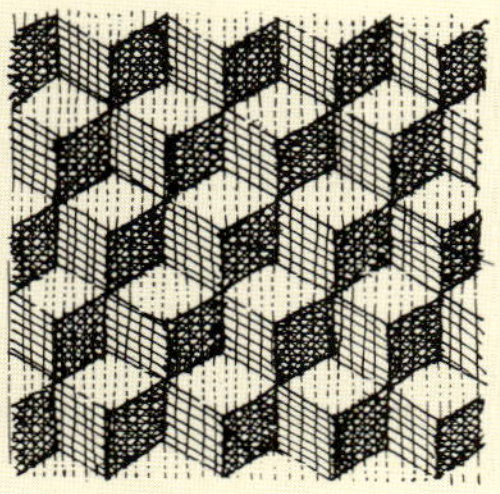

Gefiederter Stern

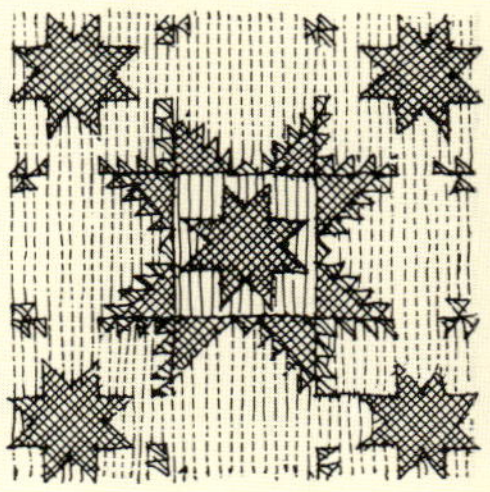

Kompaß

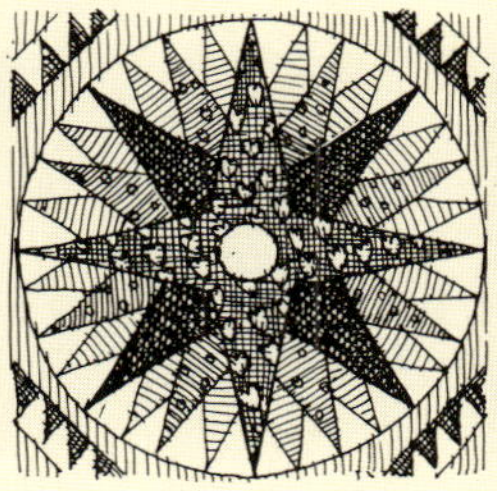

Neunfleck

SMOKARBEITEN

In den Tagen, als die Menschen noch zufriedener waren mit ihrer Stellung in der Gesellschaft, in die sie „berufen" waren (eigentlich blieb ihnen ja auch gar nichts anderes übrig), konnte man von ihrer Kleidung ablesen, welche Position sie einnahmen. Matrosen oder Handelsschiffer zum Beispiel trugen, wenn sie an Land gingen, ihre blauen Seemannsblusen und Hosen mit weit ausgestellten Beinöffnungen; Bergleute hingegen, trugen, wenn sie nicht in den Schacht eingefahren waren, weißseidene Halstücher.

Das Kennzeichen der Landarbeiter war die gesmokte Bluse. Diese Blusen bestanden aus festem Leinen und waren oft mit Motiven bestickt, die die Tätigkeit verrieten, die ihr Träger ausübte. So deuteten ein Schäferstab und Schafhürden an, daß es sich bei dem Träger um einen Schäfer handelte, während Ackerknechte Stickereien mit Hufeisen und Weizengarben trugen.

Smokarbeiten für alle Gelegenheiten

Es gab zwei verschiedene Arten von Smokarbeiten: für die Arbeitskleidung und für die Festbekleidung. Smokarbeiten an einer Arbeitsbluse dienten dazu, ihr eine gefällige Form zu geben. An den Enden der Ärmel sorgten sie für einen guten Paßsitz und hielten die Wettereinflüsse ab. Die gesmokte Festbekleidung war dagegen reich verziert und wurde nur zu besonderen Gelegenheiten, wie zum Beispiel zum Erntedankfest, getragen. Sie ging vom Vater auf den Sohn über und diente manchmal fünf Generationen hintereinander ihrem Zweck.

Gesmokte Blusen wurden aus Leinen hergestellt, das man überall in England und Wales aus selbstangebautem Flachs produzierte. Leinen ist ein vorzügliches Bekleidungsmaterial. Blusen aus schwerem, eingefärbtem Leintuch hielten ihre Träger selbst bei schlechtem Wetter warm und trocken. Andererseits waren sie weit geschnitten und luftig und sorgten daher bei heißem Wetter für Kühlung.

Heutzutage besinnen wir uns wieder auf die Kunst des Smokens, setzen sie allerdings vorwiegend zur Verzierung von Frauenkleidern ein. Es wäre schön, wenn sich die Frauen eines Tages wieder darauf einstellen wollten, auch ihre Männer mit „Smok" zu verschönern.

Zusammenziehen der Falten
Zuerst werden verschiedene Reihen Fäden durch das Feld gezogen, das gesmokt werden soll. Dann zieht man diese Fäden vorsichtig zusammen, damit sich gleichmäßige Falten bilden, und hält sie mit einer Stecknadel fest.

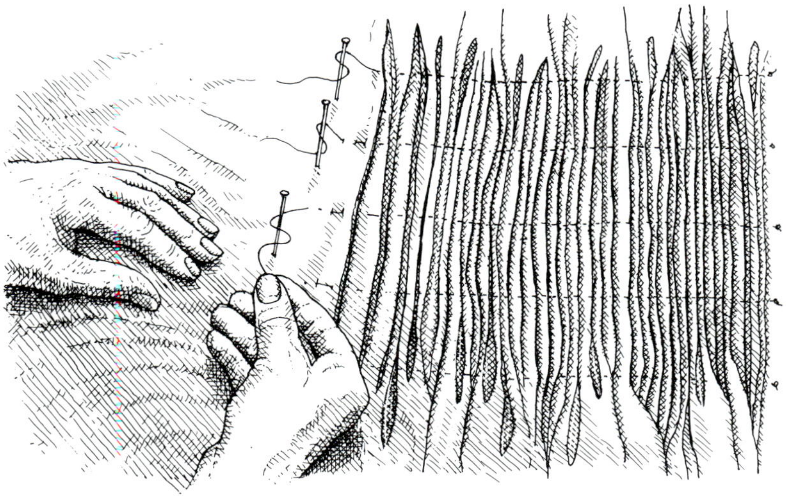

Fixieren der Falten
Danach werden die Falten mit Ziersticken unterschiedlicher Art zusammengenäht und auf diese Weise fixiert. Gebräuchliche Ornamentstiche sind der Stielstich (oben) und der Waffelstich (unten). Zum Schluß zieht man die Hilfsfäden, mit denen die Falten zusammengezogen wurden, wieder heraus.

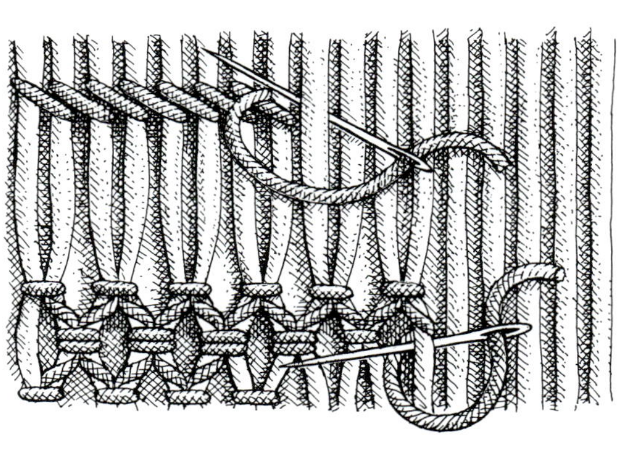

STICKEN

Sticken ist die Kunst, einen Stoff mit Fäden reich zu verzieren Dies geschieht nur bei fertig gewobenen Stoffen, weshalb sich das Sticken grundsätzlich von der Tapisserie unterscheidet. Bei der Tapisserie werden die Motive, die den Stoff schmücken, bereits auf dem Webstuhl hineingewoben. Dabei stehen die Kettfäden etwas auseinander, ohne hervorzutreten, während die Schußfäden dominieren. Verlangt das Motiv eine neue Farbe, so läßt sich das leicht durch Farbwechsel des Schußfadens bewerkstelligen. Auf diese Weise wird das Motiv abschnittsweise aufgebaut. Erfahrene Weber sind in der Lage, sehr komplizierte Motive einzuweben.

Stickarbeiten werden, wie gesagt, auf dem fertigen Stoff angebracht. Sie bestehen meist aus einer Kombination verschiedenartiger Ornamentstiche in mehr oder minder unterschiedlichen Garnfarben. Der wunderschöne Wandteppich von Bayeux ist nicht etwa eine Tapisserie, sondern er ist als Gobelin bestickt und steckt voller Farbe und Leben. Gute Stickarbeiten können ohne weiteres mit zeitgenössischen Malereien konkurrieren.

Stärken und Schwächen

Erfahrene Sticker kennen die Beschränkungen, denen ihr Medium unterliegt, machen aus der Schwäche aber meist noch eine Tugend. Sie können nicht über eine fast unbegrenzte Zahl von Farbschattierungen verfügen wie die Maler. Ihre „Palette“ ist begrenzt. Indem sie aber die ihnen zur Verfügung stehenden Farben bewußt einsetzen, verwandeln sie diesen Nachteil in einen Vorzug. Sie bemühen sich erst gar nicht um naturalistische Darstellungen, sondern entwerfen stilisierte oder abstrakte Motive.

Mittelalterliche Stickereien, soweit sie uns erhalten blieben – viele sind zerfallen und manche wurden wegen der verwendeten Gold- und Silberfäden zerstört –, sind wundervolle Kunstwerke, die ein perfektes Verständnis der Natur dieses Mediums verraten. *Opus Anglicanum,* die normannisch-englische Stickerei aus dem 13. und 14. Jahrhundert, war in ganz Europa berühmt. Sie diente zur Verzierung von Meßgewändern, Satteldecken, der Überwürfe von Rittern, Frauengewändern, Betthimmeln und Tüchern.

Tambour-Arbeiten

Stickereien, die auf tamburinartigen Stickrahmen gefertigt wurden, hießen Tambour-Arbeiten. Krepp oder anderes feines Gewebe wurde zwischen zwei Holzreifen gespannt und mit Schlingenstichen aus Goldfäden bestickt. Dazu diente eine Sticknadel, die einer Häkelnadel glich.

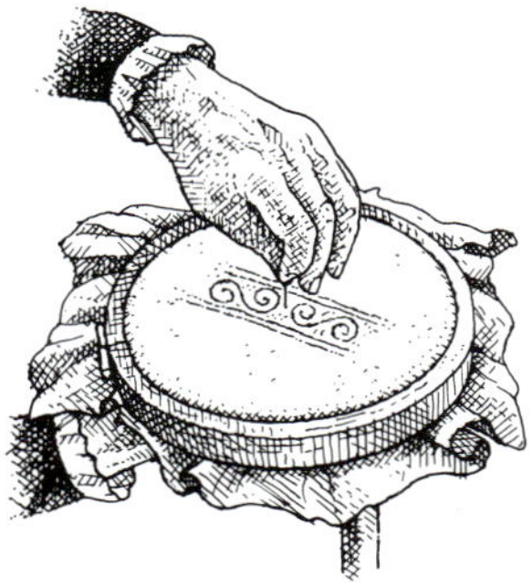

Stickvorlagen und -motive

Die Vorlagen für Stickereien wurden mit Holzstempeln auf das Gewebe aufgedruckt. Die meistgebräuchlichen Motive waren Blumen und Vögel. Die Muster wurden auf einem Blatt Papier aufgezeichnet, das man auf einen Holzblock aufklebte, in den die Umrisse eingekerbt wurden. In diese Einkerbungen kamen je nach Muster Streifen aus Hartzinn oder Kupfer. Die Umrisse wurden danach mit Tusche oder Tinte auf das Gewebe übertragen.

Stickmuster-Stempel

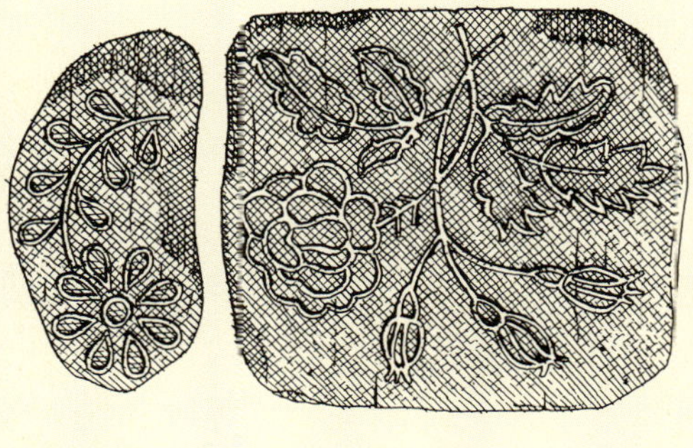

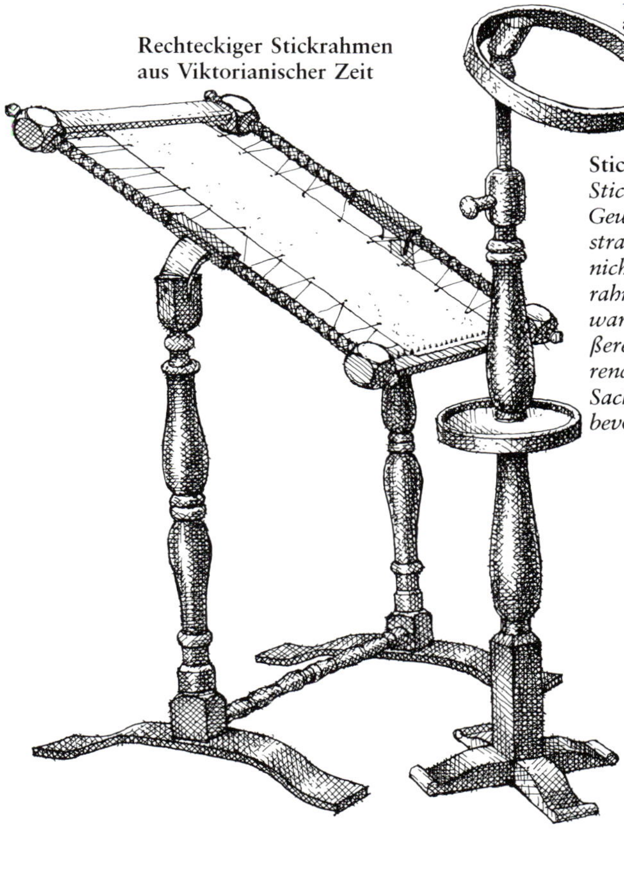

Rechteckiger Stickrahmen aus Viktorianischer Zeit

Runder Stickrahmen auf Ständer

Stickrahmen

Stickrahmen hielten das Gewebe beim Sticken straff, damit die Stiche nicht verrutschten. Stickrahmen auf Ständern waren nützlich für größere Stickarbeiten, während man für kleinere Sachen Handstickrahmen bevorzugte.

Nach und nach wurden immer weitere Stickstiche erfunden, und die Kunst des Stickens verfeinerte sich ständig. In England erreichte sie ihren Höhepunkt bereits im 16. und im 17. Jahrhundert. Aber auch im 18. Jahrhundert wurden großartige Stickereien geschaffen. Die Leser von zeitgenössischen Romanen wie *The Tailor of Gloucester* werden wissen, wie sehr mit Stickereien die Kleidungsstücke von Männern und Frauen verziert wurden.

Für die Frauen aus den vornehmen Ständen war es eine praktisch unumgängliche Pflicht, sticken zu können. Viele beschäftigten sich ihr ganzes Leben lang damit, ihren Haushalt mit Stickereien zu verschönern. Dabei entging ihnen nicht die kleinste Fläche.

Stickmustertücher
Auch Buchstaben wurden aufgestickt. Besonders Großbuchstaben dienten für reich verzierte Initialien.

Der Niedergang der Stickkunst

Im Viktorianischen Zeitalter erlebte die Stickkunst ihren Niedergang. Die Damen der Gesellschaft stickten und stickten, als hinge davon ihr Leben ab. Vom Teewärmer bis zur Krinoline wurde alles bestickt, was eine freie Fläche aufwies. Ganze Bücher wurden damit gefüllt. Es gab wohl keinen Gentleman, dessen Ehefrau nicht seine Schnupftücher mit gestickten Initialen versehen hätte, die von kunstvollen Rankenwerk umrandet waren. Der allgemeine Geschmack verfiel immer mehr (zumindest für meine Ästhetik). Der Tiefpunkt wurde mit der Wollstickerei erreicht, bei der äußerst sentimentale Motive mit grellfarbiger Wolle grob auf Gitterleinen gestickt wurden.

Bei näherem Nachdenken komme ich allerdings darauf, daß dies eigentlich noch nicht der absolute Tiefpunkt war. Der scheint mir erst heutzutage erreicht, wo in den Läden der Städte Gitterleinen mit billigen Reproduktionen alter Meister zum Besticken angeboten wird. Das farbige Garn wird gleich mitgeliefert. Dies alles hat mit feiner Stickkunst kaum mehr als den Namen gemeinsam.

Stickmustertuch

Schöne Kunst des Stickens

Die wirkliche Kunst des Stickens kann entdekken, wer durch die Gebirgsgegenden Kretas wandert. Dort sind die Frauen noch heute häufig damit beschäftigt, Stoffe zu besticken, die sie selbst gewebt haben; und zwar mit seltenen und wunderschönen Motiven, die sich seit der minoischen Kultur mehrere tausend Jahre vor unserer Zeitrechnung bis heute überliefert haben! Die bestickten Sachen werden in eine Schublade gepackt und an dem Tag hervorgeholt, an dem die Töchter dieser Frauen heiraten – und von diesen Töchtern später wiederum an ihre eigenen Töchter weitervererbt.

Aber auch auf dem Rest der Welt gibt es Anzeichen dafür, daß die Stickerei als schöne Kunst wiederbelebt wird. In Großbritannien bemühen sich spezielle Schulen darum. Vielleicht gibt es irgendwann einmal ein neues *Opus Anglicanum* oder sogar ein *Opus Americanum.* Jedenfalls bleibt zu hoffen, daß die Fähigkeiten, die die Menschheit im Laufe von Jahrtausenden auf diesem Gebiet entwickelt hat, nicht innerhalb weniger Generationen der Vergessenheit anheimgefallen sind.

Ein extravaganter Anblick
Für die Hausfrau gab es unzählige Gelegenheiten, ihre Stickkünste unter Beweis zu stellen. Dieses Sofa aus dem 18. Jahrhundert ist ziemlich extravagant mit Blumenmustern in grünen, rosa und cremefarbigen Tönen bestickt.

Besticktes Sofa aus dem 18. Jahrhundert

SCHÖNES ZUHAUSE

Bis zur industriellen Revolution war jedes von den Menschen hergestellte Ding auch in passender Weise verziert oder geschmückt. Selbst die Wissenschaftler waren es damals gewohnt, mit Geräten zu arbeiten, die von Künstlern verschönert worden waren. Können Sie sich heute noch vorstellen, daß etwa ein moderner Chemiker mit gravierten Reagenzgläsern arbeitet? Landwirtschaftliche Maschinen und Geräte – selbst jene, die schon von Traktoren gezogen wurden – sind noch bis in unsere Zeit hinein mit Verzierungen versehen worden. So wurden die Seitenwände von Karren und Pferdewagen vom Stellmacher mit kunstvollen, farbig ausgelegten Auskehlungen verschönert, und ihre Tragebalken waren wunderschön gedrechselt. In unserem zweckbetonten Zeitalter hält sich leider kaum noch jemand mit so etwas auf. Auch die selbstgefertigten Geräte der Bauern sind funktioneller und nüchterner geworden. Gott sei Dank ist aber das Kunsthandwerk noch nicht ganz ausgestorben und erlebt im Moment eine Art Wiedergeburt.

MALEN UND TAPEZIEREN

Wer heutzutage einen Farbenladen betritt, der sieht sich einer riesigen Auswahl von Eimern und Dosen mit Farben, Lacken und Grundierungen gegenüber, die alle keineswegs billig sind. Die Farben, die sie enthalten, sind meist ziemlich grell und bunt, trotzdem verleihen sie Wänden kaum einen eigenen Charakter.

Mahlen von Farbpigmenten
Bevor es fertige Anstrichfarben gab, kaufte man sich die Farbpigmente und mischte sie selber zusammen. Dazu mußten sie unter Zusatz von Öl oder Wasser gemahlen werden.

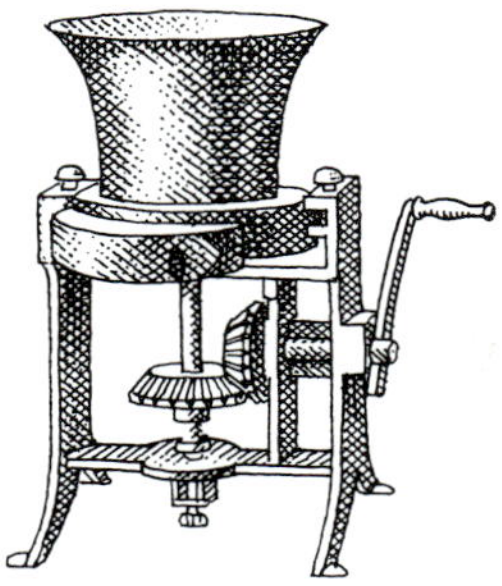

Farbmühle

Mischen von Anstrichfarben

Bis zum Zweiten Weltkrieg gab es in England in jedem kleineren Landstädtchen noch ein solches Farbengeschäft. Allerdings waren dort selten fertige Farben zu kaufen. Meist standen in dem Laden Säcke und Kisten mit Farbpigmenten, die man sich selbst mit Leinöl oder Terpentin (die es gleichfalls dort zu kaufen gab) und Wasser zusammenmischen mußte, je nachdem, welcher Farbton gewünscht wurde.

In noch früheren Zeiten stellten sich die Landbewohner ihre Farben von Grund auf selbst her. Dazu nahmen sie farbige Tonerde, die sie in der Nähe fanden oder von umherziehenden Händlern kauften, und mischten sie mit Kalk und saurer Milch – und zwar in einem solchen Verhältnis, daß sich die Säure der Milch und die Lauge des gelöschten Kalks gegenseitig neutralisierten.

Auch heutzutage wird in Wasser gelöster Kalk noch zum Tünchen von Wänden verwendet. In vielen Mittelmeerländern werden noch jedes Frühjahr die Hauswände in fast ritueller Weise innen und außen weiß getüncht. In der Grafschaft Suffolk in England setzt man dieser Tünche Ocker zu, wodurch die Hauswände eine attraktive Farbtönung in einem gedämpften Rosa, dem *Suffolk Pink*, erhalten.

In Amerika war es im vergangenen Jahrhundert üblich, die Wände der Wohnungen in Bürgerhäusern, die meist gerollt wurden (siehe Seite 178), mit einem attraktiven Farbüberzug zu versehen, während zur gleichen Zeit in England die Tapeten bevorzugt wurden. Liefen Bücherregale an allen Wänden entlang, wie es in den Häusern wohlhabender Bürger oft der Fall war, dann wurden die Wände darüber oft mit sogenanntem *Indian Red* getüncht. Den Abschluß bildete ein mattgoldenes, gerolltes Fries.

Künstliche Holzmaserungen

Eine volkstümliche Handwerkskunst, die heutzutage fast völlig ausgestorben ist, bestand darin, Holz mit einer künstlichen Maserung zu versehen. Es mag verwunderlich klingen, daß sich jemand die Mühe machte, die natürliche Maserung des Holzes, die ja selbst schön aussieht, mit einer künstlichen Maserung zu übermalen; aber wo das Holz sehr billig war und wo der Handwerker seinen Job beherrschte, konnte das Resultat sehr ansprechend aussehen. So wurden früher die Kabinen und Vorderdecks großer Segelschiffe ebenso wie die gemütlichen Bars von Landgasthöfen und auch so manche Cottage-Küche mit künstlichen Holzmaserungen ausgestattet.

Wässern des Pinsels
Vor der Benutzung wurden die Pinsel gewässert, damit sie ihre Form beibehielten. Dadurch dehnten die Borsten sich in ihrer Halterung gut aus, ohne daß sie durch volles Eintauchen in Wasser erschlafften.

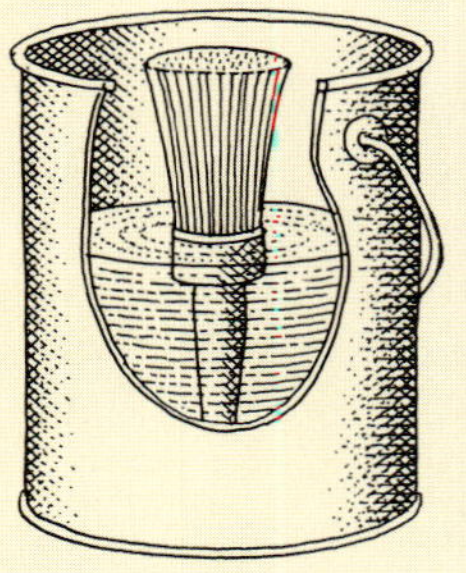

Anstreichpinsel
Pinsel und Bürsten zum Anstreichen gab es – und gibt es heute noch – in einer großen Auswahl von Modellen, Größen und Ausführungen. Das Sortiment reichte von billigen Rundpinseln bis zu in Messing gefaßten, weißborstigen flachen Bürsten.

Tünchbürste

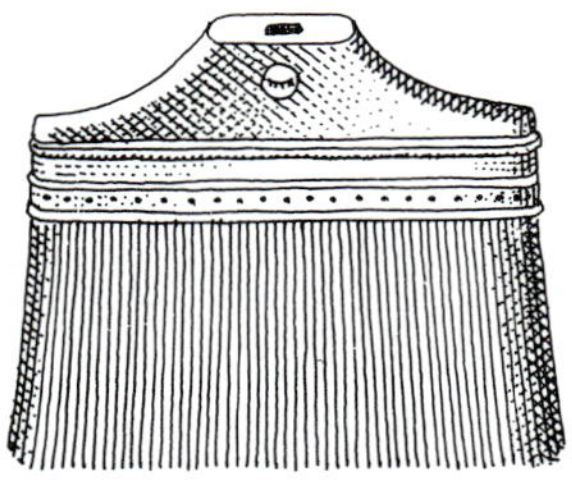

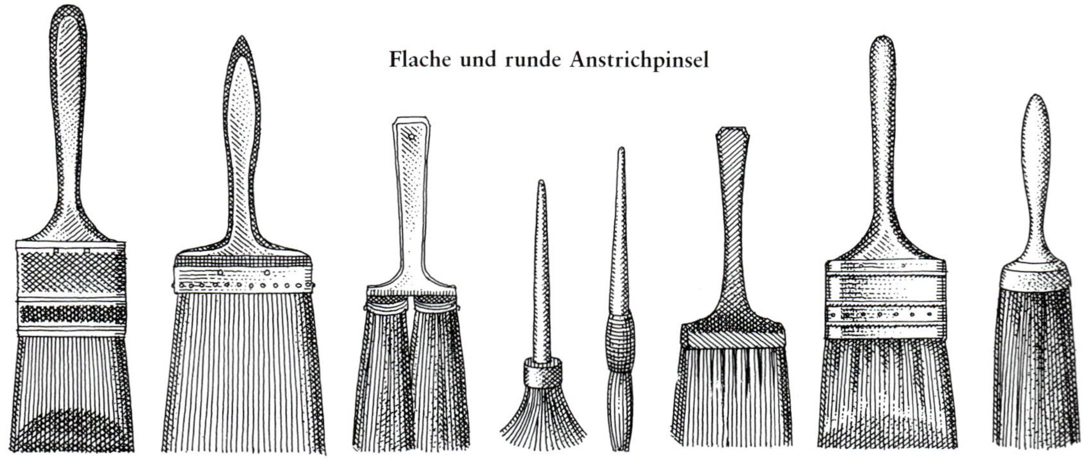

Flache und runde Anstrichpinsel

Das Bedrucken von Tapeten
Die ersten Tapeten wurden sehr arbeitsaufwendig von Hand bedruckt. Zuerst entwarf man das Muster und zerlegte es in seine einzelnen farbigen Komponenten, die man sorgfältig in große Blöcke aus Kirschenholz eingravierte. Das überschüssige Holz wurde sodann entfernt, wodurch positive Druckstöcke entstanden, mit denen die Druckfarbe auf das Papier übertragen werden konnte. Der dafür nötige Preßdruck wurde erreicht, indem sich kleine Buben auf die Auslegebalken der Druckpresse hocken mußten! Manche William-Morris-Tapete, von denen hier eine gezeigt wird, erforderte acht oder neun Druckvorgänge.

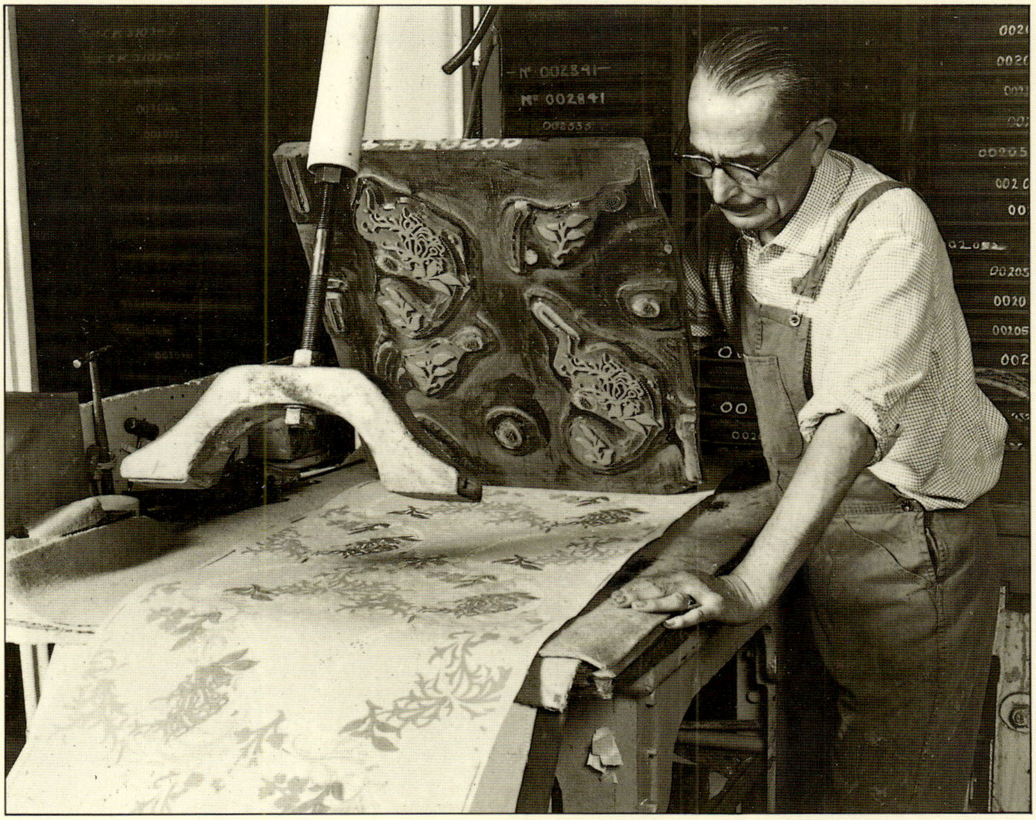

Stuckarbeiten
Zu Beginn des 18. Jahrhunderts wurden viele Bürgerhäuser in England mit herrlichen Stukkaturen verschönert, die vorwiegend von italienischen Handwerkern angefertigt wurden. Besonders in Treppenhäusern fanden sich diese Arbeiten, aber auch als Verzierung von Kaminen und Türöffnungen waren sie beliebt. Weitaus kunstvollere und luxuriösere Stukkaturen konnten sich natürlich die Mogulenherrscher im fernen Indien leisten.

Tapezieren
Die ersten Tapeten waren mit Druckstöcken aus Holz von Hand bedruckt und wiesen höchst gefällige Muster auf. In Viktorianischer Zeit verkamen die Tapeten dann zur Massenware mit teilweise unerhört kitschigen Mustern. Dies wiederum veranlaßte William Morris, eigene Tapetenmuster zu entwerfen. Er gründete eine Fabrik und beschäftigte talentierte Künstler mit den Entwürfen für seine kunstvoll verschlungenen Blumenornamente. Damit waren die ersten „Künstlertapeten“ geboren.
Meine Landsleute entwickelten damals eine wahre Sucht, jede freie Wandfläche mit Tapeten zu bekleistern. Dabei hielten sie sich, wenn ihnen der Sinn nach einer neuen Tapete stand, nicht damit auf, erst die alte Tapete abzuwaschen. Als ich mich in Pembrokeshire ansiedelte, mußte ich von den Wänden meines neuen Hauses erst einmal sechs alte Tapetenschichten abkratzen, wobei, je weiter ich mich nach unten durchkämpfte, die Muster immer schrecklicher wurden. Auch das Belegen der Böden mit Linoleum war in Viktorianischer Zeit zu einem wahren Laster gediehen. So mußte ich in besagtem Haus erst fünf oder sechs Schichten Linoleum herauskratzen. Je tiefer ich eindrang, um so verrotteter und von Holzläusen verseucht waren sie.
Für die verschiedenen Arten von Zimmern wurden verschiedene Arten von Tapeten bevorzugt. Für das Wohnzimmer dienten meist Tapeten mit reichen Ornamenten aus Blättern, Blumen und Früchten, unterbrochen von mattgoldenen Linien. Ähnliche Muster, aber auf dunklerem Hintergrund, wählte man für Bibliothek und Speisezimmer. Nur ins Schlafzimmer kamen hellere, weniger bunte Tapeten.
Das Vorbild für so manche Wohnräume in den zwanziger und dreißiger Jahren scheint der Operationssaal gewesen zu sein.

Künstliche Holzmaserungen
Billige Holzsorten wurden oft mit einer künstlichen Maserung veredelt. Dazu trug man Farbe auf, durch die man einen Kamm zog, um den gewünschten Effekt zu erzielen.

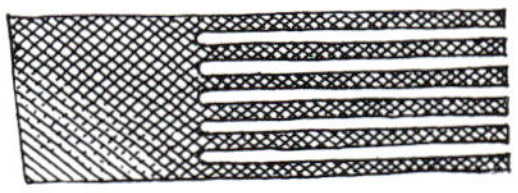

Maserungskamm

FARBSCHABLONIEREN

Auftragen eines Motivs
Zierleisten mit sich wiederholenden Motiven wurden in der Regel mit Hilfe einer Kombination verschiedener Schablonen aufgetragen. Für das nebenstehende Motiv sind zwei Schablonen nötig – eine für das Blatt, das zunächst verziert wird, und eine weitere für die Blattadern, die sich anschließen, wenn der erste Auftrag getrocknet ist.

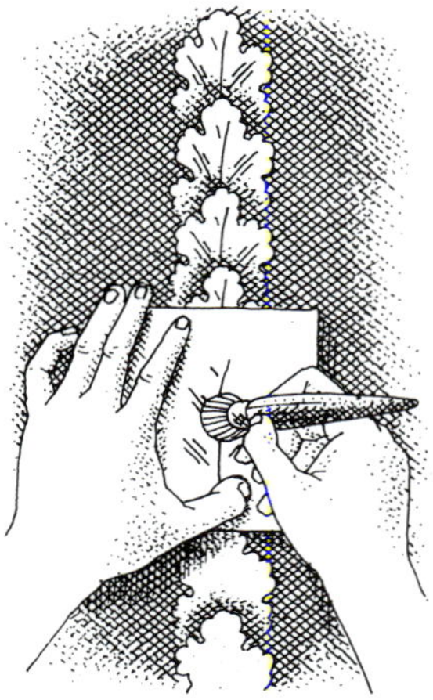

Zum Schablonieren schneidet man einfach das gewünschte Muster aus Karton oder einem anderen Material aus, legt die Schablone auf die Wand, das Möbelstück, Buch oder den sonstigen Gegenstand, der farbig schabloniert werden soll, und tupft die Farbe mit einem Pinsel auf. Auf diese Weise kann ein sich stetig wiederholendes Motiv auf eine große Fläche übertragen werden. Im Mittelalter wurde diese Technik besonders bei der Verzierung der Innenwände von Kirchen angewandt.

Farbschablonieren in Kirchen

Viele Schablonenvorlagen für Kirchenwände imitieren Gewebestrukturen, indem ein einfaches, sich ständig wiederholendes Muster auf den Untergrund aufgetragen wird.

In manchen Landstrichen finden sich noch heute hölzerne Lettner – das sind die Trennwände zwischen Chor und Kirchenschiff –, die wunderschöne Motive in Gold, Schwarz, Weiß, Blau, Gelb, Grün und Rot aufweisen. Auf einigen Lettnern sind zusätzlich Heiligenbilder aufgemalt.

Farbschablonieren von Wänden und Fußböden

Gegen Ende des 18. Jahrhunderts zogen fahrende Künstler auf der Suche nach Kundschaft durch die Dörfer. Statt großer, teurer Tapetenrollen, die sie früher hatten, führten sie jetzt einfach einen Satz Schablonen aus starkem Papier sowie Pinsel, Trockenfarben und Meßgeräte mit sich.

Solchermaßen ausgerüstet, umrahmten sie Fenster, Türen und Kaminaufsätze mit Blumen- und Blattwerk oder einfachen geometrischen Mustern. An den Abschlüssen der Zimmerdekken brachten sie Friese mit Girlanden, Streublumenmustern und Fruchtgehängen an. Große Wände wurden mit einfachen Motiven ausgeschmückt.

Solche einfachen Motive wurden gewöhnlich mit einer einzigen Schablone aufgebracht, da dafür nur eine einzige Farbe nötig war. Für mehrfarbige Motive dienten mehrere Schablonen, eine für jede Farbe. Die großflächigen Muster auf den Friesen bestanden meist aus zwei Farben. Dazu trug der Maler zunächst die eine Farbe an allen vier Wänden auf. Wenn sie getrocknet war, wiederholte er seinen Gang mit der zweiten Schablone.

Auch Dielenbretter wurden oft farbschabloniert. Diese Technik war speziell im 18. Jahrhundert und besonders in Amerika sehr beliebt. Dabei wurden ebenfalls großflächige, einfache Muster bevorzugt. Manche farbschablonierten Fußböden sahen aus wie Mosaikböden oder Intarsienarbeiten.

Farbschablonieren von Möbeln

Herkömmlicherweise werden hölzerne Möbel farbig schabloniert, indem man zunächst eine dünne Grundierung aus Firnis und Terpentin aufträgt. Diese dient als Haftmittel für das Bronzepulver, das, kurz bevor die Grundierung getrocknet ist, mit kleinen Samtpolstern durch dünne Papierschablonen aufgetragen wird. Echtes Goldpulver wurde nur bei besonders wertvollen Möbeln verwendet, da es ziemlich teuer ist.

Farbschablonen aus Amerika
Das Farbschablonieren war im vergangenen Jahrhundert besonders in Amerika sehr populär. Die Motive bestanden oft aus Blumen, Blattwerk, sogenannten Sonnendurchbrüchen oder anderen dekorativen Mustern. Sie wurden entweder, sich ständig wiederholend, auf ganze Wände oder Fußböden aufgetragen oder sie dienten dazu, einzelne Partien hervorzuheben, wie Randleisten oder Türrahmen.

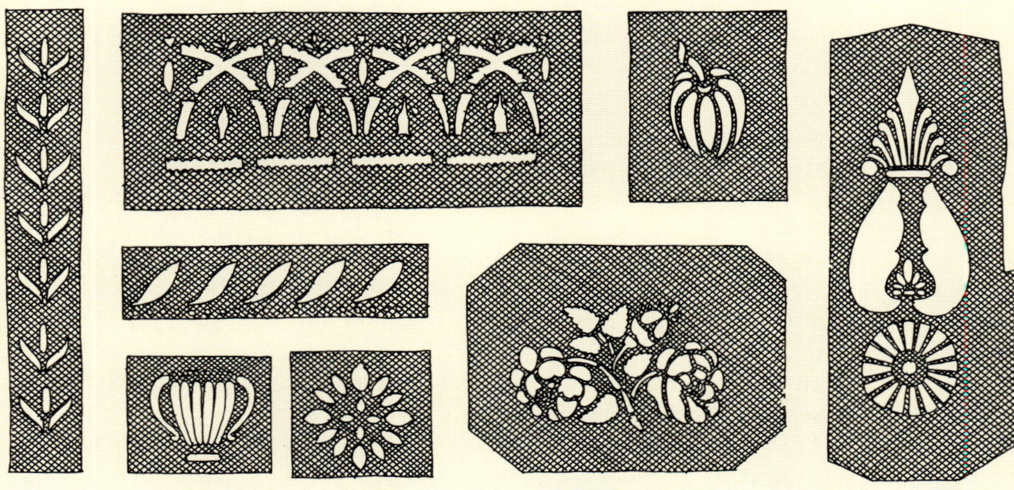

MÖBEL UND EINRICHTUNG

Im Mittelalter war auch der Landsitz eines Edelmannes kaum mehr als ein größerer Bauernhof. Ohne Zweifel waren alle Häuser damals recht zugig, war doch das Glas noch so teuer und wertvoll, daß die Könige auf ihren Zügen von Burg zu Burg Glasscheiben in ihrem Gepäck mitführten. Als Schmuck hingen vor den Fensteröffnungen zumeist schwere Vorhänge, die auch die Zugluft abhalten sollten. Sie waren aus kräftiger Wolle gewebt und oft reich bestickt. Von diesen vor der Zugluft schützenden Vorhängen war es nur noch ein kleiner Schritt bis zu den schönen Wandteppichen, hinter denen sich die kahlen Steinwände verbargen. Dies waren reine Zierstücke.

Steigender Komfort

Früher verfügten die Herrenhäuser oft über lange Galerien, in denen die Damen auch bei Regenwetter spazierengehen konnten. In der Mitte eines jeden Wohnraumes befanden sich große offene Feuerstellen, um die herum Holzstühle gruppiert waren. Ab dem 17. Jahrhundert wurden diese Stühle mit strapazierfähigen, gobelin-bestickten Polstern ausgestattet.

Nach der allgemeinen Verbreitung von Fensterglas war es möglich, auch im Winter länger an einem Platz sitzenzubleiben. Um sich dabei vor der Hitze des Feuers zu schützen, boten sich Ofenschirme an. Diese verzierte man mit unterschiedlichen Mitteln, überzog sie mit Geweben oder farbschablonierte sie. Später waren die jungen Damen des Hauses bestrebt, sie mit Bildern zu schmücken, die sie aus Magazinen ausschnitten. So erhielten sie ein wunderschönes Bilder-Patchwork.

Bettvorhänge und Chinoiserien

Das Himmelbett war früher nicht nur deswegen so populär, weil es eine unbedingte Privatsphäre garantierte, sondern auch, weil seine Vorhänge die allgegenwärtige Zugluft abhielten. Sie waren meist überreich bestickt. Selbst bei Feldbetten wurden Vorhänge angebracht, damit sich der Schläfer von seiner Umgebung absondern konnte. Solange die Vorhänge nicht benötigt wurden, band man sie mit Kordeln hoch. Ein simples Arrangement für ein einfaches Himmelbett bestand darin, die Vorhänge über einen Galgen am Kopfende des Bettes zu drapieren. Wie auch immer Bett und Vorhänge beschaffen waren, stets wurde darauf geachtet, daß die Bettvorhänge möglichst gut zu den Fenstervorhängen paßten.

Farbschablonierte Standuhr

Dekorationsteile aus Metall

Zur Verzierung von Möbelstücken dienten gelegentlich auch punzierte Blechstücke. Dafür wurden Metallbleche zunächst auf die passende Größe zugeschnitten und dann von der Rückseite punziert, so daß auf der Vorderseite ein ausgewölbtes Loch entstand.

Punziertes Schmuckblech

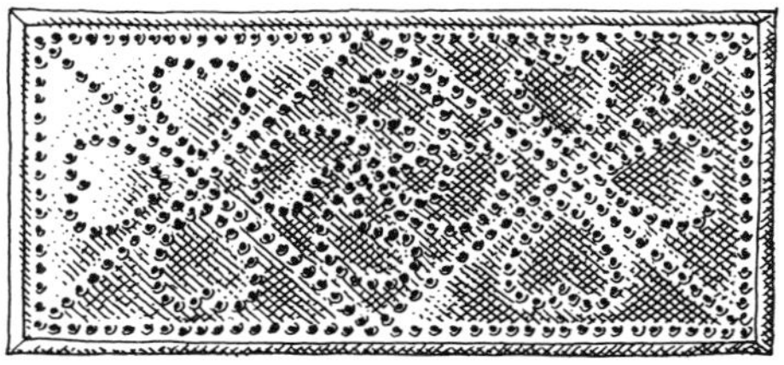

Farbschablonierte Möbel

Viele Möbel wurden kunstvoll bemalt oder farbschabloniert, oft mit überlieferten Blumen- oder Früchtemotiven. Dazu gehörten Kleiderschränke, Stühle, Standuhren und Klaviere. Einige Motive enthielten eine Menge komplizierter Details. Im Gegensatz dazu wiesen vornehmlich die Objekte der Volkskunst sehr ungewöhnliche und kuriose Motive auf, meist Szenen aus dem dörflichen Leben. Hier wurden leuchtend rote, blaue, grüne und gelbe Farbtöne bevorzugt.

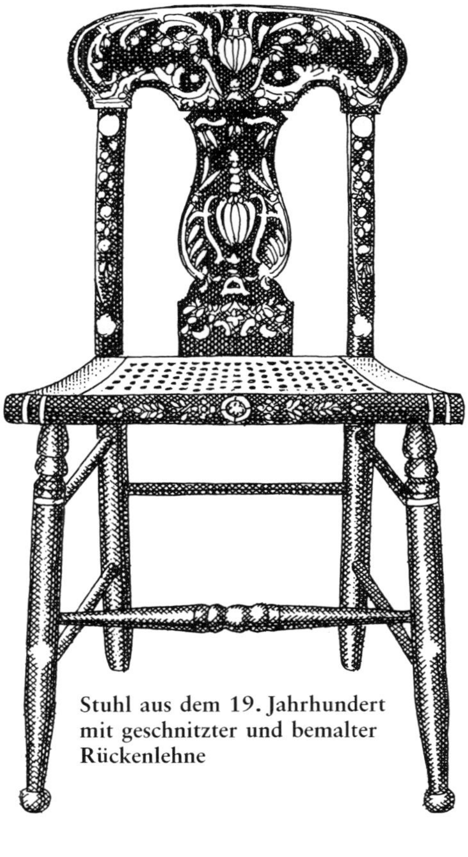

Stuhl aus dem 19. Jahrhundert mit geschnitzter und bemalter Rückenlehne

Chinoiserien nahmen in England besonders während der Regentschaft des Prinzen von Wales überhand. Ihren absoluten Höhepunkt fanden sie in dem extravaganten Chinesischen Pavillon am Seeufer von Brighton. Wiederbelebt wurde diese Vorliebe in den zwanziger und dreißiger Jahren unseres Jahrhunderts, als Chinoiserien mit Jugendstil und Art deco konkurrierten. Ich erinnere mich da noch gut an Bekannte meiner Mutter, die sich nie ohne ihre abscheulichen kleinen, schnüffelnden Pekinesen blicken ließen, die seinerzeit aus dem gleichen Grund en vogue waren.

Überladene Dekorationen

In Viktorianischer Zeit waren die Zimmer mit schweren, reich dekorierten Möbeln vollgestopft. Meist waren diese aus Mahagoni, das oft noch dunkler gebeizt wurde. Wo immer es freie Stellen gab, lagen darauf Decken mit Borten und Troddeln. Jedes Möbelstück, das gepolstert werden konnte, wurde auch gepolstert. „Nackte" Möbel waren den Menschen damals ein Greuel – genauso, wie es unbekleidete Menschen waren.

Alle diese Dinge sauber und staubfrei zu halten – von Flöhen gar nicht zu reden – war vor der Erfindung des Staubsaugers eine äußerst mühselige Angelegenheit. Aber dafür gab es ja die Dienerschaft. Als die Hausfrauen der „gehobenen Stände" dann allmählich begreifen mußten, daß sie die vielen Dienstboten nicht länger bezahlen konnten, wanderte der ganze Schnickschnack langsam auf den Müll. Das dauerte zwar eine Weile, am Ende war es aber doch vollbracht.

Im 17. Jahrhundert wurden Sessel und Stühle mit abnehmbaren Bezügen geschützt. Die Bespannung selbst bestand oft aus Rohleinen. Darüber kamen Überzüge aus rotem oder grü-

Am Kamin
Der Raum um den Kamin als dem beherrschenden Mittelpunkt des Wohnzimmers wurde besonders üppig dekoriert. Dazu gehörten neben den vergoldeten Friesen auch die Brokatdecken auf dem Kaminaufsatz, von denen schwere Troddeln herunterhingen.

Kaminständer, Ofenschirme und Kamineinsätze
Kaminständer wurden vor das offene Feuer gesetzt, um zu verhindern, daß glühende Kohlestücke herausfielen oder Funken ins Zimmer flogen. Sie bestanden oft aus Messing oder Bleiglas und hatten gelegentlich Klappflügel. Ofenschirme hielten die Hitze ab, wenn man in der Nähe des Feuers saß. Sie waren meist elegant bestickt. Kamineinsätze hatten sowohl eine praktische wie eine dekorative Funktion. Brannte kein Feuer im Kamin, dann wurden sie hineingestellt, um den Feuerrost zu verdecken.

Verstellbarer bestickter Ofenschirm

Kamineinsatz aus Kiefernholz

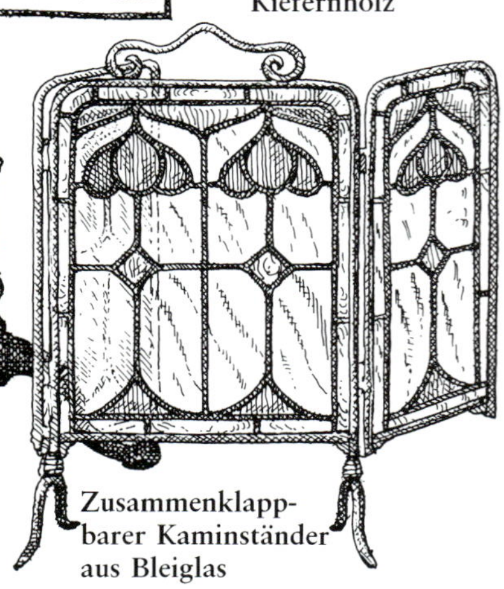

Zusammenklappbarer Kaminständer aus Bleiglas

Gardine aus Tüll und Gaze

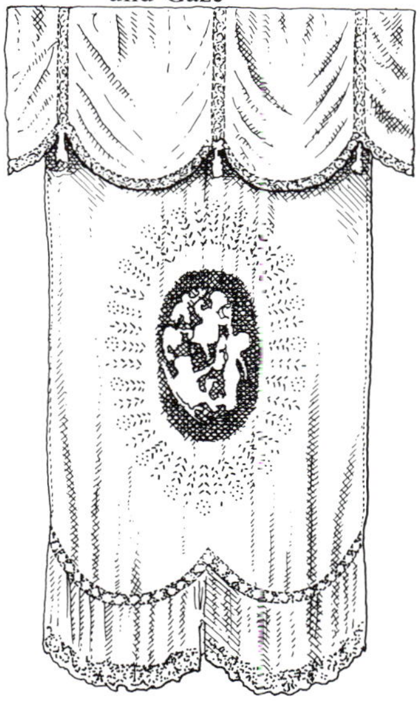

Vorhänge aus Musselin und Damast

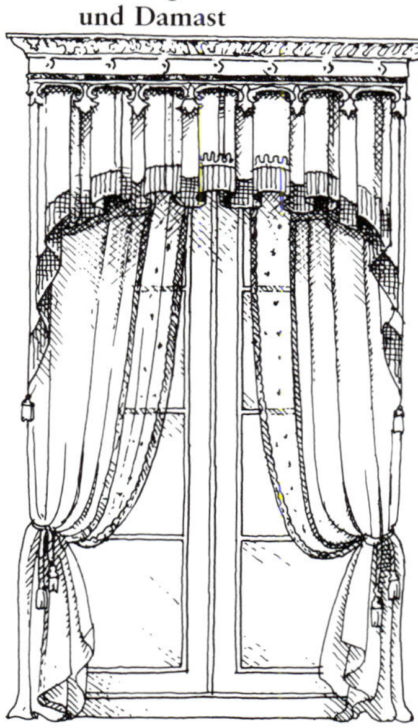

Seidenvorhänge mit Messingringen

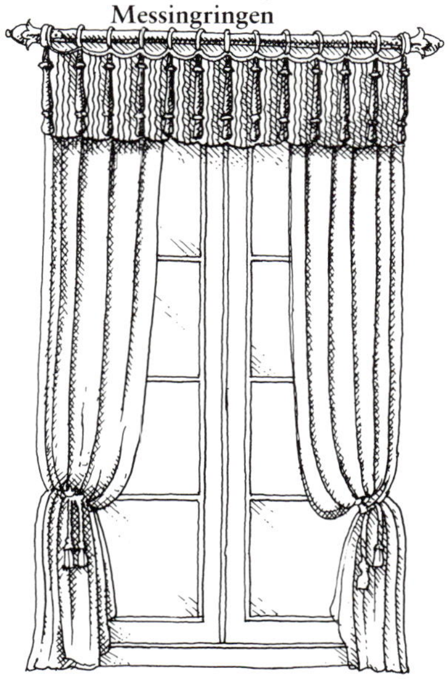

Gardinen
Die Qualität der Fenstervorhänge war ein Indikator für den sozialen Standard der Wohnungsinhaber.

Fensterblende

Fensterblenden
Die Fensterblenden erfüllten zwei Aufgaben: Zum einen sollten sie Vorhänge und Möbel vor dem Sonnenlicht schützen und zum anderen neugierige Blicke abhalten. Sie wurden aus festen Stoffen hergestellt und trugen oft gehäkelte Spitzen.

Ein Sesselschoner
Sesselschoner dienten dazu, die Rückenlehnen der Sessel vor der Haarpomade der darin sitzenden Männer zu schützen. Auch sie waren oft gehäkelt.

nem Samt oder Damast, die bei Benutzung des Sessels abgenommen wurden. Im folgenden Jahrhundert wurden diese teuren Bezüge durch leichte, waschfeste Stoffe ersetzt, die man nur noch zum Waschen abnahm. Oft verbargen sich darunter alte, abgenutzte Möbelstücke. Beliebt waren auf diesen Bezügen rot, grün, blau und weiß karierte Muster. Oft bestanden die Fenstervorhänge aus dem gleichen Material. Im 19. Jahrhundert fertigten die Hausfrauen sich Sesselbezüge meist selbst an.

Daneben gab es noch die beliebten Sesselschoner, die von den britischen Hausfrauen nach ihrer Funktion „Anti-Macassars“ genannt wurden. Macassar war die Haarpomade, die sich die Herren damals pfundweise ins Haar schmierten und wovor die Bezüge der Rückenlehnen geschützt werden mußten. Diese Sesselschoner wurden im Laufe der Zeit zunehmend reicher verziert, meist mit Häkelmustern. Von Zeit zu Zeit nahm man sie ab und wusch sie.

Häkelarbeiten verschönerten auch die Behänge der Kaminaufsätze und natürlich die Kissenbezüge. Lampenschirme wurden auf alle denkbaren Arten angefertigt, zum Beispiel aus Makramee. Auch spitzenbesetzte Gardinen waren im Viktorianischen Zeitalter sehr beliebt – vor allem auch, weil sie ein gutes Versteck boten, in dessen Schutz sich stets die Nachbarn beobachten ließen.

Zwischenzeitlich entwickelte sich auch die Volkskunst auf bestimmten Gebieten immer weiter. Die Kabinen jener wunderschönen kleinen hölzernen Frachtboote, die die Schwertransporte auf den rund zweitausend Meilen britischer Kanäle ausführten, waren herrlich mit einfachen Motiven in auffälligen Grundfarben bemalt. Die Bildmotive glichen jenen auf Wasserkannen und Kohlenschütten. Rosen und Burgen waren die beliebtesten unter ihnen. Natürlich hatten die Bootsleute die Feenschlösser zwischen Bergen und Seen, mit denen sie ihre Kabinen bemalten, niemals mit eigenen Augen gesehen; sie existierten nur in ihrer Phantasie.

Auch die Wohnwagen des fahrenden Volks, *Vardos,* waren ähnlich ausgeschmückt. Ihre Innenwände waren mit buntfarbigen Stoffen bespannt, die vorstehenden Balken ausgekehlt und an den Enden mit Schnitzwerk versehen.

Geschmackvolle Einrichtungen

In Skandinavien, den Alpenländern und überall dort, wo Holz das bevorzugte Baumaterial ist, waren die Möbel zumeist handgeschnitzt. Sie standen im absoluten Gegensatz zu den dunklen, mit Dekors überladenen Möbeln, wie sie in England so populär waren.

Nach der schrecklichen Überfülle der Viktorianischen Zeit und der fast noch schrecklicheren Sterilität der Wohnungseinrichtungen in den sechziger und siebziger Jahren unseres Jahrhunderts tut es direkt gut zu beobachten, wie die Menschen sich heutzutage wieder bemühen, ihre Wohnungen schlicht, aber geschmackvoll einzurichten. Dazu gehören handgewebte Stoffe; gute Gemälde, die wirklich etwas aussagen; solide Holzmöbel, die entweder aus früheren Zeiten stammen oder von einer neuen Generation tüchtiger Handwerker gefertigt wurden, handgetöpferte Keramik und manche anderen Dinge, die von Könnerschaft zeugen.

ALLERLEI HAUSZIERAT

Wetterfahnen
Da Wetterfahnen auch noch aus größerer Entfernung sichtbar sein sollten, hatten sie meist ziemlich grob umrissene Formen. Beliebte Motive waren Hähne, Bogenschützen, Fische und Engel. Die ersten Wetterfahnen waren noch aus Holz geschnitzt und leuchtend rot oder gelb angestrichen.

Im Viktorianischen Zeitalter – und auch vorher und nachher – erfanden junge Damen der sogenannten „besseren Gesellschaft", die absolut nichts anderes zu tun hatten, manche ziemlich befremdliche Methode, harmlose Dinge mit Verzierungen zu versehen. So wurden unschuldige Holzartikel mit rotglühenden Stocheisen malträtiert, um Muster darin einzubrennen; Dosen und Kästchen wurden mit Muscheln in mehr oder minder geschmackvollen Mustern beklebt.
Letztere Kunst scheint noch nicht ganz in Vergessenheit geraten zu sein. Ich kenne einen alten Seebären, der in den Klippen an der Südküste der Grafschaft Wexford lebt. Er hat jeden Zoll seines Hauses und der Anbauten mit Muschelschalen bepflastert.
Besagte junge Damen stellten in jener Zeit zu ihrem bloßen Zeitvertreib auch massenweise Bilder und andere Objekte aus Federn, gepreßten Blumen, präparierten Schmetterlingen, Holzperlen und Papierröllchen her. Unermüdlich, fast ohne Unterbrechung, saßen sie vor ihren Stickrahmen oder machten andere Handarbeiten. Dann wieder schnitten sie Silhouetten aus oder bastelten große Papierbälle aus kleinen Papierschnitzeln. Nur eines war diesen jungen Damen „von Stand" verwehrt: eine nützliche Arbeit zu verrichten.

Nutzlose Dinge
Ich bin nicht alt genug, um mich noch persönlich an jene Zeit erinnern zu können, aber an manche ihrer Auswirkungen erinnere ich mich noch recht gut. Da lebten in unserer Nachbarschaft in der Grafschaft Essex zwei alte Jungfern. Obwohl erbärmlich arm, wurden sie doch hoch geachtet, denn sie waren von Adel. Ihr Haus, in dem ich als kleiner Junge ein jederzeit gern gesehener Gast war, hatten sie bis unters Dach mit unzähligen nutzlosen Dingen vollgestopft. Jede horizontale Fläche – und davon gab es in dem großen Haus eine ganze Menge – war übersät von Hunden, Katzen und Kühen aus Porzellan, den unsinnigsten Mitbringseln aus Seebädern und Nippes in jeder nur denkbaren Ausführung. Es ist mir absolut unmöglich, auch nur im entferntesten all die Dinge aufzuzählen oder zu beschreiben, die für diese beiden netten alten Damen unerläßlich waren.

Käuflicher Nippes
Die Menschen des Viktorianischen Zeitalters waren ganz versessen darauf, alle horizontalen Flächen in ihren Wohnungen mit Nippes zu bedecken. Wenn sie weder über die Geduld noch über die Neigung verfügten, sich solche Dinge selbst aus Holzperlen oder Muscheln herzustellen, dann nutzten sie die vielfältigen Möglichkeiten, sich Nippsachen aus Porzellan, Holz oder Bronze zu kaufen. Bevorzugt wurden Artikel aus Keramik oder Porzellan, wobei letzteres noch bevorzugt wurde, da es transparent wirkte. Zeitweilig besonders beliebt waren kleine Häuser aus Porzellan. Auch die sogenannten ***Toby Jugs****, Bierkrüge in Gestalt eines alten Mannes mit Dreispitz, waren sehr populär. Diese gab es in unzähligen Größen und Ausführungen. Viele dieser Nippsachen sind inzwischen begehrte Sammelartikel geworden.*

Hölzerner Hahn

Haus aus Gossporzellan

Trockenblumenstrauß unter Glassturz

Papagei aus Porzellan

Kleiner Toby Jug aus Porzellan

Elefant aus Bronze

Selbstgefertigter Zierat

Sehr beliebt als Wandschmuck waren Silhouetten, ausgeschnitten aus schwarzem oder schwarz gefärbtem Karton. Die Figuren darauf waren an ihren Umrissen zu erkennen. Sogenannte Kaminkugeln waren sehr leicht aus gefärbtem Seidenpapier herzustellen. Sie wurden in den Kamin gehängt, wenn das Feuer nicht brannte. Auf den Anrichten standen Körbe mit Früchten aus Wachs, die kunstvoll arrangiert waren und mit Seidenbändern festgehalten wurden. Muscheln dienten zur Verzierung von Schmuckkästchen und Nadelkissen, manchmal sogar, um Sprünge in Porzellangefäßen zu kaschieren. Blumentöpfe wurden mit altägyptischen Motiven versehen, während Töpfe und Kästen in der Küche mit Blumen- und Vogelmotiven verziert wurden.

Silhouette aus schwarzem Karton

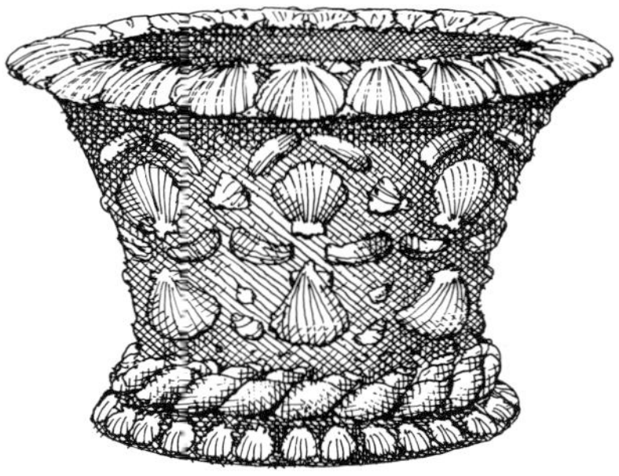

Muschelbehälter für Toilettenartikel

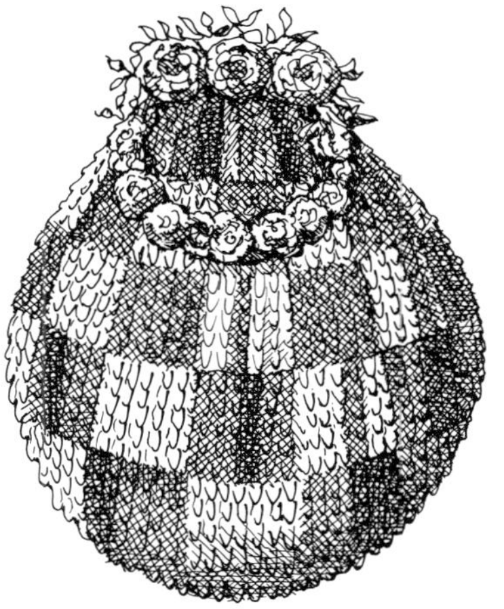

Einfache Kaminkugel

Handbemalte Holzgegenstände

Von Hand bemalen ließ sich nur Hartholz, bei dem die Farbe nicht auslief. Auch durfte das Holz keine störende Maserung haben. Zunächst zeichnete man die Umrisse des Motivs mit Bleistift auf, malte dann die Flächen mit Wasserfarbe oder Tusche aus und danach die Umrisse mit einem feinen Pinsel, damit das Motiv sich gut abhob. Waren die Farben trocken, wurde das Ganze mit Firnis überzogen.

Bemaltes Holzbesteck

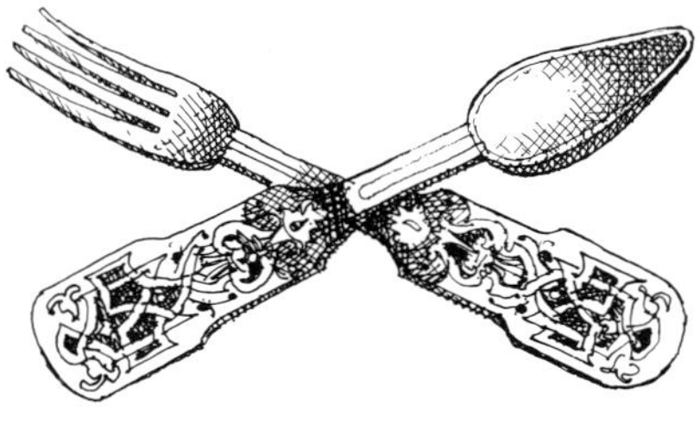

Keksdose aus Pennsylvanien

Bemalte Kaffeekanne

Korb mit Wachsfrüchten

Mit etruskisch-ägyptischen Motiven bemalter Blumentopf

FESTTAGE UND FESTTAGSBRÄUCHE

Wo immer die Menschen sich einen Kalender gemacht haben, kamen darin auch Festtage vor. Selbst als es noch keine Kalender gab, war es von großer Bedeutung, den genauen Termin der Sonnenwende zu bestimmen, um ihn entsprechend feiern zu können.

Es ist kaum verwunderlich, daß gerade in den nördlichen Breiten unserer Erde dieser Tag nach der längsten Nacht des Jahres zu einem der beliebtesten Festtage wurde. Als die Menschen langsam nach Norden wanderten, um das Land in Besitz zu nehmen, das die zurückweichenden Eismassen der Eiszeit freigaben, wird es sie sehr erschreckt haben, feststellen zu müssen, wie die Tage allmählich immer kürzer und kälter wurden und die Vegetation fast ganz abstarb. Das Ende der Welt schien nahe zu sein. Und wie müssen sie dann gejubelt haben, wenn sie bemerkten, wie auf einmal die Nächte wieder kürzer wurden und die Sonne sich zur Mittagszeit wieder um eine Winzigkeit höher über den Horizont erhob. Das war wahrlich ein Grund zum Feiern!

Das Weihnachtsfest

Wir Christen haben das Glück, daß Weihnachten gerade dann gefeiert wird, wenn sich die kürzer und grauer werdenden Tage auf unser Gemüt legen. Da kommt ein Fest doch gerade recht.

Während meiner Kindheit war das Weihnachtsfest noch nicht zu einer solchen Konsumorgie ausgeartet wie heute. Bei mir kündigte sich das bevorstehende Fest noch dadurch an, daß mir die Eltern sagten, ich solle einen Strumpf – natürlich einen viel größeren Strumpf, als auf meinen kleinen Fuß gepaßt hätte – am Fußende meines Bettes aufhängen. Dann las

Knallbonbons

Christmas Crackers, wie sie in England heißen, wurden im Jahr 1860 von einem Mann namens Tom Smith erfunden, der damit ein ausgezeichnetes Geschäft machte. Im Gegensatz zu den modernen Knallbonbons enthielten sie nicht nur Zettelchen mit allen möglichen Liebesbotschaften, Orakeln und witzigen Sprüchen sowie kleine Amulette und dergleichen, sondern auch Süßigkeiten, kleine Spielzeuge und billigen Schmuck.

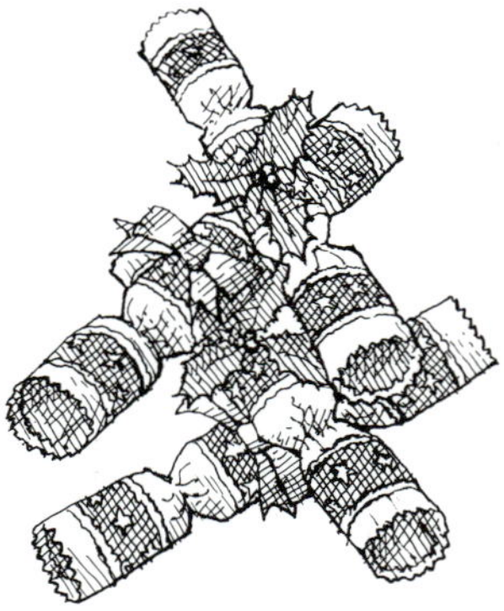

Der Weihnachtsbaum

Der Weihnachtsbaum, geschmückt mit Kerzen, Kugeln und anderen Anhängseln, ist heutzutage zu einem ebenso festen Bestandteil des englischen Weihnachtsfestes geworden wie der gebratene Truthahn und der Plumpudding. Eingeführt wurde er allerdings erst im vergangenen Jahrhundert. Erfunden hat ihn angeblich Martin Luther, der, wie erzählt wird, bei einem Spaziergang am Weihnachtsabend so beeindruckt von den Sternen war, die zwischen den Bäumen hindurch glitzerten, daß er nach Hause eilte und seine Familie mit einem kleinen Tannenbaum überraschte, den er mit brennenden Kerzen geschmückt hatte.

Der herkömmliche Schmuck des Weihnachtsbaumes bestand aus vergoldeten Äpfeln und Nüssen, Gebäck und Süßigkeiten, bunten Papierstreifen und brennenden Kerzen. In der Spitze des Baumes, bei dem es sich gewöhnlich um eine Fichte handelte, schwebte ein Rauschgoldengel. Im Laufe der Zeit, als das Weihnachtsfest immer mehr kommerzialisiert wurde, ersetzte man die Äpfel und Nüsse durch bunte Glaskugeln, die brennenden Wachskerzen durch elektrische Kerzen und das christliche Symbol des Engels durch eine Fee.

meine Mutter meinem Bruder und mir vor dem flackernden Kaminfeuer eine Geschichte vor. Danach gingen wir zu Bett und bemühten uns, nicht einzuschlafen, um endlich einmal die seltsame, breitschultrige Gestalt zu entdecken, die sich durch den engen Kamin in unserem Schlafzimmer zwängte, um unsere Strümpfe mit Gaben zu füllen. Natürlich ist uns das nie gelungen. Wir stellten uns diese Gestalt niemals als Weihnachtsmann vor, sondern als Sankt Nikolaus – wohl ein Einfluß unserer amerikanischen Mutter.

Noch vor Tagesanbruch wachten wir wieder auf. Das ganze Haus hatte sich wundersam verwandelt. Überall hingen Stechpalmenzweige mit leuchtend roten Beeren, denn damals waren diese Büsche noch nicht überall von den Bulldozern niedergewalzt worden. Im Wohnzimmer stand ein herrlicher Baum, geschmückt mit Lametta und *echten* Kerzen, und darunter lagen – das war natürlich das Wichtigste – Päckchen und Pakete in verheißungsvollen Formen.

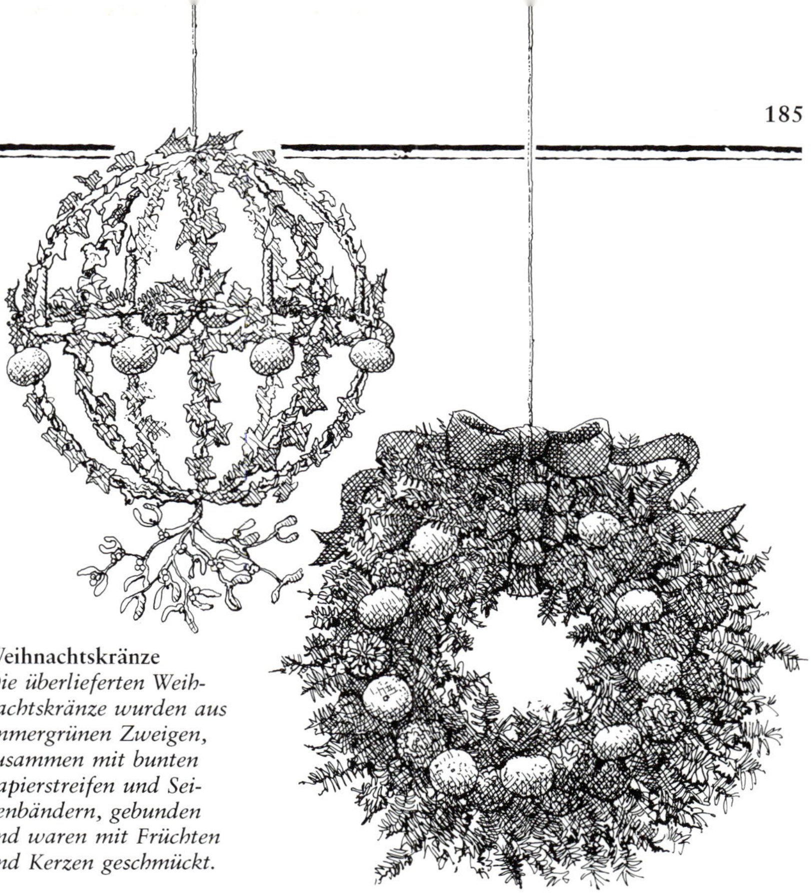

Weihnachtskränze
Die überlieferten Weihnachtskränze wurden aus immergrünen Zweigen, zusammen mit bunten Papierstreifen und Seidenbändern, gebunden und waren mit Früchten und Kerzen geschmückt.

Der Weihnachtsbaum wird geholt
Ehe es die wiederverwendbaren Weihnachtsbäume gab, fuhr jedermann noch selbst in den nahegelegenen Wald und holte sich eine kleine Fichte. Der Heimtransport auf dem Fahrrad über schneebedeckte Wege war nicht einfach, aber jeder unterzog sich dieser Mühe gern, bedeutete die Ankunft des Baumes zu Hause doch, daß nun das Fest beginnen konnte.

Strohkränze und -puppen

In alten Zeiten war das Erntedankfest das wichtigste aller Feste. Die Menschen glaubten damals, daß alles Wachsen und Gedeihen – jede gute Getreideernte – von der Kornmutter abhing. Zur Feier des Festes schmückte man einen Wagen mit Korngarben, bunten Bändern und Blumen. Obenauf kam die letzte Garbe, die man geerntet hatte. Sie erhielt in England die Gestalt der Kornmutter. Die Menschen glaubten, daß ihr Geist in diese Figur hineinfuhr. Um ihn sich zu erhalten, wand man aus dem Stroh dieser Garbe Kränze in Form von Glocken, Hufeisen, Kreuzen und kleinen Figuren, die man im Haus aufhängte, um böse Geister zu vertreiben. Wer sich einen solchen Kranz in der Speisekammer aufhängte, sollte diesem Glauben zufolge niemals Hunger zu leiden haben.

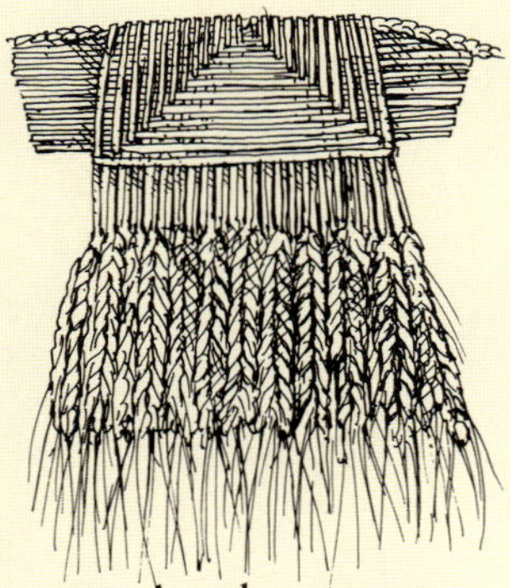

Arusehpuppe

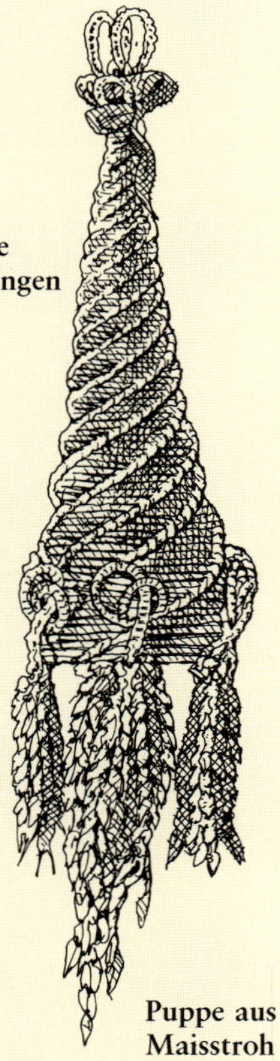

Strohspirale zum Aufhängen

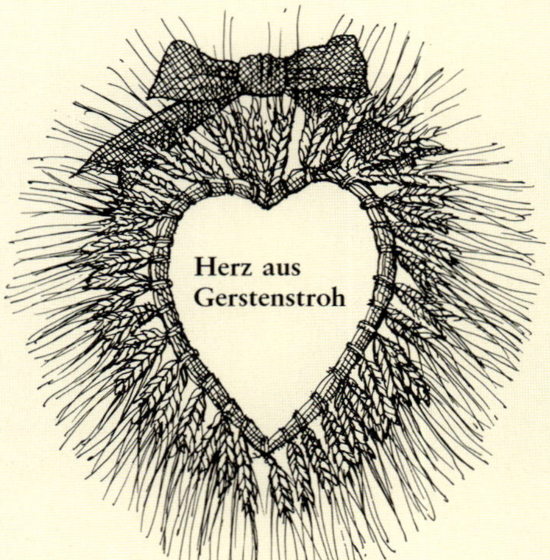

Herz aus Gerstenstroh

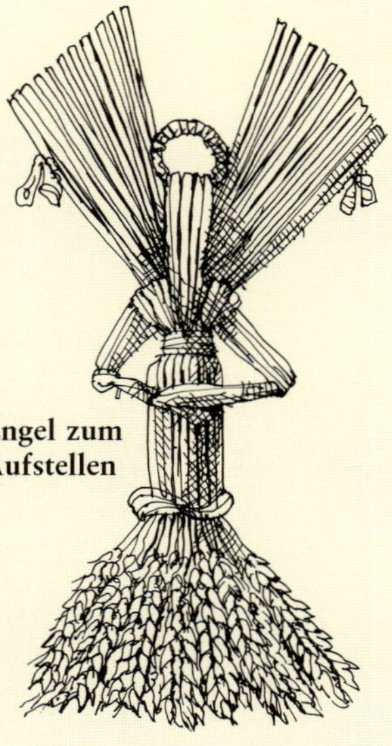

Engel zum Aufstellen

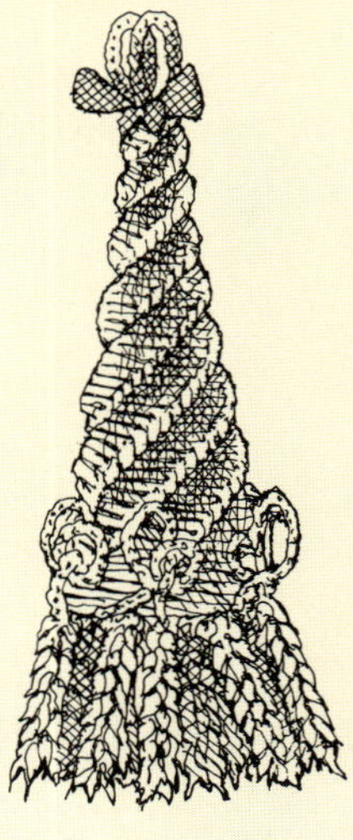

Strohspirale zum Aufstellen

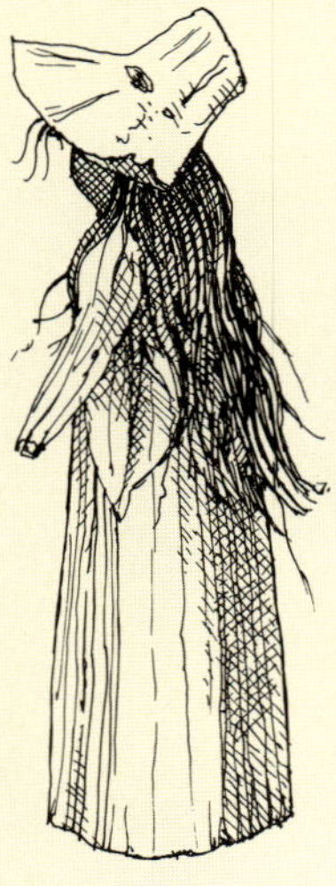

Puppe aus Maisstroh

Der Dreikönigstag

Es gibt noch ein anderes Fest, das im Winter gefeiert wird. Ich stand einmal mit meinen Kindern am Kai eines kleinen spanischen Fischerdorfes, als dort eine mit bunten Segeltüchern verhüllte Zollbarkasse anlegte. Auf ihrem Deck rotierten Räder mit Feuerwerkskörpern. Als sie sich dem Ufer näherte, feuerte sie Salven von Feuerwerksraketen ab. Nach dem Anlegen entstiegen ihr drei prächtig gekleidete Könige, die von drei ebenso prächtig gekleideten Knappen begrüßt wurden, die mit Schabracken behangene Pferde am Zügel führten. Die Könige bestiegen die Pferde und wurden zum Rathaus des Dorfes geleitet. Dort wartete ein großer Stapel kleiner Pakete, die sie unter dem großen Jubel der Beschenkten an alle Kinder verteilten. Dies war am Dreikönigstag.

Ein anderes Mal habe ich den Dreikönigstag mit einer größeren Gruppe jugoslawischer Flüchtlinge gefeiert, die im Krieg auf der „falschen“ Seite gekämpft hatten und nun in einem Lager in England lebten. Bei ihnen dauerte das Fest drei Tage und drei Nächte. Dabei wurde ein großes Schwein (mit einem Apfel im Rüssel) am Spieß gebraten. Zu Beginn des Festes trug man einen kleinen Eichenbaum herein, der mit Äpfeln besteckt war, und prostete sich mit unzähligen Gläsern Sliwowitz zu. Später tanzten wir Männer in langen Reihen, wobei jeder die Arme auf die Schultern seiner Nachbarn legte. Drei kroatische Volkssänger, die extra zu diesem Fest aus London gekommen waren, erfreuten uns mit ihren herrlichen Liedern. Auch so läßt sich dieser Tag feiern.

Das Erntefest

Beim Erntefest wurde in jedem englischen Dorf das Gerät, von dem alles zivilisierte Leben abhing, nämlich ein mit Bändern verzierter Pflug, triumphierend herumgefahren. Von jedem Hausbesitzer erbat man sich eine Gabe. Solche Gaben – in Form von Bargeld – wurden auch von den Erntekräften auf den Feldern erwartet. Die Getreideernte war überhaupt von vielen Schäkereien, Redensarten, Sprichwörtern und uralten Bräuchen begleitet. Der Anführer der Schnitter wurde „Herr der Ernte“ genannt, und seinen Stellvertreter nannte man „Herrin“, ungeachtet seines Geschlechts. Jeder Fremde, der vorüberkam und so aussah, als könne er etwas Geld bei sich haben, wurde mit dem Ruf „Eine Gabe!“ begrüßt. Es war klar – er mußte in die Tasche greifen. Diese Geldgaben wurden dann in Bier für die durstigen Kehlen der Schnitter umgesetzt.

Das anschließende Erntemahl war eine großartige Sache. Die Bauersfrau bereitete ein herrli-

Ostereier
Lange bevor es Schokoladeneier gab, wurden Hühnereier hartgekocht und mit pflanzlichen Farbstoffen eingefärbt. Dann malte man ihnen phantasievolle Motive auf.

ches Festessen; sie briet dafür riesige Lendenstücke vom Rind und Unmengen von Hammelkeulen. Dazu floß das Bier in Strömen. Den ganzen Abend über wurde gesungen und musiziert, und alle erzählten sich lange Geschichten, noch spät in die Nacht hinein.

Das Osterfest

Das Fest zur Begrüßung des wiedererwachenden Lebens in der Natur, das in der christlichen Welt mit Ostern zusammenfiel, war gleichfalls ein bedeutendes Ereignis. In Irland, wo ich jetzt lebe, ist es das noch immer, denn es fällt auch mit dem Ende der Fastenzeit zusammen, die hier noch streng eingehalten wird. Als ich vor dreißig Jahren zum ersten Mal nach Irland kam, mußte ich zu meiner Enttäuschung bald feststellen, daß während dieser Zeit die Türen der Gasthäuser fest verschlossen blieben. Es dauerte einige Zeit, bis ich feststellte, daß dies aber nur für die Vordertüren gilt. Die Hintertüren öffneten sich dagegen bereitwillig auf ein verstohlenes Klopfen hin.

Im orthodoxen Griechenland ist Ostern das höchste Fest des Jahres. In der Osternacht finden in jeder Kirche Gottesdienste statt, und alle Kirchen sind überfüllt. Dann brät man ganze Lämmer am Spieß, deren Fleisch man mit Wein und Raki hinunterspült, und tanzt bis in den Morgen hinein.

Osterlämmer und Ostereier gehören in vielen Ländern zur Ostertradition. Den deutschen Brauch, buntgefärbte Hühnereier im Garten zu verstecken und sie von den Kindern suchen zu lassen, wurde auch in Amerika übernommen.

Halloween

In Amerika und in Irland sind die Bräuche zu Halloween noch sehr lebendig. Dabei handelt es sich um eine Art Hexensabbat am Abend vor Allerheiligen. In England, Schottland und Wales sind sie aber fast ganz durch den Guy-Fawkes-Day verdrängt worden. Dieser Tag, der 5. November, wird zur Erinnerung an das verhinderte Attentat des Katholiken Guy Fawkes gefeiert, der im Jahr 1605 den König samt Parlament in die Luft jagen wollte.

Weitere kirchliche Feiertage

Im Mittelalter wurden noch eine ganze Reihe weiterer kirchlicher Feiertage begangen, meist zu Ehren eines Heiligen. Dabei handelte es sich um „Feiertage" im wahrsten Sinne des Wortes, Tage, an denen die Menschen sich ausruhen und neue Kräfte sammeln konnten. In dieser Beziehung hatten die arbeitenden Menschen es damals überhaupt besser als die Arbeiter nach dem Beginn der Industrialisierung. Ich halte es sowieso für eine Illusion, daß diese Industrialisierung den Menschen wirklich Erleichterung verschafft hat. In jenen Teilen der Welt, in denen sie noch vorwiegend von der Landwirtschaft leben, gibt es viel mehr Gelegenheiten, sich einmal auszuspannen. In der Tat muß eine Familie dort weniger arbeiten, um sich einen auskömmlichen Lebensunterhalt zu verdienen.

Die Neujahrsnacht

Der Gregorianische Kalender, den der Papst Gregor im 16. Jahrhundert einführte, ist von den Bewohnern des Gwaun Valley im westlichen Wales, wo ich einmal lebte, nie übernommen worden. Zwar feiern auch sie jetzt Weihnachten an dem neuen Datum, aber Hen Nos Galan, die alte Neujahrsnacht, wird noch immer am 13. Januar begangen. In dieser Nacht werden Unmengen von *kuru gatre*, selbstgebrautem Bier, konsumiert. Dazu werden die herrlichen alten walisischen Lieder gesungen. Im weiter südlich gelegenen Teil der Grafschaft Pembrokeshire, wo Englisch gesprochen wird, wird noch immer ein Brauch gepflegt, der auch in bestimmten Gegenden Irlands bekannt ist. Dazu wird ein Zaunkönig eingefangen und in einen Käfig, der an einem langen Stab hängt, gesperrt. Daran wird er von einer Gruppe Burschen durch das ganze Dorf getragen. Vor jedem Haus bleiben sie stehen und singen ein paar alte Lieder. Ihre Belohnung besteht in selbstgebackenem Kuchen und selbstgebrautem Bier. In alten Zeiten wurde am Ende des Tages der Vogel brutal totgeschlagen. Dieser brutale Teil der Zeremonie wird heute glücklicherweise nirgends mehr beobachtet.

Halloween-Laternen
Zur Herstellung solcher Laternen wurden Kürbisse oder Rüben ausgehöhlt und mit schreckenerregenden Fratzen versehen. Von innen waren sie mit einer Kerze erleuchtet. In dunklen Nächten konnten einem diese Laternen tatsächlich einen gewaltigen Schrekken einjagen.

STICHWORTVERZEICHNIS

Abbildungsnachweise

North of England Open Air Museum, Beamish, Durham: 1, 35, 76, 81, 99, 131, 158
Museum of English Rural Life, University of Reading, Berkshire: 8, 75
Frank Meadow Sutcliffe/ The Sutcliffe Gallery, Whitby, Yorkshire: 14, 105, 138
Pitstone Local History Society, Bedfordshire: 23
Henry E. Huntington Library, San Marino, California: 39
Munby Collection, Trinity College, Cambridge: 46
Bruce Castle Museum, Tottenham, London N17: 54
Buckinghamshire County Museum, Aylesbury: 63, 155, 177
British Bee Journal: 67, 68
The Beaford Centre, Devon: 70, 180
Cambridge and County Folk Museum, Cambridge: 79
Birmingham City Reference Library: 86
Weybridge Museum, Surrey: 90
The Harry Ransom Research Center, University of Texas at Austin, USA: 93
Manor House Local History Department, Deptford: 109
Welsh Folk Museum, St Fagan's, Cardiff: 122
Suffolk Record Office, Ipswich: 134
Mansell Collection, London: 136
Doris Ullmann Foundation, Berea College, Kentucky, USA: 145, 150, 153
National Museums of Scotland: 160
Shetland Museum, Lerwick: 161
Minnesota Historical Society, USA: 170
Arthur Sanderson & Co., London: 177